INTRODUÇÃO À HISTÓRIA DA FILOSOFIA

MARILENA CHAUI

Introdução à história da filosofia

Vol. 3: A Patrística — Introdução ao nascimento da filosofia cristã

Companhia Das Letras

Grafia atualizada segundo o Acordo Ortográfico da Língua Portuguesa de 1990, que entrou em vigor no Brasil em 2009.

Capa
Moema Cavalcanti

Mapas
Sonia Vaz

Preparação e legendas
Ruan de Sousa Gabriel

Índices
Luciano Marchiori

Revisão
Bonie Santos
Ingrid Romão

Dados Internacionais de Catalogação na Publicação (CIP)
(Câmara Brasileira do Livro, SP, Brasil)

Chaui, Marilena
Introdução à história da filosofia : Vol. 3 : A Patrística — Introdução ao nascimento da filosofia cristã / Marilena Chaui. — 1ª ed. — São Paulo : Companhia das Letras, 2023.

Bibliografia.
ISBN 978-85-359-3571-4

1. Filosofia cristã 2. Filosofia patrística 3. Igreja – História 4. Padres da Igreja I. Título. II. Série.

23-165397 CDD-109

Índice para catálogo sistemático:
1. Filosofia : História 109
Tábata Alves da Silva – Bibliotecária – CRB-8/9253

EDITORA SCHWARCZ S.A.
Rua Bandeira Paulista, 702, cj. 32
04532-002 — São Paulo — SP
Telefone: (11) 3707-3500
www.companhiadasletras.com.br
www.blogdacompanhia.com.br
facebook.com/companhiadasletras
instagram.com/companhiadasletras
twitter.com/cialetras

Sumário

Introdução

O período que se inicia no ano 40 e termina em 754 é conhecido na história da filosofia como Patrística. Distingue-se em Patrística Grega (mais filosófica ou especulativa, contemporânea dos sistemas helenísticos, das religiões orientais de mistérios, das heterodoxias especulativas judaicas e do judaísmo helenístico) e Patrística Latina (inicialmente mais jurídica e pedagógico-moral, inspirada no estoicismo de Cícero e Sêneca e na retórica romana, e só tardiamente mais especulativa). É a filosofia dos Padres da Igreja, que se expressa na defesa do cristianismo contra judeus, pagãos e dissidentes religiosos (hereges) e na criação de um pensamento que constituirá os alicerces da doutrina cristã.

O termo "padre", tradução do latim *pater* (pai), não foi empregado pelos próprios pensadores desse período, mas surgiu quando a Igreja pretendeu atribuir aos escritos desses autores um sentido jurídico à maneira dos romanos, isto é, apresentá-los como autoridades legítimas e incontestáveis. Assim como na história da Roma Antiga se falava nos Pais Fundadores da República, também a Igreja designou alguns de seus pensadores como pais fundadores do pensamento cristão. O medievalista Étienne Gilson, na introdução à obra *A filosofia na Idade Média*, explica o surgimento da expressão "Padres da Igreja":

Chama-se literatura patrística, em sentido lato, ao conjunto das obras cristãs que datam da idade dos Padres da Igreja; mas nem todas têm como autores Padres da Igreja, e esse título mesmo não é rigorosamente preciso. Num primeiro sentido, ele designa todos os escritores eclesiásticos antigos, mortos na fé cristã e na comunhão da Igreja; em sentido estrito, um Padre (ou Pai) da Igreja deve apresentar quatro características: ortodoxia doutrinal, santidade de vida, aprovação da Igreja, relativa antiguidade (até fins do século III aproximadamente) (Gilson, 2001, p. XXI).

Por seu turno, o historiador e intérprete da Patrística Hans Campenhausen escreve:

Chamamos "Padres da Igreja" os escritores ortodoxos da Igreja primitiva [...]. Consideram-se, frequentemente, como objeto da Patrística o estudo, a explicação e a crítica de obras literárias e teológicas compostas pelos Padres da Igreja. Tomada sob este ângulo, a patrologia seria apenas uma história da literatura eclesiástica paralela à história das doutrinas e dos dogmas a que ela conferiria precisão e completaria [...]. Na realidade, porém, a noção de "Padres da Igreja" se origina da dogmática e responde às exigências do catolicismo de provar sua autenticidade pela tradição [...]. Os Padres são considerados doutores legítimos da Igreja, filósofos cristãos, comentadores competentes e esclarecidos da Bíblia, que contém a revelação salvífica de Deus [...]. O que lhes interessava essencialmente era a verdade absoluta, e só encontravam essa verdade, com valor de autoridade, não na tradição antiga, mas na Escritura e na tradição de sua Igreja referidas à história da salvação (Campenhausen, 1963, pp. 9, 11).

O historiador Ambrogio Donini, por sua vez, assim explica o surgimento do termo "Patrística":

Começa a falar-se de Padres da Igreja para indicar um grupo de autores eclesiásticos particularmente autorizados, a partir dos meados do século IV. Contudo, a denominação de "Patrística", como um longo período de formação da bagagem doutrinal do cristianismo, das origens ao limiar do século VII [...], assumiu um significado preciso somente na época da Reforma Protestante, quando a Era dos Padres, aceita em bloco, foi contraposta pelos protestantes à das escolas de pensamento medieval e, principalmente, à Escolástica, repudiada como uma deformação da pregação evangélica (Donini, 1988, p. 250).

Embora a história da Patrística seja inseparável da história da Igreja e da do Império Romano, aqui não estudaremos essas relações ou a história sociopolítica e eclesiástica, porém elas serão mencionadas quando forem determinantes para as formulações filosóficas dos Padres (como será o caso da helenização da sociedade judaica, do papel do imperador Constantino no tocante às heresias e à institucionalização da Igreja, ou ainda do imperador Teodósio, que decretou o cristianismo como religião oficial do Império Romano). Nosso percurso, portanto, dará ênfase aos aspectos teóricos da Patrística, isto é, às suas relações com a filosofia tal como a estudamos nos volumes I e II.

Os principais períodos que constituem a Patrística podem ser assim resumidos:

1) *Período dos Padres Apostólicos* (século I), quando os pregadores se dedicaram à conversão de judeus e pagãos ao cristianismo, voltando-se para questões morais e de ascetismo ou pureza de vida.

2) *Período dos Padres Apologetas* (séculos II e III), caracterizado pela defesa sistemática do cristianismo, seja empregando recursos da filosofia, seja voltando-se contra ela.

3) *Período dos Padres Catequistas* (séculos III e IV), quando foram formuladas as primeiras doutrinas com finalidade pedagógica e de formação de um pensamento para a fé cristã.

4) *Período dos Padres Teólogos* (séculos IV a VII), marcado pela construção do edifício doutrinário do cristianismo por meio da elaboração de uma teologia cristã, aceita e ratificada pela Igreja.

As fontes

FONTES JUDAICAS

A Tanach, a Bíblia hebraica, foi escrita em três versões distintas, feitas a partir de textos primitivos e de diversas tradições orais pertencentes a diferentes épocas, locais e autores. Há uma primeira redação, denominada eloísta (porque inicialmente Deus era chamado Elohim), que data aproximadamente de 750-700 a.C.; uma segunda, anterior a 721 a.C., designada javista (porque, com Moisés, Deus passa a ser conhecido como Yahweh, Javé ou Jeová); e a versão chamada sacerdotal, posterior ao exílio do povo judeu na Babilônia, redigida em 398 a.C. Dessa multiplicidade de versões surgirá a necessidade de estabelecer um cânone.

A principal fixação canônica é a denominada Massorética, estabelecida como texto hebraico a partir da versão sacerdotal de 398 a.C. O texto é vocalizado,[1] acentuado e com indicações de pronúncia, formando uma "cerca protetora" à sua volta para impedir qualquer mudança ou corrupção do que está escrito. Contém: a Torá (os cinco livros da Lei de Moisés, conhecidos, a partir do grego, como Pentateuco), livros dos e sobre os profetas (divididos em profetas anteriores e profetas posteriores), livros poéticos e sapienciais e livros históricos sobre a vida e os feitos de algumas personagens.

Outra fixação é a Septuaginta, ou Versão dos Setenta, escrita em grego, que teria sido realizada em 72 dias por 72 tradutores (seis de cada tribo de Israel) sem comunicação alguma entre si, mas que, graças à revelação divina, produziram, cada um, o mesmo texto que os demais. A Septuaginta foi feita em Alexandria a partir de um texto hebraico consonantal (do período final do cativeiro na Babilônia). Essa versão se tornou a bíblia oficial tanto dos judeus de língua grega da região do Mediterrâneo como dos cristãos de língua grega e latina (no caso desses últimos, até a tradução latina, feita por Jerônimo, no final do século IV, e conhecida como Vulgata).

Os textos que vieram a formar o cânone têm origens variadas e foram redigidos em diferentes períodos da história judaica. Tamanha diversidade levou à produção de comentários e interpretações que possibilitassem sua compreensão e aplicação na vida cotidiana. Os principais são:

- Mishná: sessenta tratados de direito e jurisprudência de acordo com a Lei de Moisés;
- Talmude: comentários legais da Mishná. Inclui a Halacha, conjunto de disposições legais sobre cultos e direito penal e civil. Estudiosos consideram que o Talmude é contemporâneo da redação latina do Direito Romano, o *Ius Civilis*);
- Midrash: interpretações morais do cânone com instruções para prédicas nos dias santos. Compreende também a Hagadá, que contém ensinamentos históricos e morais para edificação ética dos fiéis (lendas e folclore) e temas teológicos (angelologia, messianismo, escatologia e criação do mundo).

FONTES CRISTÃS

Novo Testamento: escrito em aramaico e em grego. Como a Tanach, chamada pelos cristãos de Antigo Testamento, também o Novo Testamento foi escrito por autores diferentes em épocas e lugares diferentes e por razões diferentes. Antes da fixação do cânone, existiam inúmeros textos que narravam de maneiras distintas a vida, paixão, morte e ressurreição de Jesus. O cânone como o conhecemos foi estabelecido muito tempo depois dos episódios por ele descritos. Foram excluídas inúmeras versões consideradas pela Igreja como em desacordo com os ensinamentos afirmados sobre a vida e o ministério de Jesus. A versão latina do cânone foi confeccionada, no final do século IV, por Jerônimo e é conhecida como Vulgata.

O Novo Testamento contém os seguintes livros:

- *Evangelhos*: escritos entre os anos 65 e 90 e reunidos numa coleção por volta do ano 125. O termo *euaggelitsomenos* vem do grego e significa "o mensageiro de boas notícias". Derivado de *aggelía* (anúncio, mensagem, notícia) e do prefixo *eu* (bom, boa), evangelho significa bom anúncio, boa mensagem, boa notícia, boa nova, bom augúrio. Aquele que anuncia, que traz uma boa mensagem, ou o bom mensageiro, se diz, em grego, *ággello*, em latim, *angelus*, e em português, anjo.* De acordo com alguns estudiosos, os evangelhos têm três objetivos fundamentais: narrar a vida pregressa de Jesus, apresentá-lo como o Senhor ressuscitado e relacionar seus ensinamentos com a tradição profética da Tanach ou Antigo Testamento.[2] Há quatro evangelhos canônicos: três chamados sinóticos e o Evangelho de João. O termo *sinótico* também vem do grego e significa "o que pode ser visto junto e de uma só vez", ou sinopse; no caso, trata-se da leitura dos textos evangélicos dispostos em três colunas, permitindo ver de uma só vez, numa sinopse ou síntese, suas coincidências e diferenças.
- *Evangelhos sinóticos* (Mateus, Marcos e Lucas): relato da vida, dos ensinamentos, da morte e da ressurreição de Jesus. O primeiro evangelho sinótico é o de Mateus, que se supõe ter sido escrito em aramaico e depois traduzido para o grego. Os de Lucas e Marcos foram escritos em grego.
- *Evangelho de João*: apresenta a filiação divina de Jesus, sua messianidade e sua glória, ou Jesus como A Sabedoria. Escrito em grego, teve várias redações até chegar àquela considerada definitiva e canônica.
- *Atos dos Apóstolos*: narrativa de Lucas sobre a pregação dos apóstolos para converter judeus e pagãos. Alguns estudiosos consideram que deveria ser tomado juntamente com o Evangelho de Lucas, não só por ser do mesmo autor, mas também porque ambos formam uma história das origens do cristianismo.

* Recebem o título de "A anunciação" as pinturas e esculturas cristãs em que aparece a imagem de um anjo dizendo a Maria que ela dará à luz a um filho.

- *Epístolas*: cartas dirigidas pelos apóstolos a diferentes comunidades com o intuito de aconselhá-las e guiá-las espiritual e moralmente. No que se refere à relação com a filosofia, as mais conhecidas são as do apóstolo Paulo.
- *Apocalipse de João de Patmos*: revelação divina dos segredos do tempo futuro, do fim do mundo; descrição do Juízo Final. O texto foi escrito em grego, o que explica o uso do termo *apocalipse*, palavra grega que indica uma revelação feita diretamente por Deus; no caso, a revelação sobre o que está por vir ou sobre o fim dos tempos.
- *Didakéis* ou *Didaqué, Doutrina do Senhor através dos 12 Apóstolos aos gentios*: catecismo para o magistério ou ensinamentos de lideranças da Igreja, tanto da primeira como da segunda geração após o período apóstólico. Versa sobre vida moral, rituais da liturgia cristã e mandamentos para a vida comunitária. Como o nome indica, foi escrita em grego. A palavra *didakéis* significa ensinamento (donde, em português, didático/didática).

FONTES HELENÍSTICAS

As principais fontes helenísticas da Patrística são:

- obras de Filo de Alexandria, que introduzem, na sabedoria judaica, reflexões filosóficas e teológicas de inspiração helenística e a interpretação alegórica (simbólica) dos textos da Tanach;
- obras de Flávio Josefo sobre a história do povo judeu e a guerra entre judeus e romanos;
- médio platonismo: variações em torno de temas platônicos, sobretudo referentes ao mundo inteligível, ou das ideias, e à essência de Deus, presentes em diálogos como *Timeu* (a criação do mundo), *Teeteto* (o mundo inteligível) e *Fédon* (imortalidade da alma e sua elevação ao mundo divino);
- neopitagorismo: ênfase nas ideias de transmigração das almas e de conflagração final do mundo com o retorno de todas as coisas a seu princípio;
- trechos de Aristóteles, principalmente do jovem Aristóteles, ainda pla-

tônico, provenientes das obras *Da filosofia* e *Protéptico* (diálogos sobre a teologia como o ponto mais alto do inteligível e Deus como *noús*, isto é, como ser incorpóreo e intelecto idêntico ao mundo inteligível);

- trechos esparsos do Aristóteles maduro, particularmente da *Metafísica*, da *Lógica* e de *Sobre a alma*;
- textos de moral estoica sobre ascetismo e tranquilidade da alma, bem como de teologia estoica sobre a ideia do *lógos spermatikós*, isto é, do espírito divino como providência divina espalhada pelo mundo;
- textos gnósticos que se perderam e só foram reencontrados em Nag Hamadi (Alto Egito) em 1945, nos quais elementos de origem helenística, egípcia, babilônica e persa se mesclam com princípios judaicos;
- neoplatonismo: textos de Plotino, Proclo, Porfírio e Apuleio que retomam e modificam o médio platonismo ao dar maior importância ao diálogo platônico *Parmênides* (sobre o uno e o múltiplo) e propor a teologia do Uno inefável, isto é, do mundo e dos humanos como emanações provenientes do Uno e da salvação como retorno ao seio do Uno (ou o êxtase místico alcançado pelo sábio);
- textos de pensadores estoicos romanos, principalmente Cícero e Sêneca, sobre a ética da tranquilidade da alma, o domínio das paixões pela ação da vontade guiada pela razão e a providência divina como ordenamento necessário do cosmo.

CITANDO AS COLEÇÕES

Dada a longa duração temporal da Patrística e a multiplicidade de autores espalhados por todo o Império Romano (do Ocidente e do Oriente) e pela Palestina, as citações das obras serão feitas apenas com o nome do autor e, quando necessário, o número do parágrafo tal como registrado nas coleções editoriais referenciadas ao final deste volume. Vale lembrar que cada coleção, seja brasileira, francesa ou espanhola, tem uma organização diferente, por isso não seria adequado uniformizá-las.

Autor de epístolas do Novo Testamento, Paulo iniciou a discussão sobre a relação entre a fé cristã e a filosofia. A pregação no Areópago é uma das mais conhecidas passagens de sua atuação como apóstolo.

Conhecido como “uma potência intelectual”, Agostinho é o maior dos nomes da Patrística e autor de obras incontornáveis da tradição filosófica ocidental.

Interlocutor de Agostinho, Ambrósio foi responsável por conseguir retirar a estátua da deusa Vitória do Senado.

Jerônimo foi o Padre da Igreja responsável por traduzir a Bíblia para o latim. No quadro *São Jerônimo no estúdio*, de Albrecht Dürer (ver p. 258), é representado com o feixe de luz da eternidade sobre a cabeça. Já Caravaggio, em *São Jerônimo escrevendo*, privilegia sua natureza atormentada e dedicada ao estudo.

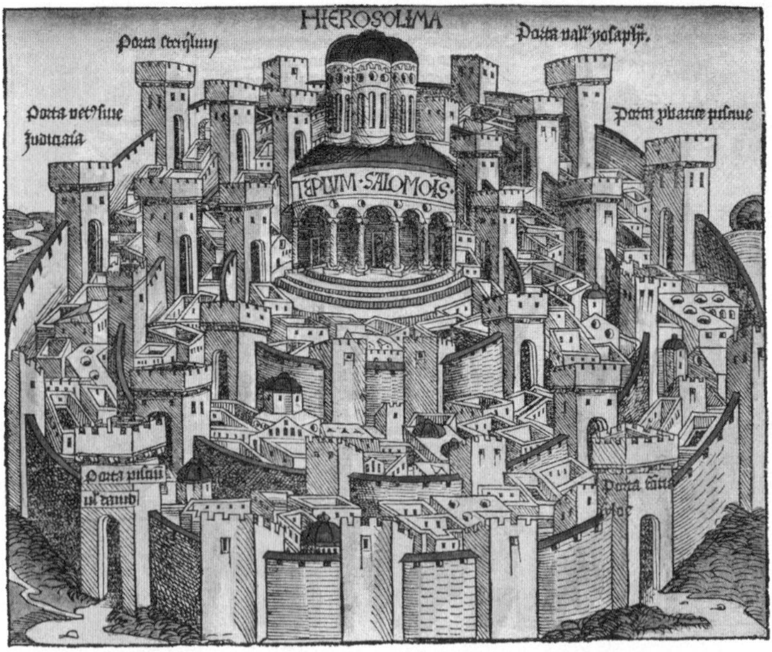

O Templo de Salomão era o centro da religião judaica no nascer do cristianismo. A sociedade judaica se dividia, então, em um bloco político, aliado ao Império Romano, e outro religioso, que lhe fazia oposição.

Constantino, imperador romano do séc. IV, se converteu ao cristianismo e permitiu a prática da religião em todo o território dominado por ele. Fundou Constantinopla e promoveu a união da política com a religião.

Primeiro concílio ecumênico da Igreja cristã, o Concílio de Niceia foi convocado por Constantino e resultou em esforços para erradicar o arianismo que vinha se espalhando pelo Império Romano.

Para o Padre Apologeta Tertuliano razão e fé pertenciam a polos opostos; sua rejeição à filosofia era expressa por meio de máximas como "creio porque absurdo".

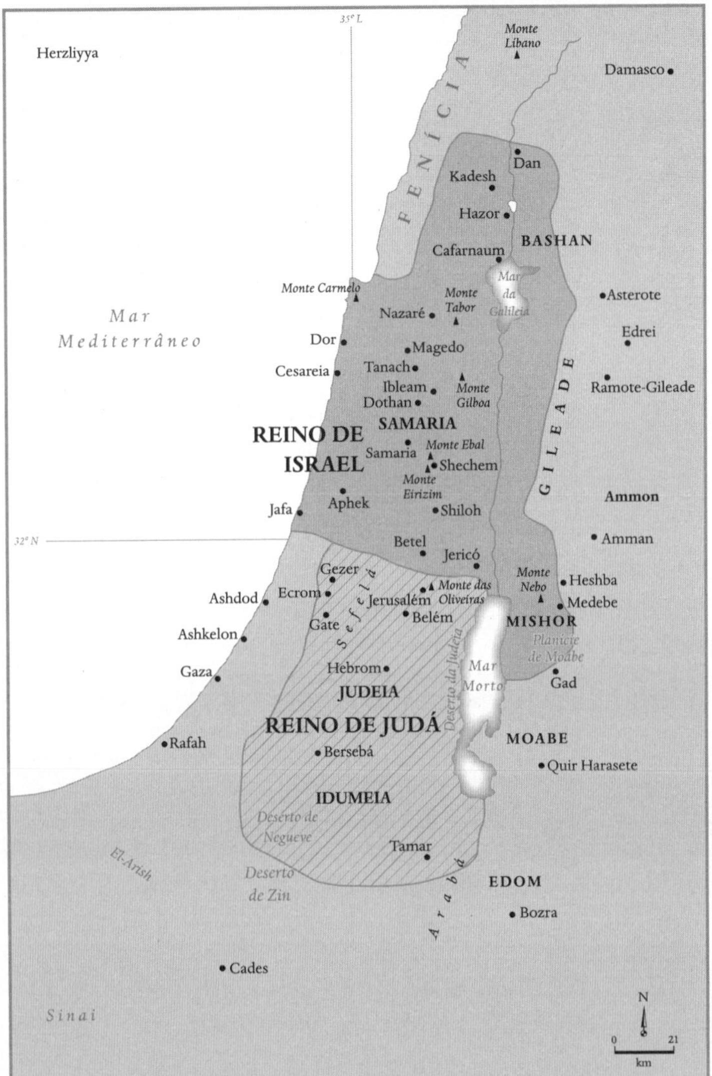

Após a morte de Salomão, rei que determinou a construção do Templo de Jerusalém, a nação hebraica dividiu-se em Reino do Norte (Israel), com dez tribos, e Reino do Sul (Judá). Este último terminaria com o surgimento do Novo Império da Babilônia sob Nabucodonosor.

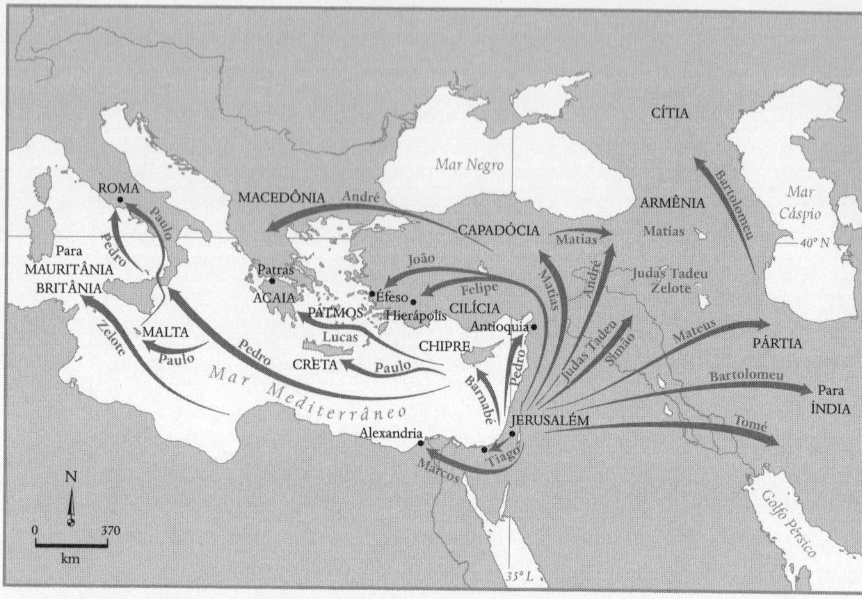

O esquema ilustrativo mostra a dispersão dos apóstolos pelo vasto território do Império Romano, o que intensificou os embates entre a nova fé e as religiões pagãs, resultando na propagação do cristianismo por toda a região.

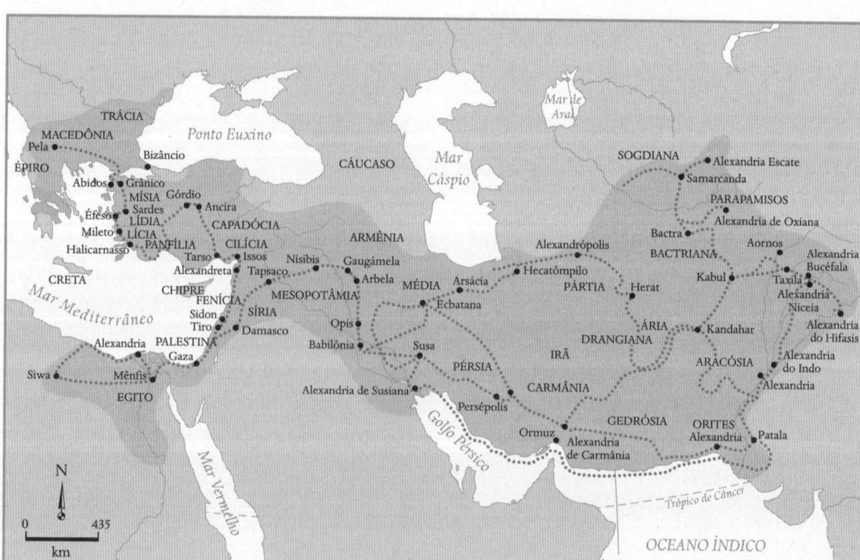

A cultura helênica, que também contribuiu para o desenvolvimento da Patrística, se espalhou pelo Oriente devido às conquistas de Alexandre, o Grande. Seus domínios se estendiam às regiões de nascimento do cristianismo e da Patrística.

PARTE I

CRISTIANISMO E FILOSOFIA

1. Origens da filosofia cristã

HÁ UMA FILOSOFIA CRISTÃ?

O longo período de desenvolvimento das duas Patrísticas, que determina toda a história posterior da filosofia ocidental, tem uma peculiaridade: o fato de que, pela primeira vez, uma determinada religião monoteísta, cujas verdades e mandamentos foram revelados aos humanos pelo próprio Deus (e também por intermédio de seu Filho encarnado), ocupa o centro das discussões filosóficas.

Os primeiros pensadores cristãos estão diante de duas poderosas tradições — o judaísmo e a filosofia — celebrizadas na pergunta do Padre Apologeta latino Tertuliano: "O que pode haver de comum entre Atenas e Jerusalém?".

Uma vez que a filosofia nasce na Grécia quando a razão rompe com os mitos e a religiosidade instituída, os historiadores da filosofia, frente à presença da religião no pensamento dos Padres da Igreja, indagam se poderíamos falar em filosofia *cristã* ou se o mais adequado seria nos referirmos a uma filosofia *feita por cristãos*. No primeiro caso, considera-se que o conteúdo da filosofia é determinado pelos dogmas da religião cristã; no segundo, que a filosofia é uma elaboração teórica que, embora trate de temas trazidos pela religião cristã, permanece independente dela.

Três posições dividem os historiadores:

1) Há os que consideram que o encontro do cristianismo com a filosofia não teve a menor importância, pois a religião incorporou apenas "retalhos de doutrinas gregas, mais ou menos canhestramente costurados a uma teologia",[1] que não afetaram nem modificaram a crença primitiva e, quando o fizeram, foram afastados como opiniões desviantes, heresia (do grego *airésis*, "escolha de uma opinião"). Está, portanto, resguardada a pureza do cristianismo nascente, que apenas prega amor, caridade e salvação em Cristo, bastando os evangelhos para o ensinamento dos fiéis. Essa posição supõe que o cristianismo se constitui isolado de outras formas de pensar que o cercam e não leva em conta que o simples fato de certas ideias provenientes da tradição filosófica serem consideradas heresias já indica uma maneira de se relacionar com a filosofia.

2) Por outro lado, há os que recusam qualquer importância a esse encontro, mas com a finalidade de assegurar a autonomia do pensamento racional, cujo desenvolvimento teria sido interrompido durante a Patrística e a Idade Média, em decorrência dos conflitos entre fé e razão e do privilégio da primeira sobre a segunda, e retomado durante a Renascença e a Modernidade. Consideram que, assim como não há uma matemática cristã ou uma física cristã, também não há uma filosofia cristã, e sim uma filosofia feita por cristãos, exatamente como há uma matemática e uma física feitas por cristãos.

3) Finalmente, há os que consideram que o encontro teve importância incalculável para a filosofia, porque o cristianismo introduziu ideias completamente novas, que iriam mudar para sempre o pensamento ocidental. Enquanto a filosofia greco-romana oferecia uma imagem objetiva e objetivista do cosmo, no qual os seres humanos se encontram absorvidos como todas as outras coisas, o cristianismo apresenta o ser humano como uma realidade irredutível à objetividade das demais coisas do mundo, definindo-o pela consciência individual autônoma dotada de livre-arbítrio, isto é, como subjetividade livre. Além disso, argumentam os defensores dessa tese, o cosmo grego é desprovido de história: é uma ordem eterna ("nada vem do nada e nada volta ao nada", já diziam os pré-socráticos) e cíclica que afirma o eterno retorno das coisas e dos humanos (ao final de cada ciclo, o cosmo retorna ao começo e repete todos os acontecimentos). Em contrapartida, o cosmo cristão é dotado de história, de um tempo linear contínuo, que se inicia com a criação do mundo e do homem por Deus, passa pela queda originária do primeiro homem e da primeira mulher e pela vinda de um salvador para a re-

denção dos humanos e termina com o julgamento final dos que serão salvos e dos que serão condenados por toda a eternidade. Ao tempo cíclico e repetitivo dos gregos o cristianismo, seguindo a tradição judaica, contrapõe um tempo linear, dramático, definido pela relação de Deus com os humanos[2] e no qual a figura do messias/Cristo introduz um sentido operativo tanto como ações a realizar quanto como de espera do que virá. O presente é apenas "o tempo que resta".[3]

Alguns historiadores da filosofia, no entanto, levantam objeções a essas três posições, criticando tanto a suposição de um cristianismo e de uma filosofia "puros" quanto a presença de elementos de tipo filosófico na origem do cristianismo, como a ideia de subjetividade, cujo surgimento ocorrerá somente a partir do século XVII.

Vejamos a argumentação desses críticos.

No início da era cristã, a filosofia grega — ou o helenismo — já havia elaborado a ideia racional de um mundo despojado de mistérios. Do ponto de vista da prática, aconselhava o sábio a guiar-se pela liberdade da razão e não pelas paixões, permanecendo imperturbável em seu interior e indiferente diante dos acontecimentos do mundo exterior. O cristianismo, por sua vez, nascera sem a menor preocupação especulativa ou filosófica. Às verdades fundamentais recebidas do judaísmo — existência de um único Deus, criador e governador do mundo; existência do messias, enviado por Deus antes do julgamento final para redenção do pecado original; a santidade de vida — acrescentou as ideias de amor (como forma da relação de Deus com os humanos e destes entre si ou a caridade), purificação espiritual (condição da salvação) e atenção aos sofrimentos humanos. Como religião de salvação, ensinava que as aflições e as dores devem ser suportadas com alegria porque Deus recompensa os que sofrem e padecem. Nas comunidades cristãs primitivas, constituídas por artesãos e pescadores, gente modesta e humilde, não havia interesse pelos assuntos tradicionais da filosofia, e sim preocupação com a fé, a piedade, a fraternidade e a esperança messiânica de uma mudança iminente e total da ordem do mundo. O cristianismo é uma doutrina da salvação. Por isso, é uma religião, uma fé. Ainda que a filosofia helenística possuísse muitos traços semelhantes aos do cristianismo nascente (em particular, o cosmopolitismo, isto é, o universalismo ético e a salvação moral dos indivíduos cuja *pólis* é o mundo inteiro ou o cosmo), ela foi elaborada numa perspectiva racionalista e não fideísta; seus temas são cosmológicos, lógicos, metafísicos e éticos, e não religiosos. Eis porque, assim como não se pode falar numa matemática ou numa física cristãs, e sim em matemática e física feitas por cristãos, também não devemos falar em filosofia cristã, mas em filosofia feita por cristãos, nascida de um encontro que, em si mesmo, não era necessário nem à religião cristã nem à filosofia.

Segundo esses historiadores, o encontro entre o cristianismo e a filosofia helenística não decorre de exigências internas a ambos, mas sim de condições históricas. Primeiro, do fato de o cristianismo se oferecer como religião cosmopolita ou universal (ao contrário do judaísmo, religião particular de um povo determinado), disposta a aceitar toda e qualquer pessoa porque Deus é único e a verdade é a mesma para todos — é o Deus do Universo, que substitui o particularismo do Deus da cidade (gregos e romanos) ou da nação (judeus). Em segundo lugar, porque, com os impérios de Alexandre, primeiro, e de Roma, depois, a cultura grega se difundiu rumo ao ocidente e pelo oriente, e a principal característica das filosofias helenísticas — estoicismo, epicurismo, ceticismo e neoplatonismo —, além do cosmopolitismo, é o desenvolvimento de éticas da salvação e da felicidade individuais, propícias, portanto, à recepção de uma religião universal da salvação e da felicidade dos indivíduos.

Julgamos que a argumentação contra a ideia de uma filosofia cristã e em favor de uma filosofia feita por cristãos não resolve nosso problema. Sem dúvida, como veremos, as circunstâncias históricas (sociais, políticas e econômicas) tiveram um papel decisivo na *expansão* do cristianismo, porém, por si mesmas, não explicam por que teriam sido a causa de sua *relação com a filosofia*.

Se retomarmos a afirmação de que não há uma matemática ou uma física cristãs e sim feitas por cristãos, podemos observar que os números e as figuras geométricas não possuem nada que os obrigue a cristianizar-se.[4] Em contrapartida, as ideias de evolução das espécies, na biologia, ou do movimento da Terra, na astronomia, não têm por que cristianizar-se a não ser quando se busca para elas uma origem religiosa.[5] Em outras palavras, quando se trata de definir o que é a verdade, o que é o conhecimento verdadeiro, o que pode e o que não pode a razão humana, o que é o mundo, o que é o ser humano e qual é a sua destinação, estamos diante de questões propriamente filosóficas, cujas respostas modificam o que se entende por filosofia. E é isso que faz o cristianismo: introduzir novas respostas no pensamento filosófico.

Além disso, basta lembrar que, contrariamente às demais religiões cosmopolitas, que são abertas umas às outras, o cristianismo, embora se refira ao todo da humanidade, é exclusivista: somente ele é verdadeiro e somente nele há salvação ou, como escreveu o Padre da Igreja Atanásio de Alexandria: "aquele que quiser salvar-se deve, antes de tudo, possuir a fé cristã e mantê-la, pois aquele que não a conservar por inteiro irá, indubitavelmente, para a perdição eterna".[6]

Assim, nossa pergunta é: por que os cristãos fazem filosofia? Que necessidade (e não acaso) moveu a fé em direção à razão? E vice-versa: o que levou filósofos pagãos a adotarem a fé cristã? Que necessidade (e não acaso) moveu a razão em direção à fé?

Foi exatamente o exclusivismo cristão que abriu essas duas necessidades. Os cristãos consideram que Jesus Cristo, ao afirmar, de acordo com o Evangelho de João, "eu sou a verdade e a vida", trouxe aos humanos o único e verdadeiro *conhecimento*. Em outras palavras, a fé cristã não é apenas *práxis* (uma prática de vida), mas também *theoria* (contemplação da verdade). Isso nos permite compreender que não foram somente motivos históricos externos (a presença da cultura helenística trazida pelo Império Romano), mas também motivos internos que exigiram a relação do cristianismo com um pensamento sobre a verdade e, consequentemente, com a filosofia. Ainda que, no início do cristianismo, muitos declarassem que a filosofia era falsa, inútil e perigosa para fé, isso não impediu, mas, ao contrário, suscitou a necessidade de substituir uma filosofia pagã por uma verdadeira, isto é, cristã. A *filosofia cristã* nasce quando é posta sua questão fundamental, inexistente tanto nas outras religiões de salvação como na tradição filosófica, qual seja, a *relação entre fé e razão* na determinação da ideia de verdade. Por isso, com o cristianismo, a filosofia passa a ser considerada uma sabedoria humana dependente da Sabedoria, isto é, da revelação divina da verdade, de tal maneira que as formas mais altas do conhecimento (os mistérios da fé) não são consideradas o ponto mais alto da razão humana e sim, ao contrário, a prova de seus limites.

Sob essa perspectiva, a abertura do Evangelho de João é exemplar do entrelaçamento da fé com o pensamento filosófico.

Como já observamos, derivado da palavra grega *euaggellitsomenos*, que significa "o mensageiro de boas notícias", composta de *eu* (bom, boa) e *aggellía* (anúncio, mensagem, notícia), evangelho significa bom anúncio, boa mensagem, boa notícia, boa nova, bom augúrio. Os três evangelhos sinóticos (Mateus, Marcos e Lucas) recolhem a tradição oral dos primeiros cristãos e narram a encarnação, paixão, morte e ressurreição ou glorificação de Jesus, dando testemunho de suas palavras e ações e de sua missão messiânica. O Quarto Evangelho, o Evangelho de João, porém, é uma tentativa de compreensão filosófica da pessoa de Jesus e da espiritualidade de sua doutrina. De acordo com alguns intérpretes, João se inspira no filósofo judaico Filo de Alexandria, para quem a Palavra Divina, o *Lógos*, se revela à alma racional dos humanos, feita à imagem e semelhança do divino e, por isso, capaz de interpretar espiritualmente a revelação. De acordo com outros intérpretes, João teria se inspirado na tradição gnóstica, segundo a qual, inicialmente, os humanos não reconhecem a divindade que se revela a eles, mas recebem dela o poder para chegar a esse conhecimento. Partindo da ideia de Deus como pura luz da verdade da qual provém tudo o que existe, João Evangelista invoca o *Lógos*[7] divino, identificando-o a Jesus como Filho Unigênito do Pai, verdade e sabedoria enviadas aos humanos. Examinemos o início desse evangelho.[8]

> No princípio era o Verbo (*Lógos*) e o Verbo (*Lógos*) estava com Deus e o Verbo (*Lógos*) era Deus. No princípio, ele estava com Deus. Tudo foi feito por meio dele e sem ele nada foi feito. O que foi feito nele era a vida, e a vida era a luz dos homens; e a luz brilha nas trevas, mas as trevas não a apreenderam [...] Ele estava no mundo e o mundo foi feito por meio dele, mas o mundo não o reconheceu. Veio para o que era seu e os seus não o receberam. Mas a todos que o receberam deu o poder de se tornarem filhos de Deus; aos que creem em seu nome, ele, que não foi gerado nem do sangue, nem de uma vontade da carne, nem de uma vontade do homem, mas de Deus. E o Verbo (*Lógos*) se fez carne, e habitou entre nós e nós vimos a sua glória, glória que ele tem junto ao Pai como Filho único, cheio de graça e de verdade (Jo 1,1-5, 10-14).

> "Eu sou a luz do mundo. Quem me segue não andará nas trevas, mas será a luz da vida" [...]. Vós julgais conforme a carne, mas eu a ninguém julgo; se eu julgo, porém, meu julgamento é verdadeiro, porque eu não estou só, mas comigo está o Pai que me enviou [...]. "Se permanecerdes em minha palavra, sereis verdadeiramente meus discípulos e conhecereis a verdade, e a verdade vos libertará" (Jo 8,12, 15-16, 31-32).

O historiador da filosofia Dax Moraes[9] explica que, embora a base conceitual e terminológica de João deva muito ao filósofo Filo de Alexandria, as ideias de ambos não são idênticas. Para Filo, não teria o menor sentido a afirmação do *Lógos* encarnado em um ser humano, por mais especial e único que este seja. O *Lógos* é o *mundo inteligível* das ideias, habitado por espíritos e pelas almas imortais, e não pode receber um corpo material e se encarnar num indivíduo humano, mesmo que excepcional. Essa distinção é de grande importância, pois indica as transformações conceituais introduzidas pelo cristianismo na tradição filosófica ao se apropriar dela na elaboração de uma filosofia cristã.

Podemos caracterizar a filosofia transformada em filosofia cristã pelos seguintes aspectos:

1) por sua questão nuclear, ou seja, pelas relações entre fé (revelação) e razão (filosofia) para a definição da verdade, determinando a maneira como se apropriará do racionalismo filosófico para explicar os chamados *mistérios da fé*;

2) pela transformação do cristianismo em uma *ortodoxia* (opinião correta e única ou doutrina verdadeira), ao contrário das demais religiões, que são *ortopraxias* (condutas ou práticas litúrgicas e morais corretas), nas quais a preocupação se volta para os comportamentos dos crentes e o cumprimento adequado dos cultos, enquanto na religião cristã a atenção recai também sobre os pensamentos e ideias dos crentes;

3) pela ideia de que os humanos se aproximam ou se afastam de Deus por uma decisão voluntária ou livre. A queda ou pecado é efeito da liberdade da vontade (o mal e o erro entram no mundo como obra da liberdade humana) e a salvação ou redenção é uma escolha voluntária (decidir livremente tornar-se seguidor de Cristo);

4) pela exigência de que a ortodoxia seja estabelecida por uma *autoridade competente*. Esse requisito é consequência da liberdade humana de escolher o pecado ou a salvação. Os concílios, portanto, determinam o conjunto de dogmas revelados a que a razão deve se submeter (a palavra *dógma* é grega e significa opinião correta, decreto, decisão correta tomada por uma autoridade reconhecida, verdade legalmente estabelecida), tornando necessária e legítima a condenação e a expulsão daqueles cujas ideias se desviam das doutrinas verdadeiras. Esses desvios são denominados heresias (da palavra grega *airésis*, que significa escolha de uma opinião ou preferência por uma opinião entre várias outras);

5) pela afirmação de que a inferioridade da razão humana, finita perante a sabedoria divina infinita, deve ser aceita com humildade, contra o pecado da soberba ou do orgulho, de maneira que a curiosidade ou o desejo de saber (que os

gregos haviam colocado na origem da filosofia) precisa ser controlada e contida para impedir que a concupiscência se apodere da alma humana e a leve a cair em heresias. Os cristãos jamais devem se esquecer de que o pecado original, cometido primeiro por Lúcifer (o anjo luminoso) e, a seguir, por Adão e Eva, foi o desejo de tudo conhecer ou de possuir o mesmo saber que Deus;

6) pela transformação da teologia de um saber cujo objeto é supranatural, como diziam os filósofos gregos, em demonstração racional de um conjunto de verdades ou dogmas inexistentes na tradição filosófica, pois são *mistérios da fé* e não ideias produzidas pela razão humana ou alcançadas por ela apenas pelo exercício intelectual. Em outras palavras, são verdades reveladas pelo próprio Deus, a começar por aquela que dá origem à *teologia cristã* propriamente dita: a Santíssima Trindade como o Deus uno constituído por três pessoas (Deus Pai, Deus Filho e Deus Espírito Santo). Além dessa primeira verdade, fonte de todas as outras, também são mistérios da fé, que a razão pode compreender apenas parcialmente: a criação do mundo por Deus a partir do nada e o término do mundo com o Juízo Final decretado também por Deus; o pecado original dos seres humanos; a encarnação, vida, paixão, morte e ressurreição do Deus Filho (Jesus Cristo); a ressurreição dos mortos no dia do Juízo Final; e a eternidade como salvação para os bons e danação para os maus. A teologia deve oferecer provas racionais desses dogmas, a maioria dos quais, por serem mistérios da fé, não fazem parte do repertório conceitual da tradição filosófica, e sim do conjunto de crenças que constituem o que ficou conhecido como o *Credo* cristão (a palavra *credo*/eu creio é a primeira pessoa do singular do verbo latino *credere*, crer), fixado pelo Concílio de Niceia, em 325, e ratificado com algumas modificações pelo Concílio de Constantinopla, em 381. O *Credo niceno-constantinopolitano* declara:

> Creio em um só Deus, Pai todo-poderoso, Criador do céu e da terra, de todas as coisas visíveis e invisíveis. E [creio] em um só Senhor, Jesus Cristo, Filho unigênito de Deus, nascido da substância do Pai antes de todos os séculos, luz de luz, Deus verdadeiro de Deus verdadeiro, engendrado, não criado, consubstancial ao Pai, por quem foram feitas todas as coisas, tanto as que estão no céu como as que estão na terra. O qual por nós homens e para nossa salvação desceu dos céus: encarnou-se por obra do Espírito Santo no seio da Virgem Maria e se fez homem. Também por nós foi crucificado sob Pôncio Pilatos e padeceu e foi sepultado e ressuscitou no terceiro dia, conforme as Escrituras, e subiu aos céus, onde está

sentado à direita do Pai. Ele virá novamente, em glória para julgar os vivos e os mortos, e seu Reino não terá fim. E [creio] no Espírito Santo, Senhor e fonte de vida, que procede do Pai; e com o Pai e o Filho é adorado e glorificado. Ele falou por meio dos profetas. E [creio] na Igreja, una, santa, católica e apostólica. Confesso um só batismo para remissão dos pecados. Espero a ressurreição dos mortos e a vida do mundo vindouro. Amém.[10]

O NASCIMENTO DA FILOSOFIA CRISTÃ

Para compreendermos o nascimento da filosofia cristã precisamos, de um lado, nos referir à helenização do Oriente e, de outro, ao que se passava na sociedade judaica no momento em que surgiu o cristianismo.

A helenização

De acordo com o historiador Arnaldo Momigliano,[11] até a época de Alexandre, os judeus praticamente desconheciam os gregos, genericamente denominados por eles com o termo Javã (provável tradução para Jônia, região na costa sudoeste da Anatólia, atual Turquia) e conhecidos como comerciantes e mercadores de escravizados. Segundo o historiador da helenização do cristianismo Miguel Spinelli,[12] o termo "helenismo" é empregado numa obra tardia do Antigo Testamento, o Segundo Livro dos Macabeus (escrito em grego), para se referir a usos e costumes gregos condenados pelos judeus porque contrários aos princípios da Torá, tais como a construção de ginásios para formação de atletas e a efebia (formação do jovem como belo corpo e bom cidadão e prática da homossexualidade). Momigliano afirma que, por seu turno, os gregos também ignoravam os judeus, descritos por alguns autores como sábios sacerdotais à maneira dos magos persas, dos quais seriam descendentes, que praticavam jejuns e examinavam as estrelas, invocando-as em suas preces. A mudança dessas perspectivas, diz Momigliano, ocorre com a helenização, promovida pela ação imperial de Alexandre. Não só o Segundo Livro dos Macabeus foi escrito originalmente em grego, mas também o Qohelet. O Segundo Livro dos Macabeus foi escrito em grego e o Qoelet foi escrito em hebraico tardio mesclado com aramaico e persa, e sua tradução grega o designa como Eclesiastes, pois tanto o termo hebraico quanto o grego significam "aquele que fala numa assembleia" (*ekklésia*) ou o pregador. O fato de dois livros do Antigo Testamento ou da Tanach terem sido escritos em língua grega pressupõe um contato novo entre as duas culturas.

Como aprendemos no volume II da *Introdução à história da filosofia*, a helenização do Oriente foi obra de Alexandre, que estendeu seu poderio da Macedônia até a Índia, difundindo a cultura helênica por todo o Império e fazendo do grego a *koyné*, ou seja, a língua franca de todas as regiões conquistadas. Vimos também a importância da Escola de Alexandria como centro de investigação que propiciou o desenvolvimento não só da filosofia, mas também da astronomia, da matemática e da medicina. A Grande Biblioteca de Alexandria se tornou o repositório de toda a produção intelectual e técnica helênica. Por ordem de Ptolomeu, também foram incluídos no acervo escritos das principais nações conhecidas e a Tanach judaica foi traduzida para o grego, recebendo o nome de Septuaginta.[13] O pensador judeu Filo de Alexandria, que exerceu grande influência sobre o surgimento tanto do helenismo filosófico judaico como do helenismo cristão, foi formado nessa escola e fundou um centro de ensino em Alexandria. Também estudou ali o primeiro pensador da Patrística Grega, Justino, e, assim como ele, vários outros convertidos, que, como veremos, trouxeram conceitos, temas e problemas filosóficos para o pensamento e a prática cristãos.

Podemos avaliar o grau de helenização da cultura judaica desse período se considerarmos não só que a Versão dos Setenta, ou Septuaginta, era o cânone oficial de judeus e cristãos da Ásia Menor e da orla do Mediterrâneo, mas também que três dos quatro evangelhos foram escritos em grego. Também são gregas as designações de Jesus de Nazaré como Cristo e da religião dele nascida como cristianismo. Derivado do verbo *xrien*/*chrien* (verter óleo santo em alguém ou em alguma coisa, donde *xrisma*/*chrisma*), *xristós*/*christós* significa "o que recebeu a unção santa" ou "o que foi ungido com óleos santos". Trata-se da tradução da palavra hebraica *massiah* — messias —, que significa coisa ou pessoa ungida com óleo sagrado. O judeu Jesus é, portanto, designado por uma palavra grega, *xristós*/*christós*, que, aplicada a ele, significa "o ungido do Senhor", e a religião nascida com ele recebe o nome helenizado de cristianismo. Da mesma maneira, outras designações de Jesus também são gregas: *kýrios* (senhor da vida e da morte, soberano); *soter* (salvador); *Lógos* (sabedoria, como vimos no Evangelho de João). Deus Pai é chamado *pantokrátor* (onipotente, todo-poderoso) e o Espírito Santo recebe a designação *to pneúma to hágion*. Também são de origem grega as palavras apóstolo (*apóstolos*, enviado), igreja (*ekklésia*, assembleia), católica (*katolicón*, universal), bíblia (*byblos*, papiro, livro), entre inúmeras outras.

Como já dissemos, dois autores judaicos, Filo de Alexandria e Flávio Josefo, descrevem o helenismo judaico anterior ao cristianismo e foram fontes importantes para a elaboração da relação deste com a filosofia.

a) Filo de Alexandria

Formado na Escola de Alexandria, Filo é o primeiro intérprete da Tanach a empregar os recursos da retórica e da hermenêutica gregas na interpretação ou exegese da Bíblia hebraica. Influenciado pela filosofia helenística, ele inaugura no judaísmo o *método alegórico* de interpretação da Escritura. Com o objetivo de desmitologizar e desantropomorfizar os textos sagrados e de racionalizar a religião judaica, Filo interpreta os relatos bíblicos de maneira a afastar a figura de Deus como um super-homem onipotente. O método alegórico já havia sido utilizado pelos filósofos estoicos e neopitagóricos da Escola de Alexandria para encontrar, cifrado nos mitos, o sentido espiritual das forças cósmicas e divinas, introduzindo, assim, a ideia de iniciação à sabedoria como visão espiritual do significado oculto dos mitos, visão esta reservada aos iniciados ou sábios.

As alegorias estoicas eram físicas, identificavam os deuses às forças da natureza. Já as neopitagóricas eram morais, isto é, os deuses eram concebidos como símbolos da paixão, do desejo e da virtude. Os mitos eram interpretados não como narrações dos sentimentos dos deuses, mas como símbolos dos estados interiores da alma humana. Filo seguia a corrente neopitagórica. Segundo alguns intérpretes, essa escolha decorre do vínculo de Filo com uma outra tradição interpretativa, propriamente judaica, o Midrash.[14]

Desenvolvido sobretudo pelos fariseus, intelectuais judeus do período helenístico-romano, o Midrash é um comentário e uma paráfrase de toda a Tanach composto por dois conjuntos literários: a Halacha, referente aos textos jurídicos da Lei Escrita e da Lei Oral, cujo conteúdo legal trata da conduta humana tal como estabelecida pela Torá, a lei divina revelada; e a Hagadá, que interpreta temas históricos, com finalidade pedagógico-moral, e também as profecias, distinguindo-as entre as já realizadas e as que ainda estão por se cumprir (particularmente, a vinda do messias e da Era Messiânica). É a essa tradição interpretativa judaica que Filo acrescenta a alegoria helenística. O resultado traz quatro novidades em relação ao Midrash:

1) ao distinguir entre corpo e espírito do texto — ou entre letra e sentido —, Filo recusa toda e qualquer referência ao sentido literal: o sentido é inteiramente simbólico. Rejeita, portanto, a maneira como o Midrash procura combinar sentido literal e não literal, embora sempre dê mais peso ao primeiro. Em outras palavras, o Midrash trabalha com metáforas; Filo, com símbolos: o sentido do texto é especulativo (filosófico) e escatológico[15] (conhecimento dos segredos do tempo que ainda está por vir);

2) considera que a alegoria encontra, cifrado no que é dito, um conteúdo religioso e filosófico (no sentido de espiritualidade das crenças judaicas). Por exemplo: é dito que Abraão deixou de estar com Sara depois dos "modos de mulher". A interpretação do Midrash é metafórica: "modos de mulher" significa menstruação. A de Filo é alegórica ou simbólica: "modos de mulher" refere-se às paixões irracionais dos seres humanos. Outro exemplo: em Gênesis 2,10, é mencionado um rio que dividiu o Jardim do Éden em quatro reinos. O Midrash interpreta os quatro reinos como sendo a Babilônia, a Pérsia, a Grécia e Roma. Para Filo, os quatro reinos são símbolos das quatro virtudes fundamentais (prudência, coragem, temperança e justiça);

3) o método alegórico se refere a conteúdos éticos (virtudes, vícios, teoria da alma com distinção entre razão e concupiscência, isto é, psicologia), históricos (a sucessão dos acontecimentos da história judaica como movimento interior da alma pecadora que espera a luz e a salvação), físicos (as ações de um Deus incorpóreo sobre os corpos ou a Providência Divina) e espirituais (a imortalidade da alma e sua vida futura numa existência celeste);

4) a lei divina não pode ser confundida com os costumes: ela é por natureza (*physei*) e não por convenção (*nómos*). Por isso, embora revelada apenas aos judeus, a lei divina é universal, pois tudo o que é por natureza é valido em toda parte, em todos os tempos e para todos os seres.

Voltaremos a Filo na Parte II, capítulo 1, quando examinarmos os antecedentes filosóficos da Patrística Grega.

b) Flávio Josefo

Flávio Josefo, historiador, é conhecido por duas obras: *Antiguidades judaicas* e *A guerra dos judeus contra os romanos*. A primeira é a fonte que, durante séculos, permitiu o conhecimento da história judaica, narrada desde a criação do mundo por Deus até a dispersão do povo ao ser derrotado pelos romanos no ano 70. Flávio Josefo declara explicitamente que escreveu as *Antiguidades* para refutar as falsas opiniões dos gregos sobre os judeus:

> Através de minha obra sobre a história antiga julgo ter mostrado que nosso povo, os judeus, é o mais antigo, que sua primeira formação foi original e como habitou a região que temos hoje. Abrange a cifra de cinco mil anos a história que compus em língua grega, a partir de nossos livros sagrados. Todavia, como vejo muitos darem atenção às calúnias que alguns proferem, por malícia, e recusarem-se a dar crédito ao que escrevi sobre nossa história antiga, tomando como prova de que nosso povo é mais novo o fato de que há nenhuma menção a ele nos historiadores gregos ilustres, acreditei dever escrever sobre tudo isso para pôr à prova a malícia e os ditos intencionalmente mentirosos dos detratores, para corrigir a ignorância dos outros e instruir todos os que querem saber a verdade sobre nossa Antiguidade (Flávio Josefo, *Antiguidades judaicas*, 1-11).

A guerra dos judeus segue o modelo historiográfico criado pelos gregos Heródoto e Tucídides e pelo romano Tácito. A guerra é o tema principal das narrativas e cabe ao historiador buscar testemunhos diretos (do próprio autor, dos participantes dos acontecimentos) e indiretos (narrativas posteriores baseadas nos relatos dos que presenciaram o ocorrido), avaliar a veracidade das fontes, coletar todos os dados disponíveis sobre o assunto tratado e ser imparcial, isto é, narrar acontecimentos favoráveis e desfavoráveis aos dois lados em luta.

> A guerra dos judeus contra os romanos foi a maior de nosso tempo; talvez até maior do que qualquer registro de luta entre duas nações. [...] Por isso julguei indesculpável que a verdade pudesse ser mal interpretada ou desconhecida e, graças ao meu trabalho, todos puderam ser informados acuradamente sobre as causas da guerra, os sofrimentos nela envolvidos e seu término desastroso. [...] Não pretendo diminuir os campeões romanos exagerando o heroísmo de meus conterrâneos, mas apresentarei os fatos de maneira acurada e imparcial [...]. Estou determinado, portanto, a respeitar a verdade da história, embora negligenciada pelos gregos (Flávio Josefo, *A Guerra dos judeus*, Prefácio).

Recorreremos a Josefo a seguir, quando nos referirmos às divisões internas da sociedade judaica na época do surgimento do cristianismo.

A sociedade judaica do período

Se considerarmos como Palestina apenas as regiões de nascimento, vida, pregação e morte de Jesus, tomaremos aquelas situadas a leste do rio Jordão: a Galileia, ao norte, governada por um rei judeu, Herodes Antipas, onde se encontravam as cidades de Nazaré, Cafarnaum e Cesareia, entre outras; Samaria, no centro, inicialmente governada por um rei judeu, Herodes Arquelau, e, após uma guerra civil, pelo representante de Roma, Pôncio Pilatos; e a Judeia, ao sul, governada por Pôncio Pilatos e onde se encontrava Jerusalém. Embora disputas político-religiosas dividissem as três regiões,[16] a unidade política era imposta por Roma e a língua franca era o grego (ou a *koyné*), ainda que cada região conservasse seus dialetos, provavelmente oriundos de uma língua comum mais antiga, o aramaico.

Embora a Palestina estivesse sob o domínio do Império Romano, este introduzira a *Pax Romana*, uma política de não interferência sobre costumes e tradições dos povos conquistados.[17] Dessa maneira, os judeus puderam manter a autonomia religiosa do Templo de Jerusalém, protetor da Lei de Moisés e da jurisprudência desenvolvida ao longo dos séculos para assuntos da vida social e privada. Essa autonomia desapareceu no ano 70, quando, depois da guerra que destruiu o Templo, Roma expulsou os judeus da Palestina, dando origem à diáspora (palavra grega que significa "dispersão").

Na obra *A guerra dos judeus*, Flávio Josefo descreve a sociedade hebraica do período a partir de duas grandes divisões político-religiosas. A primeira se dava entre três tendências religiosas: saduceus, fariseus e essênios; a segunda, entre aliados e inimigos do Império Romano, os fariseus e zelotas.

Para compreendermos as disputas entre essas tendências e a maneira como aparecem nos quatro evangelhos, nos Atos dos Apóstolos e nas epístolas apostólicas, vejamos, de maneira muito breve, alguns fatos da história judaica anteriores à dominação romana.

De acordo com a Bíblia, ao fundar o Estado hebraico, Moisés instituiu uma teocracia:* o povo era governado pelo próprio Deus, o qual lhe dera diretamente a Lei (a Torá) e se apresentara como Yaveh (ou Jeová).[18] Ao fundar uma teocracia, Moisés proibiu a instituição da monarquia. Antes, os dirigentes do povo de Israel eram os profetas, que recebiam, por meio de revelações, ordens e mandamentos divinos. O cumprimento da vontade de Deus era assegurado pela obediência inquestionável às profecias, transmitidas aos chefes tribais, os patriarcas. As tribos eram nômades e foram levadas em cativeiro para o Egito, onde, sob a condução de Moisés, se organizaram para a fuga e o regresso à sua terra natal. Moisés declarou ter recebido por revelação divina, no monte Sinai, o conjunto das leis cuja aplicação instituiu o Reino de Israel, dividido em doze tribos com territórios fixados. Com a instituição da Lei de Moisés, a direção das tribos coube a uma delas, a tribo de Levi, mas o governo coube aos chamados juízes, que, em ocasiões necessárias, eram escolhidos diretamente por Deus e recebiam um mandato governamental por um período determinado.

Mais tarde, em meio a fortes disputas e contrariando o que havia sido decidido por Moisés, foi instituída a monarquia, afirmando-se, agora, que os reis passariam a ser escolhidos por Deus por intermédio de um profeta, que ungiria o escolhido, que se tornava rei. Com a monarquia, dá-se a unificação territorial de Israel sob o reinado de Davi. Jovem pastor ungido rei pelo profeta Samuel, Davi eleva Jerusalém a capital. É lá que seu filho, Salomão, erguerá o templo que se converterá no centro da religião judaica. Depois da morte de Salomão, a nação hebraica divide-se em Reino do Norte, ou Israel, com dez tribos, e Reino do Sul, ou Judá, com duas tribos. Entre 622 e 621 a.C., ocorre a chamada reforma do rei Josias, que institui o poder sacerdotal. O Templo de Jerusalém converte-se em sede dos cultos e das decisões políticas, que passam a ser determinadas por textos ou pelos escritos sagrados contra a tradição oral do profetismo: surge a ideia da lei de Moisés, ou a Torá, como *Lei Escrita*. Ao se apoiar no texto escrito da revelação de Deus a Moisés, a reforma de Josias afirma que Jeová é o único e verdadeiro Deus, dando nascimento ao monoteísmo.

Posteriormente, sob o domínio da Assíria, duas deportações acontecem na região. Os habitantes do Reino do Norte são levados em cativeiro para o Egito, o que resulta na dispersão das dez tribos e no fim do Reino de Israel. Já o Reino do Sul ou Judá termina com o surgimento do Novo Império da Babilônia sob Nabucodo-

* Teocracia: do grego *théos* (deus) e *kratós* (poder).

nosor. Seus habitantes são exilados na Babilônia e o Templo de Jerusalém é destruído. Tem início o chamado Grande Exílio, durante o qual surgem três grupos:

1) os exilados no Egito (ou do Reino de Israel), que recusam a reforma de Josias e afirmam que os cultos podem ser realizados fora de Jerusalém. Eles rejeitam tanto o monoteísmo como única forma de religiosidade como os novos profetas — Jeremias, Ezequiel e o Segundo Isaías —, que afirmam que o exílio é punição merecida pelos pecados do povo e exigem penitência para o retorno das dez tribos a Israel. Pouco a pouco, esse grupo se adapta às novas circunstâncias. A ele pertencem os judeus de Alexandria, como Filo e Josefo;

2) os que permaneceram na Palestina e também não aceitam a reforma de Josias nem o novo profetismo de Jeremias, Ezequiel e o Segundo Isaías;

3) os exilados na Babilônia (ou do Reino de Judá), que aceitam a reforma de Josias e as profecias de Jeremias, segundo as quais o exílio é punição que demanda penitência; de Ezequiel, que afirma que Jerusalém será destruída e uma Nova Lei e uma Nova Jerusalém surgirão, pois Jeová firmará um novo pacto ou aliança com seu povo; e também de Segundo Isaías, que profetiza a vinda do messias, instrumento de Jeová para vingar o povo e permitir o retorno a Sião — dessa profecia nasceu o messianismo.

Depois da conquista da Babilônia, o Império Persa, de Ciro, o Grande, permite o retorno dos exilados à sua terra de origem. Em 537 a.C., em Jerusalém, são lançadas as fundações do Segundo Templo, cuja construção se desenrola entre 520 e 515 a.C. Em 445 a.C. começam a ser erguidas as muralhas ou o Muro de Jerusalém e são introduzidas reformas legais que asseguram o predomínio sacerdotal. Surgem a figura do sumo sacerdote e um conselho sacerdotal denominado Sinédrio. Finalmente, em 398 a.C., durante o sacerdócio de Esdras, dá-se a unificação de toda a Lei Escrita, a ruptura com a Samaria (que se opusera à construção do Muro), a afirmação do caráter teocrático do poder e a redação sacerdotal ou javista do cânone sagrado.[19] Nasce o *judaísmo* e, com ele, a denominação do povo judaico como Povo do Livro (em hebraico, *sefer*).

Como vimos, de acordo com as narrativas de Flávio Josefo, no período da dominação romana (que corresponde ao nascimento do cristianismo), a sociedade judaica se encontra dividida por disputas de poder: saduceus, fariseus, essênios e zelotas estão em conflito permanente.[20]

Qual a origem desses grupos político-religiosos?

Tanto os membros do Sinédrio como o sumo sacerdote consideravam-se descendentes da Casa de Davi e de Sadok (Zadoque), o primeiro sumo sacerdote a servir no Templo de Salomão. Por isso a designação *saduceus*. Julgando-se herdeiros da realeza, constituíam uma aristocracia, tanto do ponto de vista das riquezas como do poder religioso e político. De acordo com a narrativa de Lucas nos Atos dos Apóstolos, disputas de poder dividiam os saduceus laicos, defensores da independência do Templo, e os Sumos Sacerdotes, aliados dos romanos.

Na época dos Selêucidas, governantes helênicos da Palestina posteriores à morte de Alexandre (e anteriores à dominação romana), surgiram doutores da lei e mestres ou intelectuais populares denominados *fariseus* (*p'rusim* em hebraico, os separados). Eles se opunham ao monopólio da escrita e do saber pelos sacerdotes e disputavam o poder do Templo por meio das sinagogas (palavra grega que significa reunião ou assembleia para discutir, ensinar e aprender), onde estudavam e ensinavam a doutrina sagrada, interpretando os textos nos quais ela se encontrava consignada, e davam conselhos religiosos e morais, disseminando-se pela sociedade e gozando de grande prestígio junto à população.

Embora o poder e a autoridade fossem determinados pela Lei de Moisés, ou a chamada Lei Escrita, esta passou, no correr dos séculos, por inúmeras interpretações da denominada Lei Oral, isto é, ensinada para a compreensão dos mandamentos divinos na vida cotidiana e recebendo duas formulações principais: a Mishná, explicações divinamente inspiradas para a aplicação da Lei Escrita, e o Midrash, prescrições morais para a edificação dos fiéis baseadas na Lei Escrita e na tradição oral.[21] Essa distinção entre as duas formas da lei está na origem das divergências e dos conflitos entre saduceus e fariseus.

A primeira divergência entre fariseus e saduceus referia-se à autoridade da Lei Oral: os fariseus a consideravam dotada de tanta autoridade quanto a Lei Escrita, seu cumprimento sendo, portanto, tão compulsório quanto o devido à Torá. Já os saduceus, por intermédio do grupo sacerdotal, recusavam-lhe tal autoridade compulsória, afirmando que somente a Lei Escrita possuía essa autoridade, pois a Lei Oral se referia simplesmente aos costumes tradicionais e não à legalidade propriamente dita. Além disso, os fariseus exigiam que a interpretação dos textos sagrados fosse de cunho legal e que, em caso de interpretação metafórica, esta fosse jurídica; enquanto os saduceus, por aceitarem ideias helenísticas, reconheciam a validade de interpretações figuradas, isto é, alegóricas e simbólicas, para textos considerados obscuros, independentemente de qualquer implicação jurídica. A essa divergência, acrescentavam-se outras: os fariseus, baseados nos textos das duas leis, afirmavam a existência de espíritos ou anjos e a imortalidade da alma, o que era negado pelos saduceus. Finalmente, embora desde o retorno da Babilônia o messianismo fosse uma crença de toda a sociedade judaica, não era compreendido da mesma maneira por todos, dando origem a disputas por vezes violentas. Os saduceus tomavam o messianismo por um processo temporal, referindo-se a ele como Era Messiânica, e não como um acontecimento vinculado a um indivíduo excepcional. Em contrapartida, os fariseus, com base nos antigos profetas, viam o messianismo como um acontecimento profético e legal, isto é, o messias seria um indivíduo extraordinário, restaurador da Lei de Moisés contra a helenização e a romanização promovidas pelos saduceus.

Apartados dos saduceus e dos fariseus, surgiram os essênios (*hasin* ou *hasayya*, em aramaico — piedosos e santos), que rejeitavam o Templo de Jerusalém por considerá-lo impuro. Eles pretendiam restaurar a pureza do Reino de Israel e eram tidos como herdeiros dos antigos macabeus, que haviam lutado contra a helenização do povo e da religião. Os essênios formaram comunidades em vários lugares da Palestina — a mais importante delas em Qumran, perto do Mar Morto — e também fora de suas fronteiras. Espiritualistas, constituíam uma ordem monástica de estrita observância da Lei Escrita e da Lei Oral, inspiravam-se na piedade do antigo espírito profético, do qual se consideravam herdeiros, e absorveram, em seu fervor, muito do misticismo pagão (como os rituais secretos de iniciação e a oração matinal ao sol). Praticavam a pobreza e o celibato (embora alguns fossem casados e seguissem regras especiais) e tiravam seu sustento da pequena agricultura e do pastoreio (recusavam o comércio). Sua doutrina coincidia em muitos pontos com a dos fariseus: admitiam a existência de anjos, a imortalidade da alma e a figura do messias como um mestre espiritual ou sábio.

Com a dominação romana, surgiram os zelotas (do grego *zelotès*, zeloso, admirador, seguidor), que não se definiam por uma doutrina determinada, mas por uma prática: a rebelião e a luta armada contra Roma e seus aliados judeus. Eles serão responsáveis pela destruição do Templo de Jerusalém, no ano 70, ao participarem de uma revolta que levou à expulsão dos judeus da Palestina pelos romanos. Inspirados na figura do rei davídico (o monarca escolhido por um profeta e por este ungido com óleos santos), concebiam o messias como rei, juiz e chefe militar, guerreiro que libertaria Israel do jugo do Império Romano, e muitos deles depositaram em Jesus de Nazaré[22] essa esperança. De acordo com várias narrativas, Judas era zelota e, sentindo-se traído por Jesus, entregou-o ao Sinédrio.[23]

É nessa sociedade dividida religiosa e politicamente que nasce o cristianismo, vindo acrescentar uma nova divisão às já existentes, como atestam os evangelhos, primeira expressão da relação conflituosa dos cristãos tanto com a sociedade e a religião judaicas, isto é, com sua forte tradição jurídica e litúrgica (particularmente a respeito da circuncisão), quanto com o helenismo judaico. Por seu turno, as epístolas dos apóstolos revelam dissensões entre os próprios cristãos, como entre Pedro e Paulo, e entre este e Tiago (irmão de Jesus e não incluído por Lucas entre os doze apóstolos). Enquanto Pedro considera Jesus o messias judaico profetizado que, por isso, mantém a continuidade entre judaísmo e cristianismo, Paulo afirma a ruptura entre as duas religiões e a universalidade da última. Tiago se mantém fiel aos mandamentos de Moisés e aos costumes judaicos e ensina que a salvação depende das obras (ou das ações de cada ser humano), Paulo afirma que a salvação depende inteira e exclusivamente da graça divina e da fé.

Além disso (como assinala o apóstolo Paulo na Primeira Epístola aos Coríntios e na Epístola aos Gálatas), há o surgimento contínuo de seitas, dividindo as igrejas da Palestina, da Ásia Menor, do Oriente Médio, da Grécia e do Norte da África. O aparecimento de inúmeros evangelhos que, posteriormente, não seriam incluídos no cânone cristão dá provas dessas dissensões. No Novo Testamento, estão presentes apenas quatro evangelhos, nos quais, apesar de coincidências, há várias divergências, como é o caso da data e do local do nascimento de Jesus e da afirmação de sua vinda miraculosa contraposta à sua genealogia como pertencente à Casa de Davi, bem como a apresentação do Filho como igual ao Pai ou como inferior a este, ou ainda a ideia de que Jesus trará a paz em contraposição à de que ele trará a espada e a divisão, e assim por diante.

A dissensão também se exprime na oposição dos cristãos aos pagãos, isto é, na aceitação ou recusa das disposições legais do Império Romano, como veremos ao estudar os primeiros Padres, também chamados de Padres Apologetas.

O *KERIGMA* OU A PREGAÇÃO DOS EVANGELHOS

De acordo com os Atos dos Apóstolos, no ano 30 dá-se um acontecimento extraordinário conhecido como Pentecostes:[24] o Espírito Santo, sob a forma de línguas de fogo, desce do céu e não apenas infunde no espírito dos Doze Apóstolos o conhecimento perfeito do significado da vida, paixão, morte e ressurreição de Jesus, mas também os investe de poder e autoridade para pregar esse conhecimento e espalhá-lo por toda parte. Com o "dom das línguas", ou o conhecimento de várias línguas, os apóstolos recebem também a missão sagrada do *kerigma* (pregação, em grego) para dar provas da verdade trazida por Jesus. Tem início a evangelização, que difundirá as igrejas cristãs por Oriente Médio, Ásia Menor, Grécia e Macedônia, Norte da África, Península Itálica e regiões submetidas ao Império Romano do Ocidente.

O historiador da Patrística Jacques Fontaine escreve:

> Toda a literatura cristã dos primeiros tempos poderia trazer como epígrafe o primeiro versículo de João: "No princípio era a Palavra". Seus diversos gêneros nasceram da necessidade primordial de tomar a palavra para levar a Palavra a todos os recantos do mundo. [...] O movimento interior do qual nasce essa literatura é, portanto, inseparável da missão apostólica: a proclamação da Palavra a todas as nações (Fontaine, 1970, p. 7).

Filólogos e historiadores consideram que a versão definitiva que possuímos dos evangelhos foi redigida fora da Palestina e muito tempo depois dos fatos narrados. A distância temporal entre os acontecimentos e os relatos, bem como o fato de esses escritos terem sido redigidos após a queda de Jerusalém, no ano 70, por autores que não viviam na Palestina, explica a presença de anacronismos, contradições factuais e erros de geografia e topografia. As imprecisões são inúmeras. O relato do batismo de Jesus por João Batista, por exemplo, afirma que uma pomba desceu sobre ele. No entanto, a pomba é um símbolo samaritano e, como vimos, Samaria era odiada pelos judeus e considerada impura.[25] O lago de Tiberíades é descrito como mar, sem referência ao fato de que o nome se aplica à cidade mais importante da Galileia, sua capital. Ou então, para narrar o retorno de Jesus de Tiro à Galileia, o fazem passar pela cidade de Sídon, que ficava 35 quilômetros ao norte, e por mais dez cidades da Transjordânia.[26] A cidade de Nazaré, onde Jesus teria vivido, não é mencionada por nenhum autor judaico nem pelos recenseadores romanos e, além disso, contraria a versão de que Jesus nasceu em Belém por ser descendente da Casa de Davi. As duas árvores mais significativas da Palestina, o cedro e a tamareira, jamais são citadas. E assim por diante. No plano propriamente religioso, o desconhecimento dos costumes da Palestina aparece, por exemplo, no episódio da Santa Ceia, quando Jesus teria dito aos discípulos, partindo o pão, "este é meu corpo, tomai e comei", e erguendo o cálice de vinho, "este é meu sangue, tomai e bebei", pois isso seria inaceitável para um hebreu, uma vez que a Lei Escrita, em Gênesis 9,4, proíbe comer "carne com a sua alma, isto é, o sangue" e ordena a punição do culpado com morte por apedrejamento. Entretanto, esse gesto de Jesus não seria absurdo em tradições orientais como, no caso da ingestão do sangue, o culto egípcio de Isis e Osíris e, no caso da ingestão do corpo, o culto oriental de Mitra, ou seja, em tradições não judaicas.[27]

O fundamental, porém, é compreendermos o significado e o papel dos evangelhos (e não apenas dos três sinóticos e do de João, mas também dos muitos outros que se perderam ou não foram aceitos no cânone cristão),[28] porque serão eles o núcleo do *kerigma*. Por esse motivo, o historiador das religiões Avery Dulles, em sua *História da apologética*, considera que a intenção dos quatro evangelhos não é apenas narrar a vida, paixão, morte e ressurreição de Jesus, mas é também apologética, isto é, afirmar a superioridade do cristianismo e persuadir judeus e pagãos a aceitá-lo, auxiliando-os a superar dúvidas e hesitações.

À primeira vista, os evangelhos não são apologéticos, isto é, não polemizam com os infiéis nem defendem Jesus e os apóstolos: são *mensagens*, relatos sobre a vida, paixão, morte e ressurreição de Jesus. No entanto, sua dimensão apologética é inegável, pois elevam Jesus à condição de Senhor, provada por sua ressurreição, por ter cumprido todas as profecias do Antigo Testamento e realizado milagres.

Marcos retrata Jesus como o Filho de Deus em luta contra os poderes de Satanás (no caso, fariseus, saduceus e pagãos) erguidos contra ele e, para isso, oferece abundante material em defesa da fé cristã aos pregadores em sua missão de converter os infiéis. Não à toa, a ênfase da narrativa se volta para os milagres realizados por Jesus.

Por sua vez, Mateus escreve para uma comunidade cristã vinda do judaísmo e por isso o texto é escrito contra os fariseus e os escribas do Templo, que não acreditam que Jesus seja o Messias prometido pelos profetas, motivo pelo qual o evangelista cita continuamente Isaías, que, segundo ele, teria profetizado a vinda de Jesus. No entanto, Mateus também se dirige aos pagãos, para garantir-lhes que a Igreja Cristã realizará suas esperanças. É em seu evangelho que encontramos a ideia de que Jesus trouxe uma Nova Lei, como transparece na célebre passagem em que o apóstolo Pedro é a pedra sobre a qual edificará sua igreja, ligando a terra e o céu, e que lhe dará as chaves do Reino, o qual jamais será vencido pelos poderes infernais.[29]

No caso de Lucas, dois aspectos são claramente apologéticos, sobretudo nos Atos dos Apóstolos: 1) ele escreve na época em que o cristianismo se expande pelo Império e por isso procura converter os romanos louvando a justiça romana ao afirmar que Pilatos declarou Jesus inocente e foram os sacerdotes judeus que o condenaram à morte; 2) ele elabora uma teologia da história como redenção, na qual o reino messiânico já existe: é a Igreja, reino espiritual que coexiste com os reinos humanos de onde vieram e de onde vêm os cristãos, que neles podem viver sem conflito, pois não há motivo para recusar a justiça romana e há muitas razões para rejeitar a injustiça dos sacerdotes judeus.

Finalmente, no caso de João, a crítica contínua ao judaísmo o leva a afirmar não só a ascendência de Jesus sobre João Batista, mas também sua superioridade intelectual perante as pretensões e técnicas de argumentação dos fariseus e sacerdotes. Jesus é Filho de Deus, é Sabedoria, luz que veio ao mundo, mas que não é deste mundo e sim do mundo espiritual da graça, da verdade e da felicidade. Pela espiritualidade, João universaliza Jesus.

Instrumentos principais do *kerigma* ou da pregação, os quatro evangelhos e os Atos dos Apóstolos se voltam para a figura de Jesus: aos judeus afirmam que ele cumpre as profecias e por isso todos os evangelistas usam a expressão "como está escrito", ou seja, está registrado na Escritura como anúncio profético; aos não judeus educados na cultura helenística asseguram que ele é o conhecimento verdadeiro, a luz da verdade; e aos cristãos oferecem provas da divindade de Jesus e da realeza de Cristo. Esta última não só explica a vinda dos reis magos trazendo ao recém-nascido ouro, incenso e mirra, símbolos do poder régio, mas remete sobretudo ao significado do nome *Xristós/Christós*, isto é, ungido, pois nas tradições oriental e judaica a unção é constitutiva do cerimonial de elevação de um homem à condição de rei.

A CRISTOLOGIA

Existem divergências entre os estudiosos sobre o surgimento do que se denomina *cristologia* ou Jesus de Nazaré como ungido por Deus (*massiah*, *christós*).

De acordo com a história comparada das religiões, a cristologia teria sido formulada em dois momentos consecutivos: o primeiro, inteiramente judaico, apresentou Jesus como o messias profetizado pelo Antigo Testamento; o segundo, elaborado à medida que o cristianismo se expandia, teria sido helenístico-romano, pois, para conseguir a conversão dos pagãos, o messias judaico recebeu novas características, provenientes da cultura grega (como a denominação de Jesus como *Christós*, *Kyriós*, *Sóter* e *Lógos*) e das religiões do Oriente Médio (o deus morto ressuscitado, a divindade como cordeiro imolado, a doação do corpo e do sangue aos fiéis na forma da eucaristia etc.).

De acordo com a história social e política, a cristologia seria o resultado das condições sociopolíticas da Judeia sob o domínio romano e, por isso, fruto do nacionalismo zelota. Nessa interpretação, Jesus e os apóstolos teriam sido zelotas que incomodavam saduceus, fariseus e romanos. Aos seguidores de Jesus, morto como prisioneiro político, restou instituir uma interpretação que o espiritualizasse e convertesse num messias universal, e não apenas dos judeus, livrando-os da perseguição judaica.

Os historiadores da Igreja, por sua vez, concebem a cristologia como uma elaboração baseada no Jesus histórico (que se reconhecia como Filho de Deus e Messias) e nos textos proféticos da Tanach (particularmente Ezequiel e Isaías), bem como nos três evangelhos sinóticos e no de João, nos Atos dos Apóstolos e nas epístolas, os quais completam o Antigo Testamento com a narrativa da vida, paixão, morte e ressurreição de Jesus, que é o Cristo, o ungido de Deus.

Embora divergentes, todas essas interpretações têm elementos em comum. Em primeiro lugar, consideram que a ideia de um messias não é helenístico-romana, mas judaica, e exatamente por isso não apenas a menção aos textos do Antigo Testamento (a afirmação contínua da frase "como está escrito") é compreensível e necessária para a formulação da cristologia, como também a caracterização do messias Jesus de acordo com as várias tradições messiânicas judaicas. Eis por que ele surge como rei (saduceus), sábio ou mestre (fariseus), libertador (zelotas) e purificador do espírito (essênios), unificando em uma única pessoa as várias figuras judaicas do messias. Em segundo lugar, reconhecem que sem a identificação de Jesus como messias ou com a função messiânica não haveria cristianismo. Em terceiro, afirmam que o núcleo da cristologia é a condição de Jesus como Filho de Deus e, portanto, sua ressurreição e elevação ao céu em glória e majestade.

Podemos, de maneira muito breve, mencionar as várias formulações cristológicas tomando como referência os diversos nomes ou títulos dados a Jesus para consagrá-lo como messias / Cristo:

- *Anjo de Deus*: nas tradições judaica e judaico-helenística, bem como na Igreja de Jerusalém, o messias era chamado Anjo de Deus, conforme as profecias de Ezequiel. Essa angelologia foi combatida pelo apóstolo Paulo e pelos evangelistas Mateus e Lucas, e acabou por ser considerada uma heresia.
- *Senhor da Palavra e da Lei*: nas tradições mosaica e profética, o messias tinha função nacional e escatológica, sendo uma espécie de novo Moisés. Donde a importância da pergunta feita a Jesus nos evangelhos — "És Elias? És João Batista?" — bem como da afirmação, no Evangelho de Mateus, nos Atos dos Apóstolos e na Epístola aos Hebreus, de que ele viera para trazer a espada, destruir a Velha Lei e instituir a Nova Lei, como atesta o significado simbólico do Sermão da Montanha contraposto ao que se passara com Moisés no monte Sinai.
- *Nome de Deus*: em inúmeras passagens do Antigo Testamento, ao prometer ajuda e salvação, Deus diz que enviará alguém e "meu nome estará nele". Por esse motivo, os evangelhos enfatizam falas de Jesus como: "fazei isto em meu nome", "sereis odiados por todos por causa de meu nome", "ide e pregai em meu nome". Ora, na tradição judaica, quando Deus se dirige a Moisés como "Sou Aquele que sou", o texto do Antigo Testamento mantém a ideia judaica de que o nome de Deus (Yaveh) significa a presença e o poder divinos, e é exatamente isso que o Novo Testamento passa a identificar com Jesus.
- *Pastor*: na tradição judaica, a relação de Deus com o povo costumava ser expressa com a metáfora do pastor e seu rebanho. Nos Salmos, é dito: "Deus é meu pastor, nada me falta". Os profetas Zacarias, Ezequiel e Miqueias denominam o messias como pastor, designação que reaparece nos evangelhos.

- *Cordeiro*: nos textos do Antigo Testamento, o termo é usado para se referir ao sacrifício do messias e, em Enoch, para caracterizar as vitórias da Era Messiânica. Jesus é nomeado cordeiro nesses dois sentidos. Em João, é chamado "cordeiro sacrificial".[30]
- *Pedra Gloriosa, Pilar*: nos Salmos e no profeta Isaías, trata-se da pedra que será o alicerce da Era Messiânica; no profeta Daniel, é o pilar do Império de Israel. Jesus é assim chamado nos Atos dos Apóstolos, nas epístolas de Pedro, no Evangelho de Lucas e nas epístolas de Paulo aos Romanos e aos Efésios.
- *Princípio ou Primogênito*: aparece no Apocalipse com o sentido de primeiro ou fundador quando Jesus afirma "eu sou o alfa e o ômega", isto é, o princípio e o fim.
- *Servo Sofredor*: o termo surge na "Canção do Servo Sofredor", no profeta Isaías, para designar Israel como o povo eleito, e é adotado no Novo Testamento e pelos primeiros cristãos para conferir um sentido messiânico à crucificação de Jesus.
- *Rei Davídico*: na tradição judaica (Isaías, Ezequiel, Miqueias, Zacarias, Macabeus, Salmos), persiste a crença de que o messias virá da Casa de Davi e de sua cidade, Belém. Desde o início, os cristãos também estão firmemente convencidos de que Jesus é o rei davídico. Por isso (apesar de todas as impossibilidades históricas), o Novo Testamento o faz nascer em Belém, receber os presentes de outros reis — os três reis magos — e ser a aclamado como rei no dia da Festa de Ramos, em Jerusalém, além de dar grande valor às letras latinas na placa fixada sobre a cruz (INRI — *Iesu Nazarenus Rex Iudaeorum* — Jesus Cristo Rei dos Judeus).[31]
- *Filho do Homem*: expressão cunhada no Antigo Testamento, nos apocalipses de Daniel e Enoch, para designar o messianato como humilhação e sofrimento do ungido de Deus, mas também sua vingança e glória. No Novo Testamento, esse nome é identificado com o Jesus ressuscitado. De fato, embora existam tradições orientais do Deus morto e ressuscitado e o mito grego do renascimento de Dionísio, o caso de Jesus é totalmente diverso. Nos mitos orientais, a ressurreição indica de imediato a imortalidade divina, pois na tradição hebraica Deus é o ser na sua plenitude: "Sou Aquele que sou". Com relação ao mito grego, a ressurreição periódica de Dionísio afirma a dimensão cíclica do tempo e o retorno ao início,

o que não é o caso do Messias, que vem num tempo linear que terminará com a abertura do não tempo, isto é, da eternidade.

- *Filho de Deus*: este é o nome mais importante de Jesus e aparece em todos os evangelhos (com maior ênfase no de João) e na pregação do apóstolo Paulo em Damasco. Enquanto os títulos anteriores apontam Jesus como Filho de Deus por ser o messias, agora, porém, Jesus se considera o messias por ser Filho de Deus, pois é essa condição divina que garantirá sua ressurreição e elevação aos céus, ou seja, o cumprimento de sua missão e seu poder. No Antigo Testamento, Israel e seu povo, bem como o rei ungido, é que são designados como filhos de Deus. Dessa maneira, o título dado a Jesus como Cristo ou o ungido de Deus sintetiza os vários sentidos do nome Filho de Deus (messias, senhor, Nova Lei, rei), significando: missão, vitória, glória, poder, novo tempo e novo mundo.

Os nomes *Filho do Homem* e *Filho de Deus* implicam uma mutação de grandes proporções na elaboração cristológica.[32] Com efeito, a crença na ressurreição de Jesus está fundada numa interpretação messiânica do Antigo Testamento baseada, particularmente, em duas figuras, uma elaborada pelo profeta Isaías e outra pelos profetas Daniel e Enoch. Em Isaías, o Filho do Homem aparece na figura do Servo Sofredor que oferece sua vida a Jeová para a salvação de Israel e, de acordo com os Salmos, é livrado do inferno por Deus e elevado para sentar-se à sua direita (como é explicitamente declarado no Credo); em Daniel e Enoch, o Filho do Homem é um ser celeste que fará de Israel o último e o mais poderoso dos impérios. O apóstolo Pedro, segundo a narrativa de Lucas nos Atos dos Apóstolos, toma essas figuras como prova da ressurreição e elevação de Jesus e de sua volta ou sua Segunda Vinda no tempo do fim: "Deus o fez Senhor e Cristo" (At 2,36) e o guarda nos céus até "os tempos de restauração de todas as coisas" (At 3,21), quando há de julgar os vivos e os mortos, cumprindo a promessa feita por Deus a Abraão. A única (mas gigantesca) diferença entre os apóstolos Pedro e Paulo está no fato de que, para Pedro, Jesus em glória e majestade destina a salvação apenas a Israel, enquanto Paulo afirma que a redenção será universal. O passo seguinte, dado pelos apóstolos e pelos evangelistas, transforma o Filho do Homem no Filho de Deus, o que é inevitável, porque o Filho do Homem dos apocalipses de Daniel e Enoch é um ser celeste preexistente ao mundo. Ao fazê-lo manifestar-se no Jesus de Nazaré ressuscitado, este muda de condição, tornando-se Filho de Deus, ou Deus encarnado, que desceu do céu à terra e subiu da terra ao céu para voltar uma segunda vez a fim de julgar os vivos e os mortos e passar do tempo à eternidade. Essa mudança colossal, isto é, a deificação de Jesus como Filho de Deus, irá impregnar para sempre o cristianismo nascente e determinará as formulações filosófico-teológicas da Patrística, isto é, o surgimento do mistério da Santíssima Trindade (Deus Pai, Deus Filho e Deus Espírito Santo).

Sob essa perspectiva, o episódio da Santa Ceia ou da Eucaristia[33] assume um sentido menos absurdo do que vimos anteriormente, ao comentar os evangelhos e a proibição judaica de ingerir sangue. De fato, tanto na tradição judaica como na oriental, o banquete régio é uma refeição sagrada na qual o rei oferece vinho, porque a vinha simboliza a árvore da vida e a união da comunidade como um único povo, e oferece pão porque este simboliza a regeneração da terra e o ofício régio como responsável por essa regeneração perante Deus. Se unirmos as figuras do Filho do Homem, do Servo Sofredor e do Filho de Deus, compreendemos que, na eucaristia, como a própria palavra grega diz, estamos diante da boa doação, da boa graça, e, no caso, da doação de si por Jesus, de um rei.

Dessa maneira, os nomes recebidos por Jesus constroem sua figura como *Christós* (ungido e por isso rei); a de *Christós* como *Kýrios* (Senhor), *Theos* (poder cósmico) e *Sóter* (Salvador Universal); e, finalmente, *Lógos* (Verbo Divino ou Sabedoria de Deus). A deificação de Jesus é o ponto da ruptura com a tradição judaica e do nascimento do cristianismo, e prepara a entrada em cena da tradição helenística e, com ela, a da filosofia.

2. Fé e razão: o apóstolo Paulo

O cristianismo nascente não polemiza apenas com o judaísmo, mas também com a filosofia helenística.

As polêmicas iniciais do cristianismo quanto à aceitação ou recusa da filosofia, ou o exame da relação entre fé e razão, têm como ponto de partida as epístolas ou cartas do apóstolo Paulo, particularmente a Primeira Epístola aos Coríntios e a Epístola aos Romanos.

Nascido em Tarso, na Cilícia, Shaúl, da tribo de Benjamin — chamado Saulus em latim —, era fariseu; portanto, adversário dos saduceus, dos essênios, dos zelotas e dos helenistas judaicos. Embora, como alguns fariseus, simpatizasse inicialmente com a ideia de Jesus como sábio e mestre, voltou-se contra os cristãos e perseguiu vários deles (como Estêvão). Após sua miraculosa conversão ao cristianismo (por ter tido uma visão de Cristo na estrada de Damasco), deu a si mesmo o nome de Paolos/Paulus,[1] que significa "pequeno", para mostrar sua pequenez diante da grandeza de Jesus Cristo. Essa pequenez é acentuada na abertura da Epístola aos Romanos, quando se apresenta como apóstolo e servo de Jesus Cristo.[2]

Paulo combateu em duas frentes: contra os fariseus e os zelotas, isto é, contra Jerusalém e o helenismo ou paganismo, ou seja, contra Atenas.

No caso dos fariseus, Paulo voltou-se contra a interpretação dos textos sagrados de maneira literal ou submissa à letra da Lei de Moisés, cuja consequência seria a adoção, pelo cristianismo, de toda a jurisprudência judaica reguladora dos costumes públicos e privados: circuncisão obrigatória para os cristãos, respeito ao Shabat, ao calendário das festas judaicas e à dieta alimentar, proibição de casamentos mistos e de compartilhar a refeição com não judeus etc. Ergueu-se também contra o nacionalismo dos zelotas, que ligavam Jesus ao destino temporal de Israel e o tomavam como rei da Casa de Davi, messias guerreiro que cumpriria a palavra dos profetas e libertaria o povo da dominação romana.

Contra fariseus e zelotas, e com base na crença judaica (proveniente do profeta Isaías) de um pacto ou aliança firmada entre Deus e o povo, Paulo introduz a célebre distinção entre a Antiga Aliança (a Lei de Moisés), escrita na pedra, e a Nova Aliança (a graça divina trazida por Jesus), inscrita no coração de cada um — ou seja, a superioridade da lei interior (a consciência de cada um) em relação à lei exterior (os códigos e regulamentos). Contra os fariseus, Paulo afirma que o judaísmo é o reino material da letra — o reino da carne —, mas o cristianismo é o reino imaterial do espírito. O templo não é um edifício de pedra, mas o coração de cada um — o reino espiritual da caridade e da graça, dos dons espirituais e salvíficos trazidos por Cristo. Contra os zelotas, declara que Jesus não é fundador de mais uma entre as seitas judaicas, pois o cristianismo não é a fé de um povo particular, mas uma religião universal que transfigura o judaísmo e cumpre seu sentido espiritual, oculto e profético. O Messias não veio para salvar Israel e sim para redimir a humanidade inteira, condenada pelo pecado do primeiro homem. Essa universalidade atribuída ao cristianismo levou Paulo a se apresentar como "apóstolo dos povos", *ethnón apóstolos*, e a afirmar, em suas epístolas, que se dirige aos judeus e aos helenos.

Como Paulo apresentava essas ideias?

Como fariseu, Paulo estava acostumado à interpretação metafórica dos textos sagrados judaicos, própria do Midrash, isto é, a distinção entre o sentido e a letra do texto. Essa interpretação, por ser farisaica, referia-se tanto à Lei Escrita como à Lei Oral e, por isso, tinha um cunho essencialmente jurídico e legalista, que permaneceu em Paulo. Como combatia a helenização do judaísmo, embora usasse às vezes o termo *alegoria*, Paulo se afastou de Filo, que acentuara o sentido filosófico dos textos bíblicos. A interpretação paulina é metafórica e enfatiza o sentido legal ou jurídico dos textos. Tomemos, por exemplo, a interpretação sobre as duas mulheres ligadas a Abraão e seus filhos: a esposa Sara, mãe de Isaac, e a escrava Agar, mãe de Ismael. Para Filo, as quatro personagens são alegorias: Sara é a sabedoria espiritual; Agar, a prudência ou sabedoria prática; Ismael é o sofista; e Isaac, o sábio. Para Paulo, entretanto, todos são metáforas jurídicas: Agar é a Antiga Aliança ou a Lei Escrita na pedra, dada por Deus a Moisés para o povo hebraico, a Jerusalém Terrena; Sara é a Nova Aliança ou a Nova Lei trazida por Jesus, lei universal escrita no coração de cada um para a salvação eterna na Jerusalém Celeste; Ismael é o filho da escravidão (os judeus) e Isaac, o filho da liberação (os cristãos).

Essa perspectiva jurídica ou legal explica a distinção paulina entre dois pactos: Antiga Aliança (o pacto de Deus com os judeus por meio da Lei de Moisés) e a Nova Aliança (o pacto de Deus com toda a humanidade por meio de Jesus). Esse procedimento elucida o uso religioso feito por Paulo do termo grego *typós*, que significa marca (a cicatriz deixada por uma ferida, a presença da fisionomia dos pais nos filhos), figura (como a efígie gravada nas moedas), esboço, contorno, sombra, imagem fluida. O *typós* é lembrança de algo que aconteceu, prefiguração do que virá, imagem antecipatória de uma realidade verdadeira que ainda está por vir, sombra do que virá em pessoa. O emprego desse termo é fundamental para a elaboração da ideia jurídica ou legal de que há *dois Testamentos* ou duas expressões da lei de Deus, o primeiro como *typós* do segundo ou sua prefiguração.

No entanto, a tipologia paulina não se limita a diferenciar as duas alianças, mas também busca a continuidade entre os dois Testamentos, uma vez que são os profetas do Antigo que permitem ao Novo afirmar que Jesus é o messias. Para marcar a continuidade, Paulo emprega o termo grego *parábola*, que significa aproximação, encontro de termos distintos. Os acontecimentos passados são parábolas do tempo presente. Assim, por exemplo, o profeta Isaías afirma que Deus promete ao povo uma terra de fertilidade plena, com rios de leite e mel cujo leito é de safiras, e, explica Paulo, essa profecia é uma parábola da promessa da manifestação corpórea de Cristo. Dessa forma é que, com Paulo, a interpretação dos textos sagrados se torna *cristocêntrica*: Jesus Cristo é a chave para a compreensão da Sagrada Escritura (Antigo e Novo Testamento). Todas as profecias são cristológicas.

O combate de Paulo ao judaísmo helenista é simultâneo ao combate ao paganismo como idolatria e à filosofia como sabedoria mundana ou sabedoria segundo a carne.

A filosofia, afirma o apóstolo, pretende persuadir por meio de discursos e argumentos, mas a verdadeira e plena sabedoria é espiritual, revelação da verdade divina por Jesus, que não precisa da persuasão pelo discurso, mas se realiza pela graça (*charisma*) infundida em nosso espírito por Cristo. A filosofia é a pretensão da razão de tudo conhecer; o cristianismo é iluminado pela fé na verdade revelada. O *charisma* confere a quem o recebe uma autoridade vinda diretamente de Deus — a autoridade carismática — e confere ao carismático a inspiração divina para compreender e expor a verdade ou a palavra revelada.

Compreendemos, assim, a origem da relação conflituosa entre o apóstolo e o racionalismo da cultura helenística. Essa oposição é evidenciada no célebre discurso de Paulo no Areópago,[3] em Atenas, relatado nos Atos dos Apóstolos:

> Enquanto os esperava em Atenas, seu espírito inflamava-se dentro dele, ao ver cheia de ídolos a cidade. [...] Até mesmo alguns filósofos epicureus e estoicos o abordavam. E alguns diziam: "O que quer dizer este palrador?". E outros: "Parece um pregador de divindades estrangeiras". Isto porque ele anunciava Jesus e a Ressurreição. [...] Tomando-o então, conduziram-no ao Areópago, dizendo: "Poderíamos saber qual é essa nova doutrina apresentada por ti? Pois são coisas estranhas que nos chegaram aos ouvidos. Queremos, pois, saber o que isto quer dizer. [...].
>
> De pé, então, no meio do Areópago, Paulo falou: "Cidadãos atenienses, sob todos os aspectos, sois os mais religiosos dos homens. Pois, percorrendo a vossa cidade e observando os vossos monumentos sagrados, encontrei até um altar com a inscrição: 'Ao Deus desconhecido'. Ora bem, o que adorais sem conhecer, isto venho eu anunciar-vos. O Deus que fez o mundo e tudo o que nele existe, o Senhor do céu e da terra, não habita em templos feitos por mãos humanas. Também não é servido por mãos humanas, como se precisasse de alguma coisa, ele que a todos dá vida, respiração e tudo o mais. De um só homem ele fez toda a raça humana para habitar sobre toda a face da terra, fixando os tempos anteriormente determinados e os limites do seu habitat. Tudo isto para que procurassem a divindade e, mesmo

às apalpadelas, se esforçassem por encontrá-la, embora não esteja longe de cada um de nós. Pois nele vivemos, nos movemos e existimos; aliás, já disse: "Porque somos também de sua raça". Ora, se somos da raça divina, não podemos pensar que a divindade seja semelhante ao ouro, à prata ou à pedra, a escultura da arte e engenho humanos. Por isso, não levando em conta os tempos da ignorância, Deus agora notifica aos homens que todos e em toda parte se arrependam, porque ele fixou um dia no qual julgará o mundo com justiça por meio do homem a quem designou, dando-lhe crédito diante de todos, ao ressuscitá-lo dentre os mortos".

Ao ouvirem falar da ressurreição dos mortos, alguns começaram a zombar, enquanto outros diziam: "A respeito disso, vamos ouvir-te outra vez". Foi assim que Paulo retirou-se do meio deles. Alguns homens, porém, aderiram a ele e abraçaram a fé (At 17,16-34).

Um grego não teria problema com a figura de um Deus morto e ressuscitado, pois essa é a figura do deus Dionísio. Filósofos estoicos e epicuristas, no entanto, que criticaram o antropomorfismo e a irracionalidade dos mitos, só poderiam rir de Paulo e prometer, um dia, discutir com ele. Esse relato dos Atos dos Apóstolos nos ajuda a compreender o que Paulo escreverá na Primeira Epístola aos Coríntios.

Nessa epístola, Paulo estabelece uma distinção fundamental: o que é sabedoria para a razão é escândalo e loucura para a fé e o que é escândalo e loucura para a razão é verdade para a fé. De que escândalo e de que loucura se trata? De um Deus morto na cruz.

No capítulo 1, versículos 18-27 da Primeira Epístola aos Coríntios, Paulo escreve:

> [...] a linguagem da Cruz é loucura para aqueles que se perdem, mas para aqueles que se salvam, para nós, é poder de Deus. Pois está escrito: 'Destruirei a sabedoria dos sábios e rejeitarei a inteligência dos inteligentes. Onde está o sábio? Onde está o homem culto?'. Onde está o argumentador deste século? Deus não tornou louca a sabedoria deste século? [...] Os judeus pedem sinais, e os gregos andam em busca de sabedoria; nós, porém, anunciamos Cristo crucificado, que para os judeus é escândalo, para os gentios é loucura, mas para aqueles que são chamados, tanto judeus quanto gregos, é Cristo, poder de Deus e sabedoria de Deus. Pois o que é loucura de Deus é mais sábio do que os homens, e o que é fraqueza de Deus é mais forte do

> que os homens. [...] Mas o que é loucura no mundo, Deus a escolheu para confundir os sábios.

Mais adiante, nos capítulos 2 (versículos 1-15) e 3 (versículo 16), o apóstolo reafirma a diferença profunda entre a sabedoria segundo a carne (a dos gregos e judeus helenistas) e a sabedoria segundo o espírito (a dos cristãos):

> Eu mesmo, quando fui ter convosco, irmãos, não me apresentei com o prestígio da palavra ou da sabedoria para vos anunciar o mistério de Deus. Pois não quis saber outra coisa entre vós a não ser Jesus Cristo e Jesus Cristo crucificado [...] minha palavra e minha pregação nada tinham da persuasiva linguagem da sabedoria, mas eram uma demonstração de Espírito e poder, a fim de que vossa fé não se baseie sobre a sabedoria dos homens, mas sobre o poder de Deus. No entanto, é realmente de sabedoria que falamos entre os perfeitos, sabedoria que não é deste mundo nem dos príncipes deste mundo, votados à destruição. Ensinamos a sabedoria de Deus, misteriosa e oculta, que Deus, antes dos séculos, de antemão, destinou para nossa glória. Nenhum dos príncipes deste mundo a conheceu [...]. A nós, porém, Deus o revelou pelo Espírito. Pois o Espírito sonda todas as coisas, até mesmo as profundidades de Deus. Quem, pois, dentre os homens, conhece o que é do homem, senão o espírito do homem que nele está? Da mesma forma, o que está em Deus, ninguém o conhece senão o Espírito de Deus. Quanto a nós, não recebemos o espírito do mundo, mas o Espírito que vem de Deus [...] não falamos segundo a linguagem ensinada pela sabedoria humana, mas segundo aquela que o Espírito ensina [...]. O homem psíquico[4] não aceita o que vem do Espírito de Deus. É loucura para ele; não pode compreender, pois isso deve ser julgado espiritualmente. [...] Não sabeis que sois um templo de Deus e que o Espírito de Deus habita em vós?

Por sua vez, a Epístola aos Romanos pode ser considerada a fundação da *doutrina cristã*. Nela estão todos os elementos que constituirão o edifício da teologia e da ética cristãs e, por esse motivo, devemos, ainda que de modo breve, acompanhar as principais ideias ali apresentadas.[5]

Paulo começa afirmando que Deus pode ser conhecido por suas obras e que a razão humana é capaz desse conhecimento. Não há, portanto, desculpa para o desconhecimento do divino, do qual o paganismo dá provas com o politeísmo e a idolatria: "jactando-se de possuir a sabedoria, [os pagãos] tornaram-se tolos e trocaram a glória do Deus incorruptível por imagens do homem corruptível, de aves, quadrúpedes e répteis" e por isso "serviram à criatura em lugar do Criador" (Rm 1,22-23, 25).

Esse desconhecimento não apenas leva a adorar o que não é Deus, mas também a comportamentos contrários às leis naturais criadas por Ele, que decidiu castigar por sua infidelidade aqueles que os praticam. Para punir seus corpos, "Deus os entregou a paixões aviltantes" (Rm 1,26), isto é, a homossexualidade e o adultério, com que praticam "torpezas" (Rm 1,27). Para punir suas almas (*psyché*), retirou-lhes a capacidade de julgar corretamente e os entregou "para fazerem o que não convém, repletos de toda sorte de injustiça, avidez e malícia; cheios de inveja, assassínios, rixas, fraudes e malvadezas" (Rm 1,28-29). Temos, assim, a primeira lista cristã dos pecados humanos (corporais e psíquicos) e sua justa punição. De fato, visto que a razão pode perfeitamente conhecer o certo e o errado contidos nas leis da natureza e que Deus concedeu a cada um a consciência — "a lei gravada em seus corações" (Rm 2,15) —, então é justo que venham "tribulação e angústia para toda pessoa que pratica o mal, para o judeu em primeiro lugar, mas também para o grego; glória, honra e paz para todo aquele que pratica o bem, para o judeu em primeiro lugar e também para o grego" (Rm 2,9).

Essa universalidade da punição e da glória, contida na distinção paulina entre a lei gravada na pedra (a lei judaica) e a lei inscrita no coração ou na consciência de cada um (a lei cristã), desloca a justiça divina para nosso interior, mas sob uma condição fundamental, que não pode ser cumprida pelos judeus nem pelos filósofos pagãos: a aceitação da graça (*charisma*) divina, que leva à inabalável fé em Jesus Cristo, que veio para nossa redenção e salvação. Somente a graça divina nos ilumina e somente a fé nos justifica e nos salva, porque o sangue derramado por Cristo nos reconcilia com Deus. Por intermédio de um só homem — Adão — o pecado, a perversão e a morte entraram no mundo, mas também pela doação de um só homem — Jesus Cristo — a justiça foi restaurada: "assim como pela falta de um só resultou a condenação de todos os homens, do mesmo modo, da obra de justiça de um só, resultou para todos os homens a justificação que traz a vida" (Rm 5,18).

A Epístola aos Romanos retoma o que Paulo escrevera na primeira carta à igreja de Corinto, isto é, a distinção entre carne e espírito. Em Romanos, capítulo 7, versículos 5 e 6, lemos:

quando estávamos na carne, as paixões pecaminosas que através da Lei [de Moisés] operavam em nossos membros produziam frutos de morte. Agora, porém, estamos livres da Lei [de Moisés], tendo morrido para o que nos mantinha cativos, e assim podermos servir em novidade de espírito e não na caducidade da letra.

A distinção entre a carne e o espírito, no entanto, desemboca numa situação dramática que parece incontornável, pois, embora saiba que a lei verdadeira — a de Cristo — é espiritual, o ser humano é

> carnal, vendido como escravo ao pecado [...] não consigo entender o que faço; pois não pratico o que quero, mas faço o que detesto [...] não faço o bem que eu quero, mas pratico o mal que não quero [...] o pecado habita em mim (Rm 7,14-15, 19-20).

Paulo formula aquilo que se tornou o núcleo da ideia cristã do *pecado* e que será retomado com enorme força por Agostinho: a divisão interior entre os apetites e desejos ou as paixões (a carne) e a razão (a consciência), entre saber o que é o bem e, no entanto, desejar e praticar o mal.[6] Essa divisão é apresentada pelo apóstolo como um conflito entre duas leis:

> Verifico pois esta lei: quando eu quero fazer o bem, é o mal que se me apresenta. Eu me comprazo na lei de Deus segundo o homem interior, mas percebo outra lei em meus membros que peleja contra a lei da minha razão e me acorrenta à lei do pecado que existe em meus membros [...]. Assim, pois, sou eu mesmo que pela razão sirvo à lei de Deus e pela carne à lei do pecado (Rm 7,21-23, 25).

"Sou eu mesmo": sou uma identidade dividida.[7] Ora, a distinção entre as duas leis (a de Deus e a do pecado) exprime uma distinção essencial proposta por Paulo: a distinção entre *psyché* — a alma humana racional ou a razão como faculdade natural de conhecimento (aquilo que, na Epístola aos Coríntios, é designado como "homem psíquico") — e *pneúma* — o espírito como dom sobrenatural voltado para os mistérios da fé (denominado Espírito de Deus na carta à igreja de Corinto). A *psyché*, ou razão natural, conhece segundo a carne e a letra, mas somente o *pneúma*, ou o espírito, alcança o sentido ou o verdadeiro significado inscrito na letra porque recebeu os dons do Espírito Santo: a fé (sabedoria plena), a esperança (profecia) e a caridade (amor recíproco entre os membros da comunidade cristã).

Judeus e filósofos pagãos conhecem segundo a *psyché*; somente o cristão conhece segundo o *pneúma*, somente o cristão é capaz de reconhecer a divisão interna de seu ser e, por isso, somente ele é capaz de vencê-la — vitória que não é meramente racional, mas espiritual, trazida pela fé e pela graça divina.

FÉ E RAZÃO

O historiador da filosofia Nicola Abbagnano resume os principais pontos da fundamentação e da ética da nova religião contidas na Epístola aos Romanos, que se tornaria referência obrigatória das disputas teológicas e interpretações filosóficas no mundo cristão, atravessando os séculos até nossos dias:

1) a afirmação de que, por natureza, podemos conhecer a existência de Deus, ainda que não possamos conhecer sua essência. Essa afirmação significa que a ignorância dessa existência (o ateísmo) é uma culpa, ou seja, pecado.[8] De fato, a existência de Deus é conhecida através das obras divinas, nas quais Ele mesmo se revela e nas quais se apoiam de modo evidente o seu poder e a sua glória;

2) a doutrina do pecado original e da redenção pela fé em Cristo e não por obra da Lei de Moisés, pois Deus é justo e por isso enviou seu Filho para nos libertar do pecado originário;

3) o conceito da graça (*charisma*) como dom trazido por Jesus Cristo e por isso como ação salvadora de Deus através da fé;

4) o contraste entre a vida segundo a carne e a vida segundo o espírito. A primeira é mortal enquanto a segunda é imortal ou vida verdadeira;

5) a identificação do Reino de Deus com a vida e o espírito da comunidade dos fiéis, isto é, com a Igreja (*ekklésia*), pois esta é o corpo de Cristo, do qual os cristãos são diferentes membros harmonizados e concordes;

6) a definição da comunidade cristã como espaço fraterno em que há lugar para as mais variadas tarefas, pois todas contribuem para a unidade do conjunto: cada um deve escolher aquela para a qual foi chamado ou sua vocação.[9] Dessa maneira, é dada a um a sabedoria, a outro a ciência, a outro a fé, a outro o dom da profecia e assim por diante, mas todos são como os membros de um único corpo, que é o próprio corpo de Cristo, a comunidade dos cristãos. A diversidade de funções na comunidade torna necessária a harmonia espiritual entre os seus membros garantida apenas pelo amor, pela caridade *(charitas)*. O amor é a condi-

ção de toda a vida cristã, e por isso todos os outros dons do espírito (a profecia, a ciência, a fé, a esperança) nada são sem a caridade.

Por sua vez, Gilson considera que, no caso do apóstolo Paulo, é preciso focalizar a relação entre fé e razão sob duas perspectivas: uma em que a fé exclui a razão e outra em que esta se harmoniza com aquela. A exclusão é clara na Primeira Epístola aos Coríntios, na qual a fé é loucura para a razão e a razão é loucura para a fé. No entanto, escreve Gilson, nessa mesma epístola, é mantido o valor da razão, entendida como voz interior ou consciência moral, dada por Deus a todos os seres humanos. No caso da Epístola aos Romanos, a razão não é apenas a consciência moral, mas também a luz natural que permite aos humanos conhecer a existência e potência de Deus por meio de suas obras e é invocada por Paulo para dizer aos pagãos que eles não têm desculpa para recusar a revelação e a fé cristã — a razão louca é a que não se submete à fé. A presença da graça faz com que a aceitação dos limites da razão se transforme em virtude — a virtude da humildade perante a sabedoria infinita — e em superioridade do cristão, pois indica que este é um eleito de Deus para a salvação.

Devemos, porém, assinalar que, apesar das considerações de Abbagnano e Gilson, a questão não está encerrada, pois resta ainda saber como a distinção paulina entre *psyché* (razão) e *pneúma* (espírito) repercutiu entre os pensadores cristãos no estabelecimento da relação entre filosofia e religião, razão e fé.

De fato, duas passagens da Epístola aos Romanos sempre foram interpretadas como ataques ao helenismo ou como interdição ao conhecimento filosófico para o cristão.

A primeira se encontra no capítulo 11, versículo 20. Em grego, Paulo escreve: *mê ypselo phrónei, allà phóbou.* Na tradução da Bíblia de Jerusalém (publicada no século XX), essa passagem diz: "não te ensoberbeças, mas teme". No entanto, na célebre tradução da Bíblia para o latim, a Vulgata de Jerônimo (texto canônico para a Cristandade até o século XX), lê-se: *noli altum sapere, sed time.* Ou seja, "não queiras saber sobre o alto, mas teme".

A segunda passagem se encontra no capítulo 12, versículo 3, que a Bíblia de Jerusalém traduz como: "peço a cada um de vós que não tenha de si mesmo um conceito mais elevado do que convém". Jerônimo, contudo, escreveu, em latim: *non plus sapere quam oportet sapere.* Ou seja, "não queiras saber mais do que o saber oferece".

Qual foi o efeito das duas traduções de Jerônimo, que vigoraram do início do cristianismo até nossos dias?

Em um ensaio intitulado "O Alto e o Baixo: O tema do conhecimento proibido nos séculos XVI e XVII", o historiador das ideias Carlo Ginzburg[10] considera que, ao traduzir o grego *phrónein* pelo latim *sapere*, Jerônimo traduz a Epístola aos Romanos à luz da Epístola aos Coríntios, na qual, como vimos, Paulo condena a especulação filosófica. Ora, lembra Ginzburg, o verbo grego *phrónein* significa sabedoria moral, prudência,[11] mas com a tradução latina dessa palavra por *sapere* abandona-se o sentido moral do apelo de Paulo e a passagem passa a significar saber intelectual, conhecimento filosófico e o mandamento de que não devemos ousar conhecer o Alto, uma censura contra a pretensão da razão ao conhecimento pleno.

Ginzburg observa que mesmo que o problema do conhecimento proibido pudesse ser explicado como um engano de tradução e mesmo que Paulo não tivesse intenção de proibir o conhecimento filosófico ou rebaixar a razão humana, é importante entendermos o sentido da expressão "o Alto" quando tomada em seu sentido filosófico: em primeiro lugar, trata-se do mistério do ser do próprio Deus, que habita o Alto (os céus), ou os segredos de sua ação; em segundo lugar, o Alto é a realidade cósmica ou os segredos da Natureza; e, em terceiro, é a realidade política ou os segredos do poder (o poder dos reis). Estamos diante dos célebres três segredos ou *arcana* — de Deus, da Natureza e do Poder.[12] Assim, em seus três sentidos, o conhecimento do "Alto" é o desvendamento ou deciframento de mistérios e segredos pela razão. Isso significa que esses três conhecimentos estão proibidos para o cristão com a tradução de Jerônimo.

No entanto, diversamente de Ginzburg, consideramos que a tradução de Jerônimo não trai o pensamento de Paulo. De fato, no judaísmo nascido com o Segundo Templo,[13] o nome de Deus está escondido e não pode ser pronunciado, sendo substituído, entre outros apelativos, por "o Altíssimo". A tradução de Jerônimo funde essa tradição, na qual Paulo está enraizado, com a tradição cristã, inaugurada por Paulo, do "Alto" como mistério indecifrável. *Noli altum sapere* significa que se deve temer o conhecimento das "coisas do Alto" — os mistérios de Deus, da Natureza e do Poder; e *non plus sapere* significa que o ser humano, além de nada saber sobre as "coisas do Alto", também nada sabe de si próprio senão o que lhe é trazido pela fé ou pela revelação divina, ou seja, a consciência moral natural (*psyché*) é insuficiente para a verdadeira sabedoria do espírito (*pneúma*) e depende da graça (*charisma*) pela qual se recebe a fé em Cristo. Institui-se, portanto, uma oposição entre a razão (*psyché*) — a sabedoria segundo a carne ou conforme a razão natural — e o espírito (*pneúma*) — a sabedoria revelada em e por Cristo. A primeira é limitada, insuficiente e corre o risco constante de enganar-se; a segunda, pela graça da fé, nos submete à revelação divina e permite alcançar a verdade.

Como observa o helenista Jacques Chevalier, uma tendência que percorrera as filosofias helenísticas, voltadas para a busca da tranquilidade da alma, e que, aristocraticamente, caracterizava a superioridade do sábio, é transformada pelo cristianismo com a invenção da ideia de *humildade*, que desloca um privilégio de aristocratas para um anseio popular:

> Dessa época data o que justamente foi chamado "o nascimento da humildade", o sentimento crescente da dependência humana, instinto primordial que aparece e explode nas horas de crise. Às vezes ele não é senão o orgulho vencido, mas o cristianismo iria ensinar ao homem a humildade que exalta porque ela se presta à ação superior de Deus (Chevalier, 1991, p. 186).

Com a humildade — *noli altum sapere* — ou a oposição entre uma razão insuficiente e agitada e a graça ou a tranquilidade do espírito, Paulo abre o longo caminho que será trilhado pelas discussões filosóficas cristãs sobre as relações entre razão e fé e que são assim resumidas por Gilson:

> A filosofia só aparece na história do cristianismo no momento em que certos cristãos tomam posição em relação a ela, seja para condená-la, seja para absorvê-la na nova religião, seja para utilizá-la em função da apologética cristã. O termo "filosofia" apresenta, desde essa época, o sentido de "sabedoria pagã", que conservará durante séculos. Mesmo nos séculos XII e XIII, os termos *philosophi* e *sancti* significarão diretamente a oposição entre as concepções do mundo elaboradas por homens privados das luzes da fé e as dos Padres da Igreja falando em nome da revelação cristã (Gilson, 2001, p. 1).

É sob essa perspectiva que consideramos Paulo o início e o fundamento do que será a filosofia cristã. Ou, como observa Jacques Fontaine,[14] a filosofia cristã nasce para transformar em sucesso o insucesso de Paulo ao discursar aos gregos no Areópago.

3. As heresias

Como vimos, desde seu surgimento, o cristianismo foi marcado por divergências não só com as várias correntes do judaísmo e com a filosofia (ou o paganismo), mas também entre os próprios cristãos. Além disso, uma das peculiaridades do cristianismo em face da maioria das religiões está no fato de ele controlar não apenas as ações e práticas religiosas de seus adeptos no que diz respeito aos cultos, mas também seus pensamentos e ideias. Assim, as dissensões entre os cristãos, de um lado, e o controle do pensamento, de outro, abriram espaço para que a opinião ou o comportamento considerado sectário ou cismático[1] viesse a ser denominado *heresia*, distinguindo-se do *ateísmo*, que nega a existência de Deus.[2]

A palavra heresia deriva do termo grego *airésis*,[3] que significa escolha de uma opinião ou de uma ação. Essa palavra aparece em vários textos do Novo Testamento para se referir a facções e seitas (por exemplo, Atos dos Apóstolos se refere às heresias dos saduceus e dos fariseus) e é empregada na Segunda Epístola de Pedro bem como por Paulo logo na abertura da Primeira Epístola aos Coríntios e na Epístola aos Gálatas para se referir a divisões entre seus seguidores. Nesse primeiro momento, a palavra é empregada para se referir tanto à oposição aos saduceus e fariseus como às dissensões entre os cristãos relacionadas à definição dos comportamentos e da vida cotidiana — isto é, a dificuldade para compreender as exigências de um modelo novo de vida. Todavia, à medida que o cristianismo foi se tornando uma *ortodoxia* — do grego *órtos* (correto) e *doxa* (opinião) —, isto é, a opinião correta ou a doutrina correta, heresia passou a significar a escolha de uma doutrina errônea. A heresia, portanto, é expressão de controvérsias doutrinárias entre os cristãos.

Embora, nos primórdios do cristianismo, a heresia não tenha sido considerada uma doutrina errônea, mas simplesmente escolha de uma opinião incorreta, podemos indagar por que sua recusa se inicia tão cedo, já nos primeiros escritos apostólicos. O núcleo dessa rejeição se encontra exatamente na ideia de *escolha*. Vimos, pelas posições de Paulo (nas epístolas) e de Lucas (nos Atos dos Apóstolos) e pelos primeiros debates sobre as relações entre fé e razão, que *escolher* significa usar exclusivamente nossa própria vontade para fazer alguma coisa ou para pensar algo, sem ser guiado por Deus. Ora, dada a limitação de nossa razão e visto que nossa vontade está corrompida em decorrência do pecado original, conclui-se que quem escolhe por conta própria sempre escolherá o erro e o mal e, portanto, sempre estará contra Deus. Em suma, uma escolha puramente humana em matéria de fé significa que uma heresia é uma opinião formulada exclusivamente pela razão humana e escolhida pela vontade humana, sem a iluminação da graça divina, e por isso é inaceitável e condenável.

Inicialmente, as dissensões entre os cristãos eram inevitáveis porque havia inúmeros evangelhos e epístolas (e não apenas os textos que, mais tarde, seriam fixados pelo cânone); havia, portanto, uma pluralidade de narrativas sobre Jesus, formuladas com base nas lembranças dos primeiros apóstolos e de seus discípulos, que ensinavam de acordo com o que ouviam de seus diferentes mestres. Além disso, como vimos no capítulo anterior, existiam disputas entre os próprios apóstolos, que se irradiavam para seus discípulos e seguidores nas várias igrejas que fundavam para a evangelização e a catequese. Essas dissensões eram fortemente combatidas, pois punham em risco aquilo que mais tarde viria a ser denominado *Regra de Fé* ("um só batismo, uma só fé, uma só Igreja"), isto é, a unidade dos sacramentos, o cumprimento correto das liturgias e das regras morais da vida comunitária (solidariedade, confiança, ajuda mútua, sexualidade regrada), a autoridade eclesiástica em matéria de fé e a certeza da salvação eterna.

Pouco a pouco, o contato com a filosofia, com outras concepções religiosas e com as múltiplas formulações doutrinárias que se espalhavam pelas comunidades cristãs deu a essas dissensões e a esses conflitos um novo significado, porque eles passaram a exprimir-se como ideias e doutrinas que punham em risco a "verdadeira doutrina" pregada pelos dirigentes eclesiásticos. Os conflitos se difundiram no interior das igrejas da Ásia Menor, do Oriente Médio, da Grécia e Macedônia, do Norte da África, da Península Itálica e das províncias ocidentais da Gália, Aquitânia, Hispânia e Britânia.

A solução drástica para impor um fim às dissensões foi trazida por um imperador romano que se converteu ao cristianismo e instituiu princípios jurídicos e hierárquicos para determinar legalmente quem tinha direito ao exercício do poder eclesiástico como autoridade doutrinária incontestável e legítima para condenar as opiniões desviantes ou heréticas.[4]

O helenista Paul Veyne, em seu livro *Quando nosso mundo se tornou cristão (312-394)*, escreve:

> em 312, eclodiu o mais imprevisível dos acontecimentos: um dos coimperadores, Constantino, converteu-se ao cristianismo [...] o gesto mais audacioso jamais realizado por um autocrata [...]. Sua conversão lhe permitiu participar do que considerou uma epopeia sobrenatural, cuja direção foi tomada por ele [...] por sentir que seu reinado e a santa piedade eterna de Deus se recusavam absolutamente a permitir que a condição humana continuasse a vagar nas trevas (Veyne, 2007, pp. 9; 11).

Constantino outorgou autoridade doutrinária irrevogável aos concílios, que, desde o ano 49, reuniam periodicamente os principais representantes das várias igrejas com a finalidade de estabelecer uma doutrina única ou o *Consensus Eclesia*. A partir de Constantino, surgiram os concílios ecumênicos, reunindo todos os dirigentes eclesiásticos do Império Romano sob a direção imperial (seja com a presença dos próprios imperadores, seja com a de seus representantes). A Igreja, enfim, se erguia como instituição propriamente dita. Os concílios mais importantes foram o de Niceia (em 325) e o de Constantinopla (em 381), dos quais resultou a fixação da ortodoxia cristã por meio do *Credo niceno-constantinopolitano*,[5] e o de Cartago (em 397), que, ao estabelecer o cânone, permitiu, por um lado, a uniformização da doutrina do magistério cristão ao assinalar os textos autorizados e, por outro, a determinação de quem tinha autoridade para ministrar os sacramentos e pregar a doutrina segundo a *Regra da Fé*. A partir daí, as divisões não mais se referiam àquelas entre cristãos e judeus e entre cristãos e pagãos, mas entre os próprios cristãos com base na distinção entre *ortodoxia* — o conjunto dos dogmas afirmados pelo Credo — e *heterodoxia*, entendida como dissenso e sedição, ou seja, *heresia*.

Da conversão de Constantino e do Concílio de Niceia em diante, o vínculo entre a Igreja e o Império Romano terá enormes consequências para a história do cristianismo. Após a decisão de Constantino, interessado em assegurar sua autoridade em todo o território imperial e em proteger o cristianismo por meio de seus decretos, as questões religiosas ganharam uma dimensão política e jurídica. A doutrina se transformou em lei e a heresia em crime. A heresia se tornou um modo de crer, pensar, agir e viver contrário ao que foi legalmente estabelecido pelas autoridades eclesiástica e política (Igreja e Império passam a constituir a *comunidade cristã*). Passou, portanto, a ser submetida a sanções religiosas e civis de caráter institucional, o que permitiu a condenação de indivíduos e grupos considerados sediciosos ou cismáticos. Essa mudança encontrará seu momento culminante na promulgação de um decreto do imperador Teodósio, em 381, que definiu a heresia como crime político, proibiu os cultos religiosos judaicos e pagãos em todo o território e estabeleceu o cristianismo como religião oficial do Império Romano, denominando os cristãos como católicos, isto é, membros de uma religião universal, a única verdadeira.

Como escreve o historiador das religiões Edward Peters em *Heresy and Authority in Medieval Europe* [Heresia e autoridade na Europa medieval]:

> Se o problema do dissenso e da heresia preocupava, inicialmente, as pequenas comunidades ou as pequenas igrejas do primeiro e segundo séculos, espalhadas pela Ásia Menor e pela orla do Mediterrâneo, a partir do século IV, ele se constituiu como problema social e político em larga escala. A partir de então, a história da heresia toca muito mais aspectos do que apenas a questão teológica da escolha e do dissenso. Embora seja parte da história religiosa, a heresia é parte da história social e política. Doravante, os próprios conceitos de consenso, autoridade e heterodoxia nas disputas entre hereges e clérigos passaram a influenciar o pensamento eclesiástico, social e político mesmo quando, séculos depois, indivíduos heréticos e movimentos heréticos desapareceram com os últimos hereges reduzidos a cinzas e as portas da Inquisição finalmente se fecharam ou se quebraram (Peters, 1980, pp. 2-3).

A heresia se torna parte não só da história religiosa, mas também da história social e política, pois a transformação da comunidade cristã em organização e estrutura eclesiástica — a Igreja — introduz conceitos e instituições sociopolíticos, tais como autoridade, hierarquia, disciplina, consenso, dissenso e legalidade. Podemos dizer que, se para o desenvolvimento da filosofia cristã foi decisiva a oposição entre Jerusalém e Atenas (para usarmos uma fórmula criada pelo Padre Apologeta Tertuliano), em contrapartida, para o desenvolvimento da história do cristianismo como Igreja, o par decisivo foi a unidade entre Jerusalém e Roma, isto é, entre duas formações históricas definidas pelo legalismo (a Torá e o Direito Romano) que sustentou a formulação cristã do Direito Canônico, no qual a heresia é definida como oposição criminosa à autoridade eclesiástica, esta última definida juridicamente como *autoridade teológico-política*.

A Igreja lidou de duas maneiras com as heresias: pela *via da caridade* (*caritas*), isto é, por meio de exortações, pregações e incentivos a reforma de vida e penitência para trazer o/a herege de volta ao rebanho; e, a partir do decreto do imperador Teodósio, pela *via do poder* (*potestas*), isto é, pelo uso da força (tortura) e da coerção legal (proibição de cultos, ensinamentos, escritos) em conformidade com o princípio do *compelle intrare* (forçar a entrar),[6] o qual, em caso de fracasso, conduzia à expulsão, à prisão e, em certos casos, à morte.

Se reunirmos os escritos apostólicos e as decisões conciliares e imperiais do momento em que se consolida a autoridade da Igreja de Roma, encontraremos a definição do/da herege. Diferentemente do que ocorria nos tempos iniciais do cristianismo, em que a heresia, na maioria dos casos, se referia aos não cristãos, agora se trata do que se passa apenas com os cristãos, levando, como assinala Kochakowicz, à ideia de "inimigo interno" da Igreja, ou, como escreveu o Padre Isidoro de Sevilha: "são heréticos os que lançaram para fora da Igreja", contrariando o princípio do *compelle intrare*. A partir de então, herege é a pessoa batizada que nega ou duvida de algum artigo de fé estabelecido pelo Credo e que, embora se declare cristã, obstina-se em seus erros apesar das definições e proibições das autoridades eclesiásticas e políticas. Herege

> é alguém que apela para o mesmo cânone que os ortodoxos, mas que o interpreta de modo diferente; na maior parte das vezes não quer ser uma pessoa inovadora, apenas pretende restaurar a mensagem divina original e por isso, frequentemente, acusa os ortodoxos de heresia. [...] é o "inimigo interno" da Igreja e por isso os heréticos sempre foram tidos como um perigo maior do que os judeus, os pagãos,

os apóstatas e os libertinos, e, como consequência, ela sempre os tratou com maior severidade (Kochakowicz, 1987, pp. 302-3).

Se tomarmos o Credo como expressão máxima da ortodoxia cristã, as principais heresias no início do cristianismo podem ser definidas conforme a recusa de alguma ou várias das verdades da fé ali fixadas (o Deus uno-trino ou a Trindade, a encarnação, a criação do mundo a partir do nada, a eucaristia, a salvação pela graça etc.). Cada uma das principais formas heréticas se subdivide em várias outras, dependendo das interpretações propostas por seus seguidores. De acordo com os historiadores, no final do século IV, estavam listadas 375 heresias, que ficaram conhecidas como *Heresias dos Antigos*. Esse número tão elevado decorre do fato de que cada uma das heresias principais se subdividia em várias seitas, com novas denominações.

Se considerarmos apenas as denominações mais gerais e não suas inúmeras subdivisões, concluímos que, durante a Patrística, as heresias mais importantes (pelo tema doutrinário, pelo número de seguidores e pela duração) foram o gnosticismo (criação do mundo e salvação), o arianismo (Trindade), o pelagianismo (livre-arbítrio da vontade) e o maniqueísmo (bem e mal como princípios universais). Cada uma delas se ramificou em várias outras, de menor porte.

As *Heresias dos Antigos*, isto é, as principais heresias do período da Patrística, podem ser assim resumidas:[7]

Ortodoxia	Heresia
Monoteísmo: um só Deus, um só princípio.	Maniqueísmo: dualismo. Dois princípios: bem e mal em combate permanente.
Criação do mundo a partir do nada.	Gnosticismo: este mundo imperfeito não pode ter sido criado por Deus, mas por um demiurgo que operou sobre a matéria preexistente.
O Filho é coeterno ao Pai, do qual é gerado como unigênito.	Gnosticismo: o Filho emanou do Pai. Arianismo: o Filho é gerado pelo Pai e é de substância diferente da do Pai.
Ortodoxia	**Heresia**
Trindade: uma só substância (*ousía*) em três pessoas (*hypóstases*).	Monarquianismo: um só Deus sem divisões. Modalismo: Filho é um modo de Deus. Arianismo, nestorianismo: o Filho não é da mesma natureza que o Pai; duas naturezas e duas pessoas. Monofisismo: Cristo tem apenas a natureza divina e não a humana. Sabelianismo: o Espírito Santo não é pessoa divina. Monotelismo: o Filho tem apenas uma vontade, a divina, e não a humana.
Virgindade de Maria.	Recusada por todos os que negam que o Filho é de mesma natureza que o Pai ou pessoa divina.
Salvação: pela ação redentora de Jesus Cristo.	Gnosticismo: salvação pelo conhecimento espiritual trazido por Cristo e pelo ascetismo moral.
Salvação: pela graça santificante do batismo.	Pelagianismo: o pecado original ou o pecado de Adão não se transmitiu aos humanos; a vontade é sempre individual e o batismo das crianças é inútil para a salvação.
Salvação: pela participação na Igreja como Reino de Deus.	Gnosticismo, montanismo: salvação pela Segunda Vinda de Cristo, que trará o fim dos tempos.
Eucaristia.	Recusada por todos os que recusam a pessoa divina de Jesus.
A revelação está completa.	Montanismo: após a morte dos apóstolos, a revelação continua com novos profetas até a Segunda Vinda de Cristo, que é iminente.
Recusa do retorno à Igreja dos traidores da fé.	Donatismo: todo cristão arrependido deve ser aceito de volta à Igreja.

Das *Heresias dos Antigos*, o gnosticismo, o montanismo, o arianismo, o maniqueísmo e o pelagianismo foram as mais duramente combatidas. O quadro da página anterior, vigente durante a Patrística, foi bastante ampliado com novas heresias durante a Idade Média; seu combate levou à elaboração teórica da *heresiologia* e à criação de uma organização eclesiástica — o Santo Ofício da Inquisição — encarregada de julgar e condenar escritos e obras considerados desviantes da doutrina autorizada, bem como pessoas e movimentos heréticos (como os valdenses, os cátaros, os milenaristas seguidores do abade franciscano Joaquim de Fiore, feiticeiros, bruxas etc.). O combate às heresias por meio da Inquisição culminou, nos séculos XV e XVI, na condenação da Reforma Protestante (Wycliffe, Hus, Lutero, Zuínglio, Calvino, Henrique VIII) e do novo pensamento filosófico-científico, iniciada ainda no Renascimento, com Giordano Bruno sentenciado à morte, e consolidada no século XVII com a condenação de Galileu, da obra de Espinosa, dos socinianos e dos jansenistas (estes últimos, inimigos dos poderosos jesuítas).

Também é preciso mencionar que, toda vez que uma das seitas cristãs assumia o poder teológico e político, seus adversários eram imediatamente considerados hereges. Basta lembrar que, na Inglaterra protestante de Henrique VIII, os católicos romanos (chamados de papistas) eram perseguidos como hereges, porém, na mesma época, na França católica de Henrique IV, heréticos eram os protestantes, denominados huguenotes.

PARTE II

A PATRÍSTICA

1. Antecedentes da Patrística

Não trataremos aqui dos detalhes e meandros do pensamento filosófico que antecede a Patrística ou da lenta e difícil elaboração dos conceitos que o constituem. Tampouco abordaremos as controvérsias que suscitou e suscita entre os estudiosos. Mencionaremos apenas aspectos gerais e questões amplas que interessaram aos Padres da Igreja, muitos dos quais não conheceram diretamente os textos filosóficos originais nem seus autores, mas tiveram contato com fragmentos e comentários feitos por discípulos, dos quais vários Padres foram alunos ou leitores.

A TEOLOGIA MOSAICA DE FILO DE ALEXANDRIA

Ao estudarmos a presença da filosofia helenística no pensamento judaico, vimos a importância de Filo de Alexandria, que procurou desmitologizar a Sagrada Escritura introduzindo o método alegórico de interpretação dos textos, isto é, a distinção entre seu sentido literal e seu sentido oculto e verdadeiro. Os acontecimentos e as personagens da Bíblia são símbolos de conceitos metafísicos, morais e espirituais. Ao proceder dessa maneira, Filo foi responsável pelo desenvolvimento de uma teologia que oferece um estatuto racional e místico aos textos bíblicos, ou como se dizia na época, "uma elevada filosofia", pois, desde Aristóteles, a teologia, como ciência sobre o divino, encontrava-se no topo do conhecimento filosófico.[1]

A obra de Filo tem suscitado interpretações divergentes. Alguns a consideram eclética, mesclando crenças judaicas com ideias do médio platonismo, do estoicismo e do neopitagorismo; outros a consideram rigorosamente judaica, embora escrita com o vocabulário da filosofia helenística; outros, por sua vez, enfatizam sua originalidade tanto perante as tradições hebraicas como em face da filosofia alexandrina, introduzindo em ambas ideias até então desconhecidas. Por exemplo, no caso dos hebreus, introduz a ideia de que o conhecimento é uma disposição do espírito ou uma inspiração para captar racionalmente uma verdade revelada, passando do conhecimento sensível ao conhecimento inteligível; e, no caso da filosofia, introduz as ideias de um deus único e de criação do mundo a partir do nada.

Todavia, mesmo quando é afirmada a originalidade de Filo, há divergências interpretativas. Indaga-se, por exemplo: teria Filo concebido a criação do mundo a partir do nada ou a partir de uma matéria preexistente? Essa indagação decorre do fato de que, em alguns textos, Filo afirma que Deus trouxe ao ser o que antes não existia, portanto, criou a partir do nada; em outros, porém, considera que Moisés antecipou Platão ao ensinar que, antes da criação do mundo, havia água, escuridão e caos, portanto, matéria preexistente. Isso coloca uma nova indagação: o que é a matéria preexistente? Filo afirma se tratar de algo como o não ser — caótico, desordenado, sem harmonia — e que Moisés declarou que Deus trouxe à luz e ao ser o mundo perfeitamente ordenado, afastando o não ser.

Não discutiremos a pluralidade de interpretações, mas simplesmente apresentaremos, de maneira breve, os principais aspectos que interessam ao nosso percurso sobre a Patrística: as ideias de Filo como pensador do que ficou consagrado com o nome de *teologia mosaica*, uma vez que a obra filônica se dedica ao Pentateuco, tradicionalmente denominado Livro de Moisés.

Filo nasceu em Alexandria entre 15 e 10 a.C. e morreu por volta de 50 a.C. De acordo com as *Antiguidades judaicas* de Flávio Josefo, pertencia a uma família da aristocracia judaica que aceitara a *Pax Romana* e mantinha relações políticas e econômicas tanto com os romanos quanto com o Templo de Jerusalém. A maioria dos comentadores julga que, embora falasse hebraico, seus escritos citam a tradução grega da Tanach, isto é, a Septuaginta. Suas principais obras formam um conjunto de sessenta tratados reunidos sob o título de *Comentário alegórico do Pentateuco* e dos quais foram conservados apenas quarenta. Desses, podemos mencionar, entre outros: *A criação do mundo*, *A vida contemplativa*, *O Decálogo ou Alegoria das leis*, *A emigração de Abraão*, *Os gigantes*, *Os querubins*, *A mutação dos nomes*, *Sobre a Providência* e *Sobre as virtudes*.

Deus e o Lógos

Deus (*Théos*) — uno, incriado, eterno, autossuficiente, onipotente, pura felicidade — é absolutamente transcendente ao mundo criado. É melhor do que a virtude, melhor do que o conhecimento racional, melhor do que o bem e a beleza em si. Tudo que os humanos podem Dele saber é que é o criador do universo, sem jamais alcançarem o conhecimento de seu ser, pois as categorias lógicas e metafísicas só podem explicar seres determinados, e Deus é indeterminável.

> Deus preenche todas as coisas, Ele contém, mas não é contido. Estar em toda parte e em parte alguma é propriedade Sua e apenas Sua. Está em parte alguma porque Ele próprio criou o espaço e o lugar coincidente com as coisas materiais e é contrário ao princípio verdadeiro dizer que o Criador está contido em alguma coisa criada. Está em toda parte porque seu poder se estende através de terra e água, ar e fogo, e não há parte alguma do universo sem Sua presença (Filo, "God's Ubiquity", *Three Jewish Philosophers*, p. 27).

Dele provém uma *hypóstasis* ou emanação, o *Lógos*, que não é incriado, como Deus, nem criado, como o mundo, nem gerado, como nós: incorpóreo, é um intermediário entre Deus e o mundo dos corpos, bem como entre Deus e nossa razão ou inteligência (*noús*). É a primeira *hypóstasis*, a lei ordenadora ou a norma e regra imposta por Deus à criação para que suas partes estejam ligadas e conectadas pela ação de causas racionais de maneira que o mundo seja um *kósmos*, uma realidade de seres racionalmente vinculados. Por seu papel de ordenador e inteligível, o *Lógos* é chamado por Filo de Palavra de Deus, Arauto da Paz de Deus, Bondade de Deus, Imagem de Deus, Verdade, Mente Divina, Arcanjo. O *Lógos* não é alguém, mas o mundo inteligível, sede das ideias como pensamentos de Deus.[2] É o agente de Deus no mundo sensível, o qual é sombra ou cópia de um mundo inteligível, originário e perfeito. Deus usa o *Lógos* e não se submete a ele. Por isso pode mudar ou suspender as leis naturais por um ato de sua vontade. Em outras palavras, assim como cria o mundo por um ato de vontade, pode também mudá-lo por um ato de vontade: a Providência Divina não se confunde com fatalidade nem com destino nem com necessidade inelutável (como pensavam os estoicos).[3]

Sendo transcendente, como a ação de Deus pode se relacionar com o mundo? A Sagrada Escritura se refere incessantemente a essa relação. A ação de Deus se realiza pela atividade de potências (*dynamis*) invisíveis e puramente inteligíveis, aspectos do poder divino que a tradição hebraica nomeia com termos como Elohim (a potência criadora e provedora), Sabaoth (a potência protetora dos exércitos), Yaveh (a potência legisladora e punitiva), Shadai (a potência de todas as potências, o onipotente, o Senhor).

Os humanos

O ser humano é constituído por um corpo ou pela dimensão física puramente animal, por uma alma-intelecto (*noús*) ou pela dimensão racional e por um espírito (*pneúma*), nele insuflado pelo sopro de Deus como narra a Sagrada Escritura,[4] ou uma dimensão superior imortal. A razão alcança o conhecimento filosófico — a *Sophia* —, conhecimento das coisas humanas e de suas causas; mas a filosofia é apenas uma preparação para que o espírito se eleve ao conhecimento superior alcançado pela fé e pela revelação, isto é, a teologia. O conhecimento verdadeiro é a contemplação íntima da unidade divina, a absoluta transcendência do Uno, intuída por intermédio do *Lógos*. O corpo e as coisas sensíveis não devem ser desprezados nem negligenciados, mas devem ser postos sob a condução da sabedoria racional, a *Sophia*, que prepara o conhecimento espiritual, capaz de alcançar o *Lógos*.

O par *Sophia/Lógos* leva alguns intérpretes a atribuir a Filo a origem de uma expressão que se disseminará pela Patrística e pela Filosofia Medieval, qual seja: a filosofia é a serva da teologia.

A ética

A ética nasce da condição própria da alma humana, dotada por Deus de algo que a distingue de todas as criaturas: a liberdade da vontade. Enquanto todos os outros seres estão presos nos fios das causas necessárias que regem o universo, os humanos têm a capacidade de livre escolha.

> Somente o espírito nos faz indestrutíveis, completos, puros, pois somente ele foi julgado pelo Criador como digno de liberdade, desamarrando os fios da necessidade pela liberdade da vontade, Sua mais própria posse e a mais valiosa de Sua Majestade, Ele nos deu uma porção daquilo que somente nós podemos receber [...] pois o homem possui uma vontade autodeterminada que lhe permite a escolha deliberada, que a razão condena quando errada e louva quando certa [...]. Somente a alma humana recebeu de Deus a faculdade do movimento voluntário que lhe permite liberar-se da rudeza própria da necessidade e honrar seu Libertador (Filo, "On the Liberty of Man", *Three Jewish Philosophers*, p. 29).

A verdadeira ética se torna inseparável da fé e sua finalidade é conduzir o espírito ao êxtase, a uma visão mística de união com Deus. Do conhecimento racional do mundo devemos passar ao conhecimento de nós próprios, que nos levará a compreender que tudo quanto temos não nos pertence, mas a Deus, a quem devemos tudo devolver e a quem devemos nos entregar. Ao reconhecer espiritualmente que não é nada, a criatura se encontra com seu Criador, ou, como escreve Filo:

> A glória de uma alma extraordinariamente grande consiste em superar o criado, ir mais além de seus limites, agarrando-se apenas ao incriado, de acordo com seus preceitos sagrados, nos quais se prescreve "Apegar-se a Ele" (Deuteronômio 30,20). Por isso, aos que se apegam a Ele e o servem sem descanso, Ele lhes dá a Si mesmo como herança [...]. A vida feliz é viver com todo nosso ser para Deus e não para nós próprios (Ibid., p. 35).

A GNOSE E O GNOSTICISMO

Durante muitos séculos o gnosticismo foi conhecido pelo que dele diziam os Padres da Igreja, sendo por isso considerado uma heresia cristã e colocado entre as Heresias dos Antigos. Todavia, em 1947, a descoberta arqueológica de inúmeros textos gnósticos em Nag Hamadi, no Egito, associada à recuperação, em 1943, de escritos essênios no deserto de Qumran, modificou essa perspectiva: passou-se a falar de Gnose ou *Gnósis* e sua compreensão tornou-se possível. Como escreve um de seus principais estudiosos, Henri-Charles Puech, referindo-se a uma revolução na interpretação dessa religiosidade a partir de estudos de história comparada:

> Ao situar o gnosticismo em seu meio histórico, ao aproximá-lo de textos estudados com novos métodos e relacioná-lo com outras regiões ou estabelecer sua dependência com respeito a outros países, chegou-se ao que poderia chamar de uma "generalização" do problema da Gnose: passou-se de uma definição da Gnose em sentido estreito a uma concepção da Gnose em sentido amplo, uma Gnose da qual o gnosticismo cristão não é mais do que um caso particular. O gnosticismo deixou de ser um problema interior e próprio da história da Igreja para se tornar um fenômeno da História Geral das religiões (Pueh, 1978, p. 187).

Isso não significa que não haja controvérsias a respeito da Gnose. Alguns a consideram uma religião no interior do judaísmo e na qual estão presentes ideias dos essênios. Outros a interpretam como uma religião judaico-cristã ocultista centrada na ideia de salvação, na completa transcendência de Deus e na crença em um mundo após a morte. Por fim, alguns a consideram uma cosmogonia, uma antropologia e uma teologia de cunho filosófico (platônico), mais próxima de tradições helenísticas mescladas com tradições do Oriente (particularmente da Índia) que circulavam no Egito e na Palestina desde os tempos de Alexandre. Seja como for, a Gnose, embora tenha se diversificado em muitos movimentos religiosos salvacionistas, não é uma heresia cristã. Dela, porém, nascerá o gnosticismo, este sim um cristianismo julgado herético. No entanto, como explica Puech, o gnosticismo cristão não é imanente ao cristianismo, mas o resultado do encontro e da junção entre a nova religião e uma corrente de ideias e sentimentos que existiam antes dela, a Gnose.

Em grego, *gnósis* significa conhecimento racional, sem especificar suas formas de realização nem seus objetos. Na Gnose, porém, o conhecimento tem um sentido religioso, supranatural e suprarracional, portanto, místico e alcançado por revelação ou iluminação: a verdade é *recebida*. O objeto específico do conhecimento gnóstico é Deus, chamado de Luz e Vida, mas também denominado o Outro, o Desconhecido, o Sem Nome, o Escondido, portanto, radicalmente transcendente e inalcançável pela razão humana. Conhecê-Lo será uma iluminação, recepção da verdade pelo puro espírito; em suma, será uma revelação.

Além de Deus, o conhecimento gnóstico se volta para as realidades últimas, concernentes à salvação dos humanos. Esse conhecimento é a salvação propriamente dita, pois é uma modificação da condição humana, como indicam as questões colocadas num dos textos gnósticos fundamentais: de onde vim? Para onde vou? O que eu era? O que sou? O que serei? A *gnósis* está encarregada de responder a essas questões, mostrando ao indivíduo seu passado, seu presente e seu futuro, seu ser autêntico para além dos acontecimentos desta vida neste mundo.

Neste mundo, a inquietação e a angústia, o medo e o pavor são sentimentos fundamentais porque são a consciência de uma cisão radical entre o bem e o mal. O gnóstico pergunta: qual a origem do mal? Por que fui jogado neste mundo malévolo? Dessa maneira, a inquietação e a angústia, o medo e o pavor são signos de que nosso verdadeiro ser é nosso pertencimento ao Bem originário, ou seja, se sofremos com o mal é porque pertencemos ao Bem. Assim, o homem procede de um outro mundo e deve regressar a ele. Este mundo é nosso exílio, e o outro mundo, nosso verdadeiro lar.

Este mundo, lugar de exílio e desolação, é o mal e por isso não foi feito por Deus, mas por um demiurgo maligno, que criou o espaço como multiplicidade de inumeráveis corpos e lugares em desordem e o tempo como multiplicidade de inumeráveis idades, eras e gerações. Ambas as multiplicidades são instáveis, efêmeras, oscilam entre a inconstância e a rigidez de uma fatalidade. Labirinto de males, escuridão sem fim, multiplicidade caótica e mistificadora, agitação desordenada e absurda: eis o mundo espaçotemporal do exílio, no qual, ao terror da vastidão do espaço cósmico, vem somar-se o terror dos tempos que se sucedem e se consomem interminavelmente, separando-nos de nós mesmos e de Deus, nossa origem verdadeira, *Aion*, isto é, a eternidade.[5]

A pergunta sobre a origem do mal e sua identificação com este mundo da multiplicidade dos corpos e dos tempos leva ao dualismo, isto é, à distinção entre o bem e o mal como distinção entre espírito (o uno) e matéria (o múltiplo), entre o Deus escondido e o demiurgo maligno. A distinção entre espírito e matéria explica por que os humanos estão divididos em três categorias: os pneumáticos, nos quais predomina o *pneúma*, o espírito; os psíquicos, nos quais predomina a *psyché*, a alma; e os hilícos, nos quais predomina a *hylé*, a matéria.[6] Os primeiros, pneumáticos, possuidores da *gnósis*, estão destinados à salvação; e os segundos, psíquicos, poderão salvar-se se seguirem os ensinamentos dos primeiros; os últimos, porém, estão destinados à morte porque se identificam com o mundo do exílio e nele se perdem.

O dualismo fará com que, no caso dos humanos, a origem do mal seja o corpo e esteja no corpo. Eis algumas imagens gnósticas sobre o corpo: túmulo, prisão, algema, intruso, rebelde, raivoso, mar de tempestades, causa de medos, agitação e insatisfação permanente, cadáver. O corpo é um estado de violência e introduz essa violência na alma, atormentando-a e sufocando-a por meio das paixões e dos conflitos por elas provocados. Puech assim resume as principais características do corpo: 1) rebaixamento e humilhação física e moral; 2) punição, castigo, suplício; 3) servidão e escravidão; 4) inconsciência, ignorância; 5) esquecimento do bem.

Salvar-se é sair do corpo, do espaço e do tempo, livrar-se do tenebroso exílio. Percurso dificílimo, feito pelos poucos que são capazes de se tornar estrangeiros ou estranhos ao mundo, opondo-se a este e, finalmente, abandonando-o por terem encontrado o verdadeiro lar. Assim, lemos num texto gnóstico a palavra daquele que se salva e pode salvar os demais: "Tu não vens daqui, tua cepa não é daqui: teu lugar é o lugar da Vida". Ou num outro: "Eu não era um filho da casa, minha raiz não é deste mundo".[7]

O percurso libertador tende a não ser percebido pela maioria dos humanos, como atestam outras duas passagens em que é mencionado aquele que se salva e é salvador dos demais. A primeira se refere ao espaço: "ele [o salvador] vagou através dos mundos sem que fosse reconhecido"; a segunda se refere ao tempo: "habitei o mundo da escuridão por miríades de anos e ninguém soube que eu estava ali [...], ano após ano eu estava ali, mas eles não sabiam que eu habitava seu mundo".[8]

O NEOPLATONISMO

Se, como diz Paul Veyne, nosso mundo se tornou cristão em 312, com a conversão do imperador Constantino, podemos afirmar que a filosofia se tornou cristã em 529, quando o imperador Justiniano proibiu os pagãos de dirigir escolas e ensinar doutrinas. Lê-se no Código de Justiniano:

> Proibimos que ensinem alguma doutrina aqueles que se encontram afetados pela loucura de ímpios pagãos. Por isso, que nenhum pagão finja instruir aqueles que por

desgraça os frequentam, já que, na realidade, nada mais fazem do que corromper as almas dos discípulos [...]. Se alguém for considerado culpado desse delito e não se apressar em retornar ao seio de nossa Santa Igreja, juntamente com sua família, sobre ele cairão sanções, suas propriedades serão confiscadas e será exilado.

Sob essa perspectiva, podemos concluir que o neoplatonismo, nascido no século III, foi a última expressão da filosofia pagã. Em 529, foram fechadas as portas da Escola de Roma, fundada por Plotino em 244. Sobre esse término, escreve o historiador da filosofia Jean Brun:

> [...] o termo *neoplatonismo* se aplica à filosofia de Plotino e à de seus discípulos, mais ou menos fiéis; todos tinham por Platão, mas igualmente por Aristóteles e pelos estoicos, profunda admiração. [...] Todos estiveram em contato mais ou menos estreito com o cristianismo no seu início, com correntes gnósticas e com diferentes formas de pensamento vindas do Oriente e do Oriente Médio; também não deve ser subestimada uma influência do pensamento judaico. Seja como for, o que se convencionou chamar de *neoplatonismo* coincide com o fim da Antiguidade. Depois de Atenas, Roma desmorona: o cristianismo irá organizar-se em Igreja e tentará utilizar a filosofia grega para elaborar uma filosofia cristã, constituindo um corpo de doutrinas que, aliado aos dogmas, se apresentará como o sistema capaz de explicar o homem e a natureza (Brun, 1988, pp. 9-10).

Os historiadores da filosofia consideram o neoplatonismo a consequência final do médio platonismo, que fora responsável pela transformação do inteligível em mundo das ideias, pela ênfase na imortalidade da alma e pela formulação do chamado *henoteísmo*, que afirma que Deus deve ser dito Uno (*Én, 'Hv*).[9] Tendo o diálogo platônico *Timeu* como referência, o henoteísmo, além de afirmar que Deus é incorpóreo, invisível, incognoscível, criador do universo e doador de tudo, afirma também que ele é uno-único, não no sentido de monoteísmo, e sim de ser o primeiro, portanto, não dependente de nada senão de si mesmo. Pai do mundo divino e dos demais deuses, tanto dos que são "habitantes do céu" como dos que estão espalhados pelo mundo sensível, é o supremo e sua unidade/unicidade define seu poder como *monarchia*, isto é, o poder de um só, ao qual os demais deuses e tudo o que existe se subordinam.

Os historiadores também ressaltam a forte influência do diálogo *Parmê-*

nides de Platão (do comentário desse diálogo feito por Proclo restaram apenas alguns fragmentos). Como sabemos,[10] *Parmênides* é denominado diálogo aporético, pois termina numa aporia, uma dificuldade que não é solucionada, no caso, a diferença e mesmo a oposição entre as ideias do ser e do não ser e do uno e do múltiplo, que, como veremos, irão se tornar centrais nas elaborações neoplatônicas.

Plotino

Plotino nasceu no Egito, em 205, e morreu na Itália, em 270. De acordo com seu discípulo e biógrafo, Porfírio, conhecia as tradições religiosas e filosóficas egípcias, persas e hindus, opunha-se ao gnosticismo e nutria grande admiração por Platão, Aristóteles, os estoicos e os neopitagóricos. Em Alexandria, frequentou a escola de Amônio Sacas, cujo pensamento é pouco conhecido porque proibia a transcrição de suas aulas (consta que viera de uma família cristã, mas ele próprio abandonara o cristianismo e partira em busca do saber filosófico, nutrindo grande respeito pelos brâmanes hindus). Após três anos na escola de Amônio, Plotino se dirige a Roma, onde funda uma escola frequentada por ascetas em busca de êxtase espiritual ou a união íntima com Deus.

Enquanto Platão partira em busca das ideias e Aristóteles dos primeiros princípios, Plotino não parte de definições, mas se conduz como um Iniciado em busca da pura imersão no divino, *ekstásis*, uma saída de si para unir-se a Deus. Segundo Porfírio, Plotino teria atingido o êxtase quatro vezes: "viu o Deus que não tem forma nem essência porque está situado para além do intelecto e do inteligível".

Escreve Plotino:

> Muitas vezes desperto-me a mim próprio ao escapar-me do meu corpo; estranho a qualquer outra coisa, na intimidade de mim mesmo, vejo uma beleza tão maravilhosa quanto possível. Fico convencido de que tenho um destino superior; minha atividade é o mais alto grau da vida; estou unido ao ser divino, fixo-me nele acima dos outros seres inteligíveis.

Segundo o médico Eustóquio, que o assistiu em seus momentos finais, as últimas palavras de Plotino foram: "Tratai de unir o divino que existe em vós com o divino que existe no universo".

Depois da morte de Plotino, Porfírio coletou todos os escritos do mestre, que formaram 54 tratados organizados em seis *Enéadas* de nove tratados cada uma:[11] a primeira contém os tratados de moral; a segunda, os de física; a terceira, os objetos relacionados ao mundo; a quarta, os relativos à alma; a quinta, questões sobre a Inteligência ou o Intelecto; a sexta, assuntos referentes ao ser (o uno e o bem — *Én* e *Agathós*).

De maneira muito breve, destaquemos as principais ideias de Plotino.

a) Deus (Théos)

Plotino leva ao limite a transcendência de Deus, de que já falara Filo de Alexandria. Porém, enquanto Filo identifica Deus e o Ser, Plotino afirma que Deus está para além do Ser (*Ón*).

Plotino rompe com a tradição popularizada do platonismo, que fazia de Deus um arquiteto, um demiurgo que organizara o mundo fazendo-o passar do caos para um cosmo finalizado. Recusa também o Deus do gnosticismo, que, por um ato de vontade, cria um demiurgo maligno, este sim criador do mundo como desordem e confusão, o qual pode ser destruído. Rejeita ainda o Deus da Bíblia, que, também por um ato da vontade, cria o mundo a partir do nada e pode fazê-lo voltar ao nada. Plotino recusa, por um lado, o absurdo de supor um Deus inativo que subitamente passa à ação, e, por outro lado, como consequência, a suposição de que a vontade divina é mutável tanto pela decisão de criar o mundo quanto pela de destruí-lo. As três elaborações fantasiosas combatidas por Plotino desconhecem que o mundo sensível decorre necessária, natural e imediatamente do mundo inteligível das formas ou ideias (*eidos*), dele participando como imagem (*eikon*) ou cópia (*eidolon*). Por si mesmas, as formas inteligíveis, essências eternas, são potências que, a partir de si mesmas, engendram as formas sensíveis.

Essas três formulações são doutrinas que não só ignoram a participação do sensível no inteligível, mas sobretudo desconhecem que Deus é causa de todos os seres, embora Ele próprio *não seja um ser*, e sim algo separado, inalcançável e inexprimível. Por isso, considera-se que, com Plotino, tem início a *teologia negativa* ou *apofática*, na qual só podemos dizer o que Deus *não é*, pois todos os predicados e atributos que conhecemos se referem às coisas finitas — defini-lo como o Bem/ Belo (Platão) ou como Espírito que pensa a si mesmo (Aristóteles) é referi-lo ao nosso desejo, ao nosso olhar e ao nosso pensamento. O nome menos inadequado para Deus é *Uno* (*Én, 'Hv*), pois ele é a unidade, a causa única e simples de todas as coisas. Esse nome, porém, nada diz sobre o que Deus *é*, serve apenas para indicar que Ele *não é* múltiplo como as coisas que vêm depois Dele. Não se trata de monoteísmo, pois o Uno pode se manifestar numa pluralidade de deuses referidos à multiplicidade dos seres, mas da absoluta transcendência divina, que não se confunde com a profusão de deuses que a manifestam.

*b) As emanações ou processões (*hypóstases*)*

O Uno, imóvel[12] que basta a si mesmo, não engendra, nem fabrica, nem cria: ele *emana*, tal como a luz que irradia do sol, o calor e o frio liberados pelo fogo e pela neve, os odores exalados por um perfume; assim como uma fonte que se derrama em cursos de água sem por isso esgotar-se ou a seiva que brota das raízes e se espalha pela árvore inteira. O Uno é luz que irradia a si mesma sem alteração.

O Uno indiviso e inesgotável. Escreve Plotino:

> [...] é como o centro de um círculo: todos os raios puxados do centro para a circunferência deixam, no entanto, o centro imóvel, conquanto dele nasçam e nele tenham o seu ser, participam do centro, e este ponto indivisível é a sua origem: mas avançam para fora, embora fiquem a ele ligados [...]. Os raios "partem" do centro sem o abandonar, não implicando a sua "partida" qualquer deslocamento — isto é, um espaço percorrido —, mas existindo todavia uma "partida", isto é, a diferença entre o centro e o que procede dele. Os raios não se separam do centro, mas não são idênticos a ele.

O Uno é a realidade suprema, subsistente em si mesma e por si mesma. Dele procedem emanações ou processões, *hypóstases*, isto é, entidades que subsistem em si mesmas ou *substâncias*, como serão chamadas por vários dos intérpretes de Plotino. As emanações que procedem do Uno seguem um processo de degradação. Cada emanação é inferior à sua origem, àquela da qual procede: o que emana do Uno é inferior ao Uno e assim por diante. Em outras palavras, a emanação se realiza numa sequência que aumenta a distância de cada *hypóstasis* em relação à sua fonte: assim como a luz é menos luminosa do que sua fonte e a onda de perfume é menos intensa à medida que aumenta sua distância daquilo que a exala, assim também cada emanação é mais fraca do que a sua origem. Eis por que os seres que procedem de Deus não podem ter sua perfeição nem sua unidade, mas tendem cada vez mais para a imperfeição e a multiplicidade. Por isso é mais correto considerar que a sequência das emanações é, na verdade, uma *processão*.

A primeira *hypóstasis* ou emanação do Uno é o Intelecto (*Noús*), que pensa o Uno, pensa-se a si mesmo e já contém uma primeira multiplicidade: os Inteligíveis ou as Ideias pensadas pelo Uno. A segunda emanação, que agora procede do Intelecto, é a Alma do Mundo (*Lógos*). Esta pensa o que lhe é dado pelo Intelecto e pensa a si mesma, mas, além disso, pensa o que dela procede e é por ela ordenado, governado e conservado, isto é, as almas singulares e os corpos, ou seja, a Natureza (*Phýsis*).

Uno, Intelecto e Alma do Mundo constituem o mundo inteligível. As emanações corpóreas dependem não só da Alma do Mundo, mas também de um outro princípio, a Matéria, da qual procedem a multiplicidade e a imperfeição dos corpos. A Alma do Mundo concebe as ideias ou as essências dos seres singulares oferecendo-as à Matéria, a partir da qual surge o Mundo Sensível, última etapa da processão. Assim, no topo, encontra-se o Uno luminoso, e, no nível mais baixo, a Matéria, esgotamento de força, ausência de luz, não ser e Mal, que, vale insistir, não é algo positivo, mas carência ou privação de luz e bondade.

As almas singulares são emanações da Alma do Mundo, una e indivisível, que penetra a Matéria dando-lhe vida e produzindo a unidade e *sympathia* de todas as coisas, que se ligam umas às outras como as partes de uma planta ou os membros de um animal. O Mundo Sensível é o espelho imperfeito do Mundo Inteligível, uma imagem (*eikon*) que imita um modelo perfeito, como já dissera Platão. A Alma do Mundo, ou *Lógos*, dá ao Mundo Inteligível ordem, beleza e perfeição. O conhecimento do Mundo Inteligível é condição para se conhecerem as coisas singulares — almas e corpos — e atribui a cada uma delas um lugar e uma função, de tal maneira que mesmo as coisas imperfeitas e más e o próprio vício têm um papel a cumprir para a ordem e perfeição do todo. Por meio da processão, as coisas sensíveis participam do inteligível, pois ele é sua causa e doador de seu sentido. É assim que a alma humana, pela razão, também participa do inteligível.

c) O conhecimento como retorno a Deus

O Uno, como seu nome indica, é unidade de si consigo mesmo, ausência de divisão, alteridade, separação. Como os seres humanos, divididos em corpo e alma, vivendo com outros e em constante relação com as coisas exteriores, poderiam chegar a Deus? Para responder a essa questão, Plotino introduz a ideia do conhecimento como *reflexão*, ou seja, o retorno a si é condição para o conhecimento do divino.

Nem todos, porém, são capazes de reflexão e do movimento em direção ao Uno. Há três processões ou emanações que constituem diferentes tipos de homens: o perfeito ou o sábio, capaz de reflexão; o racional, que compreende as coisas por raciocínio e demonstração; e o corporal, que as conhece apenas por meio dos órgãos dos sentidos.

Na reflexão, o sábio está voltado apenas para si mesmo, unido apenas a si mesmo, desligado da pluralidade das coisas externas ou da alteridade, da divisão e da separação. Escreve Plotino: "O sábio tira de si próprio aquilo que ele revela aos outros e olha para si próprio porque não somente tende a unificar-se e a se isolar das coisas externas, mas também porque se dirige a si próprio e encontra em si todas as coisas".

A reflexão, movimento interior da alma, é um itinerário para o movimento de retorno a Deus. Por que movimento (*kínesis*)?[13] Porque movimento significa mudança em direção a uma finalidade inscrita na essência de um ser. O sábio começa a mudança libertando-se de toda dependência das coisas corpóreas exteriores, isto é, das demandas, necessidades e exigências de seu próprio corpo, purificando-se por meio das virtudes: a inteligência (ação do intelecto) e a sabedoria (a vida virtuosa) fazem com que a alma humana se acostume a agir por si mesma sem auxílio dos sentidos corpóreos; com a temperança, liberta-se das paixões; com a coragem, livra-se do medo de separar-se do corpo; com a justiça, assegura o comando da razão e do intelecto. Além do exercício das virtudes, o sábio encontra o caminho do retorno a Deus ao realizar atividades puramente intelectuais: a música (a harmonia matemática puramente inteligível dos sons, própria da verdadeira beleza), o amor intelectual (como desejo de contemplação das puras essências inteligíveis, espelhos do Uno), e sobretudo a filosofia (o amor à sabedoria, próprio da verdade, conhecimento das ideias cuja fonte é o próprio Deus).

O retorno a Deus, por ser resultado da fusão perfeita da alma com o Uno, não é uma contemplação, uma visão. É imersão no Uno, o êxtase.

Proclo

Proclo é considerado o mais importante dos neoplatônicos após Plotino e aquele que recuperou mais claramente a dialética negativa do *Parmênides* de Platão.[14] Sua vida e obra são dois séculos posteriores às de Plotino. Nasceu em Constantinopla em 410 e morreu em 485. Pertencia ao neoplatonismo cultivado na chamada Escola de Atenas, fundada nos finais do século IV e fechada com o édito de Justiniano em 529. Suas obras mais conhecidas são *Teologia platônica* e *Elementos de teologia*,[15] nas quais aprofunda a concepção plotiniana da processão da realidade, formulando o que ficou conhecido como *processo triádico* ou a lei que rege a geração de todas as coisas.

A geração das coisas é um processo triádico, isto é, realiza-se em três momentos: 1) o perdurar ou o permanecer em si mesmo do princípio gerador; 2) a processão ou o surgir de algo a partir do princípio gerador; 3) a conversão ou o retorno ao princípio gerador. Essa lei não é apenas universal, mas também particular, pois se refere a todas as coisas, ou à realidade em seu conjunto, pois o Uno, como toda realidade, gera algo distinto dele mesmo pela superabundância de sua perfeição e de seu poder.

Todo ser produtivo (como indicam as metáforas de Plotino sobre a luz, o calor e o aroma) permanece tal como é em decorrência de sua perfeição. Por isso, a processão não é a divisão do gerador no gerado, mas uma multiplicação do próprio gerador em decorrência da superabundância de seu ser e de seu poder, de maneira que o gerado é semelhante ao gerador, embora haja também dessemelhança porque o gerador tem mais ser e mais poder do que o gerado. Consequentemente, as coisas geradas possuem afinidade com suas causas, aspirando manter-se em contato com elas e retornar a elas. Assim, o gerado tem algo de idêntico ao gerador e *permanece* neste, porém, enquanto algo diverso do gerador, *procede* deste. Esse processo triádico é circular, não em sentido cronológico, mas em sentido lógico, isto é, o processo é o perene permanecer da causa, o perene proceder a partir da causa e o perene retornar à causa, pois proceder não é separar-se da causa, mas manifestá-la e desejá-la como um bem. Aquilo que Plotino apresentava por meio das metáforas da luz, do calor e do aroma Proclo apresenta como relação ontológica entre causa e efeito que se enlaçam, se separam e voltam a se unir.

Além dessa primeira lei, Proclo afirma uma segunda, denominada *ternário* pelos intérpretes. Toda realidade (seja corporal ou incorporal, sensível ou inteligível) é constituída por dois componentes essenciais: o limite (*peras*) ou o finito; e o ilimitado (*ápeiron*) ou o infinito; consequentemente, todo ser é uma mescla ou uma síntese dos dois componentes. A Matéria, portanto, também é infinita, não é privação de ser nem o não ser, e não é a causa do mal, pois é necessária para que exista o mundo. Diferentemente de Plotino, Proclo não coloca a Matéria como degradação e treva, ainda que ela seja o que há de mais distante do Uno.

Vimos que Plotino introduziu a ideia de reflexão como forma superior do conhecimento e da ética e considerou a matemática, o amor intelectual e a filosofia como os mais importantes auxiliares da alma no retorno a Deus. Proclo, no entanto, propõe a noção de *graus de elevação intelectual*: o amor, a verdade e a fé (esta entendida no sentido greco-romano de confiança ou fidelidade e não no sentido judaico-cristão de crença em revelações divinas). O amor nos leva à visão da beleza divina, isto é, da perfeição; a verdade, à sabedoria divina; e a fé nos transporta para além de todo conhecimento, conduzindo-nos ao repouso e à união mística no seio daquilo que está além do cognoscível e do exprimível — Deus ou o Uno inefável.

O ESTOICISMO

O estoicismo se oferece como uma visão de mundo completa e um sistema de pensamento capazes de auxiliar os indivíduos a encontrar seu lugar no universo para nele viver virtuosamente. Retomando a definição proposta por Pitágoras, os estoicos concebem a filosofia como amor à sabedoria. Esta é a "ciência das coisas divinas e humanas", e a filosofia "consiste numa arte que lhe é apropriada", o "exercício da virtude", que não é senão a "busca da reta razão". A razão, por sua vez, é constituída pelo conjunto das noções impressas na alma, o qual recebe o nome de ciência (*episteme*) quando se trata de conhecimentos seguros, infalíveis e inabaláveis. A perfeição desse conjunto constitui a virtude, a excelência, *areté*.

Deus e o cosmo

Os estoicos desenvolveram uma teologia natural (e não supranatural). Como explica Diógenes Laércio, para os estoicos, "Deus é um vivente imortal, racional, perfeito, inteligente, feliz, ignorando todo mal, fazendo reinar sua providência sobre o mundo e sobre tudo que aí se encontra. Não tem forma humana. É o arquiteto e pai de todas as coisas" (Diógenes Laércio, *Vidas dos filósofos*, VII, 147).

> A divindade, a única dentre todas as substâncias que possui a qualidade própria de ser indestrutível e inegendrada, é o arquiteto da ordem do mundo; ao fim de certos períodos de tempo, faz todas as coisas retornarem a ela e as engendra novamente a partir de si mesma (Diógenes Laércio, op. cit., VII, 137).

Plutarco, por sua vez, escreve que Deus é "como um espírito (*pneúma*) que vai e penetra em toda parte no mundo, mudando de nome e de apelação através de toda a matéria onde penetra pela passagem de um a outro" (Plutarco, *Das opiniões dos filósofos*, I, 7).

Deus, *pneúma*, é o *lógos spermatikós*,[16] razão semeadora ou germinadora que fecunda todos os seres. Racionalidade imanente ao mundo ou à Natureza, é o princípio produtor e organizador do cosmo na física, o fundamento da verdade no conhecimento e da virtude na ética. Tudo o que existe é corpo e relação entre corpos, portanto, Deus e a alma são corpos e os incorporais (como o sentido das palavras) são efeitos das operações corpóreas (o sentido é efeito do ato corporal da fala ou da escrita). Não existe o vazio: o espaço é apenas o intervalo preenchido por corpos que se sucedem ou se interpenetram, e o tempo é apenas o intervalo dos movimentos de um corpo, chamado de medida da rapidez ou da lentidão.

Natureza, mundo, Deus e fogo primordial são o mesmo: a Natureza é divinizada, e a divindade, naturalizada. Em outras palavras, a física afirma a imanência da Natureza a Deus ou, como diz Sêneca: *Natura sive Deus*, Natureza, ou seja, Deus. É por isso que o homem pode estar em contato com Deus e encontrar na ordem que o cerca a possibilidade de também ordenar sua vida e lhe dar um sentido.

O mundo é um vivente racional ou inteligível que o homem alcança por meio do conhecimento, descobrindo a harmonia do humano com o cosmo. A sabedoria consiste em dar adesão ao mundo, conformar-se à Natureza, assentir a Deus, entrar em comunhão racional com o todo e aceitar a ordem natural ou o destino. Por que destino? Os estoicos concebem o mundo como a urdidura racional de acontecimentos produzida por uma causalidade que perpassa a Natureza inteira como ação necessária de uma causa única, a causa eficiente ou "a causa que faz": o *pneúma* divino, que age no interior de cada ser (pois os entes são parcelas do fogo primordial) e no interior do mundo, dando-lhe consistência, coesão, coerência e estabilidade, isto é, fazendo do mundo um *kósmos*. Tudo é necessário, nada é contingente. Por isso, o tecido dos acontecimentos é uma ordem necessária de encadeamentos, é o destino, "razão do mundo" pela qual as coisas passadas foram, as presentes são e as futuras serão.

Assim como há um único agente, semelhante à luz única do sol que se divide e se propaga ilimitada e indefinidamente sobre todos os seres, há também um único paciente, uma única matéria comum disseminada numa infinidade de corpos particulares. E há uma única vida, compartilhada por infinitos corpos individuais.

Tudo é conforme a tudo, pois o todo está em *sympathia* consigo mesmo. Há uma simpatia universal dos seres, isto é, correspondência entre os fenômenos e harmonia entre os acontecimentos. A simpatia é a ordenação da matéria por um único agente (Deus, *lógos spermatikós*) e a coordenação de múltiplas séries causais numa só rede causal universal. Esse agente é a providência, que se exprime na harmonia ou no parentesco de todas as coisas, isto é, na simpatia universal e no desenrolar necessário dos acontecimentos que são a vida do mundo. A providência está inscrita na organização do mundo por intermédio da ordem e da conexão das causas, que ligam os acontecimentos entre si.

A ética: conhecimento, liberdade e virtude

A ciência é o que conduz o homem a dar sua adesão à estrutura de um mundo que o contém, colocando-se em acordo com ela. A sabedoria, por isso, é viver, pensar e agir em conformidade com a Natureza. A adesão e a conformidade à

Natureza são próprias do sábio ou do exercício consciente da razão. Assim, aderir à Natureza e viver em conformidade com ela nada mais é senão viver em conformidade com a razão, tanto a razão universal ou lei natural — o *lógos*, o *pneúma*, o fogo primordial — como a razão individual de cada ser humano, parcela da razão universal e centelha do fogo universal.

A teoria da simpatia universal tem alcance ético, pois a vida do sábio deve pôr-se em harmonia consigo mesma ao pôr-se em harmonia com o todo, mantendo-se em simpatia com o universo do qual é parcela e participante. Essa harmonia se exprime no princípio ético fundamental — "viver em conformidade com a natureza que nos é própria" — e fundamenta o cosmopolitismo do sábio estoico, que não é cidadão de uma *pólis* determinada, mas do cosmo.

Toda ação ética é orientada por um fim único (*télos*), em vista do qual todo o resto é meio ou fim parcial. O fim último é a felicidade (*eudaimonía*) daquele que vive bem porque realiza plenamente sua natureza própria. Os estoicos consideram que a virtude basta para a felicidade, da qual é a causa, mas não o *télos* ou o sumo bem, pois este é viver em conformidade com a natureza, isto é, consigo mesmo e com o mundo. A infelicidade, portanto, é o desacordo ou o conflito consigo mesmo (com a *sua* natureza própria) e com a Natureza.

A virtude é a excelência: a perfeição ou completude de alguma coisa em conformidade com sua natureza e finalidade. Por isso podemos dizer que a lógica e a física são virtudes ou excelências da razão e devem estar conectadas necessariamente à excelência ética.

No plano ético, a virtude é uma disposição (*héxis*) para viver em conformidade com a natureza própria de cada um; é desejável por si mesma e não pela esperança de uma recompensa ou pelo temor de um castigo; é o exercício da *reta razão* (*orthòs lógos*) e nela reside a felicidade. O objetivo da virtude é a vida feliz, e esta é o fim (*télos*) alcançado pela conformidade ou harmonia da natureza humana com a Natureza universal. A vida virtuosa e feliz é a presença do sumo bem e, portanto, uma perfeição. Assim, nada falta ao sábio e por isso o virtuoso não é carente de nada, goza da independência, a *autarquia*, e vive sem depender de coisa alguma. Sendo a virtude harmonia consigo mesmo e com a Natureza, ou com o tecido necessário dos acontecimentos, é virtuoso aquele que "quer o acontecimento".

A virtude é um saber — ciência dos bens e dos males — e por isso pode ser ensinada: possui teoremas ou um conhecimento inabalável do bem e regras práticas de conduta segundo a reta razão. É, pois, uma ciência e uma arte de viver. Os estoicos consideram que todos — homens e mulheres, homens livres e escravizados, nobres e plebeus, jovens e velhos, gregos e bárbaros — podem ser sábios e, portanto, virtuosos. Das regras práticas, duas são as mais importantes: a primeira enuncia que uma ação não deve ser julgada reta e virtuosa pelo seu êxito, e sim pelo seu ponto de partida, pois o que conta é a reta disposição interior do agente; a segunda ensina que uma ação não pode ser julgada reta ou virtuosa pelos seus aspectos exteriores, mas apenas intrinsecamente, de maneira que se duas pessoas realizarem uma mesma ação, uma delas poderá ser virtuosa e a outra, não.

Os estoicos afirmam também a unidade da virtude, pois ela é a ciência do bem e do mal. É célebre o aforismo: "quem possui uma virtude, possui todas". Zenão de Cítio formula a unidade das virtudes tomando todas elas como formas ou expressões da prudência (*phrónesis*), que consiste em saber o que se deve ou não fazer, o que se deve ou não desejar e temer, assim como o que se deve dar a cada um. Crisipo, entretanto, embora julgue a virtude una e única, considera que ela pode exprimir-se sob uma pluralidade de perspectivas e elenca quatro virtudes principais: prudência (*phrónesis*), ciência do que se deve e não se deve fazer e conhecimento das coisas indiferentes; temperança (*sophrosyne*), ciência do que é desejável, do que deve ser evitado e do que é indiferente; justiça (*dikaiosyne*), ciência capaz de atribuir a cada um o que lhe é devido; fortaleza (*andreia*), ciência do que é e do que não é temível e do que é indiferente.

Num texto famoso, o estoico Epicteto escreve:

> Há o que depende de nós; há o que não depende de nós. Dependem de nós a opinião, o impulso, o desejo, a aversão, numa palavra, tudo aquilo de que somos os próprios agentes. Não dependem de nós o corpo, a riqueza, a reputação, os altos postos, numa palavra, tudo aquilo de que não somos os próprios agentes. As coisas que dependem de nós são naturalmente livres, sem impedimento, sem entrave; as que não dependem de nós são frágeis, servas, facilmente impedidas, próprias a outrem (Epicteto, *Manual*, I).

Em outras palavras, a oposição entre o que depende de nós e o que não depende de nós define a diferença de essência entre liberdade e servidão. Visto que a liberdade é o que depende de nós e o que depende de nós é o pensamento e a vontade, ser livre é comportar-se como pensante sejam quais forem as circunstâncias, indiferente a elas, como aquele que sabe que é livre sobre um trono ou sob grilhões. O sábio é aquele cuja vontade não é determinada por esta ou aquela coisa, por este ou aquele acontecimento, por este ou aquele impulso ou desejo, mas apenas por si mesma, dando a si mesma o conteúdo do seu querer.

Por sua vez, Sêneca afirma que, por natureza, a alma humana é móvel e inquieta, nunca permanece no mesmo lugar, mas se dissemina, levando seus pensamentos para qualquer coisa, ansiosa por sossego e ávida por novidade. O sábio é aquele que não se agita com a busca de novidades nem com os golpes da adversidade, mas é capaz de constância da alma ou de tranquilidade.

A paixão (*páthos*) não é uma passividade e sim um movimento irracional da alma, contrário à sua natureza, uma inclinação desmedida ou veemente que rompe o equilíbrio natural. É a intemperança. Zenão de Cítio a define como agitação da alma, oposta à razão e contranatureza. Crisipo a descreve como um movimento irracional da alma, um impulso tirânico.

A paixão é uma *doença da alma*. Não há por que tentar moderá-la: há que extirpá-la. Portanto, a terapêutica para destruir a paixão pressupõe que as paixões estão em nosso poder: o sábio regula suas afecções por meio daquilo que depende dele ou está em seu poder; é livre porque quer o necessário, o destino, e porque basta a si mesmo, pois o *Lógos* possui tudo de que necessita. Tranquilo, nada pode perturbá-lo.

De acordo com Cícero, a virtude é, falando grego, *autarcheia,* ou seja, ter o poder sobre si mesmo ou ser independente e, falando latim, ser *sui júris*, estar sob seu próprio direito ou poder, sem depender de coisa alguma e sem se submeter a ninguém. Os gregos, escreve ele nas *Tusculanas*, denominam *páthos* todos os movimentos desordenados da alma, isto é, não submetidos à razão, e os chamam de doença. Corretamente, diz Cícero, são denominados *perturbationes*, agitação violenta (*turbatio*), e, como doenças da alma, são chamados de *insania*, ausência de *sanitas*, saúde. É sábio aquele que não é perturbado por nenhum movimento desordenado ou doentio; ao contrário, chamaremos insanos os que são arrastados pelo movimento desenfreado dos impulsos, desejos e sentimentos. Nossos antepassados, prossegue Cícero, consideraram enferma a alma carente da luz natural que chamamos de *mens* (a mente ou a razão), julgaram a *insania* como perda do poder sobre si mesmo e a ela deram os nomes de *dementia* (perda momentânea da mente ou da razão) e *amentia* (perda total da mente ou da razão). Por isso, distinguiram entre a *stultitia* e o *furor*: a primeira é a inconstância mental; o segundo, a desintegração da faculdade racional. Juridicamente, a estultice é uma incapacidade parcial para alguns direitos e deveres; o furor, a completa incapacidade para todos os direitos e deveres. Psicologicamente, estulto é o que sofre um desequilíbrio em suas faculdades mentais, é o tolo; furioso é o mentalmente desarrazoado, o louco propriamente dito.

Duas são as mais graves doenças da alma: a *aegritudo*, a aflição ou angústia crônica (aquilo que, em nossos dias, recebeu o nome clínico de depressão), e a *cupiditas*, o desejo imoderado.[17] A aflição ou angústia é a dor ou o sofrimento que devora e dilacera a alma; o desejo imoderado indica que a tendência natural à autoconservação está desregulada e pode levar até mesmo à autodestruição. A causa dessas doenças é a opinião equivocada sobre o bom e o mau. Mas qual é o remédio? Responde o sábio estoico: conhecer a verdadeira natureza do bem e do mal e praticar a virtude.

Afecções do ânimo, as paixões, prossegue Cícero, são sediciosas, suscitam a guerra entre a parte racional e a desejante da alma, tornando-a inimiga de si mesma. Por conseguinte, a elas se opõe a vontade, que é "querer em conformidade com a razão". Sendo opinião equivocada sobre o bom e o mau, na paixão o conhecimento é fraco, oscilante, inconstante, enseja tanto juízos contrários à reta razão como a luta no interior da alma. A paixão destrói a liberdade e o conhecimento verdadeiro de si, dos outros e do mundo, impedindo o exercício da virtude. A ela Cícero opõe a tranquilidade, como fizera Sêneca. Acrescenta, porém, conceitos ausentes neste, que serão de grande importância para o pensamento cristão: concórdia, amizade e *humanitas* (que podemos traduzir por benevolência e que um cristão chamará de amor ao próximo ou caridade). A virtude não é apenas a relação tranquila consigo mesmo, mas também a relação de confiança e afeto pelos outros.

Assim, a virtude é conhecer a natureza das coisas e a urdidura causal da Natureza, dominar as paixões e instituir a convivência com os outros segundo a justiça e a *humanitas*.

Afirmar que o sábio não é perturbado pelas paixões não significa dizer que ele não tem sentimentos, e sim que estes são conformes à reta razão, ou seja, a razão governa e determina o que se passa na parte irracional (ou sentimental) da alma.

O sábio não é apenas cidadão de uma cidade, de uma nação ou de um império. A teoria da simpatia universal tem como consequência a afirmação de que o sábio é cidadão do mundo, do cosmo, a cidade universal. Visto que todas as coisas estão entrelaçadas e todos os acontecimentos estão conectados, o homem nunca está isolado, mesmo quando está sozinho. A lei humana é expressão de uma lei universal eterna, nascida do *Lógos* que plasma todas as coisas. O *Lógos* determina o bem e o mal, impõe obrigações e proibições a tudo o que existe, institui a justiça universal ou o direito natural. Isso significa que o direito civil, decretado pelos humanos quando constituem uma sociedade política (a *civitas*), é derivado do direito natural. Pelo direito natural, todos os homens são iguais e livres, concidadãos na grande cidade do cosmo, e, nesse sentido, a justiça é a virtude entendida como aquilo que provém da boa qualidade das leis e do respeito a elas em toda e qualquer circunstância.

OBSERVAÇÕES FINAIS

a) O percurso que passa por Filo, pela Gnose e pelo neoplatonismo de Plotino[18] nos leva a três observações: em primeiro lugar, que a divisão corpo-alma e, na alma, a distinção entre racional e espiritual aparecerão desde o início das considerações filosóficas cristãs com o apóstolo Paulo, como vimos; em segundo, que a ideia do conhecimento e da ética como visão mística e união com Deus também é um elemento presente desde as primeiras formulações da Patrística e marca da superioridade da fé (o espírito) sobre a razão; e, em terceiro, como veremos ao estudar os Padres da Igreja, que ocorre uma mudança fundamental quanto à ideia de Deus, pois a crítica aos mitos pagãos e à imagem judaica de Yaveh conduzirá a uma proximidade dos pensadores cristãos com Filo, com a Gnose e com o Neoplatonismo a respeito da absoluta transcendência divina, ou seja, Deus está acima do Ser, por isso é diretamente incognoscível e inefável, alcançado apenas pela luz da fé ou da revelação.

Também é preciso mencionar o significado da luz como expressão do divino, pois ela aparecerá em praticamente todos os Padres (gregos e latinos) que estudaremos, além de ser explicitamente mencionada na Primeira Epístola do apóstolo João, que escreve: "Deus é Luz e nele não há treva alguma" (1Jo 1,5). Por que a luz? Em primeiro lugar, porque, até o surgimento da física moderna, a luz sempre foi considerada imaterial ou a presença do imaterial no mundo corpóreo. Em segundo, porque a luz possui a peculiaridade de indicar sua origem ou fonte e irradiar-se a partir desta sem alterá-la: a irradiação da luz é ação do ser luminoso que se realiza sem diminuir, aumentar ou transformar a si mesmo; ou seja, permanência e imutabilidade são suas marcas. Em terceiro, porque o iluminado depende inteiramente da ação do luminoso e não pode existir sem ele. Compreende-se, então, por que, na teologia cristã, a luz se tornará uma referência fundamental a Deus e, particularmente, à Trindade, isto é, à presença do Filho e do Espírito Santo como luminosidade do Pai. Além disso, é preciso lembrar que a luz adquire um significado decisivo para a explicação da criação do mundo, a qual pode ser admitida porque nela (como na irradiação da luz) o ser de Deus permanece em si mesmo e não se transforma (cresce ou diminui). Na criação, Deus sai de si, mas não se transforma no criado. Também é preciso mencionar o papel da luz na relação com a verdade a partir do mito da caverna, narrado por Platão na *República*:[19] ao se libertar dos grilhões que o prendem e abandonar a escuridão e as sombras projetadas nas paredes da caverna pelo pequeno fogo que mal a ilumina, o prisioneiro se depara com o sol, cuja luz ofuscante o cega. A cegueira corporal é a passagem à visão intelectual da verdade. Essa metamorfose se refere, portanto, não a Deus (a luz), mas ao conhecimento humano da verdade (a alma iluminada).

O conjunto das mudanças que mencionamos confere um sentido mais claro ao início do Evangelho de João.

Como vimos na Introdução, o Evangelho de João não faz parte dos evangelhos sinóticos (Mateus, Marcos, Lucas) porque seu estilo e seus temas são menos históricos e mais teológicos, levando alguns intérpretes a considerá-lo próximo de Filo enquanto outros o aproximam da Gnose.[20] Nosso interesse não se encontra nessa discussão, mas apenas no fato de que, escrito tardiamente, após os sinóticos e com várias redações até chegar à que conhecemos, seu vocabulário indica a presença, no mundo cristão, do vocabulário filosófico, teológico e religioso da época.

Em João, encontramos a ideia de que Deus, embora transcendente, permite que Dele nos aproximemos ao se manifestar no mundo por um intermediário, o Filho, seu Espírito:

> No princípio era o Verbo (*Lógos*) e a Palavra (*Lógos*) estava com Deus e a Palavra (*Lógos*) era Deus. No princípio, ele estava com Deus. Tudo foi feito por meio dele e

sem ele nada foi feito. O que foi feito nele era a vida, e a vida era a luz dos homens; e a luz brilha nas trevas, mas as trevas não a apreenderam [...]. Ele estava no mundo e o mundo foi feito por meio dele, mas o mundo não o reconheceu. Veio para o que era seu e os seus não o receberam. Mas a todos que o receberam deu o poder de se tornarem filhos de Deus; aos que creem em seu nome, ele, que não foi gerado nem do sangue, nem de uma vontade da carne, nem de uma vontade do homem, mas de Deus. E a Palavra (*Lógos*) se fez carne, e habitou entre nós; e nós vimos a sua glória, glória que ele tem junto ao Pai como Filho único, cheio de graça e de verdade. [...] "Este é aquele de quem eu disse: o que vem depois de mim passou adiante de mim, porque existia antes de mim". Pois de sua plenitude todos nós recebemos graça por graça [...]. Ninguém jamais viu a Deus: o Filho único, que está voltado para o seio do Pai, este o deu a conhecer (Jo 1,1-5, 10-14, 15-16, 18).

Também reconhecemos em João a ideia do Filho como luz ou iluminação divina e como libertação. À maneira da Gnose, o conhecimento tem um sentido religioso, supranatural e suprarracional, portanto, místico e alcançado por revelação ou iluminação: a verdade é *recebida* como luz e vida:

"Eu sou a luz do mundo. Quem me segue não andará nas trevas, mas terá a luz da vida [...]. Vós julgais conforme a carne, mas eu a ninguém julgo; se eu julgo, porém, meu julgamento é verdadeiro, porque não estou só, mas comigo está o Pai que me enviou [...]. Se permanecerdes na minha palavra, sereis verdadeiramente meus discípulos e conhecereis a verdade, e a verdade vos libertará" (Jo 8,12, 15-16, 31-32).

b) No que se refere à presença do estoicismo, precisamos levar em conta que os historiadores da filosofia costumam distinguir entre Patrística Grega e Latina como consequência de seu pertencimento social, político e cultural a cada um dos lados em que se dividiu o Império Romano. Do lado oriental, encontram-se o judaísmo e a forte e decisiva presença da cultura helenística, enquanto do lado ocidental são particularmente importantes as tradições da retórica romana, a força das questões jurídicas ou do Direito Romano e, na filosofia, a presença marcante do estoicismo. Por isso, veremos, no decorrer de nosso estudo, que os Padres gregos são mais especulativos e que, no período dos Padres Teólogos, a presença do platonismo ganhará força; em contrapartida, os Padres latinos se preocupam sobretudo com as questões éticas e jurídicas, donde a presença das ideias estoicas, embora a dimensão especulativa de suas teologias se desenvolva a partir do momento em que o platonismo se torna um elemento teórico de grande envergadura e, sob certos aspectos, predominante sobre as demais tendências filosóficas, inclusive o estoicismo.

No entanto, essas diferenças não impedem, como veremos, que, em ambos os lados do Império, a Patrística aceite muitas das ideias éticas do estoicismo. Por exemplo, será condizente com o universalismo ou cosmopolitismo cristão a ideia de que o sábio (no caso, o cristão) é cidadão do cosmo, isto é, da Cidade de Deus (como dirá Agostinho), e que, para a sabedoria e a vida virtuosa, isto é, para a salvação da alma, são irrelevantes as distinções de raça e sexo, de situação econômica, social e política, pois a virtude é aquilo que depende da liberdade de nossa vontade e a sabedoria está ao alcance de todos os que a procuram sinceramente (procura que se chama fé na revelação divina). Todavia, os Padres gregos e latinos recusarão a teologia natural estoica, que afirma a eternidade do mundo, opondo-lhe o mistério da criação a partir do nada. No entanto, será mantida a ideia estoica de justiça, embora esta não se origine das leis naturais e humanas e sim das leis divinas, as quais as humanas devem não só respeitar, mas também imitar. Além disso, embora também afirme a ideia de Providência Divina, a Patrística recusará a afirmação estoica de que o *lógos spermatikós* seja imanente ao mundo, conservando-a em seu sentido hebraico de poder divino transcendente. Essa recusa, porém, não será encontrada no Padre Orígenes de Alexandria e, apesar da absoluta transcendência de Deus, a Primeira Epístola do apóstolo João afirma a imanência da Providência Divina, isto é, a presença do Filho no mundo: "Nisto reconhecemos que permanecemos nele e ele em nós: ele nos deu o seu Espírito (*lógos*) [...]. Aquele que confessar que Jesus é o Filho de Deus, Deus permanece nele e ele em Deus" (1Jo 4,13 e 15).

Ressaltemos também duas mudanças importantes operadas desde Paulo e que serão enfatizadas pela Patrística. A primeira se refere à liberdade da vontade: enquanto para o estoico a vontade livre guiada pela razão se opõe ao apetite e ao desejo imoderados (as paixões), para o cristão é a própria vontade que, em decorrência da liberdade, pode escolher o mal e o vício. A segunda se refere à virtude: esta não é própria do sábio, e sim do cristão, e não é alcançada apenas pelo esforço individual, mas com o auxílio da graça; em outras palavras, o homem livre estoico é responsável pela virtude, mas o homem livre cristão é auxiliado por Cristo na obtenção e prática da virtude.

c) A distinção entre Patrística Grega e Latina não deve, de maneira nenhuma, levar-nos à suposição de que uma é posterior à outra. Ambas são simultâneas, elaboradas nos dois lados do Império, a partir dos mesmos temas teológicos ou mistérios da fé (Trindade, criação, queda, missão de Jesus Cristo, redenção, ressurreição dos mortos, fim dos tempos) e com a presença, ora contestada, ora aceita de maneira difusa ou mesmo explícita, do platonismo, do neoplatonismo, do helenismo judaico, do estoicismo e de alguns aspectos do aristotelismo. Em outras palavras, se tomarmos a Patrística não da perspectiva da localização geográfica dos Padres, mas apenas do ponto de vista cronológico, observaremos que, dos dois lados do Império, as discussões e os temas são simultâneos e os mesmos e que há intensa comunicação entre os Padres gregos e latinos, os quais não só participam dos mesmos concílios ecumênicos e sínodos como também viajam pelas duas regiões, mantêm correspondência com seus pares, discutem obras produzidas em ambos os lados e disputam entre si postos e cargos nas duas partes do Império. Eis por que também está presente em todos eles o ataque às heresias, embora muitas delas, ainda que voltadas aos grandes temas que apontamos aqui (ou os mistérios da fé), não tenham ocupado ou interessado tanto aos Padres gregos como aos latinos em decorrência de seu lugar de origem e expansão. Por exemplo: veremos que, embora o gnosticismo e o arianismo (e suas variantes) ocupem intensamente os Padres gregos e os Padres latinos a partir de meados do século IV e início do século V, as heresias mais difundidas e contestadas pela Patrística Latina serão o maniqueísmo, que se difundira da Pérsia para todo o Império Romano, e o pelagianismo, iniciado e desenvolvido por Pelágio na Britânia, região ocidental do Império.

d) Embora os primeiros Padres latinos que se ocuparam com a defesa do cristianismo perante os imperadores romanos sejam chamados de Padres Apologetas, não aparece, para os posteriores a eles, a denominação de Padres Catequistas, como ocorreu no caso dos Padres gregos, ainda que, como veremos, a vida e a obra de muitos dos Padres latinos estivessem necessariamente voltadas à catequese na mesma época em que seus congêneres do outro lado do Império. Observemos ainda que, de ambos os lados do Império, surgem os Padres Teólogos. Essa denominação costuma ser empregada mais para o lado grego da Patrística, embora pertença ao lado latino o seu maior teólogo: Agostinho.

2. A presença da filosofia

A presença da filosofia se faz sentir com maior intensidade a partir do século II porque o cristianismo judaico, disperso em seitas, perde importância após o ano 70, com a queda de Jerusalém, e tem início a hegemonia do cristianismo pagão, isto é, de pensadores que haviam sido formados na tradição helenística e que, convertidos à nova religião, passam a usar a filosofia para reforçar o combate à idolatria e ao politeísmo, mostrando que estes já haviam sido criticados pelos filósofos pagãos. Ao mesmo tempo, a filosofia serve para provar que a razão havia alcançado verdades incompletas, cuja origem e plenitude se encontram apenas na Sagrada Escritura. A Bíblia, aliás, também será usada como antídoto contra as principais heresias do período, que, como a filosofia, também são especulativas: o gnosticismo e o arianismo (ramificados em numerosas seitas).

Há, no entanto, duas restrições à filosofia: a primeira considera que, embora haja verdades nas filosofias, os filósofos não souberam extrair delas todas as consequências nem compreendê-las inteiramente (para isso precisariam da fé na revelação divina), trazendo, como consequência, falsas filosofias de onde nascem heresias; a segunda restrição afirma que os desentendimentos e controvérsias entre os filósofos mostram que eles não alcançaram a plenitude da verdade, que é única e universal. Dessa maneira, a filosofia é inútil para a fé, mas esta é necessária para uma filosofia que pretenda ser verdadeira. Donde as diferenças entre filosofia e cristianismo: diferem pela origem e pelo alcance de suas verdades. A filosofia tem origem humana, o cristianismo, origem divina; a verdade cristã é universal, a filosófica é parcial, discordante, mesclada com o falso, pervertida pelos próprios filósofos.

O único critério para aceitar uma tese filosófica é seu acordo com as verdades da fé, a saber:

1) existência e unidade de Deus, o que implica a ideia da autossuficiência de Deus, que é, portanto, incriado e eterno;

2) criação do mundo por Deus a partir do nada ou a onipotência divina;

3) Providência Divina, que legisla e governa o mundo e a vida individual, punindo os pecados e recompensando as virtudes;

4) preexistência eterna dos inteligíveis (ou das ideias verdadeiras), isto é, preexistência do *Lógos* ao mundo;

5) Cristo como o *Lógos* anterior ao mundo, filho unigênito do Pai e encarnado em Jesus;

6) Deus como Uno-Trino ou a Santíssima Trindade (Pai, Filho e Espírito Santo);

7) revelação da Lei, tanto a Antiga (no monte Sinai, a Moisés) quanto a Nova (por Cristo e transmitida aos apóstolos em Pentecostes);

8) Primeiro Advento (vida, paixão, morte e ressurreição de Jesus para redimir os homens da mancha do pecado original);

9) Segundo Advento (retorno de Cristo em glória e majestade, no fim dos tempos, para julgar os vivos e os mortos, vencer o anticristo, findar este mundo e passar à eternidade);

10) vida eterna junto a Deus para os bons e longe de Deus para os maus;

11) Deus não pode ser responsabilizado pela presença do mal e do erro no mundo, pois estes não têm realidade em si mesmos, sendo ausência do bem e da verdade, o não ser. A responsabilidade cabe ao homem porque, dotado de livre-arbítrio, pode escolher o nada em vez do ser, a treva em vez da luz.[1]

A ausência de uma dessas verdades reduz um pensamento ou ao ateísmo ou à heresia. Se a heresia, como vimos, é sempre e imediatamente condenável, o ateísmo, entretanto, coloca um problema porque, em princípio, ele abarca toda a filosofia. Por esse motivo, os Padres da Igreja distinguirão três tipos de ateus: os que negam a existência de Deus, os que afirmam a existência de mais de um Deus e os que concebem Deus como uno, mas se enganam quanto à essência divina.

O terceiro tipo é o menos grave e alguns Padres afirmam que, nesse caso, não se trata propriamente de ateísmo, salvando, assim, Pitágoras, Platão, Aristóteles, os estoicos e os neoplatônicos, que não conheceram a verdadeira essência de Deus (Uno e Trino), mas se aproximaram dela tanto quanto era possível para a razão humana. De todos os filósofos, Platão é considerado aquele que mais se aproximou do verdadeiro Deus, concebendo-o como uno, eterno, incorpóreo, inteligente, bom, criador e governante de todas as coisas, assim como concebeu o *Lógos* divino — o mundo inteligível e imaterial das ideias —, a distinção entre o mundo corporal e o espiritual e a imortalidade da alma dos bons e justos. Também são louváveis os neoplatônicos, que afirmaram a absoluta transcendência de Deus, luz pura, inefável, imutável, inalcançável pela razão humana, mas ao qual podemos nos unir pela purificação intelectual, que conduz ao êxtase ou à imersão no divino. E, finalmente, os estoicos são aceitáveis por suas concepções éticas acerca do domínio sobre as paixões e por terem concebido, ainda que confusamente, a presença da Providência Divina no mundo, enganando-se, no entanto, ao identificá-la com o *lógos spermatikós,* como espírito imanente ao cosmo.

Compreendemos, assim, por que a presença das tradições filosóficas conduzirá a um outro patamar as discussões sobre as relações entre fé e razão iniciadas com o apóstolo Paulo ou a relação entre a razão e os chamados mistérios da fé.

De fato, configuram-se na Patrística três posições sobre as relações entre fé e razão, que costumam ser resumidas em três lemas:

Creio porque absurdo.
Creio para entender.
Entendo e creio.

A presença dessas posições pode ser ora a afirmação de uma delas e a exclusão das outras, ora a presença simultânea das três, mas com hegemonia de uma delas e desconfiança em relação às outras.

A primeira posição (próxima à do apóstolo Paulo) considera que a fé contraria a razão e é superior a ela. A razão é serva da fé e é sempre superada por ela — o que a razão não entende e julga absurdo é exatamente o que a fé tem o poder de reconhecer como verdadeiro. Portanto, "creio porque absurdo". No caso, trata-se da crença nas verdades mencionadas que, mais adiante, estarão contidas no Credo e que são racionalmente absurdas, particularmente a Trindade, a virgindade da mãe de Jesus e a paixão, morte e ressurreição de Deus (o Filho), isto é, aquelas verdades que Paulo declarou serem um escândalo para a razão.

A segunda posição, embora mantenha a superioridade da fé em relação à razão, considera que ambas não se contradizem, mas são dois graus do conhecimento. A fé, superior, é o conhecimento pela luz sobrenatural, isto é, a intuição espiritual produzida pela crença na revelação divina, enquanto a razão, ligada ao corpo ou à carne, conhece pela luz natural e necessita da fé para completar seu percurso. De acordo com seus defensores, a fé prepara a razão para conhecer e, quando houver erro, este vem da razão operando sozinha, pois, fundada apenas em si mesma e sendo finita, não tem poder para alcançar os mistérios da fé, que são infinitos e nos quais se encontra a verdade suprema. Presa à sensibilidade corpórea, ou à carne, a razão é vítima de pecados e vícios que a deformam, motivo pelo qual só pode alcançar o verdadeiro conhecimento quando purificada e iluminada pela graça sobrenatural. Assim, como puro espírito, pode conhecer os mistérios da fé. Portanto, "creio para entender".

Finalmente, a terceira posição afirma que fé e razão não se contradizem porque pertencem a esferas diferentes de verdades. Por isso cada qual deve ter seu campo próprio de conhecimento e de ação sem interferência de uma sobre a outra, embora a fé alcance um conhecimento superior ao da razão. A separação de ambas se traduz, portanto, em "entendo e creio".

Em *The Philosophy of the Church Fathers* [A filosofia dos Padres da Igreja], o estudioso da Patrística Harry Austryn Wolfson distingue em duas grandes correntes o que se refere à relação entre filosofia e fé: os defensores da *simples fé* e os defensores da *dupla fé*.

A teoria da simples fé afirma que esta é a crença na verdade integral da Sagrada Escritura, cuja aceitação produz assentimento, isto é, admissão de uma verdade por demonstração. Em si mesma e por si mesma, a fé não exige demonstração, mas é superior quando demonstrada, e demonstrar significa interpretar alegoricamente os textos sagrados (como fizeram Filo e Paulo).

Por seu turno, a teoria da dupla fé afirma que esta é tanto um conhecimento obtido de maneira imediata e sem demonstração, isto é, por intuição espiritual, quanto um conhecimento obtido por meio de demonstrações que, como ensinara Aristóteles, estão baseadas em princípios indemonstráveis (axiomas e postulados), os quais, para o cristão, são dados pela revelação.

Vejamos brevemente o que dizem alguns dos defensores dessas teorias.

O Padre Apologeta Tertuliano, defensor da teoria da simples fé, opõe Jerusalém (fé) e Atenas (filosofia) e declara não haver a menor relação entre ambas. Acrescenta ainda que nada de bom pode vir da segunda, pois crer é o único desejo verdadeiro, e a crença, a única satisfação. Fiel ao ensinamento de Paulo aos coríntios de que o que é verdade para a fé é loucura para a razão e o que é verdade para a razão é loucura para a fé, Tertuliano afirma: "é crível porque insensato" e "é certo porque impossível", portanto, "creio porque absurdo". Aquele que continua a procurar a verdade depois de ter fé não apenas declara que a fé não é suficiente para a verdade, mas também, e consequentemente, ou não é um verdadeiro crente ou é um desertor da fé. Ao perguntarem a Tertuliano por que, então, usar a filosofia ao fazer proselitismo em favor do cristianismo, ele respondeu: a filosofia é inútil para quem já está na fé, mas é útil para provocar a necessidade da fé. Em outras palavras, estamos perante duas autoridades: a da Sagrada Escritura para a salvação e a da filosofia tanto para fazer a apologia da fé, defendendo-a, como para auxiliar os que, tendo fé, carecem de argumentos para ensiná-la aos que precisam ser convertidos.

Por sua vez, o Padre Catequista Orígenes pensa a partir da simples fé, mas distingue entre ela e o que denomina *conhecimento com fé*, isto é, o uso da razão natural para fundamentar as doutrinas e a moral cristãs. O ponto de partida é a crítica à sabedoria mundana ou à filosofia (feita por Paulo na Primeira Epístola aos Coríntios), afirmando que é pela sabedoria de Deus que Ele deve ser conhecido. A simples fé é necessária para a iniciação aos mistérios, porém o pleno conhecimento destes (obtido por meio da interpretação alegórica dos textos sagrados) exige a razão e a filosofia, entendida como método alegórico. Há, portanto, a simples fé e a fé racional, e esta é superior àquela. Em primeiro lugar, porque a simples fé é menos firme e menos segura em suas crenças, crê por causa dos milagres e facilmente se decepciona ou aceita qualquer coisa como milagre e mistério; a fé racional, porém, é uma inteligência recebida de Deus para conhecê-Lo e, portanto, quem a possui não se decepciona nem se engana. Em segundo lugar, a simples fé crê por temor a Deus, mas a fé racional crê por amor a Deus. Finalmente, em terceiro, a simples fé só alcança os preceitos e as regras morais, mas a fé racional alcança o pleno conhecimento dos inteligíveis, isto é, dos mistérios do ser de Deus, e por isso pode discutir e provar o mistério de Cristo como Filho e o do Santo Espírito. Conclui Orígenes, citando os Salmos (27,4): a simples fé contempla a beleza da Casa do Senhor, mas a fé racional penetra no Templo do Senhor.

Já o Padre Catequista Clemente de Alexandria defende a teoria da dupla fé ao propor uma intepretação cristã de Platão, Aristóteles e dos estoicos. Explica ele que, de acordo com Platão e Aristóteles, a fé (*pistis*) sempre acompanha a sensação, a opinião e a razão — a sensação é uma certeza imediata inegável e por isso inseparável da confiança que nela temos; a opinião só pode ser admitida e mantida se nela tivermos fé; a fé, por sua vez, implica persuasão, que pode ser imediata (na sensação e no conhecimento racional de princípios verdadeiros indemonstráveis) ou mediata (quando obtida por demonstração, isto é, por dedução ou por indução). A diferença entre ter fé na opinião (*doxa*) e ter fé na ciência (*episteme*) decorre do fato de que uma opinião pode ser verdadeira ou falsa, enquanto a ciência é sempre verdadeira. Os estoicos, diz Clemente, usam o termo *assentimento* para se referir ao julgamento que o intelecto prático (a ética) faz quanto à bondade de uma coisa desejada ou desejável e para se referir também ao julgamento que o intelecto teorético (a ciência) faz da verdade de um conhecimento. Fé e assentimento são o mesmo e ambos são um ato intelectual e moral de deliberação da vontade quando esta reconhece a verdade e a bondade de alguma coisa, de alguma ação, de algum juízo. A sensação, a opinião e a ciência são assentimentos intelectuais cuja diferença está apenas no grau de certeza; a ação moral é um assentimento prático livre, obtido sem coação externa.

São esses sentidos da fé que Clemente de Alexandria e os defensores da não incompatibilidade entre fé e razão irão adotar, pois resguardam a ideia de que os primeiros princípios do verdadeiro e do bom podem não ser objeto de demonstração. Essa ideia lhes permite manter o sentido da fé como aceitação dos ensinamentos revelados na Escritura, que funcionam como primeiros princípios indemonstráveis. A teoria da dupla fé permite, assim, tanto o assentimento à revelação da Escritura sem necessidade de demonstração como o assentimento às mesmas verdades depois de demonstradas, pois a demonstração apenas aumenta o grau de certeza daquele que crê. Em suma, a demonstração não é requerida para se ter fé, mas para aumentar as certezas da própria fé. Clemente combina o sentido aristotélico de *pistis* (fé) e o estoico de *synkatathesis* (assentimento) ao afirmar que a fé é um assentimento da alma ou de nossa faculdade de raciocinar exercido por um ato livre de nossa vontade, ato que define a ética ou a moral. Todavia, a ideia de ato voluntário livre já possui significado cristão: não é simples ausência de constrangimento ou coação externa, mas dom de Deus, graça (*charisma*) para acreditar e escolher de modo absolutamente certo entre alternativas possíveis. No caso do juízo intelectual, o ato voluntário pode até mesmo recusar a necessidade de conclusões obtidas por demonstração. Afirma Clemente que a fé é o conhecimento resumido-sintetizado-abreviado do essencial; e o conhecimento é uma demonstração forte e segura do que foi recebido pela fé. Dessa maneira, Clemente interpreta uma passagem da Sagrada Escritura, do Evangelho de João, onde se lê que "na casa de meu Pai há muitas moradas" (Jo 14,2) como indicação que todos serão salvos e todos terão a vida eterna, mas a recompensa será diferente para os que fazem o bem por medo de Deus e os que fazem o bem por amor a Deus (os que conhecem racionalmente a fé).

Clemente, portanto, se coloca contra os que consideram a filosofia totalmente inútil e perigosa. Considera que a fé não precisa da filosofia, mas não a descarta. Mostra qual é o seu uso correto e possível ao acrescentar à verdade imediata da fé a certeza científica ou demonstrada dessa mesma verdade. Isso significa (como indica o relato de Lucas sobre Paulo em Atenas)[2] que a filosofia contra a qual Paulo se ergueu foi apenas a epicurista, que é ateia, pois ele reconheceu que os platônicos haviam chegado a verdades religiosas, ainda que limitadas por serem apenas racionais. Seguindo Clemente, os Padres Teólogos da Capadócia (Basílio, Gregório Nazianzo e Gregório de Nissa) afirmarão que a filosofia, obra da razão que nos foi dada por Deus, não é má nem falsa em si mesma, mas apenas quando mal empregada, por isso cabe "separar o joio do trigo", afastar o que nela é falso e guardar o que nela é verdadeiro e concordante com a fé. Portanto, "entendo porque creio".

Por sua vez, o Padre Teólogo Agostinho afirma que a filosofia é útil para a fé como instrumento de persuasão e combate às heresias. Nem toda filosofia, porém, é proveitosa e aceitável, mas apenas a platônica, que, infelizmente, foi pervertida pelos gregos e da qual apenas os cristãos podem fazer bom uso, porque somente eles são herdeiros legítimos de uma verdade que conservam e aumentam. A razão é o poder humano para raciocinar seja a partir das sensações, seja a partir de intuições intelectuais (a filosofia), pois somente a demonstração lógica estabelece a verdade para o juízo.

Prossegue Agostinho: a fé, em sentido exclusivamente religioso, significa acreditar na palavra de Deus e na promessa de Deus. Não é a *pistis* grega — crença baseada numa sensação ou numa opinião —, mas a *fides* tal como definida pelo Direito Romano: a confiança que funda um pacto e uma relação entre duas ou mais pessoas. Essa referência ao Direito Romano explica por que Agostinho vincula fé, autoridade e obrigação, isto é, pensa numa relação jurídica entre elas: a fé é a crença em tudo quanto está na Escritura e em tudo que é sustentado por uma tradição baseada na Escritura, pois esta é uma *autoridade*. A fé, portanto, se refere àquilo que temos a *obrigação* de não ignorar e que não podemos conhecer por nós mesmos. É o consentimento que damos à verdade do que é dito, que nada mais é do que o assentimento de nossa alma à verdade e ao bem afirmados pela autoridade dos textos sagrados.

O assentimento depende da liberdade da vontade ou de um ato livre da vontade. Ora, por causa do pecado original, não temos em nós o poder para realizar esse ato, que depende, portanto, de recebermos a graça (*gratia*) de Deus, ou seja, a fé, dom divino. Por esse motivo, a fé é superior à razão. Esta, porém, deve ser usada para dar apoio à fé. Eis por que o primeiro lema de Agostinho é: "Creio para entender" ou "Entendo porque creio". Sem a crença não há conhecimento. Por isso a fé é o ponto de partida para o conhecimento verdadeiro; no entanto, só podemos ter fé porque temos uma alma racional, sem a qual não poderíamos crer em coisa alguma. Consequentemente, não há contradição entre fé e razão, pois são dois graus de conhecimento. O primeiro grau enuncia: entenda minha palavra para que possas crer, pois precisas entender o sentido daquilo em que vais crer e julgar que é *possivelmente* verdadeiro, dando teu assentimento a esse sentido. Em suma: creia para entender a palavra de Deus. Dado o assentimento racional ao que é *possivelmente* verdadeiro, há um segundo grau de conhecimento, no qual se demonstra que aquilo a que se dá o assentimento é *necessariamente* verdadeiro porque provém da palavra de Deus. Assim, a fé é o término de um primeiro entendimento e o início de um entendimento maior, ou, como escreve Agostinho: "Todo aquele que crê pensa, mas pensa crendo e crê pensando". Ao primeiro lema, acrescenta-se outro: "entendo e creio".

No entanto, prossegue Agostinho, a demonstração racional de verdades da fé não pode ter como função e finalidade diminuir a autoridade da Escritura e da simples fé na revelação em nome da razão e da filosofia, pois a razão não tem poder algum para aprovar ou desaprovar o que está na Escritura, uma vez que a fé está fundada na autoridade da Escritura. Possuímos uma enorme quantidade de crenças baseadas na autoridade de livros, de testemunhos e de demonstrações racionais, isto é, acreditamos em fatos que não presenciamos e nos são relatados por historiadores, em lugares descritos por geógrafos e aonde nunca fomos, na competência dos médicos que não compreendemos, na lealdade de nossos amigos, naqueles que nos dizem quem foram ou são nossos pais, que há sete céus e oito continentes, e assim por diante. Essas crenças são por ouvir dizer e ler, mas não por fé. Baseiam-se na autoridade de livros e pessoas, ou seja, de humanos. Portanto, com muito maiores motivos, deve-se crer, por fé, nos evangelhos e no Antigo Testamento, que são a palavra de Deus.

PARTE III

A PATRÍSTICA GREGA

I. Os Padres Apologetas

APRESENTAÇÃO

A Patrística Grega se desenvolve do século II até a primeira metade do século V, e seu momento mais alto ocorre nos séculos III, com a Escola de Alexandria, e IV, com a Escola de Cesareia da Capadócia.[1]

Esse primeiro momento é protagonizado pelos chamados Padres Apologetas, que se dirigiam aos imperadores romanos para assegurar os direitos dos cristãos perante os pagãos e os hereges e para que não fossem perseguidos por suas crenças.

Como narra Jean Daniélou, a primeira perseguição aos cristãos se deu em 64 por ordem de Nero, que procurou desviar de si e dirigir para a nova seita religiosa a cólera da plebe em decorrência do incêndio de Roma, ordenado por ele. Sob os imperadores seguintes, os cristãos não foram perseguidos. No ano 70, porém, quando ocorreram a queda de Jerusalém, com forte participação dos zelotas,[2] e a expulsão dos judeus da Palestina, a perseguição romana passou a ter como alvo o messianismo judaico, isto é, a crença na retomada e na reconstrução de Jerusalém pelo messias prometido pelos grandes profetas. Por isso, a perseguição atingia também os judeus cristianizados, não por serem cristãos e sim por serem judeus que cultuavam Jesus como o messias.

No entanto, Daniélou assinala que não foi homogênea ou unitária a maneira como Roma se relacionou com os cristãos, passando da perseguição à tolerância e desta novamente à perseguição. Assim como não foi homogênea ou unitária a maneira como os cristãos se relacionaram com Roma. As epístolas do apóstolo Paulo, por exemplo, insistiam no perigo de fazer oposição ostensiva ao Império e conclamavam os cristãos a submeterem-se publicamente ao poder romano, sem abandonar os ensinamentos de Cristo, que ensinara: "Dai a Deus o que é de Deus; daí a César o que é de César". Em contrapartida, com o martírio do apóstolo Pedro, sob Nero, e a partir dos acontecimentos do ano 70 na Palestina, começaram as perseguições aos judeus e cristãos da Ásia Menor, de modo que o Apocalipse de João de Patmos, endereçado às Sete Igrejas da Ásia Menor, se ergueu ostensivamente contra o paganismo de Roma, chamada por ele de prostituta da Babilônia:

> Ai daquela grande cidade da Babilônia, daquela cidade forte! Num momento veio o teu juízo. E os negociantes da terra chorarão e se lamentarão sobre ela, porque ninguém comprará mais as suas mercadorias de ouro e prata e de pedras preciosas, de pérolas e linho fino, de púrpura e seda [...] e até as almas humanas. E os frutos de tua alma se retirarão de ti e todas as coisas magníficas se perderam para ti e não mais se encontrarão (Ap 18,10-14).

Imagem que se completa com a construção da figura de Nero como símbolo dos imperadores, apresentando-o como a Besta:

> Vi então uma Besta que subia do mar. Tinha dez chifres e sete cabeças; sobre os chifres havia dez diademas, e sobre as cabeças um nome blasfemo. [...] Cheia de admiração, a terra inteira seguiu a Besta e adorou o Dragão [...]. Ela abriu então a boca em blasfêmias contra Deus, blasfemando contra seu nome, sua tenda e os que habitam no céu. [...] Deram-lhe permissão para guerrear contra os santos e vencê-los [...]. Quem é inteligente calcule o número da Besta, pois é um número de homens: seu número é 666 (Ap 13,1, 3, 6-7, 18).[3]

Em contrapartida, respondendo ao brado de João de Patmos — "Senhor, até quando não julgareis e não vingareis o nosso sangue?" —, Jesus Cristo já nada tem de humano:

> A sua cabeça e os seus cabelos eram brancos como lã, cândidos como a neve; os seus olhos como chama de fogo; os pés semelhantes ao bronze abrasado numa fornalha; a sua voz como o fragor de grandes águas; na mão direita tinha sete estrelas e da boca lhe saía uma espada afiada de dois gumes; o seu vulto era como o Sol, quando resplende com toda a sua potência (Ap 1,14-16).

É nesse ambiente conturbado que, durante o século II, surgem as obras dos chamados Padres Apologetas, que receberam essa denominação porque se dedicaram à defesa do cristianismo contra os pagãos e os hereges. Como explica Gilson:

> No sentido técnico do termo, uma apologia era um arrazoado jurídico, e essas obras são, de fato, sustentações para obter dos imperadores romanos o reconhecimento do direito legal dos cristãos à existência num império oficialmente pagão (Gilson, 2001, p. 2).

Todavia, à luz do que narra Daniélou, precisamos acrescentar ao que escreve Gilson o motivo para uma apologia cristã, uma vez que, no Império Romano, inúmeras religiões eram livremente praticadas sem precisar de autorização legal. Duas peculiaridades do cristianismo explicam por que as apologias se fizeram necessárias.

A primeira peculiaridade do cristianismo, como já observamos, está em apresentar-se como única religião verdadeira e universal. Para comprová-lo, basta lembrarmos, por exemplo, que a secular separação entre judeus e samaritanos aparece superada tanto nos evangelhos, com os episódios da "boa samaritana" (que deu água ao judeu Jesus) e do "bom samaritano" (o elogio de Jesus àquele que, ao contrário de judeus indiferentes, acudiu a um homem assaltado e ferido numa estrada), como no relato dos Atos dos Apóstolos, capítulo 8, versículos 1, 13 e 14, sobre a conversão dos samaritanos ao cristianismo. Mais significativas, porém, são as palavras finais do Evangelho de Mateus:

> Jesus, aproximando-se deles [os discípulos], falou: "Todo poder me foi dado no céu e sobre a terra. Ide, portanto, e fazei que todas as nações se tornem discípulos, batizando-as em nome do Pai, do Filho e do Espírito Santo e ensinando-as a observar tudo quanto vos ordenei. E eis que estou convosco todos os dias, até a consumação dos séculos" (Mt 28,18-20).

"Todo poder me foi dado no céu e sobre a terra": não surpreende, portanto, que o cristianismo aparecesse aos imperadores como perigoso ou sedicioso, porque pressupunha que as demais religiões, inclusive a romana, eram falsas, particulares e destinadas a desaparecer. Aliás, entre os judeus, exatamente por esse motivo, o Conselho dos Sacerdotes (o Sinédrio) condenara Jesus à morte e os primeiros cristãos foram perseguidos e martirizados (Paulo, quando ainda era o fariseu Saulo, participou da morte do cristão Estêvão por apedrejamento).

Mais do que isso. Podemos avaliar a consequência política dessa universalidade atribuída ao cristianismo se tomarmos, por exemplo, a abertura do Apocalipse de João de Patmos. O escritor declara que fala em nome e da parte

> d'"Aquele-que-é, Aquele-que-era e Aquele-que-vem" [...] e da parte de Jesus Cristo, a Testemunha fiel, o Primogênito dos mortos, o Príncipe dos reis da terra. [...] [que] fez de nós uma Realeza de Sacerdotes para Deus, seu Pai [...]. Eis que ele vem com as nuvens e todos os olhos o verão, até mesmo os que o transpassaram, e todas as tribos da terra baterão no peito por causa dele. Sim! Amém (Ap 1,4-7).

Em outras palavras, "todas as tribos da terra" reconhecerão Jesus Cristo como rei e, portanto, todas se tornarão cristãs, incluindo Roma, cuja religião particular desaparecerá e cujos imperadores perderão o poder.

Se a universalidade é a primeira peculiaridade do cristianismo, precisamos mencionar que há ainda uma segunda, que se encontra na afirmação de Jesus Cristo: "Meu Reino não é deste mundo". Essa declaração, de inspiração gnóstica e encontrada no Quarto Evangelho, faz supor que os cristãos não se submetem inteiramente à autoridade do imperador romano, mas à de um poder mais forte e mais amplo do que o dele e que o destruirá, ideia reafirmada também na abertura do Apocalipse: "Eu sou o Alfa e o Ômega,[4] diz o Senhor Deus, 'Aquele-que-é, Aquele-que-era e Aquele-que-vem', o Todo-Poderoso" (Ap 1,8). "A realeza do mundo passou agora para nosso Senhor e seu Cristo, e ele reinará pelos séculos dos séculos" (Ap 11,15).

Obviamente, os cristãos só poderiam ser vistos como perigosos para Roma, sobretudo pela maneira como pareciam se rejubilar com o martírio, considerado a porta de entrada segura para o Reino de Deus.

No entanto, resta ainda uma pergunta: afinal, por que um grupo religioso, entre tantos outros que pululavam no Império Romano, haveria de aparecer como perigoso simplesmente por acreditar que o verdadeiro reino não é deste mundo e que o verdadeiro poder pertence apenas a Deus? Aqui, precisamos passar à materialidade histórica e considerar quem eram os cristãos que se espalhavam por Ásia Menor, Síria, Egito, Grécia, Norte da África e por toda a orla do Mediterrâneo, alcançando a Gália Meridional, a Hispânia e a Sicília, regiões submetidas à contínua espoliação imperial, com uma população empobrecida e incessantemente ameaçada por guerras e escravidão. Donini descreve os estratos sociais que compunham as comunidades cristãs:

> Os estratos sociais a que se dirigem os cultos [cristãos] são servos e libertos, pequenos artesãos e comerciantes empobrecidos e endividados, soldados recrutados entre os trabalhadores manuais, fugitivos, prisioneiros de guerra provenientes dos povos que se comprimem nas fronteiras, gauleses, dálmatas, hispânicos, germanos, mercenários asiáticos e mesopotâmicos. Além dessa multidão, há também elementos das classes privilegiadas, arruinadas pelas ambições e pelos receios característicos de períodos de crise econômica e política e que encontram refúgio na procura de serenidade e de uma correção moral que a filosofia tradicional já não conseguia assegurar. Também as mulheres fazem sentir sua influência e aspiram graus da hierarquia sacerdotal até então fechada a elas. [...] A opinião preocupada de muitos dos autores pagãos contemporâneos atesta que o número de aderentes ao cristianismo se multiplicou rapidamente (Donini, 1988, pp. 150-1).

Estamos diante do surgimento de uma religião dos e para os humildes — os *humiliores* e também para os estratos abastados desesperados ou desamparados pelo Império, para os quais, como observa Cochrane,[5] a perspectiva de uma vida eterna de felicidade, assegurada pelo sacrifício do Filho de Deus e pelo Fim dos Tempos, tinha um apelo muito mais forte do que os cultos pagãos, nos quais a elevação ao divino — a *apotheósis* — estava reservada aos grandes e aos imperadores. Além disso, como salienta Donini, ao contrário das religiões e cultos pagãos tradicionais, cujos encargos financeiros pesavam sobre grande parte da população, a religião cristã realizava exatamente o oposto, isto é, a simplicidade dos cultos — basicamente o batismo, a comunhão e a pregação do evangelho —, a ajuda mútua, a hospitalidade e a fraternidade ou a afirmação da igualdade no pecado e na redenção. No entanto, ainda que isso não colocasse em risco o Império, é preciso não perder de vista a mescla supranacional dos fiéis, espalhados pelas províncias do Império e que viam na promessa da chegada iminente, aqui e agora, do Reino de Deus a única alternativa ao Reino dos Césares, fazendo com que o Império temesse os riscos de uma união entre os deserdados da terra, que semeariam revoltas, discórdias e reivindicações.

A tarefa dos Padres Apologetas era garantir aos imperadores que esse risco não existia.

Vindos das camadas mais abastadas e cultas, conhecedores de algumas escolas filosóficas e portadores de novas ideias, os Apologetas, sem muito sucesso, procuraram entendimento e compromisso com os imperadores, em particular afastando a ideia da iminência do fim dos tempos e da realização, aqui e agora, do Reino de Deus.

OS PADRES APOLOGETAS

Os Padres Apologetas mais conhecidos foram Marciano Aristides, Justino, o Mártir, Taciano, o Assírio e Atenágoras de Atenas. Com obras que não foram completamente preservadas, também se destacaram Teófilo de Antioquia, Hérmias e Melitão. Perderam-se as obras dos primeiros apologetas: Quadratus, Milcíades e Aristão de Pela.

Marciano Aristides

Marciano Aristides se dirige ao imperador Antonino Pio começando pelo relato de sua conversão ao cristianismo ao aceitar que existe um único Deus — imóvel,[6] incompreensível, inominável — comprovado pela perfeita ordenação do mundo por Ele criado, isto é, pela necessidade racional imposta a todas as coisas por um ser onipotente. A seguir, indaga que raças (*génos*) compartilharam a verdade sobre Deus, distinguindo entre as que nada souberam, as que conheceram verdades parciais e a aquela que alcançou a verdade plena:

- os *bárbaros*,[7] pertencentes, por sua vez, a três raças: caldeus, egípcios e gregos. Os primeiros erram porque cultuam a natureza, sem compreender que esta não é Deus, mas criatura, obra divina. Os gregos, porque seus deuses lutam entre si, não sendo por isso respeitáveis e, muito menos, adoráveis. Os egípcios reuniram os erros dos caldeus e dos gregos, acrescentando ainda o culto a animais e plantas;

- os *judeus*, que merecem ser louvados pelo culto a um único Deus, porém são censuráveis pela observância de rituais desprovidos de sentido religioso, como circuncisão, lua nova, jejuns, pão não fermentado etc.;
- os *cristãos*, únicos que alcançaram a verdade por intermédio do Filho de Deus, que veio ao mundo para salvá-los, afastando-os do politeísmo e de rituais inúteis e ensinando-lhes a pureza de vida.

Justino, o Mártir

Nascido em Naplusa, Palestina, de pais pagãos, colonos de língua grega, Justino se converteu ao cristianismo por volta do ano 132 e morreu no martírio, em Roma, entre 163-167. É autor de duas apologias — a primeira dirigida ao imperador Adriano e a segunda ao imperador Marco Aurélio — e do *Diálogo com Trifão.*

Na *Primeira Apologia,* Justino compara sua vida anterior e posterior à conversão ao cristianismo:

> Antes de me tornar cristão, eu me comprazia no deboche, mas agora me alegro com uma vida de pureza [...] valorizava acima de tudo o dinheiro e as posses, mas agora trago tudo quanto possuo para distribuir aos carentes [...]. Antigamente, odiava e matava outros por diferenças de costumes e nação, banindo os estrangeiros de minha porta. Agora, desde a vinda de Cristo, vivo na paz. Rezo pelos meus inimigos e busco vencer os que me tratam injustamente vivendo de acordo com os princípios de Cristo, esperando que eles possam, um dia, compartilhar a mesma esperança de obter a recompensa de Deus, Senhor de tudo (Justino apud. Cochrane, 1977, p. 221).

No *Diálogo com Trifão,* Justino relata sua conversão ao cristianismo, inspirada pelo heroísmo dos mártires, que, em sua intrepidez diante da morte e daquilo que os homens mais temem, provavam que não viviam no mal, como diziam seus acusadores. Sua conversão, narra ele, ocorreu depois de haver se dedicado à filosofia, pois

> [s]em a filosofia e a reta razão não é possível que haja virtude. Por isso é preciso que todos os homens se dediquem à filosofia como a maior e mais honrada obra [...]. A filosofia é a riqueza maior e mais preciosa para Deus, a única que nos leva a Ele e nos une a Ele e tais são aqueles que dedicaram sua mente à filosofia (*Diálogo com Trifão*, 3,8).

Entretanto, a maioria dos que a ela se dedicaram esqueceram-se de que ela é um tesouro enviado por Deus aos homens e se entregaram a disputas, cada qual seguindo caminho diferente em busca de fama e glória, fascinados por sua própria força de ânimo e pela maravilha de seus discursos. Assim, tendo se dedicado ao estudo dos estoicos, dos aristotélicos e dos pitagóricos, Justino não se satisfez com suas doutrinas nem com o comportamento de seus professores, mais interessados no pagamento das aulas do que no aperfeiçoamento do aluno. Procurou, então, os platônicos porque gozavam de boa fama e se interessavam pelo conhecimento das realidades suprassensíveis e pela contemplação das ideias do Bem e do Belo, que levam à contemplação de Deus.

Em sua busca, narra Justino, encontrou-se com Trifão, um filósofo platônico hebreu que se tornara cristão. Indagou-lhe a quem mais deveria se dirigir para alcançar essa visão e a resposta foi a de que deveria ir em busca

> de homens mais antigos do que todos os que são tidos por filósofos, homens bem-aventurados, justos, amigos de Deus, os quais falaram inspirados pelo espírito divino e divinamente inspirados pelo espírito divino previram o futuro, justamente o que está sendo cumprido agora; são os que se chamam profetas. Sem temor de adular quem quer que fosse, sem buscar a vanglória, foram os únicos que vieram e anunciaram a verdade aos homens, pois, cheios do Espírito de Deus, só disseram o que viram e ouviram (*Diálogo com Trifão*, 17,7).

Esses santos, chamados profetas, são inspirados pelo *Lógos* ou pelo Espírito de Deus e não apresentam argumentos de forma demonstrativa, pois a inspiração divina lhes ensinou os verdadeiros princípios e fins de todas as coisas, de sorte que seu testemunho é digno de fé. Recomenda Trifão: "de tua parte e antes de tudo, roga para que se abram as portas de luz, pois essas coisas não são fáceis de ver e compreender por todos, mas somente por aqueles a quem Deus e seu Cristo concedem compreendê-las" (*Diálogo com Trifão*, 17,7).

Seguindo o ensinamento de Trifão, Justino buscou os profetas e passou de Platão ao cristianismo, isto é, de uma filosofia banhada em espírito religioso à religião propriamente dita, mas dotada de considerações filosóficas. Por isso, diz Justino, "sou um filósofo" e, falando de Platão, declarou: "tudo que ele disse de verdadeiro nos pertence" (ou seja, a nós, cristãos). Sócrates também não é um estranho para um cristão, tendo conhecido parcialmente Cristo. Afinal, descobriu algumas verdades por meio de um esforço da razão, e esta participa do *Lógos*, que é Cristo. Assim, o Deus que se revelou aos profetas e a Moisés também se revelou parcialmente a alguns filósofos, pois a verdade está disseminada pelo mundo e sua unidade ou a revelação plena e completa se deu apenas com a encarnação do *Lógos*, isto é, Cristo.

A denominação de Cristo como *Lógos* encarnado torna compreensível a referência à filosofia como um conhecimento veraz anterior ao cristianismo, o que é evidenciado na seguinte passagem da *Segunda Apologia*:

> Sou cristão, me glorifico com isso e desejo que me reconheçam como tal. A doutrina de Platão não é incompatível com a de Cristo, ainda que não se ajuste inteiramente a ela, assim como as de outros, os estoicos, os poetas e escritores. Cada um deles viu no *Lógos* divino, disseminado pelo mundo, o que estava relacionado com a sua capacidade [de conhecer] e pôde, assim, expressar uma verdade parcial; entretanto, visto que se contradizem nos pontos fundamentais, manifestam que não se encontram de posse de uma ciência infalível e de um conhecimento irrefutável. Tudo quanto ensinaram de modo veraz pertence a nós, cristãos. Com efeito, depois de Deus, adoramos e amamos o *Lógos* nascido de Deus, eterno e inefável, porque se fez homem por nós para nos curar de nossos males tomando-os sobre si. Os pensadores puderam ver a verdade de um modo obscuro, graças às sementes de *Lógos* que neles foi depositada. Porém, uma coisa é possuir uma semente e outra diferente é o próprio *Lógos*, cuja imitação e participação procedem da Graça (*charisma*) que Dele provém (Justino apud Reale e Antiseri, 2003, p. 358).

De maneira gnóstica, Justino designa Deus como O Anônimo, um ser único que não pode ser conhecido em si mesmo pelos humanos. Estes podem conhecer o que Ele é para nós e pelo que faz para nós — o Pai criador do mundo —, mas seu ser, jamais visto, permanece inalcançável ao nosso conhecimento. A nós é acessível um outro Deus, enviado pelo Pai, "do qual se distingue em número, mas não em ideia": o *Lógos*, o Verbo Divino, que já existia antes da criação do mundo e apareceu para Moisés e outros patriarcas judeus, fogo ou luz que ilumina todo homem que vem a este mundo. Quanto ao Espírito Santo (*to pneúma to hágion*), que vem em terceiro lugar, Justino o menciona, mas pouco fala dele. De todo modo, já está anunciada a ideia de Trindade Divina ou do Deus Uno e Trino (Pai, Verbo Divino e Espírito Santo).

Quanto ao ser humano, reencontramos em Justino a distinção que vimos em Paulo, na Gnose e no neoplatonismo: corpo, alma e espírito. Lemos numa passagem do *Diálogo com Trifão*:

> Assim como o homem não existe perpetuamente e o corpo não subsiste sempre unido à alma, mas, ao contrário, quando essa harmonia de ambos é destruída, a alma abandona o corpo e o homem já não existe; da mesma maneira, quando a alma cessar de existir, o espírito de vida foge dela: a alma já não existe e retorna ao princípio de onde foi tirada (*Diálogo com Trifão*, 14,5).

A alma, portanto, não é imortal, dura o tempo ordenado por Deus até reintegrar-se no Princípio como espírito. Numa outra passagem do *Diálogo*, Justino afirma que as almas dos justos vão a um outro mundo, mais feliz, enquanto as dos maus são lançadas ao castigo e existirão por tanto tempo quanto Deus determinar. Recompensa e castigo são sempre merecidos porque o homem é dotado de vontade livre ou livre-arbítrio, sendo por isso responsável por seus atos.

Exortando todos os homens a abraçar a fé em Cristo e iniciar-se em seus mistérios, várias testemunhas narram que Justino aceitou com alegria o martírio, lembrando que, como Sócrates, morreria por inquebrantável amor à verdade.

Taciano, o Assírio

Taciano foi educado na cultura grega, particularmente na retórica (cujos princípios respeitou na composição de suas obras) e na filosofia, que estudara em sua juventude.

Dirigindo-se a Roma, converteu-se ao cristianismo por razões semelhantes às de Justino, de quem se tornou discípulo. Entretanto, Taciano distanciou-se de seu mestre, tornando-se ferrenho inimigo da ciência e da filosofia gregas. A única de suas obras que foi conservada é o *Discurso aos gregos*, escrito entre 166 e 171. Nela, defende os direitos dos bárbaros,[8] isto é, dos cristãos e do cristianismo contra a cultura e a religião dos helenos.

Repetindo, à sua maneira, argumentos de Filo de Alexandria, Taciano afirma que os gregos esconderam que tiraram da Bíblia ideias filosóficas corretas, pois "a nossa religião" é muito anterior ao nascimento da filosofia, e esta cai em absurdos e se engana toda vez que se distancia da Sagrada Escritura. Por esse motivo, não há por que os filósofos se vangloriarem de suas doutrinas, pois o que têm de verdadeiro foi obtido por roubo da Bíblia e o que têm de falso foi resultado da arrogância dos que se afastaram dela. Aristóteles reduziu a Providência a encadeamentos necessários de causas e efeitos e a desligou de todo o restante que acontece no mundo, além de defender uma ética aristocrática, reservando a felicidade aos possuidores de riquezas, força e beleza corporal; os estoicos afirmavam a doutrina do eterno retorno (volta incessante de bons e maus) e, visto que identificavam Deus com a necessidade absoluta dos seres e dos acontecimentos, responsabilizaram-no pela existência do mal. Já um cristão não se submete à fatalidade porque é responsável por seus desejos e atos. De todo modo, não há motivo para um cristão desacreditar os filósofos, pois estes se encarregaram disso em suas controvérsias e contradições.

Os argumentos de Taciano contra a religião pagã se referem à imoralidade dos deuses (uma repetição do que os filósofos já haviam apresentado) e ao caráter demoníaco da magia e da astrologia, que introduzem a ideia de destino ou fatalidade, contradizendo, portanto, a ideia cristã de livre-arbítrio e responsabilidade, e deixando os humanos à mercê de charlatães. Para o verdadeiro cristão, a confiança em Deus deve bastar.

Taciano concebe Deus como único, incorpóreo ou puro espírito, invisível e o Bem em si. Incausado, Deus é a causa de tudo quanto existe pela mediação da Alma do Mundo, que cria espíritos e corpos ou a matéria. Sendo causa das criaturas, pode ser conhecido a partir delas, isto é, podemos conhecê-lo por Suas obras (como disseram o apóstolo Paulo e Justino). Antes da criação, Deus estava só, mas em seu *Lógos* já estava contida a ideia de cada uma das coisas visíveis e invisíveis que viriam a existir por sua ação criadora. Com uma clareza maior do que a de Justino, Taciano explica a criação como um ato voluntário e livre de Deus, com o qual Ele profere o *Lógos* ou o Verbo Divino, primeira obra do Pai, que preencheu todo o vazio e nele se transmitiu e se distribuiu sem se dividir. Para esclarecer essa ideia, Taciano usa o exemplo da linguagem: assim como quando alguém fala e um outro escuta, aquele que fala não fica privado de sua fala, mas a transmite e a distribui àquele que o escuta, "a fim de organizar a matéria confusa que está em teu pensamento", assim também Deus profere o Verbo com o qual organiza o caos da matéria que constitui o mundo. O *Lógos* ou o Verbo Divino é um demiurgo, porém, como observa Gilson:

> o Verbo de Taciano nem encontra a matéria já feita, como o demiurgo de Platão, nem a cria do nada, como o Deus da Bíblia. Parece muito mais "projetá-la" para fora de si por uma espécie de radiação, mas não poderíamos precisar melhor sem fazer Taciano dizer o que não disse. Em compensação, sabemos com certeza que, tendo representado a geração divina do Verbo como geração humana do pensamento e da palavra, ele concebeu naturalmente a criação como uma espécie de ensinamento: "'Emitindo minha palavra, proponho-me organizar a matéria confusa que existe em vós [...]" (Gilson, 2001, pp. 12-3).

Em suma, Taciano nos deixou um problema ao afirmar que a matéria é criada, quando, porém, não pode ser criada por Deus, pois ela é pura desordem, não podendo provir Dele, que apenas a organiza racionalmente.

As primeiras criaturas foram os anjos, que, sendo criaturas, não podem ser o Bem em si, mas realizá-lo por atos de vontade ao seguir a lei divina, merecendo recompensa, ou voluntariamente deixar de cumpri-la, merecendo castigo, como ocorreu com o primeiro anjo rebelde e seus seguidores, transformados por Deus em demônios. Tanto os anjos caídos como seus seguidores humanos (cujo castigo é a perda da imortalidade da alma) acreditam em destino e fatalidade, sem compreender que o que lhes aconteceu e lhes acontece depende de uma escolha voluntária pela qual foram e são responsabilizados.

Como em Filo, Paulo e Justino, encontramos também em Taciano a concepção da alma conforme a distinção entre *psyché* e *pneúma*. A primeira é material e penetra a matéria de todos os seres — astros, anjos, humanos, animais, plantas, água —, assumindo uma natureza diferente conforme a espécie por ela animada. O *pneúma*, espírito, é a parte superior, imaterial, da alma propriamente dita, onde se encontra "a imagem e semelhança" de Deus, de que fala a Bíblia ao narrar a criação do primeiro homem. Por sua natureza de criatura, a *psyché* é mortal. Já a imortalidade do *pneúma* depende da vontade de Deus ou de um dom divino. A *psyché* morre quando não conhece a verdade e ressuscitará no fim dos tempos, quando receberá um novo corpo para cumprir as penas e os castigos eternos — sua imortalidade é verdadeira morte. Em contrapartida, o *pneúma*, quando afasta todo pecado porque possui o verdadeiro conhecimento, é imortal, ainda que deva aguardar o fim dos tempos para ressuscitar e receber a recompensa eterna. O verdadeiro conhecimento é obra do Verbo Divino por meio de homens inspirados que incitam a alma a se desligar da matéria e entregar-se a uma vida de ascetismo e purificação, até que o próprio Verbo, isto é, Jesus Cristo, venha para a salvação completa dos bons.

Essa concepção de uma moral ascética e da importância do conhecimento levou Taciano a se aproximar, pouco a pouco, de uma das vertentes do gnosticismo. Acabou por criar uma seita herética, a dos *encratistas*, defensores da castidade dos homens e da virgindade das mulheres.

Atenágoras de Atenas

Em 177, após nova condenação do cristianismo, feita, agora, pelo mais sábio dos imperadores, o filósofo estoico Marco Aurélio,[9] Atenágoras lhe dirige uma *Súplica em favor dos cristãos*.

Em seus escritos, Marco Aurélio havia analisado o significado do "desejo de martírio" dos cristãos e concluíra que se tratava de insanidade ou de loucura, sendo filosoficamente condenável, não por ser suicídio (que é aceitável como decisão racional, grave e ponderada, em certas circunstâncias), mas por ser pura "arbitrariedade irracional". Politicamente, porém, o édito de proibição do cristianismo não teve como causa a crítica ao martírio, mas fundou-se na afirmação de Jesus Cristo de que "Meu Reino não é deste mundo", considerada por Marco Aurélio um ato de sedição contra o Império Romano, uma vez que os cristãos afirmavam obedecer a um poder maior e mais alto do que o de Roma.

Atenágoras nada traz de novo quanto à avaliação da filosofia, mas retoma o que Aristides, Justino e Taciano haviam dito sobre o assunto. Mantém a teologia do *Lógos* ou do Verbo Divino, considerando-o sob duas formas: na primeira, é gerado pelo Pai como uma pessoa distinta Dele e com a tarefa de criar o mundo; na segunda, é puro espírito que emana do Pai e retorna a ele, "como um raio de sol".

Suas ponderações mais originais se voltam para a questão das relações entre fé e razão. Em sua *Embaixada do cristianismo*, escreve:

> Como quase todos, mesmo a contragosto, reconhecem a existência de uma realidade divina quando chegam aos princípios do universo e como nós chamamos de Deus aquele que ordenou o universo, por que essa gente tem de ter o direito de dizer e escrever impunemente sobre o divino o que bem lhes parece, enquanto uma lei nos proíbe de demonstrar por argumentos e raciocínios verdadeiros que existe um Deus, o que reconhecemos tanto pela razão como pela fé? Os poetas e os filósofos, animados pelo sopro de Deus, experimentaram por conjetura e seguindo unicamente apenas sua própria alma não conseguiram descobrir e conceber a verdade [...] Por isso chegaram a conclusões diferentes sobre Deus e a matéria, as ideias e o universo. Nós, ao contrário, seja sobre o que sabemos ou no que cremos, apelamos para o testemunho dos profetas que, inspirados pelo Espírito, se pronunciaram sobre Deus e o que se relaciona com Deus (*Embaixada do cristianismo*, VII).

Para saber sobre Deus, existe apenas um caminho: a revelação trazida pelos profetas e por Cristo. Quanto aos fatos e acontecimentos, uma vez conhecidos por revelação, pode-se pedir o auxílio da razão para interpretá-los; trata-se do que Atenágoras denomina "demonstração da fé" e que terá um longo futuro na Patrística Grega ao ser retomada por Clemente de Alexandria e pelos Padres Teólogos da Capadócia.

A primeira demonstração da fé realizada por Atenágoras é a da verdade do monoteísmo contra o politeísmo. Supondo-se que, no princípio, havia vários deuses, será preciso afirmar que são de naturezas diversas, pois, caso contrário, ou seriam um só deus ou teriam sido engendrados uns pelos outros (pois o semelhante engendra o semelhante) e não seriam deuses, uma vez que um deus é eterno. Admitamos, por hipótese, que haja vários deuses e que um deles seja o criador do mundo e sua Providência o governe em todas as partes. Neste caso, que lugar sobraria para os outros deuses? Seria preciso afirmar ou que esses deuses permanecem ociosos — mas, então, onde colocá-los? — ou que existem tantos mundos quantos deuses — mas, então, será preciso concluir que tais deuses serão finitos (restringidos ao seu próprio mundo). Conclui-se que as duas hipóteses são absurdas e que existe um único Deus, infinito, eterno, criador e governante de tudo o que existe.

Atenágoras escreveu também um tratado intitulado *Sobre a ressurreição dos mortos* no qual, por meio da demonstração da fé, procura demonstrar que a ressurreição dos corpos não é impossível para Deus, pois assim como Ele os criou também pode conservá-los para sempre. Por que Deus criou o homem?

> Deus não criou o homem em vão porque Ele é sábio e não há obra da sabedoria que seja inútil. Ele não o criou também para sua própria necessidade, pois não tem necessidade de nada [...] Não foi também para a utilidade de algumas de suas criaturas que ele fez o homem. Um ser que tem razão e julgamento não pode ser criado para a utilidade de outra criatura, inferior ou superior a ele; ele foi criado para si mesmo, para sua vida, para sua perpertuidade [...] se não foi criado para a utilidade de seu criador nem para o usufruto de alguma criatura, é evidente que Deus criou o homem para fazer resplandecer a bondade e a sabedoria que se manifestam em todas as suas obras. E se examinarmos a razão particular de sua ação, devemos dizer que fez o homem para que ele tenha vida, não uma vida que se acenda por alguns momentos e depois se apague definitivamente. Aos répteis, peixes e pássaros e a todos os animais, Deus deu uma vida desse tipo. Mas ao ser que traz em si a imagem de seu Criador, ao ser dotado de inteligência e razão, o Criador prometeu uma duração infinita. Ele lhe deu como destino conhecer seu autor, seu poder, sua sabedoria e obedecer à lei e à justiça para assim chegar um dia a viver sem sofrimento (*Sobre a ressurreição dos mortos*, 27).

Para a demonstração da fé, Atenágoras emprega três argumentos.

O primeiro argumento afirma que, se Deus criou o homem para destiná-lo a uma vida de sabedoria na contemplação da obra divina, então o nascimento do homem é a garantia de sua perpetuidade e, portanto, de sua ressurreição.

O segundo argumento afirma que Deus não criou somente almas, mas também corpos e, no caso dos humanos, os criou com corpo e alma como seus componentes ou elementos que formam uma só e mesma natureza humana, portanto, a ressurreição da alma é também ressurreição do corpo, pois a razão e o pensamento não constituem apenas a alma e sim o próprio homem, composto de alma e corpo.

O terceiro argumento afirma que cada homem — e não apenas sua alma — deverá receber recompensa ou castigo e, para tanto, é preciso que ressuscite integralmente; portanto, há ressurreição do corpo.

O procedimento da demonstração da fé opera com dois momentos distintos. O primeiro estabelece a credibilidade pela refutação dos argumentos que pretendem estabelecer o absurdo da fé; o segundo estabelece a justificação racional direta das verdades afirmadas como possíveis. Por isso, observa Gilson, Atenágoras justifica racionalmente a ressurreição dos corpos sem recorrer à ressurreição de Cristo (que bastaria para todo cristão), mas afirmando que o objeto próprio do cristianismo é a salvação do homem e, como consequência, a identificação do homem com o composto humano e sua ressurreição integral.

HERESIAS DOS ANTIGOS

Entre os anos 60 e 140, dá-se a expansão do cristianismo, que se estende da Palestina ao Egito, da Ásia Menor à Grécia, do Norte da África à Gália Meridional, da Hispânia a Roma.

Nesse período, narra Henry Chadwick, as comunidades cristãs se constituíram em igrejas, unificadas pela autoridade de um bispo, pela unidade da fé, pelos ritos e por um conjunto de práticas da vida cotidiana baseadas na ajuda mútua:

> O rito do batismo, pelo qual alguém era admitido na Igreja, era, ao mesmo tempo, comemoração do momento em que, no Rio Jordão, Jesus recebeu o Espírito Santo para a realização do trabalho de sua vida, e a renúncia definitiva ao mal [...][10] Todo domingo, encontravam-se para "dar graças a Deus" e os batizados comiam pão e bebiam vinho, numa refeição sagrada em que diziam "comer o corpo" e "beber o sangue" de Cristo. [...] Uma grave falta moral acarretava a exclusão na partilha da refeição, podendo ser definitiva ou temporária e, neste segundo caso, o faltoso continuava a participar da primeira parte do serviço, consistindo no canto de salmos e leitura de preces, acompanhadas de instrução, o catecismo (Chadwick, 1978, p. 32).

Entretanto, prossegue o historiador, não era tarefa simples para os missionários passar do âmbito das sinagogas da diáspora judaica e penetrar no lusco-fusco do mundo pagão de sincretismo religioso, magia, astrologia e divinização dos heróis. Não foi surpreendente, portanto, o surgimento de inúmeras dissensões entre os novos cristãos, motivadas por questões de doutrina, práticas litúrgicas ou costumes das comunidades, resultando na proliferação de seitas com vários evangelhos, novas epístolas e tratados e que viriam a ser considerados heréticos pela organização eclesiástica.

Várias delas, como a ebionita, a elcasaita, a encratista, a cerintia, a carpocrata e a nicolaíta, rejeitavam liturgias e costumes judaicos, defendiam uma moral ascética, consideravam Jesus um profeta ou um homem excepcional e praticavam o batismo como expulsão do demônio. Algumas, de proveniência judaico-helenística, consideravam que o mundo havia sido criado por sete arcanjos ou anjos planetários (Taldabaoth, Taoth, Sabbaoth, Adonai, Elohim, Astaphain e Horaios) a mando de Deus, que permanecia escondido, mas enviou o Cristo através dos sete céus e das esferas dos anjos para a salvação do mundo. Por isso esperavam a restauração de Jerusalém após a ressurreição do Cristo, que invalidaria a Torá (Lei de Moisés).

Gnosticismo

Essa pluralidade de heresias é, na verdade, efeito de interpretações variadas da grande heresia do período, o gnosticismo, que pretende oferecer uma interpretação cristã da Gnose e cuja extensão e importância decorrem do que alguns estudiosos descrevem como o pessimismo cristão diante da não realização imediata do apocalipse, isto é, do Reino de Deus com a Segunda Vinda de Cristo para a redenção final dos justos e a punição eterna dos maus.

Na verdade, a expectativa do fim dos tempos como algo muito próximo[11] não foi trazida pelo gnosticismo, pois a promessa da iminência do fim dos tempos aparecera, desde muito cedo, em alguns dos textos que se tornariam canônicos: nas duas epístolas do apóstolo Paulo aos tessalonicenses e nos chamados Pequenos Apocalipses dos evangelhos de Mateus, Marcos e Lucas.

Na Primeira Epístola aos Tessalonicenses, Paulo escreve:

> Pois isto vos declaramos, segundo a palavra do Senhor: que os vivos, os que ainda estivermos aqui para a Vinda do Senhor, não passaremos à frente dos que morreram. Quando o Senhor, ao sinal dado, à voz do arcanjo e ao som da trombeta divi-

na, descer do céu, então os mortos em Cristo ressuscitarão primeiro, em seguida nós, os vivos que estivermos lá, seremos arrebatados com eles nas nuvens para o encontro com o Senhor, nos ares. E assim, estaremos para sempre com o Senhor (1Ts 4,15-17).

Na Segunda Epístola aos Tessalonicenses, lemos:

Quanto à Vinda de nosso Senhor Jesus Cristo, e à nossa reunião com ele, rogamos--vos, irmãos, que não percais tão depressa a serenidade de espírito, e não vos perturbeis nem por palavra profética, nem por carta que se diga vir de nós, como se o Dia do Senhor já estivesse próximo [...] porque deve vir primeiro a apostasia, e aparecer o homem ímpio, o filho da perdição, o adversário, que se levanta contra tudo que se chama Deus, ou recebe culto, e chegando a sentar-se pessoalmente no templo de Deus, e querendo passar por Deus [...]. Agora também sabeis que é que ainda o retém, para aparecer só a seu tempo [...] Deus vos escolheu desde o princípio para serdes salvos mediante a santificação do Espírito e a fé na verdade, e por meio de nosso Evangelho vos chamou para tomar parte na glória de nosso Senhor Jesus Cristo (2Ts 2,1-4, 6, 13-14).

A Parte VI do Evangelho de Mateus intitula-se "O advento próximo do Reino dos Céus". Nos três primeiros versículos do capítulo 24, lemos:

Jesus saiu do Templo, e como se afastava, os discípulos o alcançaram para fazê-lo notar as construções do Templo. Mas ele respondeu-lhes: "Vedes tudo isto? Em verdade vos digo: não ficará aqui pedra sobre pedra: tudo será destruído" [...]. Os discípulos foram pedir-lhe, em particular: "Dize-nos quando vai ser isso, qual o sinal da tua vinda e do fim desta época".

Depois de oferecer todos os sinais e acontecimentos que precederão o fim dos tempos, Jesus responde aos discípulos:

Quando o Filho do Homem vier em sua glória, e todos os anjos com ele, então ele se assentará no trono da sua glória. E serão reunidas em sua presença todas as nações e ele separará os homens uns dos outros, como o pastor separa as ovelhas dos bodes, e porá as ovelhas à sua direita e os bodes à sua esquerda. Então dirá o rei aos que estiverem à sua direita: "Vinde, benditos de meu Pai" [...]. Em seguida, dirá aos que estiverem à sua esquerda: "Apartai-vos de mim, malditos" [...]. E irão estes para o castigo eterno, enquanto os justos irão para a vida eterna (Mt 25,31-34, 41, 46).

Em Marcos 13,33 e 35-37, lemos:

"Atenção, e vigiai, pois não sabeis quando será o momento. [...] Vigiai, portanto, porque não sabeis quando o senhor da casa voltará: à tarde, à meia-noite, ao canto do galo, ou de manhã, para que, vindo de repente, não vos encontre dormindo. E o que vos digo, digo a todos: vigiai!"

Finalmente, em Lucas está escrito:

Como alguns dissessem a respeito do Templo que era ornado de belas pedras e de ofertas votivas, ele disse: "Contemplais essas coisas... Dias virão em que não ficará pedra sobre pedra que não seja demolida!". Perguntaram-lhe então: "Quando será isso, Mestre, e qual o sinal de que estas coisas estarão para acontecer?" (Lc 21,5-7).

Novamente, Jesus oferece sinais: guerras entre todas as nações, perseguição dos cristãos, traídos por pais e irmãos, o cerco e a destruição de Jerusalém, "grande angústia na terra" e catástrofes cósmicas ou "sinais no sol, na lua e nas estrelas" porque "os poderes dos céus serão abalados". "E então verão o Filho do Homem vindo numa nuvem com poder e grande glória. Quando começarem a acontecer essas coisas, erguei-vos e levantai a cabeça, pois está próxima a vossa libertação" (Lc 21,27).

Os formuladores do gnosticismo retomarão a ideia de que "não ficará pedra sobre pedra" do Templo de Jerusalém, isto é, nada restará do mundo existente. Porém, a demora para que esse acontecimento se dê leva ao pessimismo e à necessidade de compreendê-lo e oferecer uma nova explicação para o fim dos tempos. Por outro lado, além da necessidade de explicar o que é verdadeiramente o fim do mundo, os pensadores do gnosticismo, por pertencerem à cultura helenística, possuíam uma visão especulativa (ou de cunho filosofante) da salvação como elevação espiritual por meio do conhecimento e, por isso, precisavam oferecer uma explicação sobre a origem e a estrutura do mundo e do lugar do homem no cosmo, afastando-se da narrativa judaica, contida no livro do Gênesis, que abre o Antigo Testamento.

A explicação gnóstica elabora uma cosmogonia (a origem e ordem do universo) na qual recorre à ideia do demiurgo (o arquiteto, o construtor), proposto por Platão no *Timeu*, e incorpora elementos da astronomia geocêntrica desenvolvida no Museu de Alexandria por Ptolomeu. Nesse sistema, esferas concêntricas, cada qual com um planeta (incluindo a Lua e o Sol, considerados planetas), giram circularmente em torno da Terra, que permanece imóvel no centro. Essas esferas são denominadas céus. De acordo com a tradição ptolomaica, depois do céu da Terra e dos sete céus dos planetas, há uma última esfera com as chamadas estrelas fixas, totalizando nove céus.

Em algumas das cosmogonias gnósticas, como as que mencionamos no início, o demiurgo comanda a criação do cosmo por sete arcanjos, cada qual responsável por um dos céus. Em outras, não há apenas nove céus, mas muitos outros. Alguns gnósticos chegam a falar em 365, mas todos afirmam que, para além do último céu, há uma esfera de vidro hermeticamente fechada e isolada onde mora Deus.

Os principais representantes do gnosticismo são Marcião, Basílides e Valentim.

Marcião

Pouco se conhece da obra de Marcião. Sabe-se que nasceu no Ponto, uma das regiões mais civilizadas da Ásia Menor. Tudo quanto se sabe de seus escritos provém dos adversários que o refutaram, pois seu tratado, denominado *Antíteses,* se perdeu. A primeira e principal característica atribuída a seu pensamento é ter levado a extremos a posição antijudaica do apóstolo Paulo, afirmando que o Antigo Testamento e o Novo são antitéticos, isto é, a Antiga Lei e a Nova Lei são contrárias entre si.

O Antigo Testamento é a revelação do Deus adorado pelos judeus e cuja obra é defeituosa e imperfeita: criou o mundo a partir de uma matéria imperfeita que, em si mesma, é o princípio do mal. As provas da imperfeição encontram-se na queda dos anjos e do primeiro homem e da primeira mulher, seres que tiveram poder para contestar os desígnios divinos, forçando esse Deus a ser um justiceiro, que impõe aos anjos e aos humanos leis e sanções aterrorizantes. Trata-se, portanto, de abandonar de uma vez por todas a Torá.

Ao contrário, o Novo Testamento ensina quem é o verdadeiro Deus: é *O Escondido*, que permaneceu desconhecido para os humanos até a vinda de Jesus Cristo, que O revelou como perfeição e bondade, onipotente e onisciente, e cuja Providência se realiza por meio do demiurgo a quem deu a tarefa de criar o mundo e os homens. Jesus Cristo é esse Deus supremo, que quis se revelar aos humanos num gesto de amor e piedade e que, para salvá-los, aceitou tomar forma humana, sofrer e morrer. O centro da história do mundo é, portanto, a Redenção, que salva aqueles cuja vida for inteiramente dedicada ao conhecimento e totalmente purificada dos desejos da matéria ou do mal. Por isso, a ideia de fim dos tempos deve ser abandonada, pois a Redenção já foi realizada por Jesus Cristo com o ensinamento de uma vida moralmente ascética e espiritualmente elevada.

Basílides

Para explicar a origem do mundo, Basílides desenvolve uma cosmogonia na qual, no alto e na origem de tudo, encontra-se Deus — inegendrado, incompreensível e inominável, situado acima do ser, que é produzido por Ele.

Deus é como um celeiro onde se encontram as sementes das quais nascerão todas as coisas — é uma *panspermia*.[12] No princípio, brotam desta *panspermia* três sementes ou "filiações". A primeira brota de Deus e retorna a Ele como um raio refletido em direção à sua fonte; a segunda, mais pesada, permaneceria no celeiro se um espírito santo (*pneúma to hágion*) não lhe desse asas, com as quais se separa das demais sementes e se une a Deus; a terceira, ainda mais pesada, permanece aderida ao celeiro até realizar uma purificação que a eleva ao seu princípio. Essas três "filiações" acontecem num mundo superior, protegido por uma esfera de vidro hermeticamente fechada onde mora Deus.

No interior da *panspermia*, Deus produz um novo ser, o Grande Arconte, belo e poderoso, que será o princípio de todo o universo situado entre a esfera de vidro e a esfera da Lua. O Grande Arconte engendra um filho e, de ambos, nascem o Pensamento (*Noús*), o Verbo (*Lógos*), a Sabedoria (*Sophia*) e o Poder (*Dýnamis*), que habitam esse mundo ou o céu intermediário entre a esfera de vidro, morada de Deus, e o céu da Lua. Esses seres engendram outros, que povoarão 365 céus, embutidos na esfera de vidro. O penúltimo desses céus é o da Lua, onde vive o deus adorado pelos judeus, o qual desejou enriquecer e para isso formou o céu da Terra e os humanos, utilizando a matéria caótica que estava à sua disposição. Esse deus é imperfeito, pois é um ser duplo que, por seu corpo, pertence ao mundo da matéria e, por sua alma, participa do mundo divino.

Evidentemente, o mundo criado por esse demiurgo, que estava isolado do mundo superior da esfera de vidro, só poderia ser um mundo imperfeito e no qual a queda (ou o pecado) se tornou inevitável. A reparação desse mal foi feita quando o Grande Arconte se manifestou como Evangelho, afirmando não ser ele o verdadeiro Deus, mas uma criatura do Deus supremo, e espalhou essa revelação, essa Boa Nova, por todo o universo. Então, um novo ser divino, Jesus, veio para resgatar todos os homens e toda a Terra. Com sua encarnação e pregação, deu-se a Redenção do universo. Aqueles que receberem a *gnósis* iluminadora de Jesus serão redimidos e tudo retornará à ordem para sempre. É isso o fim dos tempos, aqui e agora.

Os seguidores de Basílides, conhecidos como basilitas de Alexandria, sintetizam as ideias do mestre e trazem algumas novas ideias. O Deus Escondido se manifesta por meio de sete anjos criadores, que dividem entre si a dominação do mundo. Um deles é Jeová, deus dos judeus, que deseja submeter os outros por meio da promessa de que dividirá com eles o domínio do mundo, mas isso leva os demais anjos à revolta, pois Jeová não cumpre a promessa, apresentando-se como o único senhor do universo e transformando os revoltosos em demônios que habitam a alma dos humanos. A rebelião declara que a lei desse deus, a Torá, não possui qualquer valor e que a ordem será refeita com a descida do Cristo através das esferas dos sete céus para revelar-se a João (o discípulo amado) no monte das Oliveiras. Há duas raças de homens, os que participam da luz celeste e serão salvos e os que dela não participam e serão condenados.

Valentim

Valentim ensinou primeiro em Alexandria (até 135) e depois em Roma (até 160), onde tentou, sem sucesso, tornar-se bispo e participar da sucessão papal.

De acordo com Daniélou, enquanto Marcião é fundador de igreja, Valentim é teólogo e místico: consta que teria tido a visão de um recém-nascido que se revelou a ele como o *Lógos*. Escreveu um *Evangelho da Verdade*, porém, como no caso de Marcião, sua obra se perdeu. No entanto, por ter constituído uma escola de pensamento, suas ideias nos chegaram graças a seus discípulos e, evidentemente, pelas referências feitas por seus opositores.

A origem de todas as coisas é o Uno (*Én*) não engendrado, imortal, incompreensível e inconcebível — é o Pai ou o Abismo (*Abyssos*). A ele se acrescenta um princípio feminino, *Sigé* (Silêncio). Abismo não tolerava a solidão, pois é amor, e por isso uniu-se a Silêncio, dando nascimento ao Intelecto (*Noús*) e à Verdade (*Alétheia*), formando a primeira Tetrada,[13] raiz de tudo quanto existe. Intelecto e Verdade engendraram o Verbo (*Lógos*) e a Vida (*Zoé*), que, por sua vez, engendraram o Homem (*Antropós*) como arquétipo eterno e a Igreja (*Ekklésia*), passando, assim, da Tetrada à primeira Ogdóada.[14] Do Verbo e da Vida nasceram dez Eons ou a primeira Década;[15] do Homem e da Igreja nasceram doze Eons, ou a primeira Dodécada.[16] Da união da Década e da Dodécada formou-se o *Pléroma*[17] ou a comunidade dos trinta seres divinos, cujo mistério é simbolizado pelos trinta anos da vida oculta de Jesus, antes que ele partisse para sua missão salvadora. Os dois últimos membros do *Pléroma* foram Vontade (*Théletos*) e Sabedoria (*Sophía*).

Sophía, movida pela curiosidade, uniu-se ao Desejo (*Oréxis*), porque deseja conhecer o mistério do Abismo, o que, entretanto, só é possível para o Intelecto (*Noús*). Por isso teria ela caído no vazio se o *Pléroma* não estivesse rodeado por um limite que impediu sua queda. Da união de *Sophía* com Desejo, nasce uma filha bastarda, a Concupiscência (*Hachamoth*), pura matéria sem forma, expulsa do *Pléroma*. Para evitar que acontecimentos como esses se repetissem, Intelecto e Verdade engendraram um último par: o Cristo e o Espírito Santo, que ensinam a todos os membros dessa comunidade o respeito à transcendência do Abismo e a amá-lo sem nunca pretender conhecê-lo em si mesmo nem igualar-se a ele. Restabelecida a ordem, restava domar ou disciplinar a Concupiscência, desejo cego, desmedido e desregrado. Para purificá-la, nasce um novo ser divino, Jesus, que a liberta de suas paixões e a prepara para tornar-se matéria apta à concepção, como matéria com que o Demiurgo fabrica o mundo. O mundo superior, ou o *Pléroma*, está cercado por um limite que o isola e o separa do mundo feito pelo Demiurgo, que, embora não conheça verdadeiramente o mundo espiritual superior, fabrica um mundo material que é a imagem imperfeita da perfeição do mundo imaterial.

Reencontramos em Valentim uma divisão semelhante à que vimos em Filo, na Gnose e no apóstolo Paulo: a ação do Demiurgo produz dois tipos de humanos, os materiais (hílicos), inferiores, e os psíquicos, superiores. Há também um terceiro tipo, mais nobre, os espirituais (pneumáticos).[18] Os primeiros estão perdidos de antemão, destinados a se dissolver na matéria; os últimos estão salvos de antemão, destinados a alcançar o *Pléroma*; já os segundos, os psíquicos, precisam de ajuda para se salvar. Para estes foi engendrado o Redentor, que, embora nascido da Virgem Maria, não é obra exclusiva do Demiurgo, mas do próprio *Pléroma*, ao qual se reintegra através de sua paixão, morte e ressurreição. Quando o Demiurgo deixar de produzir e o Redentor cumprir sua missão, os psíquicos e Concupiscência serão resgatados ao *Pléroma* e todo o mundo restante perecerá numa conflagração universal que marcará o fim dos tempos.

Montanismo

Como o gnosticismo, o montanismo também enfatiza a chegada do milênio ou do Reino de Mil Anos sob Cristo, que antecede o fim dos tempos.

Montano nasceu na Frígia, na Ásia Menor (centro helênico dos cultos de Cibele e Dionísio) e iniciou seu movimento por volta de 156, na cidade de Hierápolis, que presenciara o desenvolvimento do profetismo cristão com duas virgens profetisas, filhas do apóstolo Felipe. Essa origem pode explicar por que Montano declarou possuir o dom profético, afirmando que, no momento de seu batismo, recebera o Espírito Santo, que lhe falou em todas as línguas, como ocorrera com os apóstolos em Pentecostes.

Escreve Daniélou:

> O montanismo é a explosão do profetismo. O que o caracteriza é a importância dada às visões e às revelações. Sob esse aspecto, as mulheres têm um papel proeminente. O conteúdo dessas revelações é essencialmente escatológico.[19] Os tempos do Paráclito[20] começaram com a vida de Montano. A Nova Jerusalém será inaugurada para um reino de mil anos. É preciso viver com ascetismo para se preparar para esse acontecimento (Daniélou, 1985, p. 111).

Os historiadores caracterizam o montanismo como a marca própria da Igreja Asiática (ou as Sete Igrejas da Ásia Menor) em contraste com a de Alexandria e a de Roma. O cristianismo asiático se inspira no Evangelho de João e no Apocalipse de João de Patmos, mais do que nos evangelhos sinóticos e nas epístolas de Paulo. Por isso, é marcado, antes e depois de Montano, pelo profetismo e pela presença de profetisas, entre as quais Priscila e Maximília, a quem Cristo aparecera em forma de mulher. Além disso, é marcado pelo ascetismo e pela defesa do celibato, portanto, da virgindade feminina e da castidade masculina. O profetismo leva ao milenarismo ou à afirmação de que o fim do mundo é iminente e Cristo, depois de destruir Roma, a cidade de Satã e da Besta, reinará durante mil anos na Nova Jerusalém, ao término dos quais realizará o Juízo Final e a história terá cumprido a vontade de Deus.

Escreve o historiador Christie-Murray:

> Reagindo contra a frieza e o formalismo que supostamente perpassavam a cristandade, Montano introduziu a emoção carismática. Reagindo contra a frouxidão moral reinante na cristandade, Montano introduziu o ascetismo extremo: celibato e desencorajamento do casamento, rigorosos jejuns, particularmente durante as duas semanas anteriores à Páscoa (para além do período normalmente exigido), defesa de um tipo de abstinência denominado zerofagia, isto é, a exigência de comer apenas alimentos secos. O martírio era convidado e os cristãos que tentavam evitá-lo eram condenados. A ambição do montanismo era ser o partido dos mártires (Christie-Murray, 1976, pp. 33-4).

Os historiadores da Igreja nascente consideram que o montanismo não é propriamente uma heresia, mas um exagero de certos aspectos da doutrina cristã — a busca contínua de milagres e o gosto pelo êxtase místico — e um rigorismo excessivo quanto aos costumes e às práticas litúrgicas, assim como demonstra pouco respeito pela hierarquia eclesiástica oficial. Entretanto, por volta de 171, o montanismo encontrou oposição do bispo de Hierápolis e, em 177, foi condenado pelo sínodo de bispos da Ásia Menor e seus seguidores perderam o direito à comunhão.

O adversário: Irineu

Diante da proliferação de seitas nascidas do gnosticismo e do montanismo, que se perpetuaram com a fundação de escolas e igrejas, a hierarquia eclesiástica de Alexandria, da Ásia Menor, do Norte da África e de Roma considerou que não bastava considerá-las heréticas e expulsá-las da *ekklésia* ou comunidade cristã. Tornava-se necessário refutá-las em seu próprio terreno, portanto, no nível doutrinário ou teológico. Dentre os refutadores, sobressai Irineu, adversário sobretudo de Marcião e Valentim.

Irineu nasceu em Esmirna, Ásia Menor, por volta de 126, numa família cristã. Na juventude, conviveu com bispo Policarpo, que havia conhecido alguns dos apóstolos e, segundo consta, assumira o bispado de Esmirna por decisão de João. Irineu, portanto, conviveu com alguém que conhecera os discípulos de Jesus e cuja missão era garantir que a verdade cristã se encontra exclusivamente na Igreja, pois esta foi criada pelo próprio Cristo, que ensinara sua doutrina diretamente aos apóstolos. Por volta de 177, Irineu se torna padre na igreja de Lyon, no sul da Gália (França meridional) e acompanha à Ásia Menor os confessores que iriam julgar o montanismo. Mais tarde, torna-se bispo de Lyon e escreve *Exposição e refutação da gnósis*, mais conhecida como *Contra as heresias*. A partir dessa época não há mais notícias sobre sua vida e morte, embora a Igreja considere que morreu no martírio, em 202. Foi canonizado como Santo Irineu.

Contra as heresias é uma obra composta de cinco livros: o primeiro expõe a doutrina do gnosticismo, o segundo a refuta e os três últimos são uma exposição da verdadeira doutrina cristã. Da versão grega original restaram apenas alguns fragmentos, mas a obra inteira foi conservada em sua tradução para o latim. Até hoje, *Contra as heresias* serve de guia para a história eclesiástica do gnosticismo e muitos historiadores a consideram a primeira elaboração sistemática da doutrina cristã ou sua primeira teologia propriamente dita.

Irineu ergue contra os gnósticos a autoridade da Sagrada Escritura:

> Se tivessem conhecimento das Escrituras e tivessem sido doutrinados pela verdade, teriam compreendido que Deus não é como os homens, nem seus pensamentos são como os dos homens. O Pai comum está muito longe das emoções e paixões [...]. É simples, sem composição nem diversidade de membros, inteiramente conforme e semelhante a si mesmo porque é por inteiro entendimento, espírito, pensamento, razão, olhos, ouvidos, luz e fonte de todo bem [...]. Entretanto, está acima de tudo e por isso é inefável (*Contra as heresias*, II, 49).

Mas não é apenas o testemunho sagrado da Escritura o ponto de apoio de Irineu. A refutação do gnosticismo é uma tarefa urgente porque, como toda heresia, ele põe em questão a fé transmitida pela Igreja e sua autoridade doutrinária, dividindo-a e enfraquecendo-a:

> A fé que recebemos da Igreja, nós a guardamos cuidadosamente porque, sob a ação do Espírito de Deus, ela, como depositária de grande valor contido num belo vaso, sem cessar se rejuvenesce e faz rejuvenescer o vaso que a contém. Com efeito, foi à Igreja que Deus confiou o seu dom — o Espírito — como sopro de vida, na obra modelada por suas mãos no começo do mundo. [...] Foi na Igreja que foi depositada a comunhão com o Cristo, isto é, com o Espírito Santo, penhor da incorruptibilidade, confirmação de nossa fé e escada de nossa ascensão para Deus [...] Portanto, todos aqueles que se recusam a acorrer à Igreja se excluem desse Espírito e se privam da vida por suas falsas doutrinas e por suas más ações. Porque onde está a Igreja está o Espírito de Deus e onde está o Espírito de Deus está a Igreja e toda a graça. E o Espírito é a verdade (*Contra as heresias*, III, 24).

Como observa Campenhausen, a grande e decisiva inovação de Irineu foi ter sido o primeiro teólogo cristão que se apoiou no texto da Sagrada Escritura:

> Para ele, o Cânone dos quatro evangelhos, ao qual se acrescenta uma série de escritos apostólicos mais tardios — Cânone que ainda não é conforme ao nosso — completa o Antigo Testamento. Ambos são citados por ele como "A Escritura". Com ele, a Bíblia bipartida está sendo constituída [...]. Declarou não ter como autênticas somente as revelações feitas na origem do cristianismo, mas também as profecias judaicas, e afirmou sua convicção de que o depósito, agora terminado, dos ensinamentos apostólicos é suficiente, de uma vez por todas, para nossa salvação. Os textos são imutáveis [...] Doravante, a tradição da Igreja não é, ao lado da Escritura, um fator independente: ela acompanha a Escritura somente confirmando seu testemunho. Por isso, quando os gnósticos fazem apelo às suas tradições privilegiadas e secretas, pode-se com fundamento dizer contra eles que são novidadeiros e que somente os "antigos" da Igreja, seus bispos e doutores conservaram em linha direta a herança dos Apóstolos (Campenhausen, 1963, p. 36).

Em outras palavras, o conflito põe em cena os heréticos, de um lado, e a hierarquia eclesiástica ou a autoridade dos bispos, de outro. Ora, diz Irineu, os primeiros fundam suas doutrinas apenas em sua própria imaginação, não se inserem na tradição, cada um é a fonte de sua própria doutrina e esta se apoia somente na autoridade e na ilusão de seu inventor. O caso mais evidente seria o de Valentim, que recorria a mitos ou tradições orais. Os bispos, por sua vez, recebem sua autoridade por serem investidos num cargo e num ofício fundados numa doutrina anterior a eles, transmitida pela missão sagrada dos apóstolos, que originou as igrejas iniciais: a de Esmirna, fundada por João, a de Éfeso, fundada por Paulo, e a de Roma, fundada por Pedro. Podemos concluir que, com Irineu, a teologia está fundada numa tradição autorizada — os textos da Sagrada Escritura — e preservada pelos bispos. Consequentemente, com ele "aparece uma teologia da instituição eclesiástica" (Daniélou, 1985, p. 121). Ou melhor, uma teologia fundada na unidade de uma ortodoxia posta pela imutabilidade espacial e temporal da autoridade da Igreja.[21]

Por esse caminho, julga Irineu, é possível alcançar um conhecimento verdadeiro de Deus, *gnósis alethé*, contra os descaminhos e pretensões do falso conhecimento, *pseudónimos gnósis*. Há perguntas que nenhum humano pode responder e devem ser reservadas ao próprio Deus: que fazia Deus antes da criação? Qual a origem do *Lógos*? Qual a origem da vida? A um cristão não se pede que seja sábio e sim que se esforce para se salvar.

Segundo Irineu, é inaceitável a afirmação gnóstica de que há um falso deus, Jeová, deus dos judeus, e um deus verdadeiro, o dos cristãos. Sem dúvida, há um único Deus, que permanece insondável, mas, como disse Paulo, pode ser conhecido por suas obras — o mundo —, pois o verdadeiro conhecimento está em harmonia e concordância com a fé.

Ora, os gnósticos afirmam que o criador é um ou vários demiurgos, mas reconhecem que todos eles dependem de Deus. Portanto, ainda que se suponha a existência de intermediários, criados por Deus e dele dependentes, é preciso concluir, em primeiro lugar, que Deus é o verdadeiro e único criador do mundo, quer o faça diretamente, quer por meio de alguma força ou potência criada por Ele; e, em segundo, que esse intermediário ou demiurgo precisou de um modelo para a criação das coisas e o modelo perfeito foi concebido pelo próprio Deus. Aliás, multiplicar os intermediários é regredir ao infinito sem nunca poder explicar a existência do chamado primeiro céu — coisa que nem os 365 demiurgos de Basílides podem fazer. O bom senso e a inteligência hão de reconhecer que Deus fez este mundo tal como é e que tirou de si mesmo o modelo e a forma de tudo que existe. Criou o mundo por pura bondade e para o bem. Não com algum erro ou imperfeição, como afirmam os gnósticos, que imputam eventuais falhas ao deus dos judeus. Cada ser recebeu uma natureza própria, segundo uma ordem, uma medida e um número próprios, e todos os seres são governados pela sublime Providência Divina, que tudo organizou de acordo com a onipotência de sua vontade.

Escreve Irineu:

> Todas as Escrituras, os Profetas e os Evangelhos, abertamente, sem equívocos e de forma compreensível para todos, mesmo quando não creiam, proclamam um só Deus, que tudo criou por seu Verbo, as coisas viventes e visíveis, o que existe nos céus, sobre a terra, nas águas, sob a terra [...]. Quando a criação, da qual somos parte, testemunha que um só é seu autor e dirigente, quão estúpidos e obtusos parecem aqueles que fecham os olhos a uma evidência tão luminosa e não querem ver a clara verdade e sim, violentando a si mesmos, cada um pensa, valendo-se de ficções, ter encontrado um Deus do seu jeito (*Contra as heresias*, II, 23).

Portanto, é preciso refutar a opinião dos gnósticos de que Deus teria feito os humanos desiguais, alguns bons, destinados à salvação, e outros maus, destinados à perdição e à danação. Apoiado nos profetas, nos evangelistas e nas epístolas do apóstolo Paulo, Irineu afirma que todos os humanos são iguais por natureza e dotados do poder para praticar o bem e conservá-lo ou de não praticá-lo e perdê-lo.

O homem foi criado total e diretamente por Deus e, por isso, é bom. Sua queda é consequência, em primeiro lugar, de ser uma criatura e não um ser autossuficiente, existente por si mesmo; e, em segundo, de ser finito e menos potente do que a natureza inteira que o rodeia e o faz cair em tentação. Todavia, Deus o criou capaz de aperfeiçoar-se tanto quanto é possível para uma criatura. Esse aperfeiçoamento é obra do *pneúma* ou da alma como espírito, sustentada pelo *charisma* ou graça divina, que desce sobre a alma incorpórea e imortal da criatura humana, que é dotada de forma própria e que habita o corpo mortal (a prova de que a alma é individual ou uma forma individual encontra-se no fato de que as almas humanas podem reconhecer umas às outras após a morte). A graça nos vem por meio de Cristo, que restaura em nós a natureza do primeiro homem antes da Queda. É isto o milênio.

Contra o pessimismo gnóstico, Irineu tem uma visão esperançosa do milenarismo — ou o Reino de Mil Anos de felicidade —, culminância da história bíblica, que começa com a criação e o pecado original, prossegue com a história santa do povo de Israel e conduz a Jesus Cristo, que, por sua encarnação, sofrimento e ressurreição, regenerou a vida e salvou a humanidade. Deus permitiu que o primeiro homem e a primeira mulher pecassem, isto é, caíssem da perfeição à imperfeição, para punir o orgulho de um e a curiosidade da outra e ensinar-lhes disciplina, conhecimento e experiência. Assim, a história da salvação é a passagem da infância à idade adulta, uma educação progressiva até que os humanos estivessem prontos para vencer as tentações e receber a encarnação do Verbo Divino e seu ensinamento, espalhado pelo mundo por meio do evangelho pregado pela Igreja. Paganismo e judaísmo pertencem ao passado; o cristianismo é o presente eterno. Contra os gnósticos, que consideravam a esperança no milênio um símbolo da vida futura no paraíso após a destruição total deste mundo, Irineu o concebe como um acontecimento terreno de aperfeiçoamento humano como obra da Igreja, um novo Paraíso na Terra.

A Sagrada Escritura afirma que Deus fez o homem à sua imagem e semelhança. O que isso quer dizer?

> Pelas mãos do Pai, isto é, pelo Filho e pelo Espírito Santo, o homem foi feito à imagem e semelhança com Deus. Por isso a alma e o espírito podem ser parte do homem, o homem perfeito é mescla e união da alma, que recebe o espírito, com a carne, modelada por Deus [...] pela efusão do Espírito, o homem se torna perfeito ou espiritual — é este o homem feito à imagem de Deus. Porém, se faltar o espírito à alma, um homem será imperfeito, levando em seu corpo semelhança com Deus, mas sem a semelhança que lhe é dada por receber o Espírito (*Contra as heresias*, V, 56).

Em outras palavras, o Pai, por meio do Filho e do Espírito Santo, deu à alma humana duas faculdades divinas: o intelecto ou entendimento e a vontade livre ou o livre-arbítrio. O intelecto contempla as coisas, examina-as, pensa e alcança um saber sobre elas, discute interiormente a seu respeito, raciocina e exprime seu conhecimento por meio da linguagem. Como Deus Pai, nosso entendimento emite palavras, um discurso — *lógos*, *verbum*. Por sermos racionais, somos moralmente responsáveis por nossas ações exteriores e interiores. Essa responsabilidade se manifesta no livre-arbítrio, que nos leva a obedecer ou a desobedecer a vontade divina revelada. Portanto, Deus não é responsável pelo mal, pois este depende exclusivamente da maneira como usamos nossa vontade livre. Dessa maneira, Irineu aceita a distinção paulina dos três estratos da alma de *todos* os seres humanos — hílico, psíquico e pneumático — e recusa a afirmação gnóstica de que cada estrato é uma alma distinta das outras e que há diferentes tipos ou gêneros de seres humanos, alguns necessariamente destinados à perdição e outros à salvação.

Nem cosmogonia, nem fantasias sobre a origem divina do mal, nem milenarismo, nem abandono da tradição profética do Antigo Testamento, nem novo profetismo cristão, nem êxtase místico, mas compreensão do ensinamento evangélico e apostólico e da salvação pela fé em Cristo: eis a refutação necessária do gnosticismo.

2. Os Padres Catequistas da Escola de Alexandria

Os historiadores se referem a Alexandria como uma cidade trepidante, cosmopolita, onde, sob o poder político-econômico de Roma, conviviam as tradições egípcias, as culturas hindu, judaica e grega (o epicurismo, o estoicismo, o aristotelismo, o neopitagorismo, o ceticismo) e o cristianismo. Ali, Filo fundou a Escola Didascálica, que ensinava preceitos e instruções para a interpretação do texto sagrado segundo o método alegórico. Ali também ensinou Amônio Sacas, mestre de Plotino. E ali, Panteno, antigo estoico que se convertera ao cristianismo e se tornara comentador da Sagrada Escritura, criou uma escola catequética (ou de ensino oral)[1] que, à maneira da tradição filosófica grega, recebia, para debates e discussões, ouvintes de todas as crenças e de todas as convicções, desejosos de se instruir e que, ao avançar em conhecimentos, acabavam se convertendo ao cristianismo. Eis por que os historiadores consideram Alexandria o centro e o polo cultural do cristianismo.

Dois grandes acontecimentos marcam esse período: a renovação da filosofia helenística com o neoplatonismo e a expansão do cristianismo por praticamente toda a extensão do Império Romano, tornando-se, pouco a pouco, uma organização inteiramente institucionalizada.

O século III marca uma etapa no desenvolvimento da cristandade. Separado do contexto judaico, o cristianismo agora se desenvolve no mundo greco-romano.

> Encontra-se diante de uma situação nova tanto pelos obstáculos que encontra como pelos valores assumidos. Ademais, a Igreja estende consideravelmente sua esfera de influência. Ela, agora, constitui um grande povo. Essa expansão implica um esforço de organização que não era exigido em seus começos e com a obrigação de levar em conta diversidades importantes que surgem na comunidade cristã (Daniélou, 1985, p. 169).

De fato, a partir do final do século II, mas sobretudo durante o século III, as comunidades cristãs se organizam como congregações nas quais a vida é ritualizada e dirigida hierarquicamente. Uma sequência de ritos permite que um cristão traga um novo adepto que, depois de responder a questões sobre os motivos de sua conversão, torna-se um *catecúmeno* que, durante três anos, irá receber a instrução oral ou o catecismo. Após vários exames, ele é considerado pronto para o batismo (antecedido de jejuns e práticas de exorcismo), realizado por meio da unção com óleos santos, três imersões na água e uma profissão de fé (as mulheres devem soltar os cabelos e tirar joias e ornamentos). Passa, então, a integrar o grupo dos *eleitos* e recebe o *beijo da paz*. Pode, enfim, participar da cerimônia de oferenda (ou a consagração do pão e do vinho) e da comunhão ou eucaristia.

A disciplinada vida dos fiéis é regida por um conjunto de regras e práticas que inclui duras provas de penitência para os pecadores. No entanto, para algumas faltas ou pecados, não há penitência nem retorno ao seio da congregação (homicídio, adultério, heresia). Tanto o catecismo como as cerimônias do batismo, do ofertório e da comunhão são ministrados com o auxílio dos *diáconos*, padres subordinados a uma hierarquia em cujo topo se encontra a autoridade que dirige a congregação, o bispo. Essa hierarquia é fixada por funções e grau de autoridade: bispos, presbíteros e diáconos. O bispo é eleito pela congregação e ordenado (ou consagrado) por um conselho de bispos; o presbítero é escolhido pelo conselho de bispos e por ele ordenado (ou consagrado); o diácono é indicado e ordenado pelo bispo. As mulheres formam ordens: a ordem das viúvas, que cuidam dos doentes; a ordem das virgens, que se dedicam às orações; a ordem das casadas, que se ocupam da vida doméstica e da hospitalidade. Como *ekklésia* ou assembleia, a congregação se reúne principalmente para batismos e para a comunhão dominical, mas também para outras cerimônias, como o *ágape*, refeição presidida pelo bispo, e a mais importante delas: a vigília para o dia da Páscoa.

Dentre os vários escritores e pensadores do período, dois nomes se erguem por sua originalidade, contribuição intelectual e inovação na relação entre cristianismo e filosofia: Clemente de Alexandria e Orígenes. Quando os comparamos com os apologetas, os gnósticos e os montanistas, somos levados a reconhecer um verdadeiro salto quanto à elaboração rigorosa e sistemática de um pensamento filosófico cristão, que marcará toda a Patrística daí por diante.

CLEMENTE DE ALEXANDRIA

Podemos tomar como epígrafes da obra de Clemente o que ele escreveu sobre a filosofia:

> Muitos dizem que a filosofia invadiu a vida humana por obra da maldade e para perdição dos humanos, até dizem que foi inventada pelo espírito maligno. Quanto a mim, mostrarei no livro das *Tapeçarias* que a filosofia não é isso, mas uma obra da Providência Divina (*Tapeçarias*, I, I, 13).

"A fé é o conhecimento abreviado do essencial e o conhecimento é uma demonstração forte e segura do que foi recebido pela fé" (*Tapeçarias* VII, X,57). Clemente nasceu por volta de 150 e morreu por volta de 220. Há dúvidas quanto ao seu local de nascimento. Alguns afirmam que seria Atenas; outros, a Palestina. Veio de uma família judia abastada e recebeu uma educação helenística. Muito cedo, converteu-se ao cristianismo e partiu em busca de mestres que o instruíssem na nova fé. Percorreu a Ásia Menor, a Síria e a Itália meridional, chegando, finalmente, a Alexandria, onde estudou na Escola Didascálica, fundada por Filo e dirigida por Panteno (estoico que se convertera ao cristianismo e de quem Clemente se tornou discípulo), na qual também ensinou a partir de 190, quando se tornou seu diretor. Ali viveu até 202, quando se refugiou em Cesareia, para escapar de perseguições de grupos locais contrários às suas ideias. Suas principais obras são: *Discurso de exortação aos gregos*, *O Pedagogo*, *Exortação aos recém-batizados*, *A salvação do homem rico* e *Tapeçarias*.

O *Discurso de exortação aos gregos* (*Protétikós pros hellenos*) retoma ideias dos Padres Apologetas: convida os gregos a se converter ao cristianismo ao contrastar a pureza e a grandeza espiritual da nova religião com o ridículo dos mitos e cultos pagãos, que já haviam sido criticados pelos filósofos.

> Como haveis acreditado em mitos sem valor, imaginando bestas selvagens encantadas por música enquanto a face brilhante da verdade vos parece enganadora e olhada com olhos descrentes? [...] Quanto a mim, não posso suportar o pensamento de tantas calamidades que conduziram à tragédia, pois, em vossas mãos, os relatos de tantas maldades se transformaram em dramas cujos atores são um deleite para vossos corações [...] e cujos poetas mais parecem bêbados cantando as loucuras dos ritos de Dionísio [...]. Deixai-nos, com sabedoria, trazer a verdade em todo o seu fulgor desde o céu até a montanha de Deus e seus profetas [...]. Vede a verdade, enviando seus raios luminosos até as mais longínquas regiões, brilhando na escuridão para livrar os homens de seus erros mostrando-lhes a salvação (*Exortação aos gregos*, I).

Orfeu, diz Clemente, iludiu os homens. Manteve-os escravos da idolatria ao comemorar violências em ritos pagãos. À sua falsa música contrapõe-se a verdadeira, a dos Salmos, a do rei Davi, que anuncia a Nova Música da graça divina cantada por Cristo.

> Eis o cântico novo, o aparecimento que acaba de brilhar entre nós, do *Lógos*, que está no começo e preexiste. Porque ele apareceu há pouco como salvador, ele, que preexiste; ele apareceu como mestre, ele que está no Ser (por que "o *Lógos* estava em Deus"); apareceu como *Lógos*, aquele pelo qual tudo foi feito. Como demiurgo, ele dava vida no começo, enquanto criava; depois, tendo aparecido como mestre, ele ensina a viver bem, de modo a proporcionar mais tarde, enquanto Deus, a vida eterna (*Exortação aos gregos*, I).

É certo, prossegue Clemente, que muito filósofos criticaram e recusaram os mitos. Alguns, como Anaximandro e Anaxímenes, pensaram Deus como infinito. Outros, como os estoicos, consideraram Deus como imanente ao cosmo. No polo oposto, os epicuristas disseram que Deus, por ser perfeitamente feliz, não se ocupa nem se preocupa com o mundo. Na verdade, para Clemente, os filósofos todos eram ateus, salvo Pitágoras, que afirmou que Deus é pai de todas coisas e luz que ilumina os céus; Sócrates, que morreu pela verdade; e Platão, que reconheceu que

Deus é um só (*hén*), incriado, indestrutível e que não pode ser descrito, embora seja sempre procurado pela alma que busca a verdade, porque Ele próprio instilou em nós o desejo da verdade. Mas cabe indagar: de onde veio a sabedoria de Platão? Clemente responde: "dos hebreus, como ele próprio confessa" (*Exortação aos gregos*, I).

Deus se revela aos homens, primeiro pelos profetas e depois por seu Filho, sendo por isso descabido recusar a verdade revelada e permanecer no erro sob o pretexto de que não se deve abandonar a religião dos antepassados e da *pólis*. Assim como o adulto não mantém os hábitos da infância, um pagão só amadurece quando passa de crenças infantis ao conhecimento da verdade trazida por Cristo. Consequentemente, uma vez alcançada a conversão, será preciso educar o novo cristão. Será esta a tarefa de *O Pedagogo (Paidagogós)*, o educador.

> Há três coisas a ser regradas no homem: os hábitos, as ações e as paixões. Para regrar os hábitos, é preciso recorrer à exortação, que é como o guia da religião e da piedade e uma maravilhosa ajuda para introduzir-se na fé. [...] É preciso se servir dos preceitos para regrar as ações, mas para remediar as paixões da alma existe a via das consolações. Por esse meio, o homem abandona os velhos costumes, nos quais fora criado, para instruir-se segundo as máximas da fé que conduzem a Deus. [...] Trata-se de uma instrução perpétua para nos fazer aprender a levar uma vida correta, inspirando-nos a desejar ardentemente a vida futura. Por isso, estamos usando o nome Pedagogo, em vista dos remédios e preceitos que o bom Deus nos dá. Afinal, Ele mesmo prometeu a cura de nossas paixões, desde que sejamos dóceis e sigamos suas instruções (*O Pedagogo*, I, 1).

> Por que há o Pedagogo?
>
> Em tudo Deus nos beneficia, em tudo nos ajuda, tanto como homem quanto como Deus. Como Deus, perdoa nossos pecados; como homem, nos educa à maneira de um pedagogo, para que não pequemos. Com razão, o homem é algo querido por Deus como obra sua. As demais coisas fez por um só mandato, mas o homem Ele modelou com suas próprias mãos e lhe infundiu algo Dele próprio [...]. O homem, visto que foi feito por Deus, é um ser digno de ser escolhido por si mesmo [...]. Está, portanto, claro o que quer o Pedagogo e que mensagem nos traz e qual é sua atitude em obras e palavras quando nos manda o que devemos fazer e nos proíbe o contrário (*O Pedagogo*, I, 3).

Quem é o Pedagogo? O *Lógos*, o Verbo Divino:

> Nosso pedagogo, meus filhos, é igual a Deus, seu Pai. Ele é incapaz de ser levado pelas paixões ou pelos vícios; é perfeito, por isso não é possível dirigir-lhe nenhuma censura. Nosso Pedagogo é Deus feito homem, mas, acima de tudo, um homem sem fraquezas (*O Pedagogo*, II, 1).

O que o Pedagogo nos ensina? A verdade e as regras do bem viver. Seu ensinamento não se destina apenas a alguns privilegiados (como erroneamente julgam os gnósticos), mas a todos os humanos a partir do momento em que recebem o batismo, que transforma a todos igualmente em filhos de Deus — não só os homens, mas também as mulheres; não só os adultos, mas também as crianças. Essa é a verdadeira *gnósis*, pois, como ensina o Evangelho de João, todo aquele que vê o Filho e nele crê ressuscitará e terá a vida eterna.

Contra a separação entre o Deus da justiça e o Deus da bondade, com que Marcião opusera o Antigo e o Novo Testamento, Clemente afirma que justiça e bondade são inseparáveis e que o Pedagogo nos ensina bondosamente, mas também impõe severamente a justiça ou a disciplina necessária à nossa salvação. Em outras palavras, Clemente retoma a tradição ética estoica da encratia (*egkrateia*),[2] o poder da alma sobre as paixões ou a capacidade para a moderação dos impulsos, apetites e desejos, o domínio sobre si, porém faz um acréscimo fundamental: o cristão pode consegui-la apenas se contar, além de sua vontade, com o auxílio da graça divina (*charisma*).

O Pedagogo é, pois, um tratado de moral, voltado para questões práticas do bem viver — desde as boas maneiras à mesa até o vestuário, as festas e os prazeres, a casa e o mobiliário, o sono e o lazer, a vida conjugal. Essa pluralidade de assuntos possui uma linha clara: opondo-se aos costumes de Alexandria, condenando o luxo e a ostentação, em nome de uma vida simples e frugal, adequada à idade, à saúde, à profissão e à natureza de cada um, a regra primeira de Clemente é conhecer-se a si mesmo para descobrir os verdadeiros tesouros da alma, sabendo usufruir de tudo com moderação, sem se tornar escravo de nada, mas também sem cair nos rigores do ascetismo, pois os bens terrenos existem porque foram criados por Deus e, se Ele os criou, é porque foram desejados por Ele.

Retomando a divisão platônica das três faculdades da alma — concupiscência, cólera e conhecimento intelectual —, Clemente afirma que a primeira incita à luxúria e aos prazeres da carne, a segunda, à selvageria próxima da loucura, mas a terceira não apenas doma e controla as duas primeiras, como também, pela distinção entre o verdadeiro e o falso, entre o bom e o mau, e pela prática da caridade, dirige-se à Beleza pura:

> A maior de todas as ciências é conhecer-se a si mesmo. Porque quem conhece a si mesmo conhecerá a Deus. E, conhecendo a Deus, far-se-á semelhante a Ele, não portando ouro, enfeites ou praticando atos infames, mas realizando boas ações e, sobretudo, tendo necessidade de pouquíssimas coisas (*O Pedagogo*, III, 1).

Temperança na relação consigo mesmo, equidade na relação com os outros, sentimento de comunidade: eis o bem viver do cristão, que reconhece que os pobres são tão ricos quanto os mais ricos e que os ricos devem saber-se tão pobres quanto os mais pobres.

Essas ideias são retomadas na *Exortação aos recém-batizados*, que contém preceitos para a tranquilidade da alma e do corpo:

> Cultiva a tranquilidade na palavra e na ação; evita a impaciência impetuosa. Assim a mente permanecerá firme e não será agitada pela fraqueza e estreiteza de discernimento [...]. Pois a alma, sentada num trono tranquilo olhando intensamente para Deus, deve controlar as paixões. [...] Que tua linguagem seja gentil com aqueles que encontras. Seja modesto com relação às mulheres e olha para o chão. [...] Toma cuidado para nunca dizer o que não pesaste e ponderaste de antemão; não interrompas a fala do outro, pois deves primeiro escutar para depois responder ou ficar em silêncio. [...] nunca escondas dos outros sabedoria por falsa modéstia ou soberba. [...] Renuncia com firmeza à falsidade. [...] respeita os mais velhos e honra os servidores de Deus. [...] Suporta em silêncio o homem arrogante e insolente. [...] Deixa que tudo o que fazes seja feito para Deus, tanto palavras quanto ações; e refere a Cristo tudo o que há em ti. [...] Mostra-te sempre como parceiro de Cristo, que é tua alegria contínua e incessante. [...] Abandona as ansiedades de cuidados com o corpo e tem conforto na esperança em Deus porque Ele proverá suficientemente as coisas necessárias à vida [...] e Deus trata as partes corporais de seus servos com enorme cuidado.

Também nas *Tapeçarias*, Clemente escreve sobre a conduta ética do cristão e qual deve ser a atitude correta diante das paixões (*páthos*), dos impulsos (*oré-*

xis) e do desejo (*hormé*).[3] As paixões e os impulsos são tendências desmedidas que perturbam e contrariam a boa natureza humana, escravizando-a e tornando-a irracional. É preciso combatê-las e afastá-las. O desejo, por sua vez, é uma carência que precisa ser preenchida por alguma coisa ou por alguém que nos atrai e satisfaz. Diferentemente da paixão (que é sempre irracional), o desejo pode ser educado pela razão e se tornar uma decisão voluntária ou desejo deliberado, portanto, livre e capaz de escolher o melhor. "São três os fundamentos sobre os quais se apoia o filósofo cristão: primeiro, nos preceitos teóricos; segundo, na prática dos preceitos; terceiro, na construção do homem virtuoso" (*Tapeçarias*, II, X, 145).

O Pedagogo é também uma teologia. Infelizmente, perderam-se quase todos os textos nos quais Clemente a expõe e sabemos apenas que, para ele, Deus, inefável e incognoscível, não está apenas além do Ser, como para Platão e Filo de Alexandria, mas também, como diz Plotino, está Deus, embora Uno, além da própria unidade (entendida numericamente). Por isso, somente O conhecemos por meio de seu Filho, *Lógos* eterno e consubstancial ao Pai, fonte de luz de todas as inteligências, que, como ensina João, criou não só o mundo, mas também os humanos, à sua imagem e semelhança, portanto, dotados de razão e livre-arbítrio da vontade. É isso que torna a graça (*charisma*) tão relevante para a salvação, pois dela dependem os atos moralmente justos. Podemos buscar nas *Tapeçarias* os pontos mais significativos da teologia do autor, que certamente também se encontravam em *O Pedagogo*. Assim, numa passagem, Clemente ressalta os atributos negativos com que podemos nos referir a Deus:

> Como Deus poderia ser exprimível? [...] chamá-lo de o todo é inadequado pois um todo se refere às grandezas e não a tudo e Deus é Pai de todos os seres. Dele também não se pode falar em partes, pois é indiviso e infinito. Não deve ser concebido como inexplicável e sim como ilimitado e por isso sem forma e sem nome (*Tapeçarias*, V, 81,5; 82,1).

Eis por que nosso acesso a Deus só se realiza por intermédio do Filho, pois se o primeiro não pode ser objeto de conhecimento demonstrativo, o Filho é o *Lógos*, "luz do Pai", sabedoria, ciência, verdade a nós revelada nas coisas criadas segundo as ideias e potências que constituem o mundo inteligível. O Filho é o instrumento do qual o Pai se serviu não só para criar o mundo, mas também, por meio da encarnação — "rosto sensível de Deus" —, para nos salvar.

Os comentadores têm especial preferência pelas *Tapeçarias*, uma miscelânea de assuntos variados com que Clemente reagiu aos que, em nome da *sancta simplicitas*, o atacavam por seu gosto pela filosofia, a qual, afirmavam os críticos, levara às especulações absurdas e heréticas do gnosticismo. Ao cristão, diziam, basta a fé com que Deus repeliu a filosofia. Mas a filosofia não é um monstro, retrucou Clemente. É coisa boa, desejada por Deus, que presenteou os humanos com seis sentidos que podem ser aperfeiçoados: o tato, pelo artesão; o paladar, pelo cozinheiro; o odor, pelo perfumista; a audição, pelo músico; a visão, pelo pintor; e a inteligência, pelos poetas, oradores, dialéticos e filósofos. Dom divino, a inteligência não pode ser condenada e sim educada e aperfeiçoada. Mencionemos, ainda uma vez, o que Clemente pensa da filosofia:

> Muitos dizem que a filosofia invadiu a vida humana por obra da maldade e para perdição dos humanos, até dizem que foi inventada pelo espírito maligno. Quanto a mim, mostrarei no livro das *Tapeçarias* que filosofia não é isso, mas uma obra da Providência Divina (*Tapeçarias*, I, I, 13).

Como vimos, na *Exortação aos gregos* e no *Pedagogo*, Clemente concebe a conversão do paganismo ao cristianismo como uma passagem, à maneira da criança que passa dos hábitos infantis à vida adulta. A noção de *passagem* implica a ideia de continuidade ou de processo temporal contínuo e orienta o modo como Clemente pensa a relação entre o Antigo e o Novo Testamento: este não aboliu aquele e sim completou a obra da Revelação. Igualmente, mesmo os filósofos gregos desprovidos de fé possuíam o dom divino da razão, cuja perfeição e acabamento são trazidos pelo cristianismo. Assim como o Antigo Testamento teve os profetas, a quem Deus falou diretamente para que anunciassem a vinda de Cristo, também a razão grega os teve na figura dos filósofos, embora Deus lhes tivesse falado apenas indiretamente, por meio da inteligência.

> Antes da vinda do Senhor, a filosofia era necessária aos gregos para a justiça; agora, se torna útil para conduzir os homens ao culto de Deus, por ser uma espécie de propedêutica para os que adquirem a fé por demonstração. [...] Deus é causa de

todas as causas boas, uma imediatamente e por si mesmas, como o Antigo e o Novo Testamento; de outras, como que por concomitância, como a filosofia. [...] A filosofia faz um trabalho preliminar, preparatório, dispondo o caminho para aquele a quem Cristo, depois, faz perfeito (*Tapeçarias*, I, V, 97).

A ideia de continuidade dos dois Testamentos e da filosofia indica algo mais profundo: a Providência divina é universal, Deus dirige e governa o mundo em todas as partes e nada escapa ao seu poder,[4] de maneira que os judeus e todos os pagãos estiveram e estão submetidos aos mesmos ordenamentos. Se a razão humana existe, Deus a quis e instituiu para que fizesse e faça algo bom. Não se trata de supor, como fizeram alguns, que os filósofos deveriam ser inseridos no Antigo Testamento, e sim de compreender que o conhecimento humano começou como o curso de dois rios distintos — o da lei judaica e o da razão grega — até que confluíssem no cristianismo como a fonte nova que arrasta para si as águas das duas correntes. É verdade que, embora a filosofia seja um conhecimento dado por Deus, ela não basta para encontrar a verdade plena, alcançada somente pela fé. Eis por que a Providência Divina determinou: a lei para os judeus; a filosofia para os gregos; a lei, a filosofia e a fé para os cristãos. "A fé é o conhecimento abreviado do essencial e o conhecimento é uma demonstração forte e segura do que foi recebido pela fé" (*Tapeçarias*, VII, X, 57).

Essa afirmação introduz uma novidade importante na tradição filosófica herdeira de Platão. De fato, na filosofia platônica a hierarquia dos modos de conhecer tem em seu grau mais baixo a *pistis*, a fé ou confiança nos dados imediatos da percepção sensorial, a partir dos quais se forma a *doxa*, a opinião. Tanto a fé (ou confiança) como a opinião devem ser ultrapassadas pelos dois últimos graus do conhecimento: a *episteme*, a ciência demonstrativa, e a *noesis*, a intuição intelectual das puras ideias. Clemente, porém, desloca a *pistis* para o ponto mais alto do conhecimento porque a fé não é sensorial, mas recepção inteiramente espiritual da verdade e condição das verdades parciais que são objeto das demonstrações. Eis por que, embora os profetas e os apóstolos não fossem filósofos nem ensinassem filosofia, seus ensinamentos são filosóficos e, por serem secretos e enigmáticos, exigem que o não profeta e o não filósofo passem pela propedêutica filosófica. A filosofia, portanto, prepara para a fé e auxilia a aprofundá-la e a defendê-la, pois, assim como a música, a geometria, a gramática, a astronomia e a retórica são servas da filosofia, esta é serva da Sabedoria, ciência das coisas divinas e humanas e de suas causas.[5]

Para esclarecer sua posição, Clemente se vale do método alegórico de Filo: Sara, esposa de Abraão, era estéril e permitiu que seu marido se unisse a uma serva egípcia, Agar, de quem nasceu Ismael como preparação da vontade da Providência, que permitiu ao patriarca assegurar sua verdadeira posteridade quando sua esposa deu à luz Isaac. Assim também, a Providência determinou que, primeiro, surgisse a ciência mundana (Agar) para que, a seguir, houvesse a Sabedoria (Sara) unida ao Justo (Abrahão), passando às verdades mais altas da fé e da justiça, que estão em Deus e às quais acedemos pela graça de Cristo. A filosofia prepara a inteligência para receber a Revelação, pois a alegoria tem como ponto mais alto o que ultrapassa o intelecto e alcança a interpretação mística ou os mistérios do *Lógos*.

Clemente, porém, não se contenta com a alegoria como instrumento filosófico para a interpretação dos textos sagrados (hermenêutica), mas busca um fundamento para a reunião da filosofia com a Sabedoria, aquilo que denomina *demonstração* do que foi recebido abreviadamente pela fé.[6] Todo ser humano é dotado de uma faculdade cognitiva pela qual se distingue dos animais. Quando essa faculdade se dedica ao conhecimento dos primeiros princípios indemonstráveis, ela é *noesis* (pensamento); quando raciocina a partir desses princípios para deles obter consequências racionais verdadeiras, é *episteme* (ciência); quando se aplica aos problemas da prática e da ação correta, é *techné* (técnica, arte), como a ética, a política, a medicina, o artesanato, a agricultura, a pintura, a escultura; finalmente, quando se volta para a piedade, crê no Verbo, pratica seus mandamentos e compreende que a Sabedoria é a totalidade das atividades cognitivas.

O filósofo é um horticultor que enxerta a razão nas coisas naturais. Deus é o horticultor que corta as ervas daninhas e enxerta a fé na razão humana para que bons e belos frutos possam nascer na alma, trazendo, além do conhecimento e da virtude, sobretudo a esperança de, um dia, unir-se a Ele. A esperança permite que a temperança, para dominar os impulsos cegos, e a paciência, para suportar os males desta vida, realizem a verdadeira caridade. Essas ideias sobre a temperança e a prudência como virtudes retomam concepções estoicas: a crítica das paixões como perturbações ou agitações da alma e a distinção entre *oréxis*, impulso cego, e *hormé*, desejo racional, reflexão deliberada ou escolha racional daquilo que atrai a alma como um bem verdadeiro e que doma e controla as paixões.[7] Essa escolha, ou esse ato voluntário e racional, é uma *gnósis* verdadeira, um conhecimento perfeito que se exprime na doutrina cristã.

Clemente não apenas propõe a reunião da filosofia e da Sabedoria, mas a concebe como uma *união*. "A alma que se volta para Deus é a que se instrui na verdadeira filosofia", escreve nas *Tapeçarias*. Por esse motivo, pode criticar tanto a multiplicidade de escolas filosóficas cuja unidade essencial permanece oculta pelas disputas e pelo fato de algumas, como o epicurismo, serem falsas, como também, e sobretudo, a inaceitável proliferação de seitas cristãs. No caso das escolas filosóficas é possível, como diz a Escritura, "separar o trigo do joio" e reter de cada doutrina o que nela há de verdadeiro, útil e conforme à fé e à piedade — excelentes são Pitágoras e Platão, muitas verdades há em Aristóteles e na moral estoica. No caso das seitas, porém, nenhuma delas é aceitável porque sua existência nega que a Sabedoria e a Verdade são uma só e a mesma para todos. Por isso, a verdadeira *gnósis* une filosofia e Sabedoria ou Revelação.

> É chegada a hora de mostrar aos gregos que somente o gnóstico é verdadeiramente religioso; por isso, quando os filósofos tiverem compreendido quem é o verdadeiro cristão, condenarão a própria ignorância. [...] Com os filósofos talvez convenha recorrer aos argumentos racionais mais convincentes, de maneira que, já práticos em sua cultura, possam entender, embora ainda não se tenham mostrado dignos de participar do poder da fé (*Tapeçarias*, VII, VII, 41).

O verdadeiro gnóstico não precisa de um mestre humano para guiá-lo e ensiná-lo, como se soubesse mais e melhor do que os outros. Pois o verdadeiro gnóstico está unido ao *Lógos*, reunido a Deus, seu amigo e benfeitor a quem, livremente, entrega sua razão e sua vontade, numa felicidade sem fim.

> Do verdadeiro gnóstico exige-se que a vontade, o discernimento e a prática sejam uma só e mesma coisa, de maneira que, para ele, o mesmo tem que ser a proposição, a doutrina e a decisão, a fim de que suas palavras, sua vida e sua conduta sejam coincidentes, como é devido (*Tapeçarias*, II, XVIII, 163).

Não é surpreendente, portanto, que Clemente recupere a ideia do apóstolo Paulo do *charisma* como recepção individual de uma graça divina capaz de determinar a retidão das condutas que dependem sempre do livre-arbítrio do agente. Também não surpreende que, por valorizar a autoridade carismática individual, Clemente não tenha grande interesse pela organização eclesiástica, com suas hierarquias e regras fixadas por sínodos e concílios e fortalecidas por uma dogmática de operação e funcionamento. Em outras palavras, Clemente não concebe o cristianismo como organização eclesiástica, mas como itinerário espiritual e pessoal em direção a Deus, como *charisma* individual. Esse foi provavelmente o motivo para, ao contrário dos Padres que vimos até aqui, não ter ele recebido o título de *santo*.

ORÍGENES

Para Orígenes, o cristianismo não resultou de uma busca, de uma luta vitoriosa contra uma origem pagã, mas era um dado, um fato estabelecido ainda em seus primeiros anos. Ele nascera em 184 (provavelmente em Alexandria), em uma família cristã. De acordo com a tradição grega, aprendeu matemática, gramática e retórica com o pai, Leônidas, o qual fora vítima das perseguições romanas, feito prisioneiro e morto no martírio. Conta a lenda que Orígenes também tentou ser martirizado, mas foi impedido pela mãe, que escondeu suas roupas, impedindo-o de sair às ruas. De todo modo, esse acontecimento o marcou para sempre e seu desejo de martírio chegou ao ponto de levá-lo a praticar a automutilação para seguir o ensinamento do Evangelho de Mateus, que, no capítulo 19, versículo 12, afirma: "E há eunucos que se fizeram eunucos por causa do Reino dos Céus. Quem tiver capacidade para compreender, que compreenda".

Seguindo os passos de seu pai, fundou uma escola, porém acrescentou ao currículo o ensino do cristianismo, levando o bispo de Alexandria a confiar-lhe a instrução dos catecúmenos. No entanto, considerava sua formação intelectual ainda incompleta, o que o levou a estudar filosofia e teologia com Amônio Sacas e Clemente. Por volta de 218, começou a escrever; em 221 foi a Roma e, em 230, à Grécia, onde foi ordenado presbítero. Após ter suas ideias condenadas por Demétrio, bispo de Alexandria, retirou-se para Cesareia da Capadócia, onde, entre 235 e 238, criou uma biblioteca e fundou um centro de ensino — o *Didaskaleión* — voltado à formação filosófica e ao conhecimento da Sagrada Escritura. A biblioteca e a escola deram à cidade condições para que se tornasse um dos principais centros do pensamento cristão nos anos seguintes à morte de Orígenes. Sob a perseguição romana, foi preso, torturado e morto em 253, em Tiro. De sua imensa obra, restaram apenas fragmentos em grego e as traduções latinas de *Contra Celso* e *Sobre os princípios*, bem como trechos de seus trabalhos exegéticos de interpretação alegórica da Bíblia: *Comentários sobre Mateus*, *Comentários sobre João*, *Homilias sobre Jeremias*, *Homilias sobre Lucas*.

Embora siga os passos exegéticos ou hermenêuticos de Clemente na compreensão da Sagrada Escritura, a primeira novidade trazida por Orígenes é o tratamento dado à Bíblia: esta não é um testemunho do passado, mas a presença eterna da revelação. Assim, torna-se necessário livrar o texto das infindáveis controvérsias que o enfraquecem como revelação divina e desencadeiam críticas judaicas ao cristianismo, bem como os delírios do gnosticismo. Para assegurar a verdade e a exatidão do Antigo Testamento, Orígenes estuda a história e a geografia da Palestina e estabelece o *Hexaples*: organiza em seis colunas o texto hebraico consonantal transliterado em caracteres gregos, a tradução grega da Tanach (a Septuaginta) e mais quatro versões gregas para fixar, pela primeira vez, uma exegese filológica da Escritura. Apoiado em Filo e Clemente, desenvolve uma interpretação alegórica sistemática dos escritos. Contra as interpretações literais, Orígenes considera que, sob a letra do texto e acima das aspirações racionais, encontra-se uma verdade intemporal e espiritual ou a unidade dos dois Testamentos na pessoa de Cristo.

A segunda novidade trazida por ele é a mudança do tratamento dado à filosofia. Como para o apóstolo Paulo e para Clemente, também para Orígenes o *charisma* ou a graça divina é fonte de toda a autoridade doutrinária. Porém, diferentemente de Paulo, que, como vimos, colocava a razão ou o intelecto abaixo do conhecimento por revelação, para Orígenes, mais próximo de Clemente, o próprio *charisma* é predominantemente intelectual. No comentário à Epístola de Paulo aos Efésios, Orígenes escreve:

> Cristo está acima de tudo e em tudo, mas a graça é dada a cada um dos santos de acordo com a medida do dom de Cristo: assim, alguns são apóstolos, alguns são profetas, outros são evangelistas, depois deles, os pastores, mas acima de todos, estão os mestres pedagogos (Orígenes apud Trigg, 1981, p. 9).

Dotado do mais alto *charisma*, o mestre cristão ensina que, assim como a Escritura exige uma atitude metódica e sistemática no tratamento dos textos, a filosofia não deve ser uma referência aforística, superficial e polêmica entre letrados, mas um trabalho teórico e metódico para a construção de um sistema teológico solidamente fundamentado. Orígenes formava seus alunos por meio de um sistema pedagógico que começava com a lógica e a física, passava à geometria e à astronomia e chegava à ética, à teologia e ao estudo e à meditação sobre os textos bíblicos. A pedagogia ou o trabalho catequista fez com que a obra de Orígenes seguisse uma ordem precisa, em que cada pensamento é minuciosamente examinado e integrado num conjunto mais vasto de apresentação literário-filosófica da totalidade da doutrina cristã.

Orígenes gozou de imensa autoridade entre os cristãos e respeito entre seus adversários, além de seu papel de intercessor dos cristãos perante a hierarquia eclesiástica de Alexandria, e acabou por antagonizar o bispo Demétrio. Essa disputa opôs a autoridade carismática de um doutor à autoridade da instituição eclesiástica, isto é, uma oposição entre a livre discussão da doutrina e as imposições clericais da autoridade do dirigente episcopal. Como já dissemos, viu-se obrigado a sair de Alexandria e exilar-se em Cesareia da Capadócia, onde recebeu a decisão do sínodo alexandrino que lhe retirou a condição de sacerdote invocando sua condição de eunuco. Como Clemente, Orígenes também não recebeu o título de santo.

Historiadores e comentadores observam que nada sabemos da obra de Celso — *Aléthes Lógos* (*Discurso verdadeiro* ou *Palavra verdadeira*) — a não ser o que é mencionado e criticado por Orígenes e, posteriormente, por outros Padres. De toda maneira, é sugestivo que Celso tenha escolhido o *lógos* como referência para a crítica do cristianismo, pois, como temos visto até aqui, essa referência tornou-se central nas elaborações teológicas dos Apologetas e dos Catequistas. O título da obra indica que Celso opõe ao *lógos* cristão um *aléthes lógos*, isto é, um pensamento e uma palavra verdadeiros.

As menções e críticas de Orígenes indicam que Celso adotara uma atitude aristocrática, tradicional na filosofia: apresenta o cristianismo como uma religião popularesca para gente ignorante e inculta que, perante o saber existente, não teria trazido nenhuma contribuição relevante. Se é essa a imagem do cristianismo, não menos ácida é a dos cristãos, apresentados como loucos (por aceitarem a virgindade de Maria), ignorantes (ao não reconhecerem que Jesus era um mago que recorrera à magia para se declarar filho de Deus),[8] suicidas e ébrios à procura do martírio e da morte dolorosa.

O traço mais marcante de *Contra Celso* é, por um lado, a maneira como Orígenes elabora respostas a cada uma das críticas servindo-se da filosofia e do método alegórico de leitura bíblica.[9] Para tanto, defende Filo e Numênio e contrapõe esse método às ficções absurdas dos mitos gregos. Os autores do Antigo Testamento, diz ele, não tinham a intenção de relatar estórias nem história, mas de oferecer ao povo uma interpretação espiritual da lei de Moisés e das profecias. Os evangelistas, por seu turno, precisaram recorrer às palavras como sinais indicadores do verdadeiro significado do *Lógos*, afirmando a distinção entre a letra e o sentido.

Às críticas morais de Celso aos cristãos Orígenes contrapõe uma diferença que distancia o cristianismo do paganismo e do judaísmo, afirmando que o cristianismo tem como finalidade o aperfeiçoamento do gênero humano por meio da purificação dos costumes, considera a humildade e a caridade como virtudes e oferece a certeza da redenção a todos os que abraçam a fé no verdadeiro *Lógos* divino. Em suma, à maneira do apóstolo Paulo, Orígenes contrapõe a universalidade cristã ao particularismo de judeus e pagãos e seus costumes. Ao fazê-lo, constrói a ideia de *identidade cristã*.[10]

Também à maneira de Paulo, *Contra Celso* distingue entre o primeiro *charisma* — a Sabedoria divina —, o segundo — o conhecimento das coisas reveladas — e o terceiro — a fé, a piedade que salva. Assim como o homem é composto de corpo, alma e espírito, a Igreja se compõe de três tipos de fiéis: os simples fiéis, ligados à pura fé do sentido da Escritura; os cristãos mais perfeitos, que, pela interpretação alegórica dos textos, alcançam um conhecimento (*gnósis*) que é união com o conhecido; e cristãos ainda mais perfeitos, que, pela contemplação do divino (a *theoria*), alcançam o sentido espiritual da Escritura e uma primeira imagem da felicidade por vir.

Na tradução latina, *Sobre os princípios* (*Peri Archón*) está dividido em quatro livros: Livro I, "O Pai, o Filho e o Espírito Santo"; Livro II, "O mundo e as criaturas"; Livro III, "Sobre o livre-arbítrio"; Livro IV, "Sobre o caráter inspirado da Escritura divina e como deve ser lida e compreendida". É possível perceber que a exposição dos três primeiros livros tem em mira o combate às heresias por meio da interpretação racional da Sagrada Escritura — constituem uma teologia propriamente dita; já o quarto desenvolve princípios para a exegética ou hermenêutica dos textos sagrados e fundamenta os três livros anteriores. No Prefácio, lemos:

> [...] uma vez que há muitos desacordos entre aqueles que professam a fé em Cristo, e que essas discordâncias não são só sobre questões secundárias, ou mesmo muito secundárias, mas também sobre questões importantes e às vezes de grande importância [...] por causa disso parece-nos necessário estabelecer, em primeiro lugar, sobre cada um desses assuntos uma diretriz certa e uma regra clara [...]. Muitos gregos e bárbaros prometiam a verdade e, contudo, a partir do momento em que acreditamos que Cristo é o Filho de Deus e reconhecemos que era preciso aprender com ele a verdade, renunciamos a procurá-la junto a todos eles porque o que eles afirmam a esse respeito são apenas falsas opiniões [...] do mesmo modo, muitos deles estão em desacordo com seus predecessores; ao contrário, porém, a pregação eclesiástica é preservada e transmitida desde os Apóstolos e seus sucessores e subsiste até hoje nas Igrejas; por isso só deve ser recebida como verdadeira aquela em que não há nenhuma discordância com relação à tradição eclesiástica e apostólica (*Sobre os princípios*, Prefácio, 2).

Assim, embora todos os cristãos reconheçam a Palavra de Cristo como fonte da verdade, nem todos costumam estar de acordo sobre o sentido dessa Palavra. Trata-se, portanto, de ensinar-lhes esse sentido, a começar pela clara enumeração dos fundamentos que a sustentam, isto é, de seus princípios.

Em primeiro lugar: Deus, uno, natureza simples e inteligível — mônada ou enada[11] —, inefável, perfeito porque imaterial e, por isso, imutável, é absolutamente transcendente e inapreensível pela inteligência humana, mesmo "a mais pura e límpida".

Em segundo: Deus é a fonte de tudo, criador de todas as coisas a partir do nada; e o mundo, criado pela sabedoria, vontade e Providência divinas, expressão do *Lógos*, é perfeito e nossa principal via de acesso a Ele, que, em si mesmo, permanece incompreensível:

> Por vezes, nosso olhar não pode observar a própria natureza da luz, quer dizer, a substância do sol; mas observando seu esplendor ou os raios que passam por uma janela ou um pequeno objeto que receba a luz, podemos avaliar qual seja a origem e a fonte dessa luz material. Da mesma maneira, as obras da Providência divina e a arte que se mostra no universo são como os raios da natureza divina em relação com sua substância e natureza. Nossa mente, por si mesma, não pode ver Deus

como ele é, contudo compreende o Pai do universo a partir da beleza das obras e da graciosidade das criaturas (*Sobre os princípios*, Prefácio, 6).

Em terceiro lugar: os seres foram criados segundo uma hierarquia ou graus de perfeição — anjos e puros espíritos; almas humanas, dotadas de livre-arbítrio, mas aprisionadas em corpos e que, pelo esforço para se libertar dessa prisão, podem recuperar sua condição inicial de puro espírito; e, no último grau da hierarquia, a matéria, criada "segundo o número, o peso e a medida", isto é, racionalmente, tal como deve ser.

Evidentemente, Orígenes precisa dar conta desses três princípios, particularmente, no Livro I, da relação do Pai com o Verbo e o Espírito Santo (ou a presença de três Pessoas coeternas em uma única Pessoa, a Trindade em um Deus uno) e, no Livro II, da criação do mundo. Essas questões, como vimos, são o celeiro das heresias e, sobretudo, foram objeto das críticas de Celso aos cristãos quando afirmara ser um absurdo conceitual a ideia de um deus uno-trino e, seguindo a tradição filosófica grega, defendera a eternidade da *phýsis* (natureza), e, portanto, recusara a criação a partir do nada.

Vejamos a primeira questão. Os comentadores consideram que, embora Orígenes conceba o Verbo como incriado ou coeterno ao Pai, à maneira de Plotino, ele é levado a pensar o *Lógos* como uma luz irradiada do Uno e que o reflete, primogênito e primeiro intermediário, Sabedoria consubstancial ao Pai ou Palavra de Deus. A geração perpétua do Filho pelo Pai assegura que ele, embora de mesma natureza ou substância do Pai, é distinto do Pai ou extrínseco a Ele. Emanação puríssima, "é como radiação que vem da luz. De fato, não é por uma adoção espiritual que o Filho de Deus se torna extrínseco, ele o é por natureza [...] esplendor da luz eterna" (*Sobre os princípios*, I, 4).

Como "espelho imaculado da atividade divina", o Filho engendra Inteligências ou o mundo infinito dos espíritos que o cercam e que, por serem livres, podem dispor de si como quiserem e se distanciar cada vez mais de sua espiritualidade e cair na materialidade dos corpos, como ocorreu com as almas humanas, aprisionadas nos corpos. Esse distanciamento, isto é, a queda, porém, não afasta a Providência Divina, que guiará o retorno dos caídos à sua fonte perfeita: é este o sentido do envio de Cristo, do *Lógos*, que reconduzirá ao Pai todos os seres criados, mesmo os que caíram, pois não se tornaram realidades más, uma vez que o mal não possui positividade ou realidade em si mesmo, sendo apenas ausência do bem, do divino, a treva que não é senão a ausência de luz.

E o Espírito Santo? As várias passagens da Escritura mencionadas por Orígenes levam à conclusão de que o Espírito Santo é "a operação principal do Pai", pela qual confere aos seres racionais a natureza que lhes é própria. Pai e Filho se estendem sem distinção a todas as criaturas, aos bons e maus, porém o *charisma* do Espírito Santo está reservado às criaturas racionais, que o manifestam quando boas e justas, portanto, santificadas. O Espírito Santo é uma operação do Pai e um dom do magistério do Filho, consubstancial a ambos ou de mesma substância que ambos.

Examinemos a segunda questão que assinalamos, isto é, a maneira como Orígenes pensa a criação do mundo, objeto do Livro II.

Deus criou o mundo a partir do nada por intermédio de seu *Lógos*, no qual estão todas as formas de todas as coisas. Por sua bondade, produziu o mundo segundo sua sabedoria e seu poder, criando desde os puros espíritos até a matéria que, como criatura divina, não é má e sim boa, feita "segundo o número, o peso e a medida", como deve ser.

Todavia, a criação suscita indagações: seria possível imaginar um Deus eternamente ocioso que, de repente, decidisse usar seu poder e criar o mundo? Ou seja: como conceber um ser onipotente que não use eternamente seu poder? Racionalmente, não estariam certos aqueles que julgam o mundo eterno? O que fazia Deus antes da criação do mundo? Sendo perfeito, portanto, imutável, como explicar a mutação de seu poder que, de ocioso, torna-se criador? A única resposta é: a criação do mundo não deve ser tomada como um acontecimento cronológico (diferença temporal entre o antes e o depois), pois o mundo foi criado desde toda a eternidade pela onipotência divina, que, entretanto, o fez limitado no espaço e no tempo, de maneira que é preciso compreender corretamente as palavras iniciais do livro do Gênesis: "No princípio, Deus...". Em outras palavras, compreender que há um começo do *nosso* mundo, mas não *do* mundo, pois, desde toda a eternidade, tem havido e haverá *outros* mundos, indefinidamente, sob a vontade da Providência Divina. Existem, portanto, infinitos mundos. Compreendemos, então, por que Orígenes não admitia a existência do mal absoluto — em cada mundo há um mal que lhe é próprio, e o mal não é algo positivo e sim ausência ou privação do bem — nem que a chegada do Reino de Deus fosse definitiva —, sua chegada em *nosso* mundo não significa seu acontecimento simultâneo em todos os mundos. Para cada mundo, Deus fixou um limite para o mal, e quando esse limite é atingido, esse mundo é destruído por um dilúvio ou pelo fogo e, de seus fragmentos, novos mundos surgem. Orígenes desenvolve, assim, uma ideia cósmica da criação: pensa em termos de *universo*, portanto, de uma pluralidade infinita de mundos particulares no espaço e no tempo.

Examinemos, pois, o *nosso* mundo. Criado pelo Pai, nosso mundo é uma manifestação do *Lógos* ou do Verbo, que possui o mesmo conhecimento que o Pai e, por esse conhecimento, produziu outros espíritos. Criados à imagem e semelhança do Pai e do Verbo, esses espíritos foram dotados do livre-arbítrio da vontade, que lhes permitiu criar outros espíritos igualmente livres. Foi pelo uso da liberdade que alguns desses espíritos aderiram completamente a Deus enquanto outros foram se distanciando e se separando Dele à medida que passavam a habitar um corpo humano e a se fechar nele como numa prisão da qual precisarão ser resgatados. A mesma liberdade que causou essa prisão também permitirá a regeneração da alma humana ou sua libertação.

Orígenes descreve os graus da realidade desse afastamento do divino indicando a hierarquia dos espíritos que povoam atualmente o universo: seu ponto de partida são as hierarquias angélicas mais elevadas até chegar a anjos menos puros, que regulam os movimentos dos astros, e depois aos humanos, espíritos unidos a um corpo. Nessa hierarquia, cada ser pode permanecer em seu lugar ou dele se afastar por uma livre escolha. Isso significa que as almas humanas podem transformar a união com seu corpo em uma prisão como consequência de uma escolha. No entanto, tais almas podem fazer um esforço para se libertar de sua prisão e recuperar sua condição primeira, pois a imaterialidade da alma humana se manifesta claramente pelo fato de que é capaz de conhecimento intelectual, cujo objeto é imaterial. Mas como alcançar a libertação? Como perceberam alguns filósofos, para isso a alma precisa desejar passar do conhecimento das coisas sensíveis ao conhecimento das verdades intelectuais e morais. Alguns espíritos se contentam com esse último conhecimento (como é o caso dos filósofos) sem se dar conta de que isso é apenas ver a luz do sol e não a própria luz, que só pode ser vista pelas almas iluminadas pela força divina, ou seja, a verdadeira e suprema libertação é trazida pela fé.

Se a queda e a ascensão dependem da liberdade da vontade, chegamos à questão do livre-arbítrio, tratada no Livro III. Orígenes precisa resolver uma dificuldade trazida pelo gnosticismo: a danação e a salvação eternas foram prédeterminadas por Deus ao dividir os humanos em hílicos, psíquicos e pneumáticos. Precisa também conciliar a Providência Divina e a liberdade humana, ou seja, se tudo está preordenado por Deus por meio da relação necessária entre a cadeia das causas antecedentes e seus efeitos, como afirmar que algumas criaturas são dotadas de livre-arbítrio para escolher esta ou aquela conduta, ou seja, como podem escapar da cadeia das causas divinamente preordenadas? Em outras palavras, como enfrentar o problema posto pelos estoicos com a pergunta ética fundamental: o que depende e o que não depende de nós? Vejamos, pois, como Orígenes enfrenta as dificuldades.

Como ensina a filosofia, há seres que se movem por ação de uma causa externa e outros pela força de uma causa interna.[12] Os animais e as plantas têm em si mesmos a causa de seus movimentos e, nesse sentido, são seres animados ou dotados de alma, enquanto os que são movidos por outros, como as pedras, são inanimados. Os animais irracionais se movem por impulso, porém os animais racionais se movem por reconhecer a distinção entre o bom e o mau: quando julgam somente por obra da razão, e não por impulsos nem por estímulos externos, são livres.

> Porque a razão possui na sua natureza os meios para ver o bem e o mal, que utilizamos para ver o bem e o mal e assim escolher o bem e recusar o mal, somos dignos de louvor se praticamos o bem e dignos de reprovação em caso contrário (*Sobre os princípios*, III, 3).

> Se acusamos os estímulos exteriores e nos sentimos absolvidos de qualquer acusação, afirmando que somos como a madeira ou as pedras, que são movidas por forças do exterior, isso não é nem verdadeiro nem honesto; quem assim faz falsifica a noção de livre-arbítrio, pois há livre-arbítrio quando nada do exterior me empurra na direção oposta àquela que decidimos (*Sobre os princípios*, III, 5).

A liberdade, portanto, se manifesta na capacidade interior e puramente racional de afirmar ou negar alguma coisa, isto é, de emitir um juízo sobre ela, ou na capacidade para distinguir entre o verdadeiro e o falso, mas sobretudo na capacidade para distinguir entre o bem e o mal. Essa capacidade de distinção nos permite escolher o verdadeiro e o bem contra o falso e o mal. A razão e o livre-arbítrio nos fazem saber que somos responsáveis por nossos pensamentos e ações, mesmo que muitos fatores externos possam influenciar nossas decisões. Consequentemente, somos responsáveis por nossos conhecimentos e por nossas escolhas. Assim como o sábio estoico reconhece a presença da providência divina nos encadeamentos das causas de todos os acontecimentos e, dessa maneira, nos ensina a distinguir entre o que está e o que não está em nosso poder, ou a cooperar com a Providência,[13] também Orígenes afirma:

> A razão mostra que os acontecimentos do exterior não dependem de nós, mas que compete a nós nos servir deles desta ou daquela maneira, tomando a razão para analisar e examinar como convém proceder em face de cada acontecimento (*Sobre os princípios*, III, 1, 2).

"Nossa obra é viver bem e é o que Deus requer de nós, não como obra sua nem de um outro, ou do destino como alguns pensam, mas como obra nossa" (*Sobre os princípios*, III, 1, 6). "Recebemos de Deus o agir como seres vivos, e do Criador o querer, mas somos nós que nos servimos do querer, e de modo semelhante do agir, para o melhor e o pior" (*Sobre os princípios*, III, 1, 20).

Sem dúvida, a Sagrada Escritura, tanto no Antigo como no Novo Testamento, ensina que há poderes demoníacos, que as tentações de Satanás e seus sequazes nos empurram para o mal. No entanto, muito mais significativo é o fato de que as paixões podem vir de nós próprios, dos movimentos naturais de nosso corpo, condenando-nos a viver em tribulação e angústia. Assim como a chuva pode cair em terra ruim que não produzirá frutos, também a bondade de Deus pode cair numa alma cuja vontade foi negligenciada, num coração de pedra, incapaz de recebê-la.

Retomando o combate, descrito pelo apóstolo Paulo, entre a carne e o espírito, Orígenes indaga como conseguir a vitória espiritual sobre o poder carnal, causa das dissensões com os outros, consigo mesmo e com a verdade divina. A resposta se encontra no objeto da escolha voluntária. A liberdade para cair ou para se elevar decorre de se escolher ou não Deus, nosso verdadeiro bem.

Embora aprisionada no corpo como consequência do pecado, a alma não perdeu inteiramente a lembrança de sua vida anterior como espírito feito à imagem de Deus. Essa lembrança será recuperada por meio da ascese e da purificação ética e religiosa,[14] auxiliada pela graça de Cristo. A alma de Cristo, aliás, foi a única que habitou um corpo sem perder a semelhança divina, permanecendo unida a Deus como o ferro em brasa e o fogo e, como Verbo Encarnado ou Filho do Homem, essa alma se encarnou para nos resgatar do poder que o Demônio tinha sobre nossas almas. O sacrifício de Cristo, mestre e modelo de todo cristão, tudo preparou para atender às necessidades de nossa alma e para isso traz a graça (*charisma*) como socorro e meio para nossa regeneração — desde que nosso livre-arbítrio coopere com ela. Razão, liberdade, espírito e graça: eis os elementos para que o cristão passe do reconhecimento do Filho do Homem ao conhecimento e à comunhão com o Filho de Deus.[15]

Nosso corpo deixa de ser uma prisão quando é usado para nossa regeneração por meio da ascese que nos libera de seu peso. Nossa alma, pela graça de Cristo, alcança o conhecimento de sua origem e de sua vocação para libertar-se dos obstáculos deste mundo visível e para começar seu retorno e sua ascensão a Deus, em santidade sempre renovada.

Essa ascensão das almas iluminadas permite a Orígenes reafirmar a crença cristã no fim do *nosso* mundo, prometido por Cristo. Trata-se do que ficou conhecido como teoria da *apokatástasis*,[16] isto é, da restauração purificada de todos os seres, reconduzidos à unidade de Deus, que "será tudo em todos".

> O fim do mundo é a prova de que todas as coisas chegaram à plena realização [...]. O fim do mundo ocorrerá quando cada um for submetido às penas conformes os próprios pecados, como está escrito em Mateus, e somente Deus conhece o tempo em que cada um receberá aquilo que merece. Entretanto, consideramos que Deus, por obra de Cristo, conduzirá todas as criaturas para um fim único, depois de ter vencido e submetido também os adversários. [...] mas também nós desejamos estar submetidos a ele [...] submissão que significa salvação que Cristo dá a seus submetidos [...] tal fim, em que todos serão submetidos a Cristo e também em que será destruído o último inimigo, a morte, Cristo entregará o reino a Deus Pai, e com isso conhecemos o início das coisas, pois o fim é sempre semelhante ao início e como um só é o fim de tudo, assim devemos entender um só início de tudo e como um só é o fim de múltiplas coisas, assim de um só início derivaram coisas variadas e diferentes que, de novo, pela bondade de Deus e a submissão de Cristo e a unidade do Espírito Santo serão reconduzidas a um só fim, que é semelhante ao início. [...] Quando todas as almas racionais forem reconduzidas a esta condição de perfeição, então também a natureza deste nosso corpo será levada à glória de corpo espiritual

> [...] a natureza corporal receberá sua condição suprema à qual nada faltará (*Sobre os princípios*, III, 2, 3, 5, 6, 9).

O percurso realizado por *Sobre os princípios* chega, assim, ao Livro IV, que garante, em retrospecto, a verdade do que foi demonstrado nos três livros anteriores. De fato, para compreender o caminho da salvação aberto por Cristo, é preciso não esquecer, como disse Clemente, que a fé é o conhecimento total e abreviado da verdade e que a razão é a demonstração alongada desse conhecimento. Por isso, é preciso

> [...] demonstrar o que dizemos, e para isso, tomando os testemunhos que vêm das Escrituras que temos como divinos, tanto do chamado Antigo Testamento como do que é dito do Novo Testamento, tentamos confirmar nossa fé pela razão, mas ainda não estabelecemos a divindade das Escrituras (*Sobre os princípios*, IV, 1, 1).

Como estabelecer essa divindade do escrito sagrado? O método de leitura proposto por Orígenes possui três finalidades principais: contra "os da circuncisão", isto é, os judeus, que leem os textos apenas segundo a letra; contra os hereges, que os leem de maneira fantasiosa e contrária ao seu sentido; e em favor dos que consideram "que os santos livros não são escritos de homens, mas foram redigidos por inspiração do Espírito Santo segundo a vontade do Pai por meio de Jesus Cristo" (*Sobre os princípios*, III, 2, 9).

Orígenes fundamenta os três livros anteriores ao retomar a interpretação alegórica dos textos, que denomina compreensão espiritual. Explica não ser contrário à religião e sim necessário a ela que a inteligência humana seja capaz de compreender o sentido da revelação divina, passando da letra ao espírito ou do sentido literal ao espiritual, cujo princípio é sagrado, pois os autores do texto bíblico foram inspirados pelo Espírito Santo. Por isso,

> o método que se nos mostra impor-se no estudo das Escrituras e da compreensão do seu sentido é este que já se encontra indicado nas próprias Escrituras. [...] É preciso inscrever três vezes na própria alma os pensamentos das Escrituras santas: quem é mais simples a fim de que seja edificado pelo que é como a carne da Escritura — assim chamamos o sentido imediato; quem ascendeu um pouco, que seja edificado como que pela alma da Escritura; mas o perfeito, que seja edificado pela lei

espiritual, que contém uma sombra dos bens que hão de vir, semelhante àquela da qual diz o Apóstolo: "Falamos da sabedoria entre os perfeitos, não daquela sabedoria deste mundo nem dos princípios deste século que são destruídos, mas falamos da sabedoria de Deus escondida no mistério que Deus predestinou antes de todos os séculos para a nossa glória". Assim como o homem é composto de corpo, alma e espírito, assim também a Escritura, que, na sua providência, Deus deu para a salvação dos homens (*Sobre os princípios*, IV, 2, 12).

3. O nascimento da Cristandade

CONSTANTINO

O período do pensamento cristão que agora se inicia se situa na passagem do cristianismo como uma seita ou religião de minorias, vista com desconfiança e perseguida pelo poder imperial, à condição de religião tolerada e, em seguida, favorecida, e, finalmente (com o imperador Teodósio), reconhecida como único culto legal do Império Romano.

Esse período, que dura por volta de cem anos, é absolutamente indissociável de um acontecimento que iria determinar uma gigantesca mudança naquilo que os historiadores convencionaram chamar de civilização ocidental: a conversão ao cristianismo do imperador Constantino.

Os feitos mais marcantes de Constantino foram a permissão da religião cristã (até então sistematicamente perseguida pelos governantes romanos), a fundação de uma nova capital do império no Oriente, Constantinopla, que substituiu Roma, e a organização do governo imperial. Constantino destituiu as assembleias e o milenar Senado Romano e assumiu o poder como monarca.

A crise do sistema escravista e latifundiário (base econômica do vasto Império Romano), as disputas pelo poder entre as famílias aristocráticas, e entre elas e os artesãos e comerciantes plebeus das cidades, bem como as rivalidades entre as chefias militares das 101 províncias para escolher os imperadores, as guerras civis, as revoltas provinciais e as ameaças de invasões bárbaras, levaram, entre 284 e 305, o imperador Diocleciano a impor, com mão de ferro e com o auxílio de uma vasta burocracia, uma reforma fiscal, uma reforma administrativa (as províncias foram agrupadas em doze regiões, denominadas dioceses) e uma reforma política. Esta última estabeleceu uma tetraquia, isto é, a divisão do Império entre quatro imperadores: dois governariam o Império do Oriente (Grécia, Ásia Menor, Síria, Egito e algumas regiões menores) e dois, um dos quais Constantino, o Império do Ocidente (Itália e a região do Danúbio, Norte da África, Gália, Hispânia e Britânia). Diocleciano também restaurou o culto aos imperadores (um sob Júpiter e outro sob Hércules), o uso do diadema e da auréola (símbolo do caráter sobrenatural de seu poder)[1] e realizou a última das grandes perseguições aos cristãos: proibiu cultos, fechou locais de reunião, confiscou bens patrimoniais, queimou livros, aprisionou bispos e clérigos e condenou à morte quem não abjurasse a fé cristã. Por esse motivo, na história eclesiástica, essa época é denominada "a era dos mártires".

Evidentemente, ao contrário do que pretendera Diocleciano, as reformas econômico-administrativas e a instituição da tetraquia não trouxeram tranquilidade ao Império, mas desencadearam disputas e guerras civis entre os quatro imperadores e seus adeptos.

O imperador da Itália, Maxêncio, se opôs a Constantino, mas foi vencido por este em 312. A vitória sobre Maxêncio, conhecida como vitória da Ponte Mílvia (sobre o rio Tibre), é narrada por historiadores cristãos, particularmente Eusébio e Lactâncio, aos quais se deve a versão miraculosa desse acontecimento.

Eis a narrativa de Eusébio de Cesareia:

> Ao imperador, enquanto orava e invocava Deus, apareceu um sinal prodigioso de origem divina [...]. À tardinha, disse ter visto, com os próprios olhos, no céu, precisamente por cima do sol, o sinal de uma cruz, circundada por luz e acompanhada de uma inscrição que dizia: "Por este sinal, vencerás". [...] À noite, enquanto dormia, apareceu-lhe Cristo de Deus, com o mesmo sinal; ordenou-lhe que o reproduzisse como lhe aparecera no céu e que o adotasse para defesa contra os inimigos. [...] Era composto da seguinte maneira: a haste mais comprida, recoberta de ouro, era atravessada por outra, em forma de cruz; por cima da haste havia uma coroa, ornada com pedras preciosas e ouro, onde estava inserido o símbolo da salvação, as duas

letras iniciais do nome de Cristo, com o P desenhado a meia altura do X[2] (apud Donini, 1988, p. 204).

Por sua vez, escreveu Lactâncio:

Constantino foi avisado em sonhos para colocar nos escudos o sinal celeste de Deus e só depois começar o combate. Fez como lhe tinha sido ordenado e, virando para cima a letra X, curvando-lhe as extremidades, gravou Cristo nos escudos. Armado com esse sinal, o exército tomou posição para a batalha (apud Donini, 1988, p. 204).

Em 313, ano seguinte à vitória, Constantino decretou o Édito de Milão, que suspendeu as perseguições aos cristãos:

Decidimos conceder aos cristãos e a todos os demais a liberdade de praticar a religião que preferem a fim de que a divindade habitante do Céu seja propícia e favorável tanto a nós como aos que vivem sob nosso poder (apud Mallet, 1942, p. 171).

No mesmo ano, Constantino convenceu seu outro opositor, Licínio, coimperador do Oriente, a firmar um acordo de paz e ajuda mútua. Porém, em 324, após combatê-lo e derrotá-lo, unificou Oriente e Ocidente, fundou Constantinopla e assegurou aos pagãos orientais os mesmos direitos religiosos assegurados aos cristãos ocidentais e orientais. O Estado, portanto, se colocava como neutro em matéria de religião e a liberdade de culto se tornou um princípio da lei civil. Como observa o historiador Paul Veyne, "em 313, a religião tolerada era o cristianismo; em 324, será o paganismo".[3]

Como explica o historiador Cochrane, Constantino não teve a mesma sorte que Augusto, isto é, não teve um poeta como Virgílio para celebrá-lo. Essa foi tarefa realizada, sem o talento do poeta romano, por Eusébio de Cesareia e por Lactâncio, que, como vimos, transformaram-no em instrumento da Providência Divina, em prova da *operatio Dei* na história humana, cumprindo a profecia do Antigo e do Novo Testamentos sobre o soberano cujo domínio se estenderia de um mar a outro mar, de um rio a outro rio, até os confins de toda terra habitável.

Nosso imperador deriva do Alto a fonte de sua autoridade e é forte no poder de seu título sagrado. Trazendo aqueles que ele governa na terra apenas a única Palavra do

> salvador, ele os torna súditos adequados de Seu reino. [...] O Deus de tudo, supremo governante de todo o universo, por sua livre vontade escolheu Constantino para ser príncipe e soberano (Eusébio, *Panegírico*, 2 apud Cochrane, 1977, pp. 185-6).

> A Providência da divindade suprema te elevou à dignidade de príncipe dando-te a verdadeira devoção para derrubar a má política de outros, para reparar seus erros e, em espírito de doce paternidade, tomar medidas para a segurança dos homens, removendo os malfeitores que o Senhor colocou em tuas mãos [...] tu completas o mundo da justiça como agente e ministro do Senhor (Lactâncio, *Vita Constantini* I, 26 apud Cochrane, 1977, p. 186).

Constantino não se deparou com uma pequena seita messiânica perdida no interior de tantas outras. Pelo contrário, encontrou uma organização eclesiástica com uma hierarquia definida e formas de autogoverno. Embora não interferisse nessa organização (forma da hierarquia, ordenação de sacerdotes, eleição de bispos, realização de sínodos episcopais, calendário religioso, escolas de preparação dos catecúmenos para o batismo e a comunhão etc.), Constantino interferiu na Igreja por meio de doações pessoais e públicas de terras e edifícios, pela restituição dos bens sequestrados durante a perseguição de Diocleciano (reconhecendo o direito à propriedade, pelo qual uma associação ganhava o estatuto de corporação do Império), pela liberação do pagamento de impostos, pela dispensa de serviço militar para o clero e pelo reconhecimento imperial do domingo como "o dia do Senhor", isto é, como festividade da ressurreição de Jesus e dia de descanso. Sobretudo, atestou a importância política da Igreja ao transferir de Roma para Constantinopla a sede do Império, pois os cristãos eram mais numerosos no Oriente e poderiam ser usados como aliados importantes.[4]

O peso de sua presença se fez sentir principalmente quando querelas, disputas, seitas e heresias ameaçavam a *pax civilis* e a integridade do Império. Compreende-se, então, que a crise causada no Ocidente com o aparecimento, no Norte da África, de uma dissidência cristã, o donatismo, tenha sido resolvida com a dizimação dos dissidentes pelas tropas imperiais. Da mesma maneira, compreende-se que Constantino tenha convocado e aberto o primeiro concílio ecumênico da Igreja, o Concílio de Niceia, encarregado de dar fim a uma nova heresia que se espalhava pelas comunidades cristãs: o arianismo.

A esse respeito, escreve Donini:

> O Concílio de Niceia, que não conseguiu resolver a questão ariana, vê afirmar-se, porém, o princípio da intervenção estatal na esfera religiosa [...]. Foi essa a fonte de duras medidas restritivas em relação a grupos minoritários ou discordantes e de novas perseguições, conduzidas, agora, em nome da religião. Nasce, assim, o que ainda hoje se costuma chamar "a época constantiana", no seu duplo aspecto de combinação entre a ordem religiosa e a ordem política e de redução da organização eclesiástica a baluarte das formas de conservação social e dominação política. A aspiração apocalíptica das origens será doravante posta à margem da oficialidade religiosa, que não admite uma visão libertária da vida comunitária fora do controle da hierarquia (Donini, 1988, p. 210).

A fusão entre o político e o religioso promovida por Constantino, que marcará para sempre a Igreja, assim como o fim da espera apocalíptica do retorno iminente de Cristo e do início da Era Messiânica, assinalam o nascimento da Cristandade e, com ela, o anúncio do surgimento da figura do governante pela graça de Deus, núcleo da política cristã e que muitos historiadores denominam como a presença do orientalismo na república romana. Aliás, os efeitos do poderio oriental não são sentidos apenas na política, mas também na doutrina cristã formulada durante o apogeu da Patrística Grega, diante da qual a Patrística Latina será caracterizada por seu atraso e isolamento.

O ARIANISMO

Se o gnosticismo foi a heresia que atormentou os Padres Apologetas e Catequistas, o arianismo será a heresia que os Padres Teólogos de Cesareia da Capadócia combaterão com todas as suas forças no século IV.

Quando estudamos o aparecimento da cristologia no período apostólico do cristianismo, vimos a gigantesca mudança ocorrida na tradição messiânica judaica com a passagem de Jesus da condição de Filho do Homem à de Filho de Deus, isto é, sua deificação, mudança inteiramente recusada pelos que permaneceram fiéis ao judaísmo e para os quais os cristãos haviam cometido o sacrilégio de introduzir uma nova divindade ao lado do único e verdadeiro Deus. Esse escândalo, inteiramente religioso, também viria a afetar os próprios cristãos quando sua formação filosófica os levou a elaborações teológicas. O arianismo dá provas contundentes disso.

Ário, presbítero de Alexandria, considerou irracional a ideia de uma mesma e única substância (*ousía*) dotada de predicados idênticos e presentes, simultaneamente, em dois seres distintos, pois, nesse caso, não haveria como distingui-los. Como diferenciar o Pai e o Filho se ambos são uma só e a mesma substância dotada exatamente dos mesmos predicados? De fato, na organização das categorias de Aristóteles, a substância (*ousía*) era definida como aquela que recebe as outras categorias (essência, existência, qualidade, quantidade, lugar, relação); ela é o suporte dos predicados. Também foi consolidada a diferença entre a substância comum a vários seres (por exemplo, homem) e a substância específica, cujos predicados diferenciam um indivíduo de outros (por exemplo, Sócrates). Além disso, a razão exige que os predicados, tanto os comuns quanto os específicos, sejam compatíveis entre si ou não contraditórios, pois sua incompatibilidade ou contradição destruiria uma substância.[5] Em outras palavras, várias substâncias específicas com exatamente os mesmos predicados não seriam "várias" e sim uma única e mesma substância, assim como uma substância com predicados contrários ou contraditórios não subsistiria.

Partindo dessas considerações filosóficas, Ário julgou lógica e ontologicamente impossível que a substância do Pai e a do Filho fossem uma só e a mesma, pois, nesse caso, não haveria como distingui-los. Para demonstrá-lo, desenvolveu uma cristologia na qual negava a consubstancialidade do Pai e do Filho, isto é, que as substâncias de ambos pudessem ter como predicado a existência eterna ou a essência incriada. Afirmando que o Filho não era consubstancial ou de mesma substância que o Pai, Ário o considerava a primeira e mais excelente criatura e que se encarnara em Jesus como mediador entre o Pai e os humanos, pois Deus é um mistério inefável e absoluto que jamais se revela diretamente aos humanos e permanece para sempre escondido deles.

Numa carta a Eusébio de Cesareia, que o abrigara no início dos conflitos, Ário escreve:

> Dizemos, acreditamos e ensinamos que o Filho não é incriado e de maneira alguma é parte do incriado; não deriva sua forma subsistente de nenhuma matéria, mas por sua própria vontade e pensamento subsistiu antes do tempo e de todas as eras como o Deus perfeito, mas gerado e imutável, e que antes que fosse gerado ou criado ou

estabelecido, ele não era. Pois ele não é incriado. Estamos persuadidos de que o Filho tem um começo, mas Deus é sem começo. Houve um tempo em que o Filho não era (Ário apud Peters, 1980, p. 41).

O arianismo irá impregnar a doutrina cristã de maneira indelével porque, diferentemente das heresias existentes até então, que mesclavam elementos vindos de diversas tradições orientais, judaicas e helenistas, Ário introduz a filosofia ou a racionalidade como critério para a aceitação das verdades da fé, que só podem ser alcançadas se compreendidas pela razão. Em outras palavras, rejeita a afirmação (vinda do apologeta latino Tertuliano) "creio porque absurdo" ou a suposição de que as verdades da fé seriam não racionais porque situadas num plano superior ao da razão. Recusa, portanto, a declaração do apóstolo Paulo de que a razão é loucura para a fé e a fé, loucura para a razão. Além disso, os arianos jamais se afirmaram como anticristãos, pelo contrário, consideraram-se a expressão verdadeira do cristianismo, de maneira que as divisões passaram a se referir a oposições internas ao mundo cristão, a lutas e disputas entre bispados, dioceses, sínodos, concílios e escolas de pensamento. Os imperadores, por sua vez, oscilavam entre posições anti e pró-arianos. Numa palavra, estamos diante da transformação da heresia em figura do inimigo interno.

O CONCÍLIO DE NICEIA

O sínodo de Alexandria condenou Ário, mas este foi absolvido por um concílio no qual prevaleceram eclesiásticos pró-arianos. Ao receber apoio e ampliar sua presença, Ário passou a ser considerado uma ameaça à unidade da Igreja. Constantino enviou a Alexandria o bispo de Córdoba como pacificador, mas sua missão fracassou e, diante das dissensões que se espalhavam pelas igrejas, o imperador considerou que a ameaça não atingia apenas a Igreja, mas também a paz e a unidade do Império. Por esse motivo, em 325, como supremo legislador, convocou o primeiro concílio ecumênico da história da Igreja: o Concílio de Niceia, cuja abertura foi feita pelo próprio imperador, que, entre outras coisas, declarou:

Com efeito, ao longo de tantos anos e de tantas jornadas, as massas de inumeráveis povos haviam sido reduzidas à escravidão, mas Deus os libertou desse fardo por

> meu intermédio, seu servidor, e os conduzirá ao brilho completo da luz eterna. Eis por que acredito, com pura confiança em Deus, ser particularmente escolhido por uma decisão especial da Providência e pelos benefícios de nosso Deus eterno (Constantino apud Veyne, 2007, p. 86).

O Concílio de Niceia, como vimos no capítulo 1 da Parte I, definiu o núcleo imutável da doutrina cristã: o *Consensus Ecclesiae* ou o conjunto de *dogmata* (verdades) irrefutáveis e irrecusáveis, critério teológico e legal para determinar a validade de uma doutrina e julgar a falsidade de uma opinião, isto é, de uma heresia ou posição desviante.

Para resolver teologicamente o conflito com Ário, o Concílio assumiu um conceito criado pelo bispo Atanásio de Alexandria, o de *homoousion* (mesma substância).[6]

Considerado o herói de Niceia,[7] Atanásio refuta, em *Contra os arianos*, a afirmação (correta, aliás) de que a ideia de consubstancialidade não possui fundamento filosófico. Contra eles, introduz o conceito de *homoousion*, de mesma substância (ou de substância homogênea), e declara que a consubstancialidade se aplica à relação do Pai e do Filho por geração (que não deve ser confundida com a criação dos demais seres no tempo). A consubstancialidade manifesta a natureza de Deus e é a maneira pela qual Ele decidiu se revelar a nós por meio do Filho, que, sendo de mesma substância que o Pai, é o único que torna possível nosso acesso a Ele, que, em si mesmo, permanece além do alcance de nossa razão. Se o Filho não fosse de mesma substância que o Pai, sua encarnação de nada serviria à nossa salvação, pois nenhum ser humano tem condição e capacidade de pagar uma dívida contraída com o próprio Deus.[8] Além desse conceito, deve-se a Atanásio a introdução do conceito de *hypóstasis* (vindo do neoplatonismo) para definir a distinção entre o Pai e o Filho ou entre o gerador e o gerado.

Fundada em Atanásio, a formulação trazida pelo Concílio de Niceia consiste em afirmar que a substância comum é denominada *ousía*, e a específica, *hypóstasis*, respectivamente traduzidas para o latim como *substantia* e *persona*. Essa formulação permite afirmar que o Filho é uma só pessoa com duas naturezas (divina e humana), o Pai tem uma única natureza (divina) e Deus é três pessoas (Pai, Filho e Espírito Santo). Enquanto divinas ou de mesma natureza, as três pessoas não se distinguem por sua substância, mas por suas relações mútuas: o Pai, princípio sem princípio, é o princípio da geração; o Filho é o gerado pelo Pai;

e o Espírito Santo procede de ambos. Com essa formulação, o Concílio condenou o arianismo, exigiu a queima dos textos de Ário e de seus seguidores e a morte de quem os conservasse. Definiu também o dogma trinitário, que abre o chamado *Símbolo de Niceia,* o qual sofrerá algumas modificações no Concílio de Constantinopla, em 381, quando se tornará a versão definitiva do que conhecemos como o *Credo* cristão. O *Símbolo* de 325 enuncia:

> Creio em um só Deus, Pai todo-poderoso, Criador do céu e da terra, de todas as coisas visíveis e invisíveis. E em um só Senhor Jesus Cristo, Filho unigênito de Deus, da mesma substância do Pai antes de todos os séculos, luz de luz, verdadeiro Deus de Deus verdadeiro, engendrado, não criado, consubstancial ao Pai, por quem foram feitas todas as coisas, tanto as que estão no céu como as que estão na terra. O qual por nós homens e para nossa salvação desceu dos céus: encarnou-se por obra do Espírito Santo, sofreu e ressuscitou no terceiro dia, e subiu aos céus, de onde virá novamente, em glória para julgar os vivos e os mortos. E [creio] no Espírito Santo. Quanto a aqueles que dizem que houve um tempo em que não existia, ou que não existia antes de haver sido engendrado, ou que nasceu do nada, ou que é uma outra *hypóstasis* ou outra substância, ou que o Filho de Deus é criado ou mutável, ou submetido a mudanças, estes a Igreja católica anatematiza.[9]

Embora condenado pelo Concílio de Niceia como heresia, o arianismo prosseguiu, desencadeando lutas no interior da Igreja, particularmente entre o bispo de Roma (que recebia adeptos do arianismo para o sacramento da comunhão) e o de Constantinopla (cuja autoridade estava dividida entre partidários e opositores de Ário).[10]

De fato, como doutrina cristã, o arianismo se ramificou em várias tendências. Tornou-se majoritário nas igrejas do Oriente, sobretudo ao ser adotado por imperadores como Constâncio e Valente. Ao mesmo tempo, parte dos bispados orientais e ocidentais, embora se declarassem não arianos, não aceitavam inteiramente o que denominavam "o monarquismo de Niceia" (isto é, a frase inicial do *Símbolo*, que marca a preponderância do Pai sobre as duas outras Pessoas), desencadeando lutas que exigiram a convocação do Concílio de Constantinopla, em 381, no qual o arianismo foi definitivamente condenado.

Mas nem por isso desapareceu. Comunidades e escolas arianas subsistiram ao longo dos séculos. O arianismo se manteve como referência explícita nas elaborações teológicas cristãs — as chamadas teologias da Trindade —, tanto das que lhe foram contemporâneas (como as dos Padres da Capadócia) como das que lhe são posteriores.

Podemos considerar o arianismo o grande alerta ouvido pelos cristãos quanto aos riscos da proximidade com a filosofia. Eis por que os Padres Teólogos da Capadócia (mais do que seus dois antecessores, Clemente e Orígenes) procuraram justificar e limitar a especulação filosófica à sua conformidade com a fé, superando a união entre ambas (proposta por Clemente) ao elaborar a ideia de *teologia cristã* como filosofia verdadeira.

EUSÉBIO DE CESAREIA

Antes mesmo do Concílio de Niceia, que determinou os rumos tomados pelas investigações filosófico-teológicas sob os efeitos do arianismo, houve uma mudança de perspectiva nos discursos dos Padres: as questões teológicas apareciam como já sistematicamente definidas por Clemente e, sobretudo, por Orígenes; não cabia voltar a discuti-las. Entretanto, esses dois Padres abriram um caminho que até então não havia sido percorrido: o da exegese sistemática dos textos da Sagrada Escritura. No caso de Clemente, como vimos, essa investigação se dirigiu à refutação de Celso; no de Orígenes, à necessidade de unificar os dois Testamentos como revelação única. Doravante, o aprofundamento da interpretação da Escritura para assegurar a verdade da ortodoxia estabelecida pelo Símbolo de Niceia será uma imposição do arianismo.

Além dessa mudança de perspectiva em direção à filologia, também é preciso considerar a transformação do cristianismo em Igreja oficial do Império Romano e o surgimento da Cristandade. A necessidade de justificar os acontecimentos que sustentaram essa transformação levou à criação de um novo gênero literário: a história eclesiástica, iniciada por Eusébio de Cesareia, chamado "o Heródoto do cristianismo". Como vimos, Eusébio foi o primeiro, juntamente com Lactâncio, a afirmar que Constantino fora escolhido pela Providência Divina. Isso explica por que ele se sentou à direita do imperador e, ao lado dele, presidiu o Concílio de Niceia, conforme registrado nos anais.

Nascido em 256, em Cesareia, Eusébio tornou-se bispo dessa cidade e ali morreu entre 339 e 340. Além de frequentar a escola fundada por Clemente, também estudou com o jurista e filólogo grego Panfílio e escreveu duas obras apologéticas contra os pagãos — *Preparação evangélica* e *Demonstração evangélica* —, duas obras filológicas sobre a Bíblia — *Onomástico* e *Comentário dos Salmos* — e duas obras históricas — *Crônica da história universal* e *História eclesiástica.*

A *Crônica* é feita a partir do estabelecimento de tábuas cronológicas, com que Eusébio compara diferentes sistemas cronológicos de toda a história mundial, de maneira a elaborar uma sincronia entre as datas bíblicas e as profanas para provar que o cristianismo não é uma religião recente, mas possui a dignidade de ser a mais antiga e a mais venerável das religiões do mundo. Nessa longa história, a vinda do Cristo marca o início do período da história da Igreja como história da salvação. A Providência Divina deu ao Império Romano a tarefa da pacificação mundial dos povos, que, depois de realizada por Constantino, assegurou o reconhecimento de que chegara finalmente a hora e a vez do povo cristão.

Os comentadores da *História eclesiástica*, obra monumental, a mais importante escrita por Eusébio, são unânimes em considerá-la "pesada" (palavras de Gilson), por sua enorme erudição, e "tudo menos uma obra de arte" (Campenhausen), devido às longas notas arqueológicas e filológicas entre os parágrafos narrativos e à mescla de relatos históricos com a solenidade de reflexões apologéticas sobre os acontecimentos.

A *História eclesiástica* começa com a vida e obra de Jesus — "tão sublimes e eficazes que devem ser consideradas sobre-humanas" — e prossegue com sete livros até chegar à época de Eusébio, à qual são dedicados os últimos três, referentes "à Igreja triunfante", que se inicia com a visão de Constantino e a vitória da Ponte Mílvia e se completa com a derrota de Licínio.

No prefácio à *História*, Eusébio afirma ser o primeiro historiador da Igreja.

> Com efeito, eu sou o primeiro a tentar essa obra, a avançar, por assim dizer, por um caminho deserto e inviolado; peço por isso a Deus que seja meu guia e que a força do Senhor me guie. Quanto aos que me precederam nessa estrada, poderei apenas encontrar suas pegadas, fracas informações daqueles que, cada um a seu modo, nos deixaram relatos parciais dos tempos que atravessaram [...]. Consequentemente, dentre as coisas que eles referem aqui e ali, escolherei o que me parecer proveitoso para o fim indicado. [...] colherei passagens úteis dos escritores antigos e tentarei ordená-las numa narração histórica. Sentir-me-ei feliz se puder salvar do esqueci-

> mento as sucessões, se não de todos os apóstolos de nosso Salvador, pelo menos dos mais ilustres, ainda vivos na memória (*História eclesiástica*, Prefácio, 3,4).

O Livro I começa com a apresentação do plano geral da obra:

> As linhas de sucessão a partir dos santos apóstolos e os períodos que transcorreram do tempo do Salvador até o nosso; os principais acontecimentos registrados na história da Igreja; os grandes heróis das mais famosas comunidades cristãs; os pregadores de cada geração que foram os embaixadores da palavra divina; nomes e datas daqueles que, por paixão pela inovação, andaram muito longe da verdade, proclamando-se falsamente fontes de conhecimento, como lobos fazendo vítimas no rebanho de Cristo; as calamidades vindas de sua conspiração contra nosso Salvador que atingiram a inteira raça dos judeus; as campanhas que infiéis lançaram contra a mensagem divina e o heroísmo dos que enfrentaram a tortura e a morte em sua defesa; o martírio dos últimos tempos até o nosso, que terminou com a liberação enviada por nosso Salvador (*História Eclesiástica*, Livro I, 1,2).

Embora amigo de Ário e seu protetor no início dos conflitos, Eusébio não se tornou ariano, mas foi assim nomeado na história das heresias. O que o movera a proteger Ário? A exigência de manter íntegra e inabalável a estrutura da Igreja e pôr fim à intolerância. Como Constantino, que tentou, sem sucesso, que o bispo de Córdoba pacificasse o clero, também Eusébio, sem sucesso, esperava que sua tolerância fosse seguida pela hierarquia eclesiástica. Aproveitou que estava nas boas graças do imperador — que o elevou à condição de Patriarca de Antioquia, título que ele declinou — e decidiu invalidar as conclusões do Concílio de Niceia, mas acabou sendo arrolado na interminável lista dos hereges.

A CRISTANDADE

Se reunirmos a ação de Constantino, o Concílio de Niceia, a organização da Igreja como instituição político-religiosa e a obra de Eusébio, podemos assinalar os principais elementos que constituem o surgimento da Cristandade: as ideias de unidade, pedagogia cristã e autoridade.

A unidade está fundada no plano providencial de Deus no tempo (ou a unidade dos dois Testamentos), na união dos homens em Cristo (batismo) e na unidade do mundo e dos homens no Verbo Divino. Essa unidade é teológica (um só Deus, uma só fé), sacramental (um só batismo) e institucional (a *ekklésia* como congregação dos fiéis). Trata-se de um todo hierárquico bem ordenado, no qual a matéria se encontra sob o poder do espírito; os fiéis, sob o poder dos bispos e patriarcas; e os súditos, sob o poder do imperador. A metáfora que exprime essa unidade vem do Antigo Testamento: é a de um só rebanho conduzido por um só pastor. E a legalidade que a institui é denominada Regra da Fé.

A pedagogia cristã é exigida pela natureza evangélica da nova religião, isto é, pelo *kerigma* ou a pregação como dever de espalhar a Boa Nova pelo mundo. No entanto, também se faz necessária devido à ameaça contínua do pecado, que marcou os humanos com seu selo. Embora a fé seja uma graça advinda da purificação trazida pelo batismo, os humanos, seres decaídos, pecam frequentemente contra ela e precisam de um ensinamento (uma doutrina) autorizado pela Igreja, fundado na Sagrada Escritura e nos Padres. O Pedagogo, que Clemente identificara com o Verbo Divino e que Orígenes definira como o sábio carismático, agora se desloca para a Igreja como instituição, única instância pedagógica legal e legítima, mediadora entre o Livro Sagrado e os fiéis. Em outras palavras, como evidenciado por Niceia, a pedagogia eclesiástica se converte em forma de controle religioso, social e político.

Já a autoridade decorre da concepção teocrática vinda do judaísmo e celebrada na figura do *chrisma* de Constantino. Teocracia significa literalmente que Deus é poder, tem poder e concede poder. No Antigo Testamento, isso aparece não apenas nos relatos sobre Moisés recebendo de Deus as Tábuas da Lei, mas também em outras passagens, como no livro dos Provérbios, onde está escrito: "Por mim reinam os reis e os príncipes fazem leis justas". No Novo Testamento, essa ideia é reafirmada pelos apóstolos Pedro e Paulo, em cujas epístolas é dito que "Todo poder vem do Alto". Isso significa que a autoridade é do cargo (*officium*) e não do indivíduo que o ocupa e cuja função é a de transmitir a doutrina formulada pelos apóstolos. A autoridade também se exprime nas ideias de revelação e Providência Divina, no papel conferido à Sagrada Escritura como fonte única da verdadeira lei (aliança de Deus com os humanos), na ordenação dos sacerdotes e investidura dos bispos, na fixação legal da doutrina cristã (mandamentos) pelos sínodos e concílios e, mais tarde, na sagração dos reis pelos papas (ou os reis pela graça de Deus).

A Cristandade se consolida quando, em 380, o imperador Teodósio promulga um decreto que torna o cristianismo a religião oficial do Império Romano.

> Desejamos que todos os povos que estão sob nossa clemência imperial devam professar a fé que cremos ter sido comunicada aos romanos pelo apóstolo Pedro e mantida imutável até hoje [...] de acordo com a qual devemos acreditar em uma divindade, a sagrada Trindade do Pai, Filho e Espírito Santo, a ser adorados com igual majestade. Exigimos que aqueles que seguem essa regra da fé devam receber o nome de Cristãos Católicos, julgando todos os outros homens como dementes e ordenando que sejam designados como heréticos, condenados a sofrer a divina punição e, portanto, a vingança desse poder que nós, por autoridade celestial, assumimos (apud Cochrane, 1977, p. 327).

4. Padres Teólogos da Escola de Cesareia da Capadócia

Os novos pensadores que constituirão a Escola de Cesareia da Capadócia são, muitas vezes, designados como Padres Capadócios. Três são os pilares dessa escola: Basílio, o Grande, Gregório Nazianzo, o Teólogo, e Gregório de Nissa, dos quais se diz que Basílio é o braço que trabalha, Gregório Nazianzo, a boca que fala, e Gregório de Nissa, a cabeça que pensa. Pertencem a um período em que a Igreja, favorecida pelo Império, ganha o espaço público, seus bispos ocupam posições importantes, desfrutam de prestígio e riqueza e aumentam suas possibilidades de ação.

No entanto, é também uma época em que, no lado oriental do Império Romano, uma parte das autoridades episcopais não aceita inteiramente o Símbolo de Niceia (ou o monarquismo do Credo com a preponderância dada ao Pai), mesmo que recuse o arianismo. Este, por sua vez, é aceito pelo imperador Constâncio (em 350) e continua a provocar disputas teológicas acirradas e suscitar o aparecimento de escolas filosóficas em conflito, divididas entre os chamados "jovens niceianos" e os "velhos arianos". As medidas coercitivas impostas pelo governo imperial e pelos sínodos eclesiásticos não conseguem coibir as lutas. A situação se agrava com a subida ao poder de Juliano, em 361, que proíbe o cristianismo, mas é parcialmente apaziguada com a ascensão de Teodósio, em 370, e o Concílio de Constantinopla, em 381.

Assim, enquanto os seguidores de Ário buscam racionalizar a fé e abrem uma disputa para determinar se a filosofia pode absorver o dogma ou se este pode absorver aquela, os três capadócios irão construir um outro caminho para enfrentar o Mistério da Trindade, sem anular toda a filosofia, mas somente o que nela se apresenta como incontestavelmente falso ou enganoso, prejudicial ao presente e ao futuro não apenas da Igreja, mas sobretudo do próprio cristianismo.

BASÍLIO, O GRANDE

Basílio nasceu em Cesareia da Capadócia em 330 e morreu em 379. Vindo de uma família cristã abastada, que herdara de seus antepassados terras, riqueza e poder, com parentes eleitos bispos e outros que ocupavam postos políticos na cidade, recebeu uma educação cristã no espírito de Niceia, mas foi também enviado a Atenas para receber uma educação helenística, no espírito da cultura grega. Estudou todas as técnicas clássicas (particularmente, medicina e história) e a filosofia (particularmente Platão e retórica), considerando-as importantes para a formação ética do cristão. Ao retornar de Atenas, foi batizado e iniciou uma vida ascética, para a qual pesaram a influência de sua irmã, que também escolhera a vida ascética, e os impulsos de um antigo movimento ascético que se espalhava pela Capadócia, o dos antigos monges anacoretas do Egito. Basílio é considerado o pai do monaquismo cristão. Fundou um centro que pregava a vida monástica guiada pela liberdade de espírito, pela ajuda mútua e pelo amor ao próximo, sem nunca se opor, no entanto, à vida da comunidade citadina nem à dos casais, e jamais caindo na posição dos encratistas (defensores, como vimos, da castidade masculina e da virgindade feminina). Sob a forma de perguntas e respostas, redigiu o que ficou conhecido como Regras de Basílio, isto é, orientações e diretrizes para a vida cotidiana e a organização da comunidade monástica.

Ordenado sacerdote, Basílio precisou renunciar à tranquilidade da vida monástica em 370 para suceder a Eusébio como bispo de Cesareia após a morte deste. Guerras, secas e enchentes faziam da Capadócia uma região de miséria e fome, agravadas pela exploração dos camponeses pelos latifundiários. Com recursos próprios, vindos da riqueza familiar, Basílio usou sua autoridade pastoral para criar instituições de benemerência, como asilos, hospitais e abrigos especiais para os doentes contagiosos, organizou sopas populares para crianças órfãs e imigrantes (sem distinção entre cristãos e pagãos) e, em suas pregações, incitava os fiéis à caridade. Evidentemente, teve que tomar posição nas lutas entre niceianos e arianos, não apenas como pensador, mas também como autoridade política. De fato, batalhou politicamente para impedir a divisão da província da Capadócia, projetada pela política eclesiástica do governo imperial, que, sob Valente, reforçara o arianismo e pretendia diminuir a importância da Igreja da Capadócia, majoritariamente niceiana. Para tanto, Basílio deu a diocese de Nissa a seu irmão Gregório e a de Sázima a Gregório Nazianzo, organizou a resistência dos fiéis e impediu a divisão e o enfraquecimento da província. Diante de todas essas atividades pastorais e políticas, compreendemos por que diziam dele: Basílio, o braço que trabalha.

Entre suas obras principais, além de 366 cartas, estão *Homilias do Hexameron* (*Os seis dias da criação*), *Homilias sobre Lucas* (ou *Contra a avareza do rico estulto*), *Homilias sobre a criação do homem*, *Contra Eumônio de Cizico*, *Tratado sobre o Espírito Santo*, *Exposição sobre os Salmos* e *Aos jovens sobre a maneira de tirar proveito das letras helênicas*.

A obra dedicada aos jovens cristãos se volta para a questão de como educá-los numa época em que toda a filosofia se dedica à elaboração de uma ética pagã. A solução encontrada consiste, segundo Basílio, em ensiná-los "a imitar as abelhas, que sugam o mel e não tocam no veneno", isto é, a encontrar nos ensinamentos pagãos — particularmente em Platão e Plutarco — exemplos de virtude cristã, de maneira a aprimorar o cultivo da alma liberada das demandas e exigências do corpo.

Embora não sejam um tratado sistemático de filosofia, as *Homilias do Hexameron* são um comentário teológico e cosmológico do texto do primeiro livro da Bíblia, o Gênesis, que narra a obra divina nos seis dias da criação, começando pela criação da luz e das trevas e indo até a ordenação completa do universo. Basílio não se limita a comentar o texto bíblico, mas se põe a interpretá-lo, recorrendo aos conhecimentos da filosofia natural grega para explicar racionalmente a estrutura do mundo.

A natureza é obra de Deus, que criou o tempo ao criá-la. Produziu-a por completo, inclusive a matéria. Em outras palavras, a criação se fez a partir do nada e não havia, como supunham os platônicos, uma matéria primeira, incriada e informe, à qual Deus teria dado forma. Deus formou todos os seres, dando a cada classe de entes a matéria que lhes convém — terra, água, fogo e ar possuem matérias diferentes adequadas para suas ações, finalidades e perfeições. Se tirarmos de uma coisa material sua cor, temperatura, peso, textura, odor, sabor — ou seja, suas propriedades sensíveis — ela simplesmente desaparecerá, pois não existe matéria sem forma, isto é, sem qualidades e propriedades. O mundo é organizado segundo lugares naturais ou próprios a cada um dos quatro elementos — quente (fogo) e frio (ar) para cima; seco (terra) e úmido (água) para baixo. O fogo (o quente) é a substância do céu; o ar (o frio), a do firmamento; a água leve (o úmido), a das nuvens; a terra (o seco), a do mundo abaixo do firmamento; a água pesada (o úmido forte), a dos rios e mares. Esses elementos são substâncias que podem se misturar ou se separar conforme haja ou não concordância entre suas funções e necessidades. O conjunto de misturas e diferenças forma a ordem universal, o *kósmos*. Quanto aos animais e às plantas, Basílio recorre às histórias naturais gregas e, em particular, a Aristóteles.

As *Homilias sobre a criação do homem* se iniciam com a análise da fala divina: "Façamos o homem à nossa imagem (*eikón*)". Basílio enfatiza que "Deus não tem figura, é simples, incorruptível, imaterial" (I,5), de maneira que "imagem" não se refere ao corpo humano e sim ao espírito, isto é, à razão e à vontade. Eis por que, ao dar aos humanos o domínio sobre a natureza e os animais, ou seja, sobre o mundo exterior, deu-lhes sobretudo o domínio interior sobre as paixões: "a verdadeira grandeza do homem é o domínio interior sobre as paixões" (I,7). Por meio de uma análise gramatical e filológica do "Façamos o homem", Basílio assinala a diferença entre a criação do homem e a de todos os outros seres, pois, até chegar ao homem, Deus simplesmente dizia "Faça-se", porém, no caso dos humanos, o "Façamos" significa que a criação nasce de uma deliberação e de uma escolha que irão se propagar como razão e vontade nos homens. Há ainda um outro traço importante na análise do "Façamos". Basílio indaga por que o verbo passou do singular ao plural e responde: porque a criação do homem envolveu as três pessoas da Trindade. Donde a conclusão antiariana: "O proêmio de nossa criação é uma verdadeira teologia".

Na obra teológica *Contra Eumônio de Cizico*, Basílio zomba do esforço do ariano Eumônio, que recorria a silogismos dialéticos de estilo aristotélico com a pretensão de demonstrar que, se Deus é inegendrado, então não pode ser engendrado por outro nem por si mesmo, e que, se o Filho é engendrado, não pode ser consubstancial ao Pai, a não ser por um absurdo lógico que beira a impiedade. De fato, escreveu Eumônio, visto que a substância de Deus não admite geração (pois é não gerada), nem separação e divisão (pois é incorruptível) e que não pode haver nenhuma outra substância que sirva de substrato à geração do Filho, precisamos concluir que este foi gerado, mas, nesse caso, de duas, uma: se é filho, foi gerado, mas sendo o Filho, não pode ser gerado. A única conclusão piedosa e correta é afirmar que o Filho é unigênito do Pai, o qual o gerou não de sua substância, mas por um ato misterioso de sua vontade e, como tal, é criatura, portanto, não consubstancial ao Pai.

Contra esse silogismo, Basílio adverte que é preciso perceber seu pressuposto, isto é, que inegendrado (ou não nascível) seja a própria essência de Deus, o que implicaria em defini-Lo pelo negativo ou pela privação, ignorando sua positividade plena. Embora seja correto afirmar que nenhum nome ou predicado possa designar verdadeiramente a essência divina — criador e justo, por exemplo, são nomes divinos secundários —, há um nome que realmente convém a Deus: *ousía*, pois é o único verdadeiramente afirmativo e do qual devemos partir. Ora, se tomarmos como ponto de partida nomes negativos (inegendrado, não nascível, inominável), perdemos a essência divina e confundimos nomes ou qualidades/propriedades com o conceito do ser de Deus. O único nome negativo que pode ser empregado como conceito é: incognoscível. Ou seja, sabemos que Deus existe, mas não o que Ele é em si mesmo, apenas que Ele é o ser ou a substância plena. Tudo o mais são seus nomes, qualidades ou propriedades, que conhecemos pelo entendimento e pela revelação contida na Sagrada Escritura.

> Não há nenhum nome que seja capaz de abarcar toda a natureza de Deus e de declará-la suficientemente; porém muitos e diversos nomes, cada um com sua própria significação, chegam a formar um conhecimento obscuro e extremamente exíguo se se compara com o objeto todo, porém são suficientes para nós. Desses nomes, uns enunciam o que Deus é, outros, o que não é. [...] Por exemplo, quando o chamamos de incorruptível, apenas estamos dizendo: "guarda-te de pensar que Deus está sujeito à corrupção". E quando dizemos que é invisível: "Não pense que se pode vê-Lo com olhos humanos". Pois bem, o mesmo sucede quando dizemos que é inegendrado: "Não pense que a existência de Deus depende de alguma causa ou princípio". Em suma, em cada um desses juízos somos prevenidos para não cair em afirmações indignas dEle (Basílio, *Contra Eunômio de Cizico*, I, 177).

Alguns comentadores observam que, no *Tratado sobre o Espírito Santo*, a defesa do dogma trinitário por Basílio se alonga mais sobre a relação entre o Pai e o Filho do que sobre a de ambos com o Espírito Santo, mantendo simplesmente a afirmação do Símbolo de Niceia de que o Espírito Santo procede do Pai e do Filho. Embora isso de fato ocorra, julgamos, todavia, que o *Tratado* é uma peça rigorosa de filologia e religião. De fato, Basílio argumenta contra duas novas heresias nascidas do arianismo. A primeira é o sabelianismo, para o qual, ao contrário do arianismo clássico, não há distinção entre *ousía* e *hypóstasis*, de maneira que as três pessoas da Trindade são idênticas, sem diferença individualizante, a não ser como *figuras* (no sentido grego de pessoa, *prosópa*, e no sentido latino de *persona*, máscara, representação ou personagem, no teatro), conforme fosse exigido pelas circunstâncias. A segunda é a heresia dos pneumatômacos, para os quais o Espírito Santo é inferior ao Pai e ao Filho, está subordinado a eles, sendo como um anjo a seu serviço.

Basílio parte da distinção tradicional: a *ousía* é o comum, a *hypóstasis*, o individualizante. No caso da Trindade, a individuação se faz pela diferença entre paternidade, filiação e santificação. Ora, os "sábios vindos de fora" (isto é, os filósofos e os antigos e novos arianos) aplicam distinções causais, de tempo, lugar e finalidade, tais como: "de quem é", "por quem é", "para quem é". Essas distinções lhes permitem dizer que o Pai é a causa e que o efeito lhe pertence (de quem é), o Filho é o instrumento por meio do qual o efeito é produzido (por quem é) e o Espírito Santo é o lugar e o tempo em que o efeito é produzido para o Pai (é para Ele). Sob essa perspectiva, podem concluir que as três pessoas da Trindade são diferentes e não constituem uma unidade. Após minuciosa análise filológica desses termos e o exame do emprego de "de quem", "por quem", "para quem", "onde" e "quando" na Sagrada Escritura, Basílio declara que essas distinções possuem um sentido oposto ao que pretendem os "sábios vindos de fora", que as empregam para Deus em sentido numérico, espacial e temporal, isto é, válidos apenas para criaturas corporais e corruptíveis.

Dos parágrafos 1 a 21 do *Tratado sobre o Espírito Santo*, Basílio se ocupa exclusivamente da relação entre o Pai e o Filho. A partir do parágrafo 22, volta-se para o Espírito Santo (*to pneúma to hágion*), primeiramente, para assegurar sua imaterialidade e apresentá-lo com a metáfora da luz, e, a seguir, para tomar o sacramento do batismo como prova da relação e da unidade entre as três Pessoas e assegurar que o Paráclito, isto é, o Consolador, não é inferior ao Pai e ao Filho — paternidade, filiação e santificação constituem a unidade indissolúvel da Trindade.

O percurso é construído com citações e análises filológicas de textos dos evangelhos de Mateus e Lucas, que operam como força demonstrativa da Trindade, cujo fundamento é dado pelo sacramento do batismo.

Mateus relata a fala de Jesus aos apóstolos: "Ide, portanto, e fazei que todas as nações se tornem discípulos, batizando-as em nome do Pai, do Filho e do Espírito Santo" (Mt 28,19).

Lemos em Lucas:

> Ora, tendo o povo recebido o batismo, e no momento em que Jesus, também batizado, achava-se em oração, o céu se abriu e o Espírito Santo desceu sobre ele em forma corporal, como pomba. E do céu veio uma voz: "Tu és meu Filho; eu, hoje, te gerei!" (Lc 3,21-22).

Escreve Basílio:

> Origem da santificação, luz inteligível, concede a si mesmo iluminação e a toda faculdade racional a fim de que descubra a verdade. Inacessível por natureza, faz-se contudo inteligível por bondade [...]. Como a luz solar, que ilumina cada um enquanto ilumina toda a terra, o mar e o ar [...], o Espírito (*pneuma*) está presente em cada um como se fosse único [...] comunica graça suficiente para todos (§ 22).

"A união do Espírito Santo (*to pneúma to hágion*) com a alma não é proximidade de lugar, pois ele é incorpóreo. Acha-se na renúncia às paixões [...]" (§ 23).

"O Espírito não é inferior ao Pai e ao Filho, estão unidos no batismo" (§ 24).

"Crer que o Espírito é inseparável do Pai e do Filho, seguindo exatamente o ensinamento do batismo" (§ 25).

"É isto que se chama nascer do alto, da água e no Espírito. A morte se realiza na água, mas o Espírito nos transmite vida [...] transmissão da ciência de Deus" (§ 35).

"Assim como nas artes a semelhança segue a forma, também na natureza divina, que é simples, a unidade se encontra na comum posse da divindade [...] O Espírito Santo está tão intimamente unido ao Pai e ao Filho como a unidade à unidade" (§ 45).

"[...] ele procede de Deus; não por geração como o Filho, mas como o Sopro (*aer*) da boca de Deus [...] por esta boca entenda-se algo digno de Deus e que Espírito (*pneuma*) designe uma essência viva, senhora da santificação" (§ 46).

GREGÓRIO NAZIANZO

Também chamado o Teólogo, Gregório Nazianzo, grande amigo e aliado de Basílio e de seu irmão mais novo, Gregório de Nissa, nasceu em 329 e morreu em 389. É considerado pelos historiadores a figura mais importante do trio capadócio, tendo exercido grande influência sobre Basílio e Gregório de Nissa. Como estes, Gregório também veio de uma família cristã aristocrática e abastada, da província de Nazianzo. Estudou, inicialmente, na escola fundada por Orígenes, em Cesareia, a seguir, em Alexandria, e finalmente, em Atenas, juntamente com Basílio. Ao que parece, o período em Atenas foi longo e, ali, Gregório teria lecionado retórica. Foi batizado em 367, ao regressar a Cesareia, portanto, trinta anos após seu nascimento. Foi ordenado sacerdote e depois bispo, embora preferisse a oratória, a escrita, a poesia, o ascetismo e a contemplação à vida pública.

Com a morte do imperador Valente, no final de 378, Graciano, que reinava no Ocidente e era favorável à ortodoxia cristã, confiou o Império do Oriente a Teodósio, que, em 379,[1] procurou Gregório, já célebre por sua eloquência e seu combate ao arianismo, e pediu que ele ocupasse o bispado de Constantinopla, entregando-lhe a basílica dos Santos Apóstolos. Gregório ali permaneceu e, em 381, suas posições conseguiram apoio da maioria dos participantes do Concílio Ecumênico de Constantinopla, presidido por ele e no qual seria proferida a nova versão do Credo. As divisões e lutas entre os bispos o levaram a abandonar a direção do concílio e regressar a Nazianzo, onde morreu entre 389 e 390.[2]

Embora limitada, a razão não deve ser menosprezada, declara Gregório. Como para Clemente e Orígenes, também para ele toda obra divina é boa e a atividade racional nas ciências, na poesia e no teatro, na retórica e na filosofia é digna de louvor. A verdade nos foi revelada pelo *Lógos* divino, portanto, pela palavra dos Livros Santos, palavra do Pai e de Cristo, que os evangelhos propagam pelo mundo e que os pregadores e oradores espalham pelas igrejas: o *Lógos* protege os *logói*, isto é, a Palavra protege as palavras: "que desça o Espírito e a palavra fluirá", escreve Gregório. Poeta lírico, homem das letras e da eloquência, Gregório é a boca que fala.

Dos 45 *Sermões* dele conservados, os cinco denominados *Discursos teológicos* se ocupam do dogma da Trindade, que, a partir de Nazianzo, receberá o nome próprio de *Teologia*, pois o conhecimento de Deus é o conhecimento da unidade trina. Eis por que os *Discursos* lhe garantiram o título de Gregório, o Teólogo.

O tema dos *Discursos* indica não apenas a persistência da polêmica contra o arianismo e, em particular, a refutação de Eumônio de Cizico, mas também uma diferença no tratamento dado à filosofia: Gregório considera que esta invadiu todo pensamento sem se preocupar com as fontes da fé e sua simplicidade, isto é, com o dom ou o *charisma* da sabedoria. Meditar sobre a Escritura não é julgá-la nem submetê-la a silogismos e críticas filosóficas, e sim submeter-se a ela tanto no que possui de acessível à razão quanto nos mistérios a que acedemos apenas pela fé. Não se trata de abandonar a filosofia, mas de servir-se dela com moderação e sob a orientação segura da Bíblia.

O *Primeiro discurso teológico* estabelece a distinção entre a filosofia pagã e a cristã, à qual Gregório dá o nome que será conservado por todos os séculos por vir: *teologia*.

> Não pertence a todos vós, ilustres, filosofar sobre Deus, não a todos. Não é esta uma atividade comezinha dos que rastejam pela terra. Acrescentarei ainda: nem em toda parte, nem diante de todo mundo, nem acerca de tudo. Mas a seu tempo, por determinadas pessoas e com medida. Não a todos, sim; apenas aos experimentados e firmes na contemplação e, acima de tudo, aos purificados de alma e de corpo ou em vias de purificarem-se, aos que mais têm senso de medida. Tocar a Pureza sem ser puro é imprudência tanto quanto olhar para os raios do sol com a vista enferma (*Sermão 27*, *Primeiro discurso teológico*, 3).

Indaga Gregório: quando filosofar? Quando tivermos tempo livre, longe das perturbações exteriores, quando a parte superior de nosso espírito não se encontrar confusa, mas em tranquilidade. Prossegue ele: com quem filosofar? Com os que levam o pensamento e a linguagem a sério e não os gastam em frivolidades, bagatelas e diversões fúteis. Sobre o que e durante quanto tempo filosofar? Sobre o que for possível e enquanto nossa capacidade e a do ouvinte não estiverem sobrecarregadas de tal maneira que nada de proveitoso se possa alcançar. "Dentro de nossos limites, filosofemos", declara Gregório. Todavia, esse convite à filosofia exige uma avaliação dos descaminhos a que ela pode levar. Por isso, vale a pena citar a passagem em que Gregório avalia o que precisa ser abandonado por um filósofo cristão:

> Podes erguer-te contra o silêncio de Pitágoras, contra o dito: "o mestre disse", [...] Investe contra as Ideias de Platão, as metempsicoses, os ciclos de nossas almas, as reminiscências e os nada belos amores surgidos na alma por causa dos belos corpos. O ateísmo de Epicuro e os átomos, e o prazer, não são de filósofos. A mesquinha Providência de Aristóteles, a sutileza, a opinião sobre a morte das almas e os dogmas humanos. A austeridade arrogante da Stoa, a curiosidade e ociosidade dos Cínicos [...]. Se, porém, rejeitas esses assuntos, por mesquinhos e já muitas vezes discutidos, e te voltas para o que é teu, procurando aí grandes honras, também aqui te ofereço vasto campo. Vem filosofar sobre o mundo ou os mundos, sobre a matéria, a alma, sobre as naturezas racionais excelentes ou más, sobre a Ressurreição, o Juízo, a recompensa, os sofrimentos de Cristo. [...] De todo modo iremos ao encontro de Deus, agora um pouco, mais tarde provavelmente de modo pleno, no mesmo Cristo Jesus, a quem cabe a glória pelos séculos (*Sermão 27*, *Primeiro discurso teológico*, 10).

O filósofo cristão é *teólogo* e seu tema é a Trindade. Do Pai, recebe o beneplácito; do Filho, a cooperação; e do Espírito Santo, a inspiração. A Trindade é Unidade, um mistério, e jamais poderá ser decifrada e compreendida por nossa razão finita. "Não pode ser tocada nem agarrada: é conhecida somente de si mesma, de acordo com a ordem que ela traz em si mesma, mas, para nós, ela é objeto de veneração e de adoração" (*Sermão 27*, *Primeiro discurso teológico*, 6).

Sem dúvidda, entender o que Deus é e o que se pode falar sobre Ele é dificílimo, quase impossível para uma criatura. Por isso, o único caminho possível é buscar Deus a partir daquilo que Ele revela de si aos humanos. Essa revelação deve ser o ponto de partida da teologia. Homem da eloquência, da confiança na palavra como via de acesso ao mundo e ao pensamento, a solução de Gregório consiste em buscar na palavra do próprio Deus o caminho para conhecê-Lo. De fato, se Deus é incompreensível, nossa possibilidade de conhecê-Lo deve estar, antes de tudo, naquilo que Ele próprio *nos diz de si*. Ora, as primeiras palavras de Deus foram as da criação do mundo e, portanto, é essa comunicação divina o ponto de partida para conhecermos sua existência.

O *Segundo discurso* se ocupa do "Primeiro e Único Ser", tomando como referência a ação divina da criação. Visto que o mundo é um *kósmos*, isto é, um todo ordenado e não (como diria um epicurista) fruto de encontros casuais e contingentes entre átomos girando no vácuo, é necessário admitir que o universo é obra de um *Lógos*, intelecto, razão, sabedoria. Pela obra sábia da criação, conhecemos, portanto, que Deus existe, porém não sabemos o que Ele *é*: sua *ousía* ou sua essência permanece um mistério. No entanto, é exatamente isso o que incita nosso pensamento a continuar as investigações, ainda que reconheçamos as limitações humanas, isto é, do corpo que se interpõe entre nossa alma e Deus e, consequentemente, das imagens sensíveis que se misturam com as ideias que Dele formamos e que nos impedem de conhecê-Lo em si mesmo. Comecemos, portanto, por reconhecer o que devemos negar a respeito de seu ser: não é um corpo, portanto, é simples e não composto e não ocupa um espaço delimitado ou um lugar; também não é luz, sabedoria, justiça e razão no sentido que esses termos possuem para nós. Quais são os atributos que mais se aproximam de sua essência quando sabemos que não é nem pode ser um corpo? A infinitude e a eternidade, termos que não podemos aplicar a nenhuma das criaturas e que Ele próprio afirmou de si quando disse a Moisés: "Sou Aquele que sou". Deus é o Ser, oceano de realidade, sem começo e sem fim no espaço e no tempo, infinito e eterno. O *Segundo discurso* termina afirmando a impossibilidade de se "compreender a essência do Primeiro e Único Ser, Daquele que está acima de tudo" (*Sermão 28, Segundo discurso teológico*, 30).

Essa distância absoluta entre o Ser e as criaturas torna irrisória a tentativa dos arianos, como Eumônio, de discutir se o Verbo é engendrado ou inegendrado, pois essas expressões supõem que a ação de Deus seria semelhante às dos homens e dos animais no ato da procriação. Por isso, o *Terceiro discurso*, assim como o *Quarto*, tem como tema o Filho.

O *Terceiro discurso* se volta para a refutação dos argumentos arianos. O ponto de partida é correção do que foi proposto pelo henoteísmo,[3] que afirmava não só a precedência do Uno e sua absoluta autossuficiência, como também empregava o termo *monarchia* para se referir à unidade do poder divino.[4] Ora, aqueles que, embora antiarianos, não aceitavam plenamente o Credo de 325 argumentavam que este era "monárquico": o poder do Pai diminuía o Filho e o Espírito Santo. Para refutá-los, Gregório escreve:

> São três as mais antigas concepções sobre Deus: anarquia, poliarquia e monarquia. [...] Para nós, a monarquia é de maior valor. O domínio de um só, mas não aquilo que só uma pessoa abrange. É o domínio que a igual dignidade de natureza, o consenso das vontades e a constância da ação constituem como unidade, bem como a convergência para a unidade daquilo que brotou da unidade, de tal forma que, embora distintas pelo número, não se dividem quanto à essência. Por isso a Unidade, desde o princípio, se abre em dualidade até consistir na Trindade. Para nós, Deus é então o Pai, o Filho e o Espírito Santo. [...] apresentamos o Ingênito, o Gerado e O que procede do Pai (*Sermão 29*, *Terceiro discurso teológico*, 2).

Os arianos, por sua vez, indagavam: quando a geração aconteceu? Que alterações ocorreram no Pai? Gerou o Filho por vontade ou por necessidade e coação? Como o Filho pode ser eterno se tem um princípio? Não é por simples homonímia que é chamado Deus? Gregório responde sob a forma de refutações. Observa que os termos empregados pelos adversários (geração e gerado) são tomados a partir de referências absurdas ao mundo criado, portanto, às criaturas corporais, e, por conseguinte, ao tempo (antes e depois), ao movimento (as alterações de um ser) e à confusão entre eternidade e sem princípio (sem causa). Trata-se, no entanto, de uma geração intemporal e sem alteração, porque incorpórea, e cujo princípio é o Pai. Gregório exorta o adversário a abandonar "os dogmas carnais", deixar de ser "retido pelas coisas visíveis" e conseguir finalmente "exaltar-se com as espirituais".

> Se, no entanto, é grande demais o vosso ardor em disputar, de nossa parte guardaremos para nós a Trindade e pela Trindade seremos guardados, permanecendo sem mancha e sem deslizes até a manifestação mais perfeita do que almejamos em Cristo, Nosso Senhor, a quem a glória pelos séculos. Amém (*Sermão 29*, *Terceiro discurso teológico*, 21).

O *Sermão 30* (*Quarto discurso teológico*) analisa a figura do Filho como enviado do Pai. Para tanto, Gregório toma o significado dos vários nomes do Filho no Antigo Testamento, nos evangelhos e nas epístolas de Paulo,[5] tendo como ponto de partida a figura do Servo Sofredor, evidenciada tanto na súplica de Jesus — "Pai, afasta de mim esse cálice" — como no grito do crucificado — "Pai, por que me abandonaste?". Como Servo Sofredor, o Filho é o redentor enviado pelo Pai e Jesus é sua expressão humana. A seguir, Gregório toma o Filho como poder, isto é, realização de milagres, quando "o Pai dá a conhecer as formas e o Verbo as realiza com pleno conhecimento soberano", pois "tudo o que é feito pelo Pai, o Filho o faz igualmente [...] por serem obras do mesmo poder". Finalmente, Gregório analisa os textos nos quais o Filho surge como intercessor entre os humanos e o Pai, ensinando-nos a suportar o sofrimento para nossa própria salvação. Esse longo percurso conduz à ideia de que o Filho recebe nomes por meio dos quais tentamos conhecê-lo.

Quais são os nomes do Filho em sua relação com o Pai? O primeiro, evidentemente, é Filho, pois se refere à sua essência, que é a mesma do Pai. Unigênito, porque é único e de modo único. *Lógos*, "por ser diante do Pai como as palavras diante da mente", "assim como a definição está para o definido". Sabedoria, por ser o conhecimento de todo o divino e todo o humano. Verdade, porque é uno e não múltiplo. Imagem, porque reprodução perfeita do arquétipo, imitação móvel do imóvel. Luz, justiça, santidade, redenção, ressurreição. Quais são os nomes do Filho enquanto Homem? Filho do Homem, Cordeiro, Caminho, Pastor — ou seja, Gregório retoma os nomes da elaboração cristológica.

Essa vasta enumeração, entretanto, leva à conclusão de que é impossível, como o é no caso do Pai, conhecer a essência do Filho, pois, embora saibamos que ambos são de mesma essência, nossa mente não pode concebê-la:

> Contudo, daquilo que se esboçou sobre Ele, colhemos daqui e dali uma ideia, ainda que confusa e fraca. Por esse motivo, o melhor teólogo não é para nós aquele que encontrou o Todo, mas aquele que concebeu a ideia mais feliz e concentrou em si a melhor imagem ou sombra da Verdade, ou qualquer outro nome que lhe dermos (*Sermão 30*, *Quarto discurso teológico*, 17).

O *Sermão 31*, isto é, o *Quinto discurso teológico,* se ocupa do Espírito Santo. Gregório observa as dificuldades resultantes das controvérsias intermináveis suscitadas por esse assunto (que levam à recusa da divindade do Paráclito) e da variedade de maneiras pelas quais a Sagrada Escritura se refere a Espírito e os múltiplos sentidos que ela oferece para o vocábulo Santo. É preciso, portanto, posicionar-se prontamente sobre a questão:

> Para nós, de tal forma é grande a certeza da divindade do Espírito que adoramos, que, a partir daí, iniciaremos a teologia, adequando as próprias apelações da Trindade, mesmo se a alguns pareça muito ousado: "Era a luz verdadeira que ilumina todo homem que vem ao mundo", o Pai. "Era a luz verdadeira que ilumina todo homem que vem a este mundo", o Filho. "Era a luz verdadeira que ilumina todo homem que vem a este mundo", o Paráclito. [...] Luz, luz e luz. Mas uma só luz, um só Deus. [...] Vinda da luz do Pai, recebemos a luz do Filho na luz do Espírito Santo, concisa e simples teologia da Trindade (*Sermão 31, Quinto discurso teológico*, 3).

Embora não caiba discutir os disparates dos gregos nem as iniquidades dos que recusam a divindade do Espírito Santo, cabe, porém, apresentar respostas a algumas questões suscitadas pelas controvérsias. Assim, à pergunta se o Espírito Santo deve ser colocado entre os seres que subsistem por si mesmos — substância — ou entre aqueles que subsistem em outros — acidente —, é preciso responder que, nesse segundo caso, trata-se de uma criatura e retoma-se o mesmo problema colocado sobre o Filho, isto é, não gerado ou gerado? E, se gerado, é gerado pelo Pai ou pelo Filho? Mas se, como diz o Evangelho de João, ele procede do Pai, então não é gerado. Porém, o que significa Procedente? Significa que não é criatura, e sim uma *relação* que diferencia a unidade ao dividi-la. Os três são um pela divindade e três por suas relações e propriedades.[6]

Como homem da eloquência, Gregório discute com exemplos e contraexemplos, com silogismos e aporias dialéticas, as impiedades e os arrazoados de arianos e sibelianos. Enfatiza que seus adversários tomam as criaturas corporais, a procriação, o tempo, o número ou a quantidade, o movimento ou as mudanças e alterações, os acidentes ou as propriedades de uma substância como critérios para se referir a Deus, e se defendem com a alegação de que não há textos sagrados que mencionem explicitamente o Espírito Santo, incapazes de compreender a diferença entre a letra e o sentido da Escritura.

> A Antiga Aliança pregou abertamente o Pai, mas obscuramente o Filho. A Nova manifestou o Filho, deixou entrever a divindade do Espírito. Agora o Espírito mora

> conosco e de modo mais evidente se manifesta em nós. Porque não era prudente, antes de ser reconhecida a divindade do Pai, proclamar abertamente a do Filho. Nem antes de admitida a do Filho, falar do Espírito Santo, para que não se impusesse um jugo pesado demais. [...] Por esses acréscimos paulatinos, ou como diz Davi, ascensões, também, de glória em glória, mais esplêndidos avanços e progressos, brilha a luz da Trindade (*Sermão 31*, *Quinto discurso teológico*, 26).

Podemos observar que, como Basílio, Gregório Nazianzo se apoia em passagens da Escritura para justificar o Paráclito, mas, como seu amigo, ele também não elabora propriamente uma teologia do Espírito Santo, o que se torna evidente ao compararmos o que ambos dizem sobre o Procedente e o que escrevem sobre o Pai e sobre o Filho.

GREGÓRIO DE NISSA

Gregório de Nissa nasceu provavelmente em 355 e morreu por volta de 394. Como seu irmão Basílio, recebeu a educação tradicional de toda criança e de todo jovem de língua grega: escrita e cálculo; a seguir, gramática, geometria, música, física, astronomia, medicina e retórica. No entanto, diferentemente de Basílio e Gregório Nazianzo, não foi enviado às grandes escolas de Atenas e de Alexandria, mas educado pelo irmão, o qual admirava muitíssimo, considerando-o divinamente inspirado e modelo para todo aquele que desejasse ser filósofo. Também foi decisivamente marcado pelos ensinamentos de sua irmã, Macrina (a quem chamava de mestre espiritual), madre superiora de um convento. Por sua própria conta e risco, estudou Platão, Plotino, Filo e Orígenes e admirava o retórico Libânio, pagão e seu contemporâneo. Apaixonou-se por Teosóbia, possuidora de alta cultura espiritual e com quem se casou.

As informações sobre sua vida são fragmentadas e dispersas. Segundo testemunho de alguns contemporâneos, sua personalidade era angustiada e atormentada, voltada para as questões filosófico-especulativas e pouco interessada na política eclesiástica.

Entretanto, em 371, por intervenção de Basílio (que, como vimos, empenhava-se no fortalecimento da província da Capadócia e elevara Gregório Nazianzo à condição de bispo de Sázima), assumiu uma função eclesiástica como bispo da pequena cidade de Nissa. A decisão não foi das melhores: Gregório uniu-se ao partido dos chamados Antigos Niceianos, não totalmente contrários ao arianismo e por isso adversários de Basílio, que se viu forçado a retirar do irmão o posto eclesiástico e aceitar sua condenação ao exílio, além de precisar livrá-lo de falsas acusações sobre a contabilidade de sua diocese e vê-la entregue a um bispo de tendência ariana. Somente após o decreto de Teodósio, Gregório pôde regressar a Nissa, sendo, finalmente, bem recebido.

Em 381, participou do Concílio de Constantinopla, após o qual foi nomeado por Teodósio bispo da diocese do Ponto e homem de confiança do imperador. Participou de sínodos em todo o território do Império do Oriente e se tornou aquele que, doravante, expulsaria os arianos e elevaria os niceianos a postos eclesiástico-políticos. Todavia, nem por isso suas relações com a hierarquia eclesiástica foram serenas. Não tanto por motivos políticos, mas principalmente pela força crítica e especulativa de suas ideias sobre a Trindade, elaboradas no contexto da luta contra o arianismo, bem como (e sobretudo) por sua exigência quanto ao significado da vida cristã, do sacerdócio, dos sacramentos (particularmente o do batismo) e da imortalidade da alma, temas que se tornaram os principais de sua obra teológica, cujo método exegético o aproxima de Orígenes, mas cujas ideias cósmicas o aproximam da mística de Plotino e sobretudo da filosofia de Platão, seja pela divisão da realidade entre o sensível e o inteligível, o primeiro como imagem ou cópia do segundo, seja pela teoria platônica da imortalidade da alma, presente particularmente no *Fédon*.[7]

Do ponto de vista da elaboração teórica ou especulativo-teológica, se comparado com Basílio e com o Nazianzo, podemos dizer que, como ambos, Gregório de Nissa não afasta a filosofia, mas dela recolhe o que julga compatível com o cristianismo. Sua obra, porém, alcança uma altura e uma complexidade especulativa muito maiores e mais poderosas dos que as de seus dois antecessores. Ele é, de fato, a cabeça que pensa.

Suas principais obras são: *Vida de Macrina*, *Sobre a virgindade*, *Contra Eumônio*, *A vocação cristã*, *A criação do homem*, *Diálogo com Macrina sobre a alma e a ressurreição*, *A grande catequese*, *Sobre a divindade do Filho e do Espírito Santo*, *Vida de Moisés* e *Homilia sobre o Cântico dos Cânticos*.

A vocação do cristão[8] é constituída de três pequenos tratados nos quais Gregório determina o sentido das palavras (nomes) cristão, perfeição e vida cristã, tendo como centro a definição do nome *Christós* como o ungido e, nessa qualidade, como dotado de dignidade régia: "o nome de Cristo, se traduzido por uma expressão mais clara e compreensível, significa rei" (I, 12). Cristianismo, portanto, significa Reino de Cristo como Reino de Deus.

Como ser divino, Cristo é inefável e incompreensível, situado além de todo conhecimento, mas os profetas e apóstolos, inspirados pelo Espírito Santo, ensinaram que, embora seu reino não seja deste mundo, o cristão dele participa pela fé e pela vida perfeita ou virtuosa, alcançada com o pleno domínio sobre as paixões e tentações malignas.

> O poder que está acima de todas as coisas é designado com o nome de reino; aquilo que está puro de toda passividade e de todo mal se designa com o nome de virtude. Assim, pois, Cristo tem o nome de justiça, sabedoria, poder, verdade, bondade, vida, salvação, incorruptibilidade, imortalidade [...] portanto, o significado de todo conceito sublime compreendido no nome de Cristo [...] que engloba o conceito de reino, esclarece qual é para nós o significado do cristianismo [...]. Da mesma maneira recebemos o nome de cristãos por nossa comunhão com Cristo pela qual somos levados até à comunhão com todos os seus nomes sublimes (*A vocação do cristão*, I, 14-16).[9]

Chamar-se cristão significa habitar o Reino de Deus, o que só é possível para quem imita as virtudes de Cristo. Por que *imitar*? Em primeiro lugar, evidentemente, porque no livro do Gênesis, Deus declara que fará o homem à sua imagem (*eikón*), portanto, como cópia ou imitação do original. Sob esse aspecto, pensa Gregório, o cristianismo vai muito mais longe do que a filosofia, que definira o homem como microcosmo, ou seja, como imagem do mundo e não do próprio Deus. Mas o tema da imitação possui ainda um outro fundamento. Embora os nomes de Platão, Plotino e Proclo não sejam explicitamente mencionados por Gregório, é evidente que ele toma a imitação (*mímesis*) no sentido platônico, isto é, como imitação ou cópia sensível ou corporal do que é puramente inteligível e espiritual.[10] Eis por que, no segundo tratado de *A vocação*, referente à perfeição, Gregório reflete sobre a distinção entre o terreno e o celestial, distinção esta que é retomada na abertura do terceiro tratado, sobre o ensinamento cristão:

Se alguém ergue sua atenção sobre o corporal e, liberado da servidão e da desrazão das paixões, examina sua própria alma com pensamento honesto, verá claramente em sua natureza o amor de Deus para conosco e o desígnio do Criador. Descobrirá, então, que é essencial e conatural ao homem o impulso do desejo pelo belo e ótimo; descobrirá também, semeado em sua natureza, o amor não passional e feliz por aquela imagem inteligível e bem-aventurada da qual o homem é cópia. Entretanto, a ilusão das coisas visíveis e sempre mutáveis, juntamente com a paixão irracional e o amargo prazer, engana e seduz a alma negligente e sem vigilância [...]. Por esse motivo, a quem a recebe com desejo, a graça de nosso Salvador deu o conhecimento da verdade, que é remédio saudável para as almas [...] pois a alma, que recebeu o conhecimento, é conduzida pela luz da verdade ao divino e à sua salvação (*A vocação do cristão*, III, 1-2).

A distinção entre terreno e celestial ou o entre visível e o invisível é retomada em *A grande catequese*. No prólogo dessa obra, Gregório explica a necessidade da catequese para a conversão de judeus e pagãos a partir da distinção, por um lado, entre a religiosidade judaica e a pagã (grega e romana) e, por outro, entre ambas e o cristianismo, pois tanto uma como a outra contribuíram para a compreensão da chegada da verdade cristã, na medida em que do judaísmo vem a ideia do Deus único e do paganismo grego, a de pessoa. Como consequência, é preciso explicitar a superação de ambos apresentando com clareza o fundamento da fé cristã, ou seja, o mistério da Unidade Trina. Desde Gregório Nazianzo, essa explicitação se chama Teologia, a qual define Pessoa como relação no interior da unidade ou a autodiferenciação do Uno (gerador, gerado, procedente).

O ser humano é dotado de *lógos*, expressão racional dos pensamentos (*noús*), ou seja, o conhecimento. Por isso, é capaz de conduzir a si mesmo e de colocar ordem no mundo que o rodeia. Como Gregório Nazianzo, também Gregório de Nissa sai em busca do ponto a partir do qual podemos ter algum conhecimento de Deus. Vimos que Gregório Nazianzo afirmara que, como seres dotados de linguagem, nosso acesso a Deus deve começar pelo acesso ao que Ele próprio diz ou pela linguagem divina. Por sua vez, Gregório de Nissa também insiste que o ponto de partida para o conhecimento de Deus deve ser algo que possuímos em comum com Ele como imagem sua, nesse caso, o pensamento, do qual nasce o conhecimento. Deus deve ser concebido como *Noús* supremo que engendra o *Lógos* ou o Verbo Divino. Assim como, em Deus, o Pensamento e o Verbo são consubstanciais e deles procede o Espírito Santo, em nós a razão (*lógos*), o pensamento (*noús*) e o sopro divino (o *pneúma* com que Deus nos infundiu uma alma) imitam a geração do Filho pelo Pai e a processão do Espírito Santo a partir do Pai e do Filho. O dogma trinitário, portanto, está inscrito em nosso próprio ser. Somos imagem da Trindade.

Dessa maneira, compreende-se a superioridade do cristianismo em comparação ao judaísmo e ao paganismo: o primeiro conhecia a unidade da natureza divina, mas ignorava a distinção das pessoas; o segundo, com o politeísmo, multiplicou inutilmente as pessoas, pois desconsiderou a unidade da natureza divina.

> O credo judaico se purifica com a aceitação do Verbo e com a fé no Espírito; o erro pagão do politeísmo se elimina mediante o dogma da unidade de natureza que destrói a ideia fantasiosa de pluralidade (*A grande catequese*, III, "Teologia", 2).

É a teologia que exige que se parta da distinção entre o sensível/corporal e o suprassensível/espiritual. A ausência dessa distinção tem dois efeitos principais. O primeiro são as intermináveis discussões sobre o Filho como gerado ou não gerado e sobre o Espírito Santo como pessoa ou não pessoa divina, discussões surgidas em decorrência da confusão entre os dois planos da realidade e a aplicação a cada um deles de propriedades, acidentes e ações que não lhes pertencem. O segundo efeito são as infindáveis disputas sobre a origem do mal, atribuída ao próprio Deus por ter criado seres imperfeitos, sem que se considere, por um lado, o livre-arbítrio humano, e, por outro, a peculiaridade do mundo corporal, isto é, do movimento[11] pelo qual os próprios corpos entram em conflito e desarmonia. Esses dois efeitos têm como causa o fato de o homem pertencer aos dois planos — por seu corpo, pertence ao mundo sensível do movimento; por sua alma, ao mundo suprassensível imóvel —, o que o leva a confundir o que se passa num deles com o que se passa no outro.

> Dois são os planos que o pensamento percebe na realidade, na qual a especulação distingue o mundo inteligível e o mundo sensível [...]. Esses dois planos são profundamente distintos entre si, de modo que nem o mundo sensível traz as marcas do inteligível, nem o mundo inteligível as do sensível, mas cada um deles é caracterizado por qualidades opostas [...] no próprio mundo sensível, onde a oposição entre os elementos[12] é profunda, certo acordo de equilíbrio entre os contrários foi

> concebido pela Sabedoria que preside o universo, assim toda a criação aparece inteiramente harmonizada [...] efetuou-se por obra da sabedoria divina uma mistura e combinação do sensível e do inteligível para que tudo possa participar por igual no bem [...]. Por esse motivo, manifesta-se no homem a mistura de inteligível e de sensível, que é obra da divina natureza como ensina o relato da criação do mundo, pois "tomou Deus do limo da terra e plasmou o homem e com o próprio sopro insuflou a vida na sua criatura" para que tal elemento terreno fosse elevado junto com o divino e uma só graça se expandisse por toda a criação mediante a mistura da natureza inferior com a natureza sobre-humana (*A grande catequese*, V, "O homem", 2,3,4).

A distinção entre o sensível e o inteligível é o núcleo não só da teologia, mas também da chamada teoria do conhecimento de Gregório de Nissa. Em primeiro lugar, o conhecimento sensível, ou a percepção sensorial, só alcança as aparências das coisas, sua mutabilidade contínua, seu transformar-se em outras ou a elas se opor; em contrapartida, o conhecimento espiritual apreende a realidade em si mesma, o inteligível eterno, imutável e harmonioso. Em segundo lugar, por alcançar apenas sombras confusas e sem permanência, a inteligência, se submetida ao sensível, tende a confundir o ser e o não ser e desviar-se de seu caminho correto, isto é, do conhecimento do invisível. Em terceiro, não cabe desesperar-se, mas, pelo contrário, exercitar a razão para que, avaliando e pesando o que a percepção oferece, apreendamos o que os olhos não podem ver, os ouvidos não podem ouvir e as mãos não podem tocar. Em outras palavras, não se trata de recusar que somos um composto de corpo e alma, e sim de não considerar que aquilo que o corpo percebe é o mesmo que a alma conhece. Finalmente, em quarto lugar, quando a alma chega aos inteligíveis sabe que alcançou a obra divina, mas também reconhece que Deus, por estar acima do ser, não é objeto de conhecimento: inefável, imóvel, incompreensível, Deus é objeto de fé e não de nosso saber, por mais elevado que este possa se tornar. Assim, os elementos platônicos da teoria do conhecimento, como a ascensão do sensível ao inteligível, encontram seu acabamento mais perfeito nos aspectos místicos do êxtase neoplatônico, porém não como algo que a alma alcançaria sozinha e por sua própria força, mas sim pela presença da graça, do *charisma* com que Cristo a eleva.

O homem, lemos em *A grande catequese*, foi criado como mediador entre o sensível e o inteligível. Sua grandeza decorre de ter sido criado à imagem do Criador, que o formou depois de todos os demais seres e o colocou não como imagem do cosmo ou como microcosmo, mas como imagem de si próprio. Por seu corpo e sua alma, o homem é o mediador entre o visível e o invisível. É o *télos* ou a finalidade de toda a criação, isto é, o mundo foi criado para o homem ou tendo o homem como sua finalidade e acabamento. O homem criado não é o indivíduo Adão, mas a humanidade ou o homem universal.

Somos, assim, levados à obra *A criação do homem*. Dotado de razão e situado acima dos seres inanimados e dos vegetais, o homem tem em comum com os demais animais a sensibilidade, o movimento e a vida. Porém, mais do que as outras criaturas, ele contém todos os graus da força vital: vegeta como as plantas, movimenta-se e sente como os animais; entretanto, foi dotado pelo Criador de liberdade e por isso, como as almas imateriais, raciocina e escolhe livremente. Ponto de encontro entre a matéria e o espírito, o homem é a unidade de ambos.

Deus criou tudo a partir do nada por um ato de sua livre vontade e de sua bondade. Resta saber como, criado à imagem de Deus, o homem pôde afastar-se dessa bondade. Assim como Clemente, Orígenes e os outros dois capadócios, também Gregório de Nissa encontrará a resposta no livre-arbítrio, imagem humana da livre vontade divina. No entanto, comparada às de seus antecessores, a elaboração de Nissa é inovadora, pois coloca a seguinte questão: como o mal — que é pura ausência do bem e, portanto, desprovido de qualquer realidade ou positividade ontológica — pôde desencaminhar o homem? Ou seja, como o homem pôde escolher o nada — a treva, pura ausência da luz, a morte, pura ausência da vida? Para responder a essa pergunta, Gregório não apenas emprega a distinção entre o inteligível e o sensível, mas também desenvolve, de maneira inovadora, uma ideia que já aparecera em Plotino: isto é, a distinção entre o homem sábio, o racional e o corporal, ou seja, provenientes de três emanações do Uno. Por sua vez, Gregório concebe uma dupla criação do ser humano, ou a criação eterna do homem perfeito e a criação temporal (no sexto dia da criação) do homem individual, Adão.

Deus, eterno, impassível e imutável, não se submete ao tempo, isto é, ao devir ou à mudança. Por isso é preciso distinguir entre a criação eterna dos puramente inteligíveis e do homem universal perfeito e a criação cronológica dos sensíveis e do primeiro homem ao final dos seis dias da Criação. Em outras palavras, é preciso distinguir entre a primeira criação (intemporal) e a segunda criação (desenvolvimento temporal do plano de Deus). O ser humano criado na primeira criação é a unidade de um corpo inteligível e de uma alma inteligível — em linguagem platônica, ele é a unidade da *ideia* do corpo e da *ideia* da alma. Como seres nascidos da segunda criação, compostos de alma (imaterial) e de corpo (material), somos levados a conceber a matéria como dotada, em si mesma, de qualidades, quantidades, figuras e limites, sem nos darmos conta de que essas noções são apenas a maneira como percebemos o sensível ou as sombras do inteligível, criado na criação eterna. O primeiro homem — Adão — desconhece a distinção entre o eterno e o temporal, entre o que é verdadeiramente dotado de ser e o que, sombra mutável, não subsiste. Por essa razão, mergulha na aparência das coisas e, nessa ignorância, distancia-se da imagem perfeita do homem, desgraçando-se na miséria trazida por ele próprio ao escolher o totalmente sensível e abandonar o suprassensível. A queda nada mais é do que escolher o não ser em vez do ser, a sombra em vez da realidade, a treva em vez da luz, a morte em vez da vida.

O que é, pois, o mal? A perda ou a ignorância de nossa semelhança com nossa imagem eterna ou de nossa semelhança com o divino. Essa perda nos leva a buscar a eternidade por meio de nosso desejo de vencer a morte com a procriação dos corpos, procriação cuja causa perfeita é a perpetuidade dos humanos, contida no plano providencial de Deus expresso com o mandamento: "crescei e multiplicai-vos". No entanto, a causa perfeita (o mandamento divino) se transformou em causa imperfeita ou na causa da própria queda original: o desejo de vencer o mutável por meio do próprio mutável, da busca pela impossível perenidade dos corpos sensíveis. Eis o fruto proibido pela Sabedoria. O mal, porém, justamente por ser ausência de realidade ou pura dessemelhança em relação à imagem perfeita do homem, não é tão forte quanto o bem, presente na criação eterna e que, no fim dos séculos, guiará o retorno da humanidade à sua condição primeira, graças à ação salvadora de Cristo, que traz de volta a imagem humana da perfeição e a vitória contra o mal de todos os males, a morte. Somente a fé em Cristo assegura a redenção e a ressurreição para a vida a eterna, para a qual fomos criados como imagem de Deus.

Somos, assim, conduzidos a outra obra, *Sobre a alma e a ressurreição*, que trata do reencontro entre o homem da segunda criação e o homem perfeito da primeira criação, reencontro que é nossa redenção. Em outras palavras, diferentemente de Plotino, que separara para sempre o homem espiritual e o homem corporal, Gregório os reunifica por meio da fé.

O homem é uma substância criada cuja alma racional não preexiste ao corpo, mas é o princípio que anima o corpo, conferindo-lhe vida e sensibilidade, fazendo-o diferente dos demais corpos naturais dotados de vida. Ou seja, a alma e o corpo humanos são criados simultaneamente, pois sua unidade é exatamente o que define o homem. Conforme o plano divino da perpetuidade da espécie humana, a semente humana, produzida no ato da concepção, contém, em potência, um homem inteiro, que desenvolverá progressivamente, no tempo, suas capacidades corporais por meio de órgãos destinados a diferentes finalidades, unificadas em um único ser. Em outras palavras, Gregório considera que a alma, por ser imaterial, espalha-se por todo o corpo não apenas para manter cada uma das partes, mas também para uni-las num todo organizado, sem nunca separar-se dele (salvo no caso de algum órgão doente ou incapacitado de realizar sua função).

Como consequência da unidade originária da alma e do corpo, Gregório afirma duas ideias: a primeira é a da impossibilidade de admitir a completa separação entre os dois componentes inteligíveis que definem a essência do ser humano (corpo e alma), pois a matéria sensível é apenas uma aparência do corpo inteligível ou da ideia do corpo; e a segunda, a da ressurreição dos mortos como ressurreição da alma com seu corpo ou, como lemos no Credo: "creio na ressurreição da carne". A salvação se refere ao homem completo como o ser perfeito da primeira criação, e a redenção, como já dissera Orígenes, é *apokastásis,* isto é, a unidade e reunificação de todas as coisas que chegaram à sua plena realização e retornam ao seio de Deus. Tudo em tudo.

> O propósito de Deus é um só: tornar possível para todos a participação nos bens que se encontram Nele, passando em cada um dos homens toda a plenitude de nossa natureza — falo seja dos homens que se purificaram do mal já nesta vida, seja daqueles que, depois desta vida, foram curados pelo fogo por um período de tempo conveniente, seja daqueles que nesta vida não conheceram nem o bem nem o mal [os natimortos e os infantes]. A propósito desses bens, a Escritura diz que nenhum olho jamais os viu, nem ouvido jamais os ouviu, nem pensamento jamais os atingiu. Na minha opinião, esses bens podem encontrar-se somente em Deus mesmo: o bem que se encontra acima do ouvido, da visão e do coração é o ser mesmo que transcende o universo. [...] A cura da alma consiste na purificação do mal; esta não poderá realizar-se sem um estado de sofrimento (*Sobre a alma e a ressurreição*, p. 274).[13]

A salvação e a ressurreição, portanto, só se realizarão sob uma de duas condições: ou pelo penoso esforço e pelos sofrimentos da vontade, sustentada pela graça (*charisma*), isto é, pela fé no Filho, enviado pelo Pai para nos livrar da mancha original; ou pela purificação pelo fogo, para os que morrerem em estado de pecado. Em outras palavras, a ressurreição como participação no Reino de Deus exige purificação da vontade (ou do livre-arbítrio), seja nesta vida, por meio das virtudes, seja na próxima, por meio do fogo. Em qualquer dos casos, porém, a condição indispensável é a vinda de Cristo. Pelo amor ou pela caridade, Cristo restaura a união do homem com Deus ao instituir o Reino de Deus como purificação contra as paixões (às quais a alma sucumbe por fraqueza da vontade perante os desatinos do corpo) ou como poder da alma sobre estas (a vida virtuosa), porque algumas paixões, como o desejo e a cólera, são nocivas apenas quando se exprimem de maneira animalesca, sem a presença da razão, pois esta pode colocá-las a serviço da virtude.[14] Ou seja, assim como se lê na parábola do bom semeador, que sabe distinguir o joio do trigo, também a alma há de saber discernir entre paixões absolutamente malignas e paixões que possam ter aspectos benignos ou úteis à vida. O que ensina, afinal, a parábola do bom semeador? Que função tem o fogo?

> [A]queles que nesta vida se cultivaram por meio da virtude se tornam logo uma espiga perfeita; mas aqueles em quem o mal tornou débil e exposta aos danos a potência contida na semente anímica [...] ao ressurgirem, serão tratados pelo juiz com grande severidade, porque não tiveram força para reencontrar a forma da espiga e se tornaram o que precisamente eram antes da semeadura, grãos endurecidos [...]. Quando todas ervas bastardas e estranhas forem separadas da planta genuína e levadas à destruição pelo fogo que consome o elemento exterior à natureza, então a natureza desses seres também prosperará e produzirá seus frutos maduros, reassumindo, depois de um longo período, a forma comum de todo homem, que Deus imprimira em nós no início. Mas bem-aventurados todos aqueles que, renascendo na ressurreição, veem brotar imediatamente a perfeita beleza da espiga. [...] não se pode absolutamente duvidar de que naqueles nos quais não estão presentes os bens [incorruptibilidade, glória, graça, honra, potência] se encontram os males que julgamos opostos [fraqueza, desonra, corruptibilidade] [...]. Quando, portanto, seres desse gênero forem eliminados e destruídos pela cura do fogo, cada uma das realidades de conteúdo positivo virá tomar o lugar [...] e toda outra realidade desse gênero que se possa contemplar em Deus mesmo e em sua imagem, que é a natureza humana (*Sobre a alma e a ressurreição*, pp. 279-81).

5. O final da Patrística Grega

Os historiadores da Patrística Grega consideram que, com o decreto de Teodósio, em 381, que transformou a Igreja em instituição do Império, e o decreto de Justiniano, em 554, que proibiu as escolas de filosofia pagãs e os cultos pagãos, houve um enrijecimento da Igreja não apenas em termos da organização institucional e das formas da autoridade, mas também em termos doutrinários e de liturgia. O lado helenístico (ou do Império Romano do Oriente) iria, pouco a pouco, estiolar-se como pensamento inovador para submeter-se a decretos imperiais e conciliares sobre a "doutrina autorizada", caindo no tradicionalismo e em querelas e disputas irrelevantes do ponto de vista das elaborações filosóficas, ou seja, teológicas. Como consequência, a maior parte do que foi escrito pelos Padres gregos posteriores aos três capadócios são comentários sobre Basílio e os dois Gregórios ou simplificações de suas obras a serviço da "doutrina verdadeira".

Assim, embora vários nomes apareçam nesse período final (como os de João Damasceno, João Crisóstomo, Cirilo de Alexandria e João Filopono), os mais significativos, do ponto de vista da filosofia cristã, devido à influência que terão sobre o pensamento medieval, são os de Dionísio Areopagita e Máximo, o Confessor. As obras de ambos não apenas sintetizam a presença do neoplatonismo e da Gnose, mas também trazem novas contribuições à teologia e à ética, que serão retomadas e renovadas durante a Idade Média.

Na edição francesa da obra completa de Dionísio Areopagita, Maurice de Gandillac[1] examina lendas, mitos e controvérsias sobre o autor e seus escritos. A lenda foi construída a partir de uma carta de um certo Dionísio, que alegava ter se tornado discípulo do apóstolo Paulo quando este discutira com filósofos gregos no Areópago.[2] Embora essa lenda tenha permanecido durante séculos, a ela foi acrescentada a narração do martírio de um Dionísio, que se tornaria São Dionísio e seria cultuado na França como Saint Dénis. Ela foi também, desde muito cedo, objeto de controvérsias eclesiásticas, não só porque, muito tempo depois da morte de Paulo, um Dionísio foi bispo de Antioquia — os escritos do Areopagita chegaram a ser atribuídos a ele —, mas também porque, como vários bispos e sínodos insistiam, a linguagem da obra é marcadamente neoplatônica, emprega uma terminologia cristã posterior ao século I e, como salienta Gandillac, discute questões que só faziam sentido no final do século IV e no início do século V. Essas foram as razões pelas quais, durante muito tempo, o autor foi denominado Pseudo Dionísio Areopagita, para indicar que não poderia ser o Dionísio que ouvira Paulo no Areópago. As investigações históricas sobre Dionísio nos levam a tomar como certo que ele era um cristão nascido na Síria e que, entre o final do século IV e o início do V, frequentou, em Atenas, a escola neoplatônica e seguiu os ensinamentos de Proclo.

A obra de Dionísio terá uma presença muito grande em toda a Idade Média, não só nas formulações teológicas medievais, mas também nas que tratam da fundamentação cristã do poder eclesiástico e político. Dos escritos do Areopagita, conhecemos *Os nomes divinos*, *Teologia mística*, *A hierarquia celeste*, *A hierarquia eclesiástica* e um conjunto de (dez) *Cartas*.

Dionísio mantém a afirmação neoplatônica de que Deus é absolutamente transcendente, pois transcende não somente o sensível, mas o próprio inteligível, situando-se além de nosso conhecimento. A teologia, referida à *Thearchia*,[3] isto é, a Deus como princípio absoluto de todo o universo, pode ser afirmativa ou simbólica, ou seja, enunciar os *nomes divinos* tais como aparecem na Bíblia, conforme Deus os enuncia, ou tais como nosso espírito, iluminado pelo Espírito Santo, encontra-os nos escritos sagrados. Porém, a forma superior da teologia deve ser mística ou negativa — *apofática* —, isto é, deve nomear Deus negativamente:

dizer o que Ele não é, pois não temos como afirmar o que Ele é nem por meio dos sentidos nem pela razão.[4] Os escritos santos nos ensinam que podemos nomeá-Lo superlativamente como *Mais do que Bom, Mais do que Vivo, Mais do que Sábio*, entretanto, o mais acertado é fazê-lo negativamente. Na abertura de *Teologia mística*, lemos:

> Em nossos *Fundamentos teológicos*,[5] celebramos as principais afirmações da teologia afirmativa, mostrando em que sentido a excelente natureza de Deus é dita *una*, em que sentido é dita *trina*, o que nela chamamos Paternidade e Filiação, e o que ela pretende significar quando fala do Espírito [...]. Agora que vamos penetrar na Treva, que está além do inteligível, tratar-se-á de uma cessação total da palavra e do pensamento. Ali onde nosso discurso descia do superior ao inferior, seu volume aumentava. Agora que subimos do inferior ao transcendente, à medida que nos aproximamos do topo, o volume de nossas palavras diminuirá; ao termo último da ascensão, estaremos inteiramente mudos e plenamente unidos ao Inefável (*Teologia mística*, III, 1032 D, 1033 C).

> Elevando-nos ao mais alto, dizemos que a Causa transcendente de todo inteligível não é inteligível, não é alma nem inteligência, não pode exprimir nem conceber, não tem número, nem ordem, nem grandeza, nem pequeneza, nem igualdade, nem desigualdade, nem semelhança, nem dessemelhança, não permanece imóvel nem se move [...] nada tem do que pertence ao não ser mas também nada do que pertence ao ser [...] não é ciência, reino, verdade, realeza, sabedoria, unidade, deidade, bem, espírito, nem filiação, nem paternidade tais como isso é acessível à nossa inteligência, ninguém a conhece tal como ela é [...] escapa a todo raciocínio e a toda nomeação, a todo saber (*Teologia mística*, V, 1048 A).

A teologia afirmativa, desenvolvida nos *Nomes divinos*, começa declarando que nada sobre a Deidade será dito pela sabedoria humana, mas somente pela Sagrada Escritura, que nos ilumina pela graça e oferece apoio para falarmos Dele, empregando para isso termos vindos das criaturas, que Dele participam e que o representam conforme seu grau e lugar hierárquicos. Com esse auxílio, que nos foi trazido pelo Filho encarnado, podemos conhecer Deus como causa, ser e vida de todos os seres, luz que é vista pelos que veem, santidade de todos os santos, unidade de toda multiplicidade. Bom, Belo, Sábio, Uno, Trino, Poderoso, Fonte de Vida, Fonte de Todo Bem, Amor, Causa: eis alguns nomes divinos adaptados à condição humana e à compreensão do mais simples dos fiéis. Particularmente, compreendemos, em primeiro lugar, que Deus é o Ser, pois está escrito "Sou Aquele que é", e que todos os seres foram criados por Ele e que por isso são bons; e, em segundo lugar, que o mal é desprovido de realidade e reduzido à ausência do bem.

Os iniciados, no entanto, excedem os simples fiéis porque compreendem que Deus não é o Ser e sim o criador do Ser, sua criação primeira, e que a criação não é apenas doação de ser às criaturas, mas também a participação das criaturas no modelo inteligível perfeito no qual foram concebidas pelo Criador, participação semelhante à dos raios de um círculo unidos a um mesmo centro. Esses iniciados também se elevam acima dos simples fiéis porque alcançam os atributos ou predicados de Deus contidos em seus nomes: bondade além do bem, beleza além do belo, sabedoria além do saber, unidade além do uno, poder além de todo poder, fonte além de toda origem, amor além de todo sentimento, causalidade além de toda causa. Ou seja, conhecem os *princípios* que distribuem e organizam as relações entre todos os seres criados.

> A Thearchia é santamente louvada como Mônada (*monas*)[6] e como Unidade (*enida*) por causa de sua simplicidade e da unidade desse sublime Indivisível, cuja potência unificadora unifica a nós próprios e reúne de uma maneira que não é deste mundo a divisão de nossas alteridades para nos conduzir juntos à mônada conforme a Deus e a essa unificação que tem Deus como modelo, seja como Trindade [...] Fecundidade [...] Causa [...] Amor [...] (*Os nomes divinos*, I, 589 D a 592 A).

Já os iluminados são superiores aos iniciados porque alcançam não apenas os predicados e os princípios, mas também o que está além e acima destes, e chegam a Deus não como o Ser, e sim como Mônada sem multiplicidade e sem partes. Por isso, conhecem propriamente os *mistérios* ou a Afirmação Total que é Negação Total, ou seja, a subsistência ou permanência

> dos princípios pessoais da Unitrindade no seio de uma Unidade total superior a toda unidade, sem mistura das partes [...] como as luzes de muitas lâmpadas, reunidas numa única peça, embora totalmente imanentes umas às outras, conservam entre

si, em toda a pureza e sem mistura, as distinções que lhes são próprias, unidas em sua distinção e distintas em sua unidade (*Os nomes divinos*, II, 2, 641 A, 641 B).

Unidade sem mistura de partes, trindade das *hypóstases*, cada qual permanecendo em sua própria identidade, distinção que não rompe a união. Portanto, com a superação da razão e do intelecto pelos iluminados, também *Os nomes divinos* chegam à teologia negativa, ou *apofática*, como sua conclusão necessária da afirmativa:

Em sua natureza íntima, este Segredo só se oferece a nós pelo abandono de toda operação intelectual, pela renúncia a toda apreensão intuitiva, a toda vida, a toda essência, pois nada disso convém exatamente a essa causa plenamente separada de todos os seus efeitos por sua total transcendência (*Os nomes divinos*, II, 7, 645 A, 645 B).

A referência a "todos os seus efeitos" nos conduz às duas obras de Dionísio Areopagita que tratam da ação da *Thearchia*: *A hierarquia celeste* e *A hierarquia eclesiástica*. A abertura do terceiro capítulo de *A hierarquia celeste* afirma:

Chamo hierarquia um santo ordenamento, um saber e um ato os mais próximos possíveis da forma divina, elevados à imitação (*mímesis*) de Deus em conformidade com a medida das iluminações divinas. Em sua simplicidade, em sua bondade, em sua perfeição fundamental, é a Beleza que convém a Deus [...] comunica a cada ser, segundo seu mérito, uma parte de sua própria luz e o perfaz pela mais divina imitação, revestindo com sua própria forma aqueles que ela perfez (*A hierarquia celeste*, III, 164 D).

A finalidade (*télos*) da hierarquia é, portanto, doar às criaturas, tanto quanto possível, a semelhança divina e uni-las a Deus (*A hierarquia celeste*, III, 165 A).

Quem fala de hierarquia entende um certo ordenamento perfeitamente santo, imagem e esplendor theárquico, realizando, graças à ordem sagrada de seus postos e saberes, as misteriosas operações de sua própria iluminação (*A hierarquia celeste*, III, 165 B).

O uso dos termos "imagem" (*eikon*) e "semelhança" (*eidolon*), embora retome o platonismo da *mímesis*, que fora central nas elaborações de Gregório Nazianzo e Gregório de Nissa, constitui uma novidade. Enquanto para os dois capadócios a *mímesis* se referia apenas ao homem criado à imagem (*eikon*) de Deus ou à *mímesis* divina manifestada no homem, para Dionísio se trata de uma *mímesis* cósmica, de tal maneira que todos os seres, "segundo seu mérito", espelham o Criador num ordenamento sábio e belo. Cada um deles "imitará Deus de acordo com o modo que convém ao seu ofício próprio".[7]

Podemos observar que a noção de hierarquia como expressão do poder do Princípio ou da *Thearchia* introduz a cosmologia na teologia, ou o que mais tarde virá a ser chamado de teologia natural. Como dissemos, fragmentos da obra de Proclo foram encontrados entre os manuscritos de Dionísio, de maneira que podemos supor que as formulações daquele sobre a processão tenham inspirado a presença da cosmologia na teologia deste. De fato, como vimos, Proclo afirma a existência de uma lei que se realiza em três momentos: 1) o perdurar ou o permanecer em si mesmo do princípio gerador; 2) a processão ou o surgir de algo a partir do princípio gerador; e 3) a conversão ou o retorno ao princípio gerador. Em outras palavras, Proclo considera que todo ser produtivo permanece tal como é em decorrência de sua perfeição e por isso a processão não é a divisão do gerador no gerado, mas uma multiplicação do próprio gerador em decorrência da superabundância de seu ser e de seu poder, de modo que o gerado é semelhante ao gerador, embora haja também dessemelhança, porque o gerador tem mais ser e mais poder do que o gerado. A semelhança entre gerador e gerado significa que as coisas geradas possuem afinidade com suas causas e aspiram realizar as finalidades que lhes foram atribuídas.

Essas ideias reaparecem em Dionísio e nos permitem compreender por que ele retoma a referência à luz — o "esplendor theárchico" ou "luz perpétua" — como ato divino que se irradia por toda a criação sem se dividir, emanação e processão que diferencia os seres conforme seu ofício, isto é, sua posição e função. Em outras palavras, cada grau da hierarquia recebe a luz divina em conformidade com seu lugar e ofício. Dessa maneira, com a hierarquia da processão, Dionísio antecipa e prepara aquilo que a teologia medieval denominará graus de realidade e graus de perfeição de um ser. O termo *grau* significa uma medida interna, uma diferenciação no interior de uma escala ontológica dos seres criados que, na formulação de Dionísio, apresenta-se como o lugar, o posto e o ofício próprios de cada criatura. A processão começa pelos incorporais, ou seja, pela hierarquia angélica — os anjos ou as potências celestes —, que recebem diretamente a luz divina e a refletem aos graus inferiores para purificá-los e aperfeiçoá-los. Passa, a seguir, a um composto de incorporal com corporal — o homem como composição de alma e corpo, tutelado pelos graus mais baixos da hierarquia angélica. Prossegue para os seres corporais animados — os quatro elementos e seus efeitos, isto é, vegetais e animais. E termina com os últimos efeitos dos quatro elementos — os inanimados. No topo da hierarquia, encontra-se a Santíssima Trindade, a Mônada Trina, unidade de três *hypóstases* distintas e inseparáveis, mistério de todos os mistérios, origem e finalidade de tudo quanto existe, transcendência absoluta que só pode ser nomeada negativamente.

A hierarquia não tem apenas a função de organizar o universo como um cosmo ou um todo bem ordenado, no qual cada grau superior comanda, dirige e tutela o inferior, mas, para os humanos, possui também uma função ética (necessária para todos, do simples fiel ao iluminado), uma função teorética (necessária para o iniciado) e uma função religiosa ou mística (necessária para o iluminado). No plano ético, ao conhecer seu lugar, posto, ofício e finalidade, o homem precisa reconhecer a obrigação ou o dever de purificar-se das paixões que o impedem de cumprir seu destino. No teórico, ao reconhecer que lhe foram dados o entendimento e a capacidade de conhecer, o homem cristão, como iniciado, deve elevar-se à contemplação ou "à ciência aperfeiçoante dos iniciados" e à "cooperação com o divino", e compreender que a Sagrada Escritura possui um sentido literal para os simples fiéis e um sentido simbólico para os iniciados. No religioso, ao cooperar com o divino, o homem cristão iluminado eleva-se, pela graça, à contemplação dos mistérios da fé, ao Segredo da Unitrindade como o absolutamente transcendente e nossa salvação.

Resta compreender por que Dionísio introduz o conceito de hierarquia eclesiástica, que, apesar de muitas desavenças e querelas no interior da Igreja e de muitas transformações históricas, chega até nossos dias.

No universo, nada escapa à hierarquia, pois "toda hierarquia dá conta plenamente de todas as santas realidades que lhe pertencem. Seja o que for que ela seja, ela totaliza de maneira perfeitamente integral todas as santas realidades que lhe pertencem" (*A hierarquia eclesiástica*, I, 375 C).

A Igreja, portanto, não pode situar-se fora da hierarquia.

Em primeiro lugar, porque a Escritura ensina que as operações divinas se realizam por intermédio das potências celestes hierarquizadas — anjos, arcanjos, principalidades, tronos ou, em hebraico, serafins e querubins —, as quais formam legiões, cada uma com uma essência e um ofício próprios, referidos ao mundo inteligível. Isso significa que o mesmo princípio organizador e operatório também deve existir no mundo sensível, no qual cada um opera segundo os decretos divinos ou de acordo com o que pertence a Deus. No mundo sensível, esse lugar, ou esse pertencimento, cabe à Igreja.

Em segundo lugar, e como consequência, porque Jesus Cristo, "inteligência theárchica e supraessencial", "potência soberana", é o fundador da Igreja. Pertencemos a ele, e "nosso amoroso desejo do Belo, que nos atrai a Ele", nos faz aceitar seu dom e "aceder às operações sagradas do sacerdócio", pelo qual o imitamos e nos esforçamos para nos consagrar e levar outros à consagração.

Em terceiro lugar, porque a palavra *hierarca* significa *homem deificado e divino*, instruído no santo conhecimento da hierarquia. Visto que nossa salvação só é possível pela deificação por meio da graça, que nos leva à contemplação do divino e à participação nele, é preciso que haja homens consagrados cujo ofício não é apenas o de sua própria salvação, mas a de todos os seres humanos. Eis o ofício da hierarquia eclesiástica, cujo topo é ocupado por aqueles que combinam a retidão ética do fiel, o conhecimento teorético do iniciado e a contemplação do iluminado, pois esses são os graus em que se distribui a hierarquia eclesiástica.[8]

Independentemente de suas intenções místicas, as hierarquias dionisianas se transformarão, na Idade Média, em fundamento das formulações cristãs sobre a sociedade e a política. *A hierarquia celeste* sustentará a maneira como a filosofia medieval organizará o mundo humano como expressão da vontade de Deus, isto é, a sociedade totalmente hierarquizada, na qual cada um ocupa um lugar e possui uma função, ambos determinados por Deus de uma vez por todas e, portanto, e imutáveis.[9] Por sua vez, *A hierarquia eclesiástica* dará à Igreja medieval as justificativas para definir o poder dos reis segundo a vontade divina, ou melhor, o poder teológico-político da Igreja, sustentáculo do poder absoluto dos reis.

MÁXIMO, O CONFESSOR

Máximo de Crisópolis, conhecido como Máximo, o Confessor, nasceu em Constantinopla Bizantina, em 580, e morreu no exílio, em 662, em Lazica. Foi secretário do imperador Herálio, mas abandonou a vida pública e se dedicou à vida monástica em Cartago, no Norte da África. Com o surgimento do chamado monotelismo,[10] que, contra o que fora estabelecido pelo Concílio de Calcedônia, afirmava a existência, em Cristo, de uma só vontade, a divina, Máximo se opôs e defendeu a ditelia, isto é, a existência de duas vontades em Cristo, a divina e a humana. E venceu. Em 634, o Concílio de Latrão condenou o monotelismo como heresia. Entretanto, quando o imperador Constante II impôs a monotelia, Máximo foi preso e torturado — teve cortados seus dois meios de expressão: a língua e a mão direita — por insistir em confessar o ditelismo (donde ser chamado de Confessor). Alguns comentadores o consideram a figura mais importante da chamada Escola de Constantinopla Bizantina, no século VII.

Sua obra, com aproximadamente noventa títulos, entre tratados teológicos e morais, homilias e cartas, revela a presença de Orígenes, de Dionísio Areopagita e dos dois Gregórios da Capadócia. Entre seus principais escritos estão: *Questões a Talássio*, *Questões a Tomás*, *Escólios* (sobre Dionísio), *Ambígua* (sobre Orígenes e Gregório Nazianzo), *Mistagogia* (sobre a Eucaristia), *Sobre a alma* (sobre o conhecimento e a imortalidade), *Comentário do Salmo 59*, *Comentário do Pai Nosso*, *Séculos de amor*, *Séculos de vida ascética*, *Vida da Virgem Maria*, além de 45 cartas.

Máximo teria sido o primeiro a dar à Virgem Maria um lugar de destaque na cristologia, a partir das referências amorosas e respeitosas à mãe de Jesus encontradas nos evangelhos e nas epístolas apostólicas. Em Maria, deu-se a união do Filho e do Cristo, isto é, do mediador universal entre os humanos e Deus. No entanto, Máximo também pretende explicar, por um lado, que a concepção carnal decorreu do pecado original, que resultou na divisão homem-mulher, e, por outro, que essa divisão não é eternamente necessária.

A importância filosófico-teológica atribuída a Máximo é justificada por um conjunto de comentários teológicos intitulado *Ambígua*, isto é, ambiguidades ou dificuldades nas obras de Gregório Nazianzo e Dionísio Areopagita. Trata-se, possivelmente, de uma retomada sistemática dos *Escólios*, de *Questões a Talássio* e de *Questões a Tomás*. Máximo chamou essas ambiguidades, que lhe teriam sido enviadas por discípulos, de "dificuldades das divisões". *Ambígua* foi publicado na Idade Média por Escoto Erígena.

> Dizem [os predecessores] que a substância de tudo o que foi feito distingue-se em cinco divisões. Dizem que a primeira delas distingue a realidade não criada da criada

> na sua totalidade; esta recebeu o ser por meio do nascimento. Afirmam que Deus, por bondade, produziu a magnífica ordem da totalidade dos seres e que não se torna evidente por si o que é e como é, chamando distinção a ignorância que separa a criatura de Deus. [...] A segunda divisão, ao contrário, com base na qual se distingue entre toda a natureza que recebeu o ser de Deus na criação, é o que está entre o inteligível e o sensível. A terceira, aquela em que se distingue entre o céu e a terra. A quarta, aquela na qual a terra se divide em paraíso e terra habitada. E a quinta é aquela de acordo com a qual o homem, que está acima de todos como um cadinho que contém em si a totalidade, tornando-se em si mediador entre os extremos de toda divisão e, com bondade, introduzindo o nascimento entre os existentes, se divide em macho e fêmea (*Ambiguorum liber* apud Reale e Ansieri, 2003, p. 66).

Em resumo, as divisões examinadas em *Ambigua* são: criado/não criado; mundo inteligível/mundo sensível; celeste/terreno; paraíso/mundo em que vive o homem; macho/fêmea. Em outras palavras, são os grandes temas teológicos: a Trindade, a eternidade do inteligível, a criação do sensível, a queda originária e a geração carnal.

Além da influência platônica e neoplatônica de Orígenes, dos dois capadócios e de Dionísio, há, nas formulações teológicas de Máximo, uma presença difusa do aristotelismo. Mais especificamente do papel assumido pela ideia de movimento, ou seja, da mudança, bem como da distinção entre movimento natural necessário (dos quatro elementos) e movimento voluntário (da alma) e da afirmação de que todo movimento se realiza em vista de um fim, qual seja, a imobilidade, entendida como plena realização da natureza ou essência de um ser: os seres se movem porque lhes falta algo que é sua finalidade. Os seres se movem, lemos em Aristóteles, para, um dia, alcançada sua finalidade, nunca mais se moverem. Ora, Deus é necessariamente imóvel porque absolutamente perfeito. Portanto, é preciso explicar que movimento Ele realizou para que haja a Trindade e a criação do mundo. Trata-se de uma pergunta gigantesca: o que Lhe faltava para ser perfeito?

Comecemos pela resolução da primeira divisão ou dificuldade. Deus é a Mônada pura. Em vez do termo Uno (*Én*), que era empregado desde Plotino, Máximo recupera o termo "monas", que aparecera em Orígenes e nos capadócios, e que significa sozinho, solitário, autossuficiente, o que vive só (donde *monásterion*), o que detém sozinho todo o poder soberano (*monarchia*). Máximo propõe a mudança do nome de Deus por julgar que o termo "uno" pode levar à suposição de uma unidade numérica que produz os números por adição, o que de maneira nenhuma se aplica a Deus. Sem dúvida, *monas* significa "um só", de modo que a unidade de Deus está afirmada, porém sem conotação numérica, isto é, sensível. Deus é a origem indivisível e imutável da qual surge a multiplicidade, a qual não O afeta nem O modifica. Por isso, para explicar a Trindade (a mônada que é um e três), Máximo se refere a um "movimento divino", *kínesis theothetos*, não como uma mudança em Deus porque algo Lhe falta, e sim como irradiação da luz, pela qual é gerado o Filho (a Díada) e da qual, a seguir, provém o Espírito Santo (a Tríada). Esse movimento divino é interno à Mônada, isto é, nele Deus não sai de si (*ekstásis*) nem se transforma, mas se manifesta em sua absoluta perfeição. Esse movimento divino não é, portanto, o da criação. Estamos no gerado e no procedente incriado, de igual dignidade, eternos e em plena harmonia. Em outras palavras, Plotino e Proclo (ou os capadócios e Dionísio) permitem que a saída de si seja pensada não como mudança, mas como expressão da perfeição da própria divindade em si mesma.

Enfrentemos, agora, a segunda e a terceira divisões: como Deus efetivamente sai de si, ou seja, como é possível a criação, o surgimento de seres que não são Deus? Em outras palavras, como da Mônada indivisível e imutável surgem o dividido, o múltiplo e o mutável?

Desde toda a eternidade, o Filho, ou o *Lógos*, conhece a Mônada Trina e as essências inteligíveis de tudo o que existe e que deverá existir quando for chegada a hora oportuna. Essas essências ou seres inteligíveis existem desde toda a eternidade pela presciência, pela vontade e pelo poder de Deus: são as Ideias (*eidos*), cada uma das quais — segundo seu mérito, posto e ofício (como diria Dionísio) ou segundo a medida (como diriam os dois Gregórios) — exprime a seu modo (finito) a perfeição divina (infinita). Por elas e nelas, Deus se revela. Essa revelação do que existe eternamente é a criação, obra do Bem ou da bondade divina, ato de Deus. Dessa maneira, Deus sai de si não por uma divisão ou perda de seu ser: a criação se realiza (platonicamente) como participação. Pelas Ideias, as criaturas, espelhos e imagens participam do divino. Algumas permanecem para sempre, porque são indivisíveis (as potências celestes e as almas); outras desaparecem, individualizadas na matéria móvel dos quatro elementos (as plantas, os animais e os inanimados; e os compostos de matéria e alma, como os humanos). Tudo conforme o plano divino.

É preciso enfrentar ainda a quarta dificuldade, isto é, a queda ou a perda do Paraíso. Em outras palavras, como se passa da participação à separação? Participantes do divino, alguns seres criados cumprem o que está inscrito em sua essência; são o que são e como são, cumprem seu papel na hierarquia dos seres. Outros, porém, por serem dotados do livre-arbítrio da vontade, podem escolher realizar um movimento (a virtude) que os conduz à participação na perfeição divina, de acordo com o lugar que ocupam na hierarquia. No entanto, ao usar mal o dom do conhecimento e da vontade, podem escolher se afastar dessa participação (vício) e seguir numa queda sem fim, que é, em si mesma, uma punição. Portanto, é pelo dom da liberdade que os seres tanto se aproximam da fruição do bem como se perdem de Deus, o que é seu próprio castigo. Foi esse o caso do homem.

O homem é um composto: possui um corpo divisível e mortal, isto é, perecível, e uma alma imaterial, indivisível, imperecível ou imortal. Como já afirmara Gregório Nazianzo, corpo e alma nascem juntos, em simultâneo, desde o momento da concepção, pois um corpo não seria humano se não tivesse uma alma e uma alma não seria humana se não tivesse um corpo. De fato, se concebêssemos a preexistência da alma ao corpo, concluiríamos, como consequência, que Deus criou os corpos humanos apenas como prisão da alma para que esta fosse castigada por seus pecados. Por que isso não é admissível? Porque supõe que o que o homem fez e faz tem o poder de alterar a vontade divina. Ora, tal suposição é absurda, pois ignora que, desde toda a eternidade, Deus quis os corpos e as almas.

Em decorrência do lugar que ocupa na hierarquia dos seres (como dissera Dionísio), o homem é capaz de conhecimento tanto por seu corpo como por sua alma: conhecimento sensorial ou sensível, pelo corpo, que se relaciona com a multiplicidade ou a dispersão da matéria; conhecimento racional ou intelectual, pela alma, que, pelo pensamento, imita a unidade divina. O homem, todavia, não cumpriu seu ofício hierárquico, pois não reuniu o múltiplo sensível na unidade inteligível; portanto, não elevou as coisas à Causa perfeita. Ora, a unidade ou o uno é a marca de todos os seres criados, e o homem, ao dispersar-se no múltiplo, perdeu o conhecimento e o contato com os seres e consigo próprio. A queda, consequência do livre-arbítrio e do mau uso do conhecimento, significa que o homem escolheu o não ser em vez do ser.

> Uma vez que o homem, depois de criado, não se moveu naturalmente para o imóvel como seu Princípio (Deus), mas se dirigiu contra sua natureza voluntariamente, de modo irracional, para aquilo que está abaixo dele, sobre o qual, por ordem divina,

ele deveria naturalmente comandar [...] e assim pouco faltou para que corresse o perigo de afundar no não ser (*Ambíguorum líber* apud Reale e Antiseri, 2003, p. 66).

Por ser o Bem, Deus, em sua bondade infinita, realizou um novo movimento divino (*kínesis theothetos*): saiu de si para resgatar o homem. Essa saída de si é a encarnação do Filho em Jesus Cristo, unidade do humano e do divino, nossa redenção e salvação. Cristo nos ensina o verdadeiro movimento a ser realizado para retornarmos à participação no divino e, finalmente, alcançarmos a imobilidade.

Como haviam dito os dois Gregórios, Cristo foi e é o único humano sem pecado, ou, como afirma o Credo, concebido não carnalmente por Maria Virgem. Por seu corpo, tornou-se humano; por sua alma, permaneceu divino, perfeito. Disso, Máximo tira três consequências; a primeira, esperada, é a redenção; a segunda, também esperada, é o acesso à verdade divina com auxílio da revelação e da fé; a terceira, porém, é inesperada: embora a virgindade de Maria ou a concepção não carnal de Jesus conduza Máximo à defesa da encratia, isto é, da castidade masculina, da virgindade feminina e da vida monástica, não é essa a sua conclusão mais importante, mas sim a declaração surpreendente de que, a princípio, a divisão dos animais em macho e fêmea não torna necessária a distinção homem/mulher para a multiplicação humana. A reprodução dos seres humanos passou a depender dessa divisão em decorrência do pecado original. Ou seja, é possível afirmar a possibilidade de uma concepção e de uma multiplicação humanas sem relação sexual. Para Máximo, a virgindade de Maria é prova disso.[11]

A salvação depende de desejarmos o Bem. O desejo é movimento em direção ao que nos falta, àquilo de que carecemos e que, alcançado, preenche-nos completamente. A plenitude só permanece para sempre se o objeto do desejo realizar nossa finalidade, isto é, a imobilidade, própria do divino: desejamos para não mais desejar. De que carecemos? Daquilo que perdemos na queda e que nos impele ao nos movermos para que a carência seja suprimida. Contudo, para ascendermos de volta ao divino, precisamos conhecê-lo. Esse conhecimento, que nos foi trazido por Cristo, *Lógos* encarnado e redentor, é o movimento da alma que sai de si em direção ao desejado, o qual, ao ser encontrado, permite à alma retornar a si no seio do amado. Numa palavra, esse conhecimento é o êxtase, anúncio da salvação eterna.

Máximo retoma várias das alegorias que vimos em Plotino ao descrever o êxtase:

> [É] como o ferro liquefeito pela chama que o abrasa, ou como o ar todo iluminado pela presença total da luz. Êxtase bem-venturado, em que a natureza humana participa da semelhança divina a ponto de não ser mais que essa própria semelhança e, sem cessar porém de ser ela mesma, passa, por assim dizer, a Deus. Então, não é mais o homem que vive, é Cristo que vive nele (Máximo apud Gilson, 2001, p. 94).

Por essa via, Máximo reafirma o que os padres alexandrinos e capadócios, assim como Dionísio, já haviam ensinado: a *apokastásis*, o retorno de todos os seres a Deus no fim dos tempos e para toda a eternidade. Mediador entre o inteligível e o sensível, o homem, ao cair, separou os dois mundos; mas, ao subir de volta a Deus, regenera também o cosmo, o qual será reintegrado ao divino. No fim dos tempos, as cinco divisões serão abolidas. Eis a missão do Filho — conservada, agora, pela missão da Igreja como laço entre o inteligível e o sensível — que se completará plenamente em sua Segunda Vinda.

PARTE IV

A PATRÍSTICA LATINA

Observações preliminares

Como já dissemos,[1] a divisão da Patrística em grega e latina não deve, de maneira nenhuma, nos levar à suposição de que uma é posterior à outra, pois são simultâneas. Elaboradas nos dois lados do Império, ambas foram marcadas pelos mesmos temas teológicos ou mistérios da fé, pela presença da filosofia (ora contestada, ora aceita de maneira difusa ou mesmo explícita) e pelos ataques contra as heresias. Em outras palavras, se tomarmos a Patrística não do ponto de vista da localização geográfica dos Padres, mas apenas do ponto de vista cronológico, observaremos que, nos dois lados do Império, as discussões e os temas são praticamente simultâneos e os mesmos e que, até pelo menos meados do século II, a língua grega é predominante nas elaborações latinas em decorrência da presença de sacerdotes-professores vindos da parte oriental. Há intensa comunicação entre os Padres gregos e latinos, os quais participam dos mesmos concílios ecumênicos e sínodos, mantêm correspondência com seus pares, discutem obras produzidas dos dois lados e disputam entre si postos e cargos nas duas partes do Império. Somente no início do século III, quando o cristianismo se torna uma religião popular, isto é, de camadas sociais que desconheciam o grego, o latim se torna a língua da liturgia cristã e também dos padres ocidentais.

Essas observações indicam que é preciso ler os Padres latinos na mesma sequência em que lemos os Padres gregos. Em outras palavras, para compreendermos, por exemplo, Tertuliano e Minúcio Félix, dois apologetas que iniciam o lado latino da Patrística, nossa referência não pode ser a obra de Clemente, de Orígenes ou dos Teólogos de Cesareia da Capadócia, mas deve ser a de seus contemporâneos do lado grego, como Justino, Taciano e Atenágoras. Em suma, não podemos tomar como ponto de partida dos Padres latinos o que foi o ponto final do saber construído lenta e laboriosamente pelos Padres gregos, mas devemos acompanhá-los em simultâneo com seus congêneres do lado oriental do Império.

1. Os Padres Apologetas

TERTULIANO

Considerado o nome mais importante da apologética latina, Tertuliano nasceu na família de um centurião romano por volta de 160, em Cartago, no Norte da África, cidade aberta à presença do helenismo, que contava com uma numerosa população cristã de língua grega. Recebeu a educação clássica dos filhos das famílias abastadas e, por seus estudos da retórica latina e do Direito Romano, durante certo tempo exerceu a profissão de advogado em Roma. Converteu-se ao cristianismo entre 193 e 197, foi ordenado sacerdote e regressou a Cartago, onde inaugurou o latinismo cristão e se dedicou intensamente à defesa da nova fé contra os heréticos. No entanto, em meados de sua vida, por volta de 213, rompeu com os bispos locais, favoráveis à convivência com os pagãos, e aderiu ao montanismo, passando ao ataque contra a Igreja, sobretudo do ponto de vista moral. A seguir, descontente com o montanismo, criou uma seita própria, a dos tertulianistas. Morreu por volta de 220 e, por uma ironia da história, o combatente das heresias entrou na interminável lista dos hereges.

Durante os dois primeiros séculos, a língua grega predomina no cristianismo do lado ocidental do Império, como efeito da presença de missionários e professores cristãos vindos da porção oriental. No entanto, a partir do final do século II, a expansão da nova religião nas camadas populares, que desconheciam o grego, leva ao início da pregação e da realização de cultos e ritos em latim e a pequenas traduções dos textos sagrados. Nesse novo contexto, atribui-se a Tertuliano a invenção da terminologia conceitual cristã em língua latina por traduzir termos e conceitos vindos da Patrística Grega. Por exemplo, traduz *lógos* por *verbum* (palavra, sabedoria, verdade), *ágape* por *caritas* (amor fraterno, caridade), *exomollogesis* por *poenitentia* (penitência); adota traduções latinas feitas pelos estoicos para *pronnoia* como *providentia* (providência), *én* como *unus* (uno) e *enotes* como *unitas* (unidade). A tradução latina, proposta pela tradição retórica romana, de *ousía* por *substantia* e a de *prosópon* por *persona* conduzem Tertuliano à invenção do que passou a ser designado como a *fórmula trinitária*: "uma substância em três pessoas".

Tertuliano introduz a palavra *sacramentum* (sacramento) para traduzir *mysterion. Sacramentum* originalmente significava uma soma em dinheiro depositada pelo culpado para os deuses por ocasião de um processo e se tornou, por extensão, o juramento de fidelidade para entrar no exército romano, passando, com Tertuliano, a significar o depósito da alma a Deus e o juramento de fé realizado no batismo como entrada no cristianismo, estendendo-se, depois, aos demais ritos cristãos. A inclusão dessa palavra na liturgia cristã tem um efeito peculiar nos textos do ex-advogado Tertuliano, qual seja, a tendência a insistir na exigência legal ou jurídica que subjaz a cada rito e a cada sacramento, que é sempre obediência a uma lei promulgada por Cristo, nos evangelhos, ou pelos apóstolos, em suas pregações. Esse aspecto jurídico transparece, por exemplo, na afirmação de que Deus é bondade, mas também justiça. De fato, em decorrência do conceito (romano) de justiça, atribui-se a Tertuliano a criação da ideia de *pecado original*, ao qual, antes dele, os cristãos se referiam com a expressão "a queda de Adão" ou "queda do primeiro homem". Ora, o verbo latino *peccare* significa cair, e a queda — ou caída — de Adão foi a origem humana do pecado, o pecado original. Mas não só isso. Aqui o jurista se junta ao teólogo: a enormidade do crime cometido pelo homem, que violou uma lei promulgada pelo próprio Deus, não pode ser sanada pela ação de simples humanos, pois há total desproporção entre o crime e a tentativa da criatura para conseguir o perdão. Torna-se necessário que o próprio Deus, por meio de seu Filho, realize o resgate da humanidade.

A vastíssima obra de Tertuliano é marcadamente a de um polemista que não hesita em usar o sarcasmo como arma contra os adversários. Costuma ser dividida em três grupos: obras apologéticas (em defesa do cristianismo), dogmáticas (refutações das heresias) e ascéticas (questões morais e disciplina eclesiástica). Destaquemos apenas algumas: dentre as primeiras, o *Apologético* (*Apologeticum*), dirigido aos governadores das províncias do Império, que perseguiam os cristãos (Tertuliano escreveu também várias apologias dirigidas nominalmente a alguns desses governadores); dentre as segundas, *Contra Práxeas*, sobre a Trindade, *Sobre a alma* (*De anima*), de cunho montanista, e *Prescrição dos hereges* (*De praescriptione haereticorum*), além de várias obras dirigidas especificamente contra os principais representantes do docetismo e do gnosticismo em suas diversas formulações; dentre as terceiras, *Sobre a paciência* (*De patientia*), *Sobre a castidade* (*De castitatis*), *Sobre a penitência* (*De poenitentia*), *Sobre a moda feminina* (*De cultu faeminarum)* e textos contrários à participação dos cristãos na vida pública, aos espetáculos e às atividades artísticas.

Tomemos algumas passagens de *Sobre a moda feminina* para nos aproximarmos do estilo de Tertuliano, pois, embora o conteúdo evidentemente varie nas diferentes obras, o tom que ele emprega ao se dirigir às mulheres é o mesmo que usa contra os governadores perseguidores dos cristãos, os filósofos, os heréticos e, ao fim e ao cabo, contra a própria Igreja.

> Se, na terra, a fé se conservasse tanto quanto, no céu, a misericórdia que nos espera, nem uma só dentre vós — ó diletíssimas irmãs —, logo que tivesse conhecimento do Deus vivo e tomasse consciência de vossa condição de mulher, voltaria a apetecer as roupas de mais formosura, para não dizer de mais vaidade. Em vez disso, viveria vestida de andrajos; em vez disso, ambicionaria trajar-se de luto, apresentando-se como lacrimosa e arrependida Eva, a fim de expiar no seu modo de vestir o que Eva recebeu: a vergonha do primeiro pecado e a desgraça da perdição humana.
> Ó mulher, nas dores e ansiedades dás à luz, tens que ser dominada por teu marido porque não sabes que, afinal, Eva és tu mesma. Ainda vive em nossos tempos a sentença de Deus a respeito de teu sexo: é necessário que vivas na condição de culpada. És porta do diabo, aquela que tocou a árvore proibida. És quem primeiro fugiu à lei divina, quem persuadiu aquele que o diabo não conseguira agredir [...]. A verdade é que, nos homens, por culpa das mulheres, veio a perversão do desejo, o desejo de agradar [...]. És quem tão facilmente despedaçou a imagem de Deus que o homem era. Pelo que mereces — a morte — o próprio Filho de Deus teve que morrer (*A moda feminina*, 1-3).

O estilo é semelhante no ataque aos heréticos:

O Senhor ensina que muitos lobos selvagens virão em vestes de cordeiros. O que é a roupagem do cordeiro senão a aparência externa do nome de cristãos? O que são esses lobos senão aqueles pensamentos e espíritos traidores que se escondem sob o nome de cristãos para infestar o rebanho de Cristo? Quem são os falsos profetas senão falsos pregadores? Quem são os falsos apóstolos senão evangelistas fraudulentos? Quem são os Anticristos senão os rebeldes contra Cristo? Há hoje heresias atacando a Igreja por intermédio de doutrinas perversas e tais ataques não são menos intensos do que as perseguições que o Anticristo empregará nos últimos dias. A única diferença é que as perseguições fazem mártires e a heresia faz apóstatas (*Prescrição contra os heréticos* apud Peters, 1980, p. 29).

Esse mesmo estilo aparece em linguagem jurídica nas críticas ao gnosticismo de Marcião:

Quem sois vós? Desde quando existis? Quem vos deu o direito, ó Marcião, de serdes lenhador no meu bosque? Essa terra é minha: tenho os títulos autênticos, recebidos dos proprietários a quem essa terra pertenceu: sou herdeiro dos apóstolos (*Contra Marcião* apud Hamman, 1995, p. 72).

E é com esse mesmo tom que ele aborda a relação da Igreja com o Império Romano. Enquanto os apologetas gregos se esforçavam para assegurar aos imperadores que o cristianismo não era um perigo para o Império, Tertuliano se volta, por vezes com fúria, contra Roma, como mostra a abertura do *Apologético*:

Magistrados do Império Romano! Vós presidis para fazer justiça diante do povo, a mais alta instância da Cidade. Diante da multidão, não ousais instruir[1] publicamente a causa dos cristãos. Vossa autoridade teme inquirir em público de acordo com as mais elementares regras da justiça. Já aconteceu fechares a boca da defesa por ódio à nossa seita. [...] A verdade não pede favor para si mesma porque não se surpreende de sua condição. Ela vive na terra como estrangeira e espera o ódio daqueles que a ignoram. Ela sabe que sua família, sua morada, sua esperança, o seu crédito e a sua glória estão no céu. Seu desejo, porém, é não ser condenada sem ser ouvida.

Que podem perder vossas leis, que imperam soberanamente em seu domínio, se a verdade for ouvida? (*Apologético*, I, 1,2)

Não contente em afirmar que os magistrados não respeitam as regras elementares da justiça e, ao fazê-lo, dizer-lhes que a verdade verdadeira não é deste mundo e eles não têm jurisdição sobre ela — ou seja, são incompetentes para emitir qualquer julgamento —, Tertuliano ainda os chama de iníquos, pois, por puro ódio, condenam o cristianismo sem conhecê-lo. Esse ódio cego e ignorante é inteiramente contrário à justiça — ou seja, além de incompetentes juridicamente, são imorais, falsificadores da própria ideia de justiça. Tertuliano não se interrompe nesse ponto, mas continua. Retoma o Apocalipse de João de Patmos, chamando o Império Romano de nova Babilônia, corrupta e destinada à destruição, contrária portanto ao que os romanos consideravam sagrado, a *romanitas*[2] em todo o seu esplendor e magnificência, para explicar que, na realidade, como todos os outros impérios, Roma não é a Cidade Eterna de Virgílio e Augusto, nada possuindo que a distinga e a engrandeça, e desaparecerá como os demais. Não satisfeito, ele exprime ainda seu desdém pela vida pública — respeitada, admirada e desejada pelos romanos. Compara o *Labarum*[3] romano à devoção supersticiosa dos judeus à Arca da Aliança, chama o Templo de Júpiter Capitolino (ou o Capitólio) de templo de todos os demônios e afirma que a deificação dos césares, iniciada com o imperador Augusto, é demoníaca, pois, se eles são divinos, é preciso considerá-los iguais a Cristo, de sorte que a ideia de um césar cristão seria absurda ou ridícula. Ademais, como Jesus diz nos evangelhos, ninguém pode servir a dois senhores, portanto, a obediência ao imperador é inferior e, em certos casos, até mesmo contrária, à obediência a Cristo. Porém, como bom retórico, Tertuliano o diz de maneira a parecer que engrandece o imperador ao chamá-lo simplesmente de homem:

> Não chamarei o imperador de deus tanto porque não sei mentir quanto porque não quero zombar dele [...] é-lhe suficiente ser chamado imperador, um bom nome que lhe é concedido por Deus [...]. Deve-se lembrá-lo de sua condição humana [...]. Ele seria pequeno e menor se fosse chamado deus nos dias de triunfo, pois isso seria mentira (*Apologético*, XIII, 3,4).

Não se trata de desafiar o imperador nem de diminuí-lo, mas de respeitá-lo de maneira que a obediência civil não implique divinizar o imperador, aspirar a postos públicos ou cometer pecados. Em suma, trata-se de seguir o ensinamento de Cristo: "Dai a César o que é de César e a Deus o que é de Deus". A obediência ao imperador é apenas sinal da paciência cristã. Adotando a perspectiva escatológica do Apocalipse, Tertuliano explica que a queda do Império é certa, pois haverá uma segunda vinda de Cristo, a terceira e última revelação, no final dos tempos, quando tudo há de se consumar. Porém, conforme narra João, essa queda será seguida pelo tenebroso reino do Anticristo, motivo pelo qual é melhor prorrogar ao máximo a existência de Roma.

Ao romper com a Igreja, aderir inicialmente ao montanismo e, posteriormente, criar sua própria seita, Tertuliano (como Taciano, do lado grego) faz o elogio dos rigores da vida ascética. No entanto, ele o faz para se opor ao que considera o laxismo eclesiástico, que se manifesta não só no fausto e no gosto pelo poder, mas também na prática de imperdoáveis pecados da carne aos quais as autoridades da Igreja concedem perdão por meio de éditos e resoluções. Por isso, em obras como *Sobre a castidade*, *Sobre a paciência* e *Sobre a penitência*, seus ataques o levam a opor a Igreja institucional à verdadeira Igreja, que é puramente espiritual, cujo topo é ocupado por Jesus Cristo e não por bispos e patriarcas, pois somente o Filho pode determinar as regras de vida, bem como perdoar ou condenar os pecadores.

Quanto à relação com a filosofia, a atitude de Tertuliano é de total rejeição. Ele considera os filósofos pomposos, fúteis, falsos e que, quando dizem alguma verdade, é por acaso, como o marinheiro perdido no mar que, de repente, grita: "Terra à vista!". Eloquente e sarcástico, ele indaga: "Que sentido tem essa cócega da especulação?". E então afirma: "Desde Jesus Cristo não precisamos da curiosidade, nem de investigação desde os Evangelhos".

Como vimos no debate sobre a relação entre fé e razão, Tertuliano concorda com o apóstolo Paulo, particularmente com sua fala no Areópago sobre a encarnação, morte e ressurreição de Jesus.[4] Essa tomada de posição o situa, portanto, entre os que aceitam que a razão é escandalosa perante a fé e esta, escandalosa perante aquela. Do lado grego, Justino dissera não se envergonhar de ser cristão, e sim glorificar-se com isso; da mesma maneira, do lado latino, Tertuliano recupera o tema do escândalo e da vergonha, mas o faz inventando as fórmulas célebres, "creio porque absurdo" e "é certo porque impossível", pois

[o] Filho de Deus nasceu, disso não me envergonho porque é escandaloso; o Filho de Deus morreu, isso é crível justamente porque absurdo; e tendo sido sepultado, Ele novamente se levantou, isso é certo porque impossível (*Sobre a carne de Cristo*, v, 4).

Esses "porquês", que celebrizaram Tertuliano, são justificados por ele com a afirmação de que a alma humana é naturalmente cristã, anterior aos poetas e filósofos (como provam as expressões cotidianas do homem comum sobre Deus, o mundo e si mesmo),[5] tendo sido desviada por eles de seu bom caminho e de seu bom exercício.

No entanto, alguns comentadores consideram que haveria uma contradição na afirmação da natureza cristã da alma, pois, em *Sobre a alma*, Tertuliano considera que as almas humanas se propagam desde Adão por transmissão dos pais aos filhos no momento da concepção e, portanto, nascem com a mancha que lhes foi transmitida pelo primeiro homem e pela primeira mulher.[6] Todavia, é preciso observar que ele também insiste na criação do homem à imagem e semelhança de Deus, motivo pelo qual a alma humana é naturalmente cristã e assim teria permanecido se Adão e Eva não tivessem pecado, dando-lhe uma segunda natureza contrária à primeira. Aliás, na obra *Sobre o batismo*, Tertuliano teria sido, como já dissemos, o primeiro a introduzir a ideia de pecado original ao declarar que "nenhuma alma é sem culpa", pois o pecado, a segunda natureza humana, escrava do demônio, habita todas elas (donde a importância essencial do batismo como purificação e regeneração). Seja como for, em sua argumentação contra a filosofia, Tertuliano a responsabiliza pelo descaminho da alma. Por isso, deve ser combatida e, com ela, o gnosticismo, por sua pretensão de oferecer explicações especulativas ou metafísicas às verdades da fé.[7] Para o cristão, a verdade — toda a verdade — se encontra somente na Escritura:

Foi de lá [da Escritura] que os filósofos extraíram alimento para a fecundidade de seu engenho. É o que tomaram de lá que os faz nossos vizinhos. [...] Aproximando-se de coisas que são nossas, mas, ao mesmo tempo, ávidos unicamente de glória e de fátua eloquência, quando se defrontaram, nas santas páginas, com algo capaz de satisfazer sua curiosidade, o traduziram em elucubrações próprias [...]. Haviam encontrado o Deus puro e indubitável e ousaram submetê-lo a disputas dissertando sobre sua natureza, seus atributos, sua morada [...]. Também variam suas opiniões sobre o próprio mundo, se houve ou não um princípio, se haverá ou não um fim. Entre eles não há a menor concordância sobre a natureza da alma, que alguns consideram divina e eterna e outros, corruptível [...]. Da estirpe de tais filósofos pululam aqueles [heréticos] que deformaram e falsificaram com suas opiniões nosso próprio acervo documental para acomodá-lo à opinião dos filósofos (*Apologético*, XLVII, 2-8).

Nesse combate à filosofia, surge uma formulação que, como os "porquês", também celebrizou Tertuliano: "O que Atenas e Jerusalém têm em comum?".

Portanto, o que Atenas e Jerusalém têm em comum? O que a Academia e a Igreja têm em comum? O que os hereges e os cristãos têm em comum? [...] O que há em comum entre o filósofo e o cristão, o discípulo da Hélade e o discípulo do Céu? [...] Quando cremos não temos necessidade de crer em outra coisa, uma vez que cremos nisto: não há motivo para crer em outra coisa. [...] Nada saber contra a Regra da Fé é tudo saber (*Sobre a prescrição dos heréticos*, VII, 3,9).

Para não perder o tom polêmico, Tertuliano encerra seu tratado sobre a alma, no qual a presença da filosofia é indubitável, escrevendo:

A partir da doutrina da fé, ao nos acercarmos de toda opinião humana sobre a alma apenas satisfizemos uma justa e necessária curiosidade e, portanto, faltará a uma curiosidade desmedida e supérflua aprender o quanto lhe basta procurar (*Sobre a alma*, Epílogo).

Apesar da rejeição à filosofia, sua concepção de alma é próxima da estoica, pois a presença do estoicismo no pensamento romano sempre havia sido predominante, graças às obras de Epicteto, Cícero e Marco Aurélio, suplantando aquela que iria predominar no lado grego e seria decisiva do lado latino somente a partir dos séculos III e IV, isto é, o platonismo. Não só Tertuliano rejeita a teoria platônica da eternidade da alma como também, ao usar a referência à luz para falar de Deus e da Trindade, isso decorre menos da influência do neoplatonismo e mais, por um lado, do Evangelho de João e de seu emprego pelos gnósticos e, por outro, do fato de remeter à ideia estoica de Deus como fogo primordial.

Ao escrever *Sobre a alma* (*De anima*) Tertuliano divide o tratado em quatro partes: na primeira, oferece a definição, a organização e as propriedades fundamentais da alma; na segunda, apresenta a origem da alma, rejeita a teoria da eternidade ou da preexistência da alma ao corpo, desenvolvida por Platão no *Fédon*, e afirma que ambos nascem juntos e misturados; na terceira, acompanha o itinerário da alma encarnada, a começar pela sexualidade, os sentimentos e os embates com o bem e o pecado, e define o sonho como espelho da morte, a qual é a completa separação entre a alma (corpo sutil ou sopro) e o corpo (a carne, corpo sólido); na quarta, desenvolve uma escatologia para responder à pergunta: para onde vão as almas após a morte? Responde que passarão pelos infernos para purgar os pecados e esperar a ressurreição.

À maneira estoica, Tertuliano considera que tudo o que existe é corpo. A alma humana, propagada e transmitida pelos pais aos filhos, é um corpo diáfano, tênue e sutil como o ar, espalhada por todo o corpo sólido ou misturada com ele, agindo sobre ele e sofrendo suas ações.[8] Ao mesmo tempo, ela é também aquilo que o apóstolo Paulo denominou de "homem interior" (envolvido pelo homem exterior) ou o corpo sólido.[9] No entanto, Tertuliano recusa a concepção paulina e gnóstica sobre a existência de três tipos de homens, os hílicos (materiais), os psíquicos (racionais) e os pneumáticos (espirituais). A alma é uma só e, misturada com o corpo, constitui um homem por inteiro.

> Essa é a nossa definição da alma: ela nasceu do sopro (*spiritus*) divino, é imortal, corpórea, simples em sua substância, sensível por sua potência, move-se de várias maneiras, possui livre-arbítrio, está submetida aos acidentes, sendo mutável de acordo com as várias índoles (*ingenii*) dos homens, racional, dominadora, providente, multiplica-se a partir de uma já existente (*Sobre a alma*, 22,2).

Em si mesma, como interioridade, a alma tem seus próprios olhos, ouvidos, boca e, além deles, possui o entendimento, ou, como disseram os estoicos, uma disposição interna[10] a ela, decorrente do fato de que Deus fez o homem à sua imagem e semelhança. Por isso, além da transmissão de Adão (ou da multiplicação a partir da alma do primeiro homem), também o divino se propaga a todas as almas, motivo pelo qual se pode afirmar que, em sua interioridade, toda alma é cristã por natureza.

Nem por isso o corpo sólido, ou a carne, tem menos dignidade do que o corpo diáfano e sutil, ou a alma. Como disse Paulo, o corpo (sólido) é um templo para a alma (corpo sutil) e, como ensinam os livros sagrados, Deus fez o homem à sua imagem e semelhança, de maneira que a carne participa do divino tanto quanto a alma, como prova a encarnação do Filho em Jesus. Mas não é só isso. É preciso compreender que a carne não peca, e sim a alma, pois esta é dotada de livre-arbítrio e razão, podendo, portanto, decidir sobre o bem e o mal e escolher entre ambos por si mesma. Entretanto, cabe à alma ensinar paciência à carne e, quando necessário, submetê-la à penitência — em suma, a vida ascética é a mais desejável porque é a mais virtuosa.

Visto que tudo o que existe é corpo e que Deus existe, é preciso concluir que Ele é corpo: "Com efeito, quem dirá que Deus não é um corpo, ainda que Deus seja espírito? O espírito é, de fato, um corpo de uma natureza peculiar na sua aparência" (*Contra Práxeas*, 7, 8).

Deus é corpo porque é *spiritus* — o sopro —, embora o mais sutil, o mais diáfano, o mais brilhante, cujo brilho é tão fulgurante que O torna invisível, e por isso não podemos conhecê-Lo tal como é em si mesmo: seu ser é irrepresentável pelo e para nosso intelecto. É *immensum*, não pode ser compreendido nem pelo espaço nem pelo tempo. Somente Ele conhece a si mesmo, embora, por revelação, saibamos que é Uno, Criador e Senhor do universo, razão, bem, justiça e luz de luz. Em outras palavras, ao estoicismo do corpóreo, Tertuliano acrescenta o neoplatonismo do inefável.

Deus é sabedoria, razão que gera o *Verbum*, o Filho, como um raio da luz que é o Pai, sem que este diminua em nada, embora, como Cristo dirá, o Pai seja maior do que o Filho. No entanto, a unidade de ambos jamais se rompe, pois, diferentemente do mundo, que é criado do nada, o Filho é irradiação do Pai, é a sabedoria pela qual o mundo é criado, ordenado e governado. A geração do Filho não é eterna, pois o Pai o gerou, mas também não é temporal, porque o tempo só começa com a criação do mundo. "Dizemos que Deus tornou manifesto seu espírito e, manifestando-o, o gerou, e por isso é chamado Filho de Deus, por causa da unidade da substância e porque Deus é espírito" (*Contra Práxeas*, 7, 8).

O Pai e o Filho são de mesma substância, mas se distinguem por suas operações, sem dividir a unidade; por isso, declara Tertuliano, não se deve chamar de Deus o Pai ou o Filho, mas a unidade das duas pessoas, que não são duas por diversidade de substância, mas sim pelas diferentes operações que realizam. Quanto ao Espírito Santo (*Sanctus Spiritus*), este é como o fruto que é um só com o tronco e o galho ou como a unidade da foz e da nascente de um só e mesmo rio. Assim, Tertuliano propõe a célebre fórmula trinitária: "uma substância em três pessoas".

Como podemos observar, embora se alongue sobre o Filho, Tertuliano não elabora propriamente uma explicação teológica sobre o Espírito Santo, mas se vale de metáforas — a árvore e o rio. Em *Sobre o batismo*, como Basílio, um século depois, Tertuliano se apoia nos evangelhos de Mateus e Lucas para afirmar o mistério da Trindade por intermédio das narrativas do batismo de Jesus que, como vimos, é descrito como acontecimento conjunto da ação do Pai, do Filho e do Espírito Santo. Tertuliano, porém, pouco reflete sobre a natureza e a operação deste último.

Em resumo, é possível perceber que, em sua formulação da Trindade, Tertuliano se aproxima dos apologetas gregos: enfrenta o problema da geração do Filho, mas não oferece uma explicação para a origem do Espírito Santo. Poderíamos, no entanto, indagar se sua metáfora da unidade da nascente e da foz de um rio não teria sugerido a noção do Espírito Santo como o procedente, como disseram os Padres do lado grego: do Filho, se fala em geração; do Espírito Santo, em processão e, de ambos, se diz que são manifestações do Pai ou irradiações da Luz que, em si mesma, permanece imutável. De todo modo, porém, a unidade indivisível e a distinção das operações do Pai, do Filho e do Espírito Santo ultrapassam nosso entendimento: são um mistério da fé.

MINÚCIO FÉLIX

Marco Minúcio Félix nasceu em Cirta, no Norte da África, e morreu por volta do ano 200. Pouco se sabe de sua vida. Com formação em direito, teria exercido a profissão de advogado em Roma. Na maturidade, converteu-se ao cristianismo e redigiu sua obra mais conhecida (não sabemos se escreveu outras), um diálogo ao estilo de Cícero denominado *Octavius*.

Há longas polêmicas sobre a data de composição dessa obra para decidir se foi escrita antes ou depois dos textos de Tertuliano. Desde o século XIX, alguns estudiosos afirmam que Minúcio foi o primeiro apologeta latino e que escrevera antes de Tertuliano. Outros, porém, consideram que o *Octavius* é posterior à obra de Tertuliano, a quem deveria algumas ideias. Seja como for, escreve Gilson, mesmo que Minúcio tenha vindo depois de Tertuliano e lhe deva algumas ideias, é inegável que não lhe deve o estilo. Todos os comentadores consideram, em primeiro lugar, que, embora ataque a filosofia em nome da verdade cristã, nem sempre Minúcio rejeita ideias provenientes de doutrinas filosóficas; em segundo, todos observam a ausência daquilo que é essencial para Tertuliano, isto é, a crítica direta ou nominal aos imperadores; e, em terceiro, que o estilo do *Octavius* não possui a acidez nem o sarcasmo de Tertuliano, mas é sereno, amigável, uma defesa do cristianismo contra o paganismo cuja finalidade é conseguir a conversão dos pagãos. Aventa-se até mesmo a hipótese de que o texto tenha sido escrito em memória de seu grande amigo Otávio, após sua morte prematura, e deva ser lido tanto como um elogio da amizade como um *protétikós*, isto é, uma exortação e um convite aos pagãos para persuadi-los da verdade cristã.

Escreve Gilson:

> Apontaram-se em Tertuliano enérgicas reivindicações do direito de cada um a praticar a religião que crê verdadeira, mas também se nota, e com razão, parece, que esse partidário da liberdade religiosa dos cristãos num império pagão talvez não tivesse empregado o mesmo ardor em defender a dos pagãos num Estado cristão. [...] Um dos motivos que tornam o *Octavius* interessante é, ao contrário, o sentimento tão justo que seu autor teve dos escrúpulos de um pagão em vias de se converter [...] Minúcio Félix é o único que nos apresentou os dois lados do problema (Gilson, 2001, pp. 110-1).

Os leitores dos diálogos de Cícero reconhecem a presença de Platão na estrutura do texto de Minúcio, isto é, a existência de um preâmbulo que narra as circunstâncias em que um diálogo aconteceu e onde aconteceu, além de apresentar os principais interlocutores, um dos quais propõe a questão que será debatida. O *Octavius* não só imita esse percurso, mas acrescenta uma dimensão presente em Cícero e ausente em Platão: as três personagens são advogados e o narrador intervém na qualidade de moderador e juiz da validade ou não das questões e das respostas oferecidas pelos outros dois interlocutores.

O diálogo se passa em Óstia, cidade de veraneio da aristocracia romana, num passeio de três amigos: Minúcio, Otávio, o cristão, e Cecílio, o pagão.[11] O diálogo se inicia quando, ao caminhar pela praia, os três se deparam com uma estátua do deus Serápis e Cecílio, em conformidade com os rituais romanos, joga-lhe um beijo, ouvindo de Otávio, indignado, uma crítica à idolatria e às superstições pagãs. Cecílio replica. Aponta que os cristãos adoram um criminoso condenado por Roma. Otávio, porém, declara que o crucificado não era um homem nem um criminoso, sem, no entanto, se referir à Sagrada Escritura ou mencionar os mistérios da encarnação e ressurreição de Jesus, da Trindade e do cumprimento das profecias hebraicas. Está completo o prólogo e o diálogo pode começar.

A discussão tem como temas principais saber se o homem pode conhecer a verdade, as ideias de criação do mundo, de divindade e da unidade de Deus, bem como a doutrina da ressurreição dos mortos e a diferença entre a visibilidade dos cultos pagãos e o caráter secreto do culto cristão. Não há menção ao nome de Cristo, nem exposição sobre os mistérios da fé, os sacramentos e os ritos cristãos, em obediência à chamada regra da disciplina ou do segredo, que protegia os cristãos de perseguições. O diálogo termina com Cecílio convencido da verdade do que diz Otávio e a proposta de Minúcio de que voltem a se encontrar para prosseguir o debate e, se possível, cuidar da instrução religiosa de Cecílio.

O conjunto de argumentos de Cecílio se assemelha muito àqueles atribuídos a Celso.[12] Constitui o que podemos denominar a opinião geral da aristocracia helenística e romana sobre o cristianismo como religião plebeia e grosseira.

Cecílio começa ridicularizando o fato de que qualquer carroceiro ou pedreiro se considera apto a responder a toda e qualquer questão sobre Deus, a natureza, a criação do mundo, a essência da alma, a imortalidade, a vida eterna e outros assuntos que ocuparam os filósofos sem que chegassem a um acordo ou a respostas definitivas, tais as dificuldades e a complexidade de cada um deles. Prossegue referindo-se à torpeza dos comportamentos cristãos, favoráveis ao incesto (pois todos se dizem irmãos e irmãs e no entanto se acasalam) e ao canibalismo (comem o corpo e bebem o sangue de seu deus); contrapõe a pretensão da ignorância cristã de se apresentar como sabedoria a ideias filosóficas (inspiradas em Cícero, Sêneca e Varrão) e à recusa (vinda do ceticismo) de se pronunciar sobre questões teológicas; e compara a baixeza moral do cristianismo às belas tradições da religião pagã, que asseguraram a grandeza e a perenidade de Roma.

Os argumentos de Otávio, ao se contraporem, no decorrer do diálogo, às várias críticas de Cecílio, podem ser divididos em três grupos: os que se voltam contra a suposta grandeza de Roma; os que se apropriam da filosofia (estoica); e os que atacam a filosofia.

Os ataques a Roma se assemelham aos de Sêneca nas *Cartas a Lucílio*.[13] Otávio menciona, com mais intensidade do que Tertuliano, a rapina, a pilhagem, a violência, a opressão e a prepotência contra todos os dominados, aos quais (e não aos deuses) Roma deve sua opulência, seu poder e sua proclamada grandeza. O que Otávio tem diante de si que desmente a fala de Cecílio? O desamparo dos indivíduos, fortemente determinado pela política imperial à medida que o Senado romano foi perdendo poder e o cesarismo dos imperadores impôs a todos insegurança e instabilidade: aos políticos, exílio e morte; aos ricos, impostos para custear as guerras e o clientelismo cortesão; à plebe, a adoração ou execração do governante da hora. À crueldade dos imperadores, contrapõem-se a violência intempestiva dos tiranicidas e as conspirações no Senado e nos exércitos. A figura de Nero é a permanente sombra da crueldade que paira sobre o cristianismo, submetido a sucessivas perseguições. Assim, a fala do romano Otávio se contrapõe à do romano Cecílio, como se o primeiro mantivesse silenciosamente as recomendações do *De clementia*, de Sêneca, ou como se recuperasse as ideias de 127, isto é, do partido igualitário e democrático dos Graco contra o partido conservador-oligárquico de Cipião Emiliano.

Quanto à filosofia, Otávio considera (como foi o caso dos apologetas gregos e de Tertuliano) que as ideias verdadeiras nela encontradas se devem ao fato de que são as mesmas do Antigo Testamento. E, no tocante à ideia de Deus, o que dizem os filósofos é semelhante ao que creem os cristãos: único, criador, inteligente, ordenador do mundo.

Que ensinam o Antigo Testamento e o cristianismo? Explica Otávio:

> Deus, o pai de todos, não tem princípio nem fim, dá a todos nascimento e para si dá a eternidade, pois antes do mundo, Ele foi para si o mundo [...]. Todas as coisas que existem são ordenadas por sua palavra, dispostas por sua razão e aperfeiçoadas por seu poder.

Que dizem os filósofos?

> Os filósofos afirmam as mesmas coisas em que cremos, não porque nós tenhamos seguido os passos deles, mas porque eles se deixaram guiar por leve centelha, que os iluminou com as pregações dos profetas sobre a divindade, inserindo um fragmento da verdade em seus sonhos.

Para provar a presença, nos filósofos, dessa centelha acesa pelos profetas, Otávio faz um retrospecto da história da filosofia, começando por Tales até chegar a Platão e aos estoicos. A doutrina de Tales é considerada sublime. Anaxágoras compreendeu que Deus é inteligente, imenso e infinito. Pitágoras, com acerto, se refere à conflagração final do mundo pelo fogo. Platão está correto no *Timeu* e, se excluídas as ideias políticas, muito do que escreveu em outros diálogos poderia ser aceito. E os estoicos conheceram a Providência como potência divina racional e, muito acertadamente, declararam que não há por que a verdade ser privilégio de alguns, pois a sabedoria é inata à alma humana e a verdade pode ser conhecida ou alcançada por todos. Também ofereceram ideias verdadeiras sobre a tranquilidade do sábio diante das paixões e dos acontecimentos que não dependem de nós. Até mesmo a aceitação cristã do martírio encontra eco no elogio filosófico do suicídio, como foi o caso de Sêneca, que escreveu: "Quem não souber morrer bem terá vivido mal". Em conclusão, diz Otávio:

> Essas opiniões podem ser consideradas semelhantes às nossas, uma vez que reconhecemos e dizemos que Deus é pai de todas as coisas, mas não falamos disso a não ser quando interrogados a propósito. [...] Assim, expus as opiniões de quase todos aqueles filósofos que podem considerar como sua glória mais excelsa ter indicado — embora com outros nomes — um só Deus, e poderíamos também pensar que hoje os cristãos são justamente os filósofos ou, então, que desde aquela época os filósofos foram cristãos.

Um filósofo cristão excede os profetas ao reconhecer que Deus é invisível, imenso, incompreensível para nós e compreensível apenas para si mesmo. Ele está além de todos os nomes, pois estes o limitariam e nos impediriam de vê-Lo em seu pleno esplendor e de designar seu poder absoluto. Exatamente isso explica em que o filósofo cristão se opõe à filosofia.

Em meio aos acertos ou à presença da "centelha da verdade", diz Otávio, muitos filósofos caíram em erros graves e em absurdos, como a teoria da transmigração das almas de Pitágoras e Platão (particularmente, a ideia de que as almas podem transmigrar para os corpos dos animais). Não menos aberrantes são as ideias dos céticos e de "toda a turba dos acadêmicos" que fazem da dúvida um modo de vida, isso sem mencionar o "bufão de Atenas", Sócrates, vangloriando-se de nada saber porque isso teria sido atestado por um falso oráculo, que afirmou ser ele o mais sábio dos homens por reconhecer que nada sabia. Ao contrário,

> nós não proclamamos aos quatro ventos sermos sábios, mas levamos a sabedoria em nosso coração; não predicamos sobre a virtude, mas a praticamos; em suma, temos orgulho de haver alcançado aquilo que eles procuravam com penoso esforço e jamais encontraram.

ARNÓBIO

Como Tertuliano e Minúcio, também Arnóbio nasceu no Norte da África: em Sica (na atual Tunísia) em 260. Morreu em 327. Viveu, portanto, entre o período das perseguições de Diocleciano e o da conversão de Constantino. Pouco se sabe de sua vida a não ser por referências encontradas nas *Crônicas sobre os homens ilustres* de Jerônimo. Segundo este último, Arnóbio, professor de retórica e adversário do cristianismo, converteu-se em 296 e pediu para ser batizado, o que lhe foi recusado pelo bispo de Sica. Arnóbio decidiu provar seu desejo de conversão escrevendo uma apologia do cristianismo, o *Adversus nationes* (*Contra as nações*), isto é, contra os pagãos.

Na *História da filosofia patrística*, Moreschini se refere a Arnóbio como uma figura controvertida por dois motivos principais: em primeiro lugar, porque há um ecletismo em suas ideias e disputas sobre a origem delas;[14] e, em segundo, por ter se esforçado para defender o cristianismo antes mesmo de conhecê-lo em profundidade, o que explica o curioso fato de que suas defesas foram baseadas em ideias provenientes mais da filosofia do que da religião cristã propriamente dita. Arnóbio poderia ser tomado como um caso exemplar da atração que o cristianismo exerceu sobre gente culta e cultivada.

A apologia do cristianismo a partir da filosofia explica por que Arnóbio enfatiza que Cristo é o mestre que veio ensinar aos homens a verdade sobre Deus e seu culto. Também esclarece como, ao ensinar a existência de um único Deus, que deve ser adorado e respeitado como o princípio de tudo, o Filho oferece a explicação de tudo quanto existe, dos astros aos quatro elementos, dos seres animados à alma humana e sua imortalidade. Embora se refira a Cristo como divino, Arnóbio nada diz sobre a Trindade, pois é de se supor que esta seja uma questão para os iniciados nos mistérios cristãos, o que, evidentemente, não é o caso dele próprio, a quem, como noviço, interessa a passagem do politeísmo ao monoteísmo.

Por viver na época das perseguições de Diocleciano, Arnóbio conhece os argumentos romanos contra o cristianismo, responsabilizado por catástrofes naturais, pestes e guerras. Contra isso, oferece exemplos que responsabilizam os próprios pagãos pelas tragédias que se abatem sobre eles. Trata-se, pois, de responsabilizar Roma e o politeísmo pelos acontecimentos e isentar os cristãos e seu Deus.

Recusando seu passado na idolatria, Arnóbio justifica o ceticismo teológico dos acadêmicos, que, com justeza, atacaram a estupidez do politeísmo. A esse ceticismo, entretanto, contrapõe a simplicidade e a clareza do cristianismo e sua grandeza moral. Indaga: por que não aceitar a fé em Cristo se, cotidianamente, nossa vida é tecida com atos de fé em tudo o que a razão não é capaz de explicar nem de demonstrar?[15] Não vemos, todos os dias, o viajante crer que voltará à sua casa, o lavrador crer que a semente germinará, o doente crer que o médico irá curá-lo, os filósofos acreditarem, com Tales, que tudo vem da água, assim como acreditam em Platão, Aristóteles, Zenão e Epicuro? Em suma, é preciso reconhecer a fraqueza da razão humana e seus limites, em vez de erguê-la contra a fé em Cristo. Essa fé nos faz crer em um único Deus, invisível, inefável, imóvel, impassível ou isento de paixões, que não pode ser concebido como um ser que vê, fala e escuta como os humanos, embora Ele nos seja espontaneamente benévolo, pois sua natureza é idêntica ao bem. Em outras palavras, em sua definição de Deus, Arnóbio mescla o neoplatonismo do inefável, o estoicismo da bondade divina e sobretudo o elogio de Lucrécio a Epicuro, quando este afirmou que Deus é absolutamente feliz (*beatus*), isto é, existe em plena felicidade (*beatitudo*) porque impassível.[16]

A crítica do ceticismo como guia do pensamento de Arnóbio explica a sua posição perante a oscilação de muitos cristãos a respeito de vários temas controvertidos. Por exemplo, a concepção aristotélica da alma como forma do corpo organizado ou a concepção estoica da alma como sopro misturado com o corpo sólido ou a concepção platônica da alma como puramente espiritual com a função de animar o corpo e dotada de imortalidade, portanto, preexistindo ao corpo e subsistindo depois de sua morte no mundo inteligível, ser espiritual emanado de Deus e próximo a Ele em dignidade. Arnóbio recusa esse platonismo e insiste que, pela reprodução, nutrição, capacidade de previsão e engenhosidade, o homem é um animal como os outros, embora superior a eles porque dotado de razão. Esta, porém, não deve ser motivo de vanglória, pois, ao contrário das outras capacidades inatas comuns aos animais e aos homens, a razão é uma conquista lenta, esforçada e difícil, pois os seres humanos não receberam os conhecimentos ao nascer, como imaginara Platão no *Menon*. Não basta, portanto, fazer as perguntas certas e encontrar em si mesmo as boas respostas. Contra a teoria platônica da anamnese,[17] isto é, de que a alma nasce com todos os conhecimentos, mas os esquece e precisa ser lembrada deles, Arnóbio escreve que, na realidade, tudo quanto sabemos foi adquirido por aprendizado e não recebemos conhecimento algum ao nascer. Para comprová-lo, propõe duas hipóteses: a primeira sugere que imaginemos uma criança criada na mais completa solidão e que, ao ser encontrada, já adulta, mostra nada saber; a segunda propõe que concebamos uma habitação subterrânea, de temperatura e iluminação constantes, provida de leite, mas desprovida de objetos, na qual se coloca um recém-nascido que, ao ser encontrado trinta ou quarenta anos depois, nada conhece sobre sua alma sábia e imortal, feita no céu.

A recusa dessas ideias platônicas ressurge na maneira como Arnóbio se refere ao que acontece às almas após a morte. De acordo com o mito apresentado no *Fédon*, as almas que levaram uma vida mediana são purificadas no Aqueronte e as que levaram uma vida com culpas imperdoáveis são mergulhadas no Tártaro para suplícios terríveis, de onde só podem sair aquelas que se arrependem dos males praticados, se perdoadas por suas vítimas. Finalmente, as almas que levaram uma vida boa e santa são conduzidas a um paraíso terrestre, e as dos filósofos, a um paraíso celeste. Arnóbio considera inaceitável a ideia dos tormentos porque estes são impossíveis se a alma for puramente espiritual. Só podem ser admitidos se a alma for corporal, mas nesse caso ela não poderá ser imortal. A solução de Arnóbio consiste em conciliar as ideias de tormentos/punições e imortalidade da alma com a teoria estoica da corporeidade anímica (ou do sopro divino). Diz ele, seguindo as ideias platônicas do *Timeu*: nossas almas não são criadas por Deus (que é imóvel e impassível), mas por seres da corte celestial, os demiurgos. Como Cristo ensina, nossas almas são criaturas que podem ser imortais — quando conhecem o verdadeiro Deus — ou mortais — quando ignoram o verdadeiro Deus. A imortalidade, portanto, não está inscrita na natureza da alma, mas é um dom divino.

Ao comparar Cristo e os deuses do politeísmo, Arnóbio enfatiza a diferença entre os dons trazidos em cada caso. Os dons dos deuses são efêmeros, concernem à trajetória de um homem particular apenas nesta vida e podem ser destruídos pela ação contrária de uma divindade em conflito com outra. O dom trazido por Cristo, ser divino que se sacrificou pelo gênero humano, é perene e imutável: ao trazer aos humanos o conhecimento do verdadeiro Deus e de si próprio como divino, deu-lhes o conhecimento verdadeiro do cosmo, dos astros, da origem dos animais e dos homens, da destinação final da alma, trouxe-lhes sabedoria, imortalidade e salvação eterna. Cristo é nosso mediador e, portanto, nosso salvador.

LACTÂNCIO

Norte-africano como Tertuliano, Minúcio e Arnóbio, nascido talvez entre 240 e 260, de Lactâncio também pouco se sabe, a não ser por referências esparsas em suas obras e nas *Crônicas sobre os homens ilustres*, de Jerônimo. Como os que o precederam, estudou retórica e Direito Romano, mas não parece ter exercido a profissão de advogado, e sim a de professor de retórica. Foi aluno de Arnóbio, a quem se atribui a possibilidade de sua conversão ao cristianismo. No entanto, alguns historiadores indicam datas que invalidariam essa hipótese: quando Arnóbio se converteu, Lactâncio habitava havia muito tempo a parte oriental do Império e só foi batizado no início do século IV; além disso, foi nomeado por Diocleciano professor de retórica em Nicomédia (entre 285 e 295), o que teria sido impossível se ele fosse cristão, uma vez que esse imperador foi chamado de "o grande perseguidor" e seu tempo foi conhecido como "a era dos mártires".

Como, em 303, tem início a grande perseguição de Diocleciano aos cristãos e como, nessa data, Lactâncio já não tinha o cargo de professor de retórica, supõe-se que renunciou a ele por ter se convertido, pois é dessa época a redação de um texto cristão, o *Sobre a obra criadora de Deus*. Alguns estudiosos consideram que, nesse livro, Lactâncio pretendeu mostrar que o cristianismo é uma filosofia superior à estoica (embora elogie Cícero e Sêneca) e atacar violentamente a filosofia epicurista, por meio de críticas a Lucrécio. Também corrobora a hipótese da conversão por volta de 303 o início da redação de uma obra monumental, *As instituições divinas*, título que remete ao texto que regulamentava a sociedade e a política romanas, as *Instituições do direito civil*. Nessa obra, Lactâncio demole o edifício jurídico romano e, após uma sequência de exposições sobre o cristianismo, conclui o livro com uma perspectiva milenarista e escatológica. Sabe-se que, diante das perseguições, Lactâncio se refugiou na Bitínia, na Ásia Menor, e ali se encontrava quando, entre 311 e 313, escreveu contra estoicos e epicuristas em *Sobre a cólera de Deus* (*De Dei ira*).

Em 313, Constantino, já imperador, proclama o Édito de Milão, que permite o cristianismo como religião lícita. Lactâncio dirige-se à Gália, onde se encontra com o imperador e é nomeado professor de retórica de seu filho, Crisipo. Em 314, escreve *A morte dos perseguidores*. Alguns estudiosos consideram que é a partir dessa data que sua influência sobre Constantino se torna decisiva, o que seria atestado pelo fato de *Instituições divinas* ser dedicado ao imperador e por muitas das decisões tomadas por este transparecerem teses do livro. Nessa obra, encontra-se a narrativa do acontecimento miraculoso da Ponte Mílvia, com a vitória de Constantino sobre Maxêncio.[18] Como não esteve presente no Concílio de Niceia, em 325, supõe-se que Lactâncio ou caíra em desgraça ou teria morrido entre 314 e 325, sem que se saiba a data exata.

A tarefa das *Instituições divinas*, nas palavras de seu autor, é instruir e não apenas, como fizera Tertuliano, defender a fé cristã. Essa instrução exige confrontar o cristianismo com as falsas religiões e com a falsa sabedoria ou filosofia.

Como Tertuliano e Minúcio, também Lactâncio afirma que, espontaneamente, a alma suplica ou agradece a Deus e não a este ou àquele ídolo. Essa espontaneidade explica alguns acertos da filosofia, em particular, como disseram seus dois antecessores, que os filósofos tenham criticado os mitos e que muitos, com justeza, tenham atacado o politeísmo tanto por seu antropomorfismo como pela imoralidade dos deuses. Alguns propuseram o henoteísmo (um deus uno, princípio supremo, e deuses secundários ou seres celestes intermediários) e até mesmo o monoteísmo (como Filo de Alexandria e os neoplatônicos); outros, enfim, compreenderam a existência da Providência Divina (como os estoicos). Todavia, embora capazes de criticar as falsas religiões, lemos no livro II das *Instituições divinas*, nenhum deles chegou ao conhecimento do Deus verdadeiro, ao qual devemos adorar. De fato, tendo o olhar voltado para a terra e não para o céu, enganaram-se e não conheceram as definições do bem e do mal. O que não significa, porém, que aqueles que olharam para o céu conheceram alguma verdade: Platão se perdeu no mundo inteligível e os astrônomos de Alexandria, vendo diariamente o movimento do sol e o da lua, concluíram que se tratava de um movimento circular e que o mundo teria essa forma, com a Terra como um globo ocupando o centro. Ora, indaga Lactâncio, como a Terra poderia ser redonda? Se fosse o caso, seria preciso admitir que numa parte dela a chuva cai de baixo para cima e que os homens têm a cabeça para baixo e as pernas para cima — são os famosos antípodas.[19]

Por terem os olhos voltados para o que é terreno, os filósofos também não conheceram verdadeiramente o que são o bem e o mal e, por conseguinte, o que são a virtude e o vício. A conclusão é a esperada: se tivessem conhecido a verdade por inteiro teriam sido profetas, os quais foram os primeiros a ensiná-la antes da vinda do Mestre, Jesus Cristo. Para além da filosofia, maior e melhor do que ela, está a fé, a única que realiza o desejo filosófico que a filosofia não pode realizar: a felicidade, que se encontra na imortalidade, alcançada na adoração a Deus.

Uma das consequências da separação entre fé e razão, explica Lactâncio no livro v das *Instituições*, é a incapacidade dos pagãos e dos filósofos de compreender o verdadeiro sentido da justiça. Esta tem como ponto de partida o fato de que todos os homens são filhos de Deus, portanto, irmãos, capazes de cooperação numa *congregatio hominum humanitatis causa*, isto é, uma sociedade de homens cuja causa é sua humanidade. Isso implica redefinir os conceitos de *pietas* (fé) e de *aequitas* (igualdade): para que se tornem verdadeiras virtudes e para a realização da justiça é preciso retirá-las do contexto socioeconômico da família definida pelo Estado (portanto, como desigualdade de classe social), bem como do contexto político, no qual a *pietas* se dirige ao imperador e não a Deus. A família se define pela consanguinidade natural e pela devoção a ideais comuns e nunca pela propriedade econômica. Por seu turno, os deveres têm como único critério a salvação da alma.

Como observa Cochrane:

> Com Lactâncio, estamos muito distantes do senso de horror com que Tertuliano encarava a mulher como "porta da perdição" e ainda muito longe do ideal monástico do celibato, que viria no futuro. [...] Seu ideal é uma visão da vida como processo contínuo de autodesenvolvimento que pressupõe, em todas as relações externas, o respeito pela humanidade tal como realizada, ainda que imperfeitamente, na república clássica. É isto a *ratio mundi*, a lei da natureza, que ele identifica com a lei de Deus, que o homem deve subscrever se desejar a felicidade e realizar sua destinação final no Reino de Deus (Cochrane, 1977, pp. 194-5).

Gilson considera que não há por que esperar profundas especulações filosóficas em Lactâncio, mas, lendo *As instituições divinas*, devemos tomá-las como um caso exemplar da surpresa de pagãos cultos perante a nova religião, como se esta apresentasse razões maiores e superiores às da razão filosófico-científica, sempre incerta e controvertida, voltada para si mesma e incapaz de vencer a batalha contra a ignorância. Numa palavra, não há apenas falsas religiões, mas também falsa sabedoria. Eis por que, embora respeite e admire Cícero, Lactâncio indaga: que sabia verdadeiramente Cícero ao escrever o *Sobre a natureza dos deuses*? Ele próprio responde: nada. E acrescenta: não menos errou Sêneca. Qual a origem de tantos enganos? A separação entre sabedoria e religião. A obra do cristianismo é uni-las — *religio*, religar, unir —, e para tanto o primeiro passo foi trazer o monoteísmo e a fé na revelação divina, conduzindo à ligação/união essencial, sintetizada na afirmação: "na sabedoria, a religião; na religião, a sabedoria" (*As instituições divinas*, IV, 3).

O que é a *religio/sapientia*? No Livro VII das *Instituições divinas*, Lactâncio afirma que escreve para que nos aproximemos dos segredos (*arcana*) de Deus e do mistério (*mysterium*) do mundo.

Segredos de Deus: inefável e incompreensível, Deus criou a si mesmo e proferiu seu Verbo, engendrado de seus pensamentos.

Mistério do mundo: este foi criado "para que nasçamos e nascemos para reconhecer o seu autor: Deus". Ao cultuá-Lo recebemos a imortalidade como recompensa por nossos esforços e para servir eternamente ao Pai soberano em seu reino eterno.

Mistério do ser humano: o homem é dotado de corpo e de uma alma (*anima*) — um sopro divino tênue — capaz de pensamento (*mens*) e de sentimentos (*animus*). Para merecer a imortalidade, deve combater um outro ser, também criado por Deus, o diabo, cuja tarefa é atormentar o gênero humano, pois não há virtude sem obstáculos nem vitória sem combate. Como diria um dos nossos poetas: a vida é peleja que os fracos abate e os fortes conduz.

Por que mistérios e segredos? Por que os *arcana*? Os estudiosos afirmam que Lactâncio conhecia o chamado *Corpus hermeticum*. Trata-se de uma obra vasta atribuída ao lendário deus Hermes Trimegisto, "o Três Vezes Grande", mensageiro do deus único, pai e criador de todas as coisas, providência que tudo governa. Inegendrado, autossuficiente, impassível, inomeável, incognoscível, esse deus criou Hermes como seu Verbo, que falava por enigmas, isto é, de maneira secreta e misteriosa. O *Corpus hermeticum* é mencionado na Gnose (e, como consequência, no gnosticismo), em autores neoplatônicos, bem como em vários Padres da Igreja dos dois lados do Império Romano. De acordo com as *Tapeçarias* de Clemente de Alexandria, essa obra, que se supunha antiquíssima, contava com dez tratados sobre cerimônias religiosas, dois com hinos aos deuses e regras para o rei, seis de medicina, quatro de astronomia e astrologia e dez de geografia e cosmografia. O *Corpus* é citado e comentado por Lactâncio nas *Instituições divinas* (livros II, IV, VI, VII) quando se refere à criação do mundo, à Providência Divina, ao homem como composto de um corpo mortal e uma alma imortal e ao fim do mundo.[20]

Ao que tudo indica, a primeira obra de Lactâncio é *Sobre a obra criadora de Deus*, cujo objeto não é o todo da criação, mas a criação do homem, embora, logo no início, afirme que a criação do mundo é uma obra perfeita e belíssima. Foi escrita durante as perseguições de Diocleciano e seu objetivo é assegurar aos cristãos a confiança na Providência Divina para suportar condições tão adversas. Por esse motivo, tem uma finalidade não só consoladora, mas também de um *protétikós*, uma exortação aos que poderiam duvidar do socorro divino. Eis por que a obra termina com a seguinte declaração:

> Porque se o sábio deve desejar a vida, eu não desejaria viver, sem dúvida, por nenhuma outra causa senão a de conseguir algo que seja digno na vida e proveitoso aos que leem [...]. Assim tendo feito, julgarei que terei vivido o suficiente e cumprido minha função de homem se meu esforço liberou alguns homens de erros e os conduziu ao caminho celeste (*Sobre a obra criadora de Deus*, XX, 8,9).

Sobre a obra criadora de Deus enfatiza a beleza do corpo humano, a disposição perfeita e a utilidade de cada uma de suas partes, cada qual com uma finalidade ou função própria e conectada às demais, e salienta a diferença essencial entre o homem e os animais, pois, como já havia dito Sêneca, somente a ele foi dada a posição ereta, não apenas para que domine os animais, mas sobretudo para que contemple não o céu (como queria o filósofo, referindo-se ao universo), mas Deus, de onde nos originamos. Para que essa contemplação seja possível, é preciso ir além do corpo e chegar à alma humana. Mantendo a afirmação de que Deus fez o homem à sua imagem e semelhança, Lactâncio descreve a alma (*anima*) como sopro divino, capaz não só de sensações e sentimentos (*animus*), mas também de pensamento (*mens*) e destinada à imortalidade, desde que, pela fé e pela virtude, vença as provações que lhe são impostas nesta vida e as tentações diabólicas, de acordo com os desígnios misteriosos de Deus. Por isso, o sumo bem (*summum bonum*) do homem é a contemplação de Deus, trazida ao seu ponto máximo pela religião verdadeira.

À maneira de Platão e de Cícero, também Lactâncio concebe Deus como razão ou mente eterna, imaterial ou incorpóreo. Em *A cólera de Deus*, Ele é dito sábio e inteligente por sua própria natureza e, à maneira neoplatônica e de Hermes Trimegisto, transcendente e incognoscível.

> Trimegisto, que investigou, não sei como, quase toda a verdade, descreveu muitas vezes essa potência e majestade do Verbo de Deus [...] diz que existe uma palavra inefável e santa, cuja explicação ultrapassa a limitação do homem (*As instituições divinas*, IV, 7,3).

Nas *Instituições divinas*, Lactâncio precisa tomar posição a respeito da relação entre o Pai, o Filho e o Espírito Santo, seja porque é necessário erguer-se contra o gnosticismo, seja porque o arianismo está em vias de formulação. No entanto, ele não chega à ideia da Unidade Trina ou da Santíssima Trindade, embora reconheça a existência do Pai, do Filho e do Espírito Santo. A esse respeito, escreve Moreschini:

> Lactâncio teria sido seguidor do chamado "binitarismo", no sentido de que o Lógos (quer dizer, o Filho) e o Pneúma (ou seja, o Espírito) são para ele idênticos e constituem, com o Pai, a natureza divina. Essa identificação teria sido causada também pela influência do estoicismo, porque para os estoicos *lógos* e *pneúma* são duas realidades substancialmente idênticas e coincidentes entre si, e, portanto, teria sido difícil distinguir as duas Pessoas divinas com base na substância delas. [...] A identificação estoica, enfim, teria favorecido a identificação entre Filho-Verbo de Deus e Espírito Santo (Moreschini, 2013, p. 323).

Além das questões teológicas, Lactâncio também precisa se pronunciar sobre uma ética que seja propriamente cristã.

A tradição filosófica definira Deus como impassível, isto é, não sujeito a paixões (*passio*, em latim; *pathe*, em grego). Para um filósofo como Filo de Alexandria, por exemplo, o Deus da Tanach era um problema, visto que, em inúmeras ocasiões, se manifestou pela cólera (a expulsão de Adão e Eva do Paraíso, o dilúvio universal, a destruição de Sodoma e Gomorra, as pragas que caíram sobre o Egito, as merecidas provações do povo nos exílios e na escravidão). Muitos profetas prometiam a cólera divina toda vez que o povo ignorava os mandamentos ou como justa punição dos inimigos de Israel. A solução de Filo para a existência de uma paixão em Deus foi oferecer uma interpretação alegórica ou simbólica do furor divino. Ora, ao contrário, Lactâncio toma a ira divina em sentido literal e escreve uma obra cujo título é *A cólera de Deus* (*De Dei ira*), colocando em epígrafe a afirmação do apóstolo Paulo, em Romanos 1,18, de que Deus se encoleriza contra a impiedade e a injustiça dos homens que deturpam a piedade e a justiça.

Na introdução à obra, Lactâncio refuta os que negam a cólera divina por não compreenderem que ela é necessária e benéfica para a salvação e, portanto, inseparável da graça divina. A seguir, nas partes I a V, contesta as filosofias que recusam a ira de Deus em nome da impassibilidade divina, ou seja, o epicurismo e o estoicismo: o primeiro, em última instância, nega a existência de Deus, pois afirma que nosso mundo é eterno e apenas mais um entre infinitos mundos possíveis; e o segundo, tendo afirmado que Deus é bondade, é obrigado a reconhecer a existência de sentimentos divinos, de maneira que nada justifica que um estoico possa negar o ódio de Deus pelos maus. Na verdade, essas filosofias não só destroem a religião, mas também a vida em sociedade, pois esta se funda tanto no pacto público de respeito às leis quanto no temor a Deus, origem de toda legislação justa.

A afirmação da ira divina se fundamenta na concepção dualista de Lactâncio (desenvolvida nas partes finais da obra), que afirma ter Deus criado o bem e o mal. Em outras palavras, ao contrário de uma longa tradição filosófica, segundo a qual o mal é desprovido de realidade, pura privação ou ausência de bem, Lactâncio atribui realidade ao mal e o coloca como condição para que o homem alcance a virtude e tenha como recompensa a imortalidade da alma. De fato, como vimos, Lactâncio afirma que Deus criou o diabo e suas tentações (fraude, mentira, roubo, ambição, luxúria, discórdia, impiedade, injustiça, matricídio, parricídio, fratricídio, gula) para atormentar os homens e forçá-los a resistir a elas por meio da virtude e da fé, ganhando assim o direito à vida eterna: a cólera divina está a serviço da virtude contra o vício ou do bem contra o mal. Isso significa que a cólera divina não é *um* mal nem *o* mal, e sim exercício da justiça — recompensa dos bons e condenação dos maus —, em harmonia com a bondade, a razão, a paciência, o perdão e o amor divinos, pois Deus nos criou para a sabedoria e a justiça e nos pune somente se não as realizarmos. Em contrapartida, a cólera humana pode ser má, um vício ou pecado quando é injusta, podendo, entretanto, ser justa em muitos casos. Seguindo os princípios da medicina hipocrática, Lactâncio afirma que a sede da cólera humana é corporal, encontrando-se no fígado, quando este produz a bílis amarela,[21] e por isso o homem pode controlá-la e não ceder à cólera injusta.

Lemos, na conclusão:

> Que se suprimam a impiedade, as discórdias; que se apaziguem as divergências tumultuadas e destrutivas, que fazem com que o divino vínculo das relações humanas e do pacto público se rompam, se destruam, se dissolvam. [...] A justiça e a benemerência são tão imortais como o espírito e a alma, que alcançam a semelhança com Deus pelas boas obras. [...] Purifiquemos nosso corpo, templo de nossa alma, com a claridade de Deus e a luz da sabedoria. Se cremos que Deus está sempre presente em nosso corpo, viveremos de tal modo que sempre O teremos propício e nunca teremos medo de que Se enfureça (*Sobre a ira de Deus*, XXIV, 12,13,15).

2. Os Padres latinos anteriores a Agostinho

De acordo com os estudiosos da Patrística Latina, o período iniciado no século IV é caracterizado pela institucionalização da Igreja e pela forte presença do platonismo nas elaborações teológicas e éticas. Essa predominância preparou o terreno para o neoplatonismo (e, de certa maneira, para a Gnose),[1] que se tornou referência decisiva e constitutiva das formulações teológicas cristãs.

Entre o momento dos apologetas e o dos platônicos latinos, insere-se um período intermediário no qual as figuras mais relevantes são Hilário de Poitiers, Ambrósio de Milão e Jerônimo. A seguir, passaremos aos neoplatônicos e examinaremos as obras de Calcídio e Mário Vitorino.

HILÁRIO DE POITIERS

Hilário nasceu em 315, em Poitiers, na Gália, onde foi bispo diocesano, e morreu em 367. Converteu-se tardiamente ao cristianismo, depois de longas meditações relatadas em sua principal obra, *Sobre a Trindade* (*De Trinitate*), escrita no contexto do combate ao arianismo, durante seu exílio na Frígia, entre 356 e 359. No contexto desse mesmo combate, também escreveu, em 355, motivado por uma controvérsia em Milão, o *Tratado sobre os sínodos* e *Contra os arianos*, que lhe valeu não só o título de Martelo dos Arianos (*Malleus arianorum*), mas também o exílio, promulgado pelo imperador pró-ariano Constâncio, alvo de outro texto, *Contra Constâncio*, no qual é chamado de tirano, o mais cruel dos imperadores, anticristo e comparado a Nero. *Sobre a Trindade* contém doze livros, escritos sob a forma de diálogo, e emprega o método alegórico de interpretação da Sagrada Escritura, método que é também empregado no *Tratado sobre os Salmos* e no *Comentário do Evangelho de Mateus*.

As longas meditações após as quais Hilário se converteu eram inicialmente éticas, voltadas para o tema que se tornara central na filosofia do período imperial, isto é, a busca da felicidade. Essa procura o levara a se perguntar sobre a existência e o ser de Deus e a encontrar a resposta ao ler, na Escritura dos judeus e dos cristãos, a palavra do Senhor a Moisés: "Sou Aquele que sou". Seu itinerário, portanto, se inicia com a revelação do Sinai e se completa com a leitura do Apocalipse: "Eu sou a verdade e a vida", "Eu sou o Alfa e o Ômega", o "Princípio e o Fim". Esse percurso é relatado por ele em seus escritos sobre os Salmos, que nos ajudam a compreender o que o levou do politeísmo ao monoteísmo e deste ao cristianismo.

No *Tratado sobre os Salmos*, após fortes críticas à impiedade reinante em seu tempo, ao furor das heresias e às perseguições à verdadeira fé, Hilário ataca tanto os filósofos que designavam criaturas como a água, o ar ou o fogo com o nome de deus quanto aqueles, como os epicuristas e os estoicos, que afirmam a eternidade do mundo e recusam a obra divina da criação.

> Ao longo do tempo ficamos no erro e nos perguntamos o propósito de Deus, se é um ou se são muitos, de um só sexo ou dos dois, de poder igual ou diferente [...] e sobre sua natureza [...]. Alguns insistiram em afirmar que os deuses realmente não existem ou não têm interesse pela vida dos homens [...]. Quando, enfim, essas tentativas de resposta diminuíram e foram abandonadas, muitíssimos deles, os mais inteligentes, ensinaram que o homem podia conhecer uma só coisa [...] e todo aquele que tem juízo, depois de reconhecer a ignorância, voltou-se para os profetas e os apóstolos e aprendeu a lei de Deus (*Tratado sobre os Salmos*, 1, p. 209).

"Os templos desmoronaram, as estátuas dos deuses estão mudas, os arúspices calam porque os santos intervêm, a fé frustra os augúrios; somente o nome de Deus é santo em meio a todos os povos" (*Tratado sobre os Salmos*, 5, p. 740). A adesão ao monoteísmo, diz Gilson, fez de Hilário o primeiro latino a fundar suas reflexões sobre Deus no conceito de *esse* (ser) e, segundo Moreschini, o primeiro dos ocidentais a pensar o ser divino com o vocabulário da *essentia* e da *substantia*.

Em *Sobre a Trindade*, acompanhando ideias de Tertuliano, Hilário refuta a possibilidade do politeísmo porque o ser de Deus, sendo grandeza máxima, impõe a evidência de que só pode existir um único ser supremo, pois um ser máximo não poderia ser limitado por outro sem que ambos deixassem de ser máximos. Além disso, a afirmação "Sou Aquele que sou" significa existência eterna, de maneira que o ser de Deus não é apenas único, mas eterno. Deus — infinitude de grandeza e totalidade do tempo — é a potência de criação de tudo o que foi, é e será. Ao se referir à criação, Hilário afirma que Deus é "circunfuso e infuso" no universo, aproximando-se, portanto, da concepção estoica da imanência da Providência Divina ao mundo, que, como vimos, também aparece em Orígenes.

Contra Tertuliano e seguindo Lactâncio, Hilário afirma que o ser de Deus é *incorporalis*, pois um ser infinito e eterno não pode ter os limites e os desgastes de um corpo. Como consequência da incorporeidade, Deus é *impassibilis*, pois imutável (como, aliás, já haviam reconhecido alguns filósofos, como Cícero e Lucrécio, e vários dos apologetas latinos, como Lactâncio), de maneira que, contra os arianos, Hilário assegura que a geração do Filho não é nem pode ser uma mudança no ser do Pai. Em outras palavras, a Trindade não introduz modificações no ser divino. Essa ideia está conectada a uma outra, que participa da definição do *esse* divino, qual seja, a *simplicitas*, simplicidade, decorrente da incorporeidade de Deus, de modo que há igualdade de natureza entre o Pai e o Filho.

Todavia, se Deus é impassível, Hilário, como Lactâncio, precisa oferecer uma explicação para a cólera divina. Ele o faz em termos muito semelhantes aos de Lactâncio, distinguindo entre a ira divina e a humana, a primeira como expressão da justiça e a segunda como vício. A punição divina se abate contra o mau exercício do livre-arbítrio pelo homem. Em sua perfeição e bondade plenas, Deus não carece das boas ações humanas, mas, tendo enviado seu Filho para nossa redenção, sua justiça pune os que escolhem o mal quando, tendo recebido a graça divina ou o dom de Cristo, poderiam não praticá-lo.

Infinito, incorporal, imutável, simples ou uno, impassível, Deus é inefável (*ineffabilis*), isto é, incompreensível e inexplicável para a mente humana. Não poderia ser de outra maneira, pois todos os predicados ou atributos que lhe pertencem são expressos de maneira negativa — não finito, não corpóreo, não mutável, não composto, não passivo —, sendo impossível exprimi-lo de outro modo. Hilário afirma, no livro III de *Sobre a Trindade*, que Deus é inescrutável e incognoscível e, por isso mesmo, objeto de fé. Estamos, portanto, diante da formulação, no lado ocidental da Patrística, da teologia negativa.

Vemos, assim, o percurso conceitual que possibilitou ao Martelo dos Arianos enfrentar a questão da Trindade.[2]

Com a expressão *substantia Dei*, Hilário pretende indicar o substrato comum às três pessoas da Trindade. Por *substantia*, ele entende o que deve subsistir em si e por si mesmo, dependendo exclusivamente de si próprio para existir, para ser o que é e para conservar-se, tendo por isso o significado de *essentia*, isto é, a natureza permanente de um ser, sua autossuficiência e identidade consigo mesmo. Para a geração do Filho, Hilário emprega o verbo *subsisto*, que significa o que existe e o que vem à existência a partir do Pai: o Filho vem à existência pelo Pai, "recebendo deste o viver e o ser, e a glória porque o Pai subsiste junto com ele" (*Sobre a Trindade*, IV, 12). "O Deus Unigênito é e vem à existência no sentido de que está presente no Pai, o qual já subsiste e está nele de maneira que ele próprio subsista" (*Sobre a Trindade*, VII, 41).

Todavia, Hilário fracassou politicamente, pois seu martelo não conseguiu demolir o edifício teológico-político erguido pelo arianismo imperial e eclesiástico. Expulso de Milão, morreu em Poitiers. Sua tarefa, porém, será realizada com muitas batalhas e grande sucesso por Ambrósio de Milão.

AMBRÓSIO DE MILÃO

Durante muitos séculos, as referências a Ambrósio se limitaram a citações na obra de Agostinho, de quem foi mestre admirado e a quem Agostinho atribui sua conversão ao cristianismo. Agostinho o menciona inúmeras vezes em contextos de definição doutrinária e de decisões políticas. É somente a partir dos anos 1950, entretanto, que seus escritos passaram a ser lidos, comentados e articulados às mudanças políticas promovidas pelo imperador Teodósio e ao seu contato com o que se convencionou denominar o Círculo Neoplatônico Milanês, no qual se encontravam filósofos e literatos formados no neoplatonismo, um dos quais, segundo Agostinho, teria dito que a abertura do Evangelho de João deveria ser gravada em letras de ouro e afixada em toda parte. Com eles, Ambrósio teria tanto dialogado como polemizado. Em suas obras, há citações de Plotino e Apuleio, mas também recusas explícitas de muitos conceitos neoplatônicos.

Ambrósio tomou para si a tarefa de oferecer bases conceituais e doutrinárias sólidas contra o arianismo e encontrar formas de melhorar as relações entre o Império e a Igreja nascida do Concílio de Niceia. Tarefa difícil, pois a Igreja de Milão, sob o bispo Auxêncio, negava ser ariana, porém recusava o Símbolo de Niceia e impedia a ascensão na hierarquia eclesiástica dos chamados niceianos.

Ambrósio nasceu em 359, em Treves, na Gália, e morreu em Milão, em 397. Vindo de uma família aristocrática que, após a morte do pai, deslocou-se para Roma, recebeu a educação própria de sua classe social (gramática, retórica e direito, além do conhecimento da língua e da cultura gregas e das obras de Filo e de Orígenes, dos quais herdará o método de interpretação alegórica dos textos sagrados). Iniciou sua carreira como advogado e trabalhou na administração pública. Em 370, foi nomeado governador das províncias da Itália do Norte. Milão era a sede do governo. Lá, encontravam-se tanto o Círculo Neoplatônico como o bispo Auxêncio. Quando este morreu, em 374, Milão passou por convulsões. Niceianos e não niceianos lutavam pelo posto. Segundo uma lenda, em meio às disputas que tomavam o templo, ouviu-se uma criança que bradou: "Ambrósio bispo!". Verdade ou ficção, o caso é que Ambrósio foi eleito bispo, certamente porque não havia tomado parte nas disputas anteriores e posteriores à morte de Auxêncio. Tentou recusar o posto, para o qual não se julgava preparado, pois, nessa época, ainda era catecúmeno e não fora batizado, mas sentiu-se compelido a aceitá-lo quando o imperador Valentiano determinou sua posse incondicional. Ao exigir que seu batismo e sua consagração episcopal viessem das mãos dos niceianos, Ambrósio definiu sua posição. No entanto, manteve os serviços religiosos dos aliados de Auxêncio, pacificando a cidade e sua Igreja.

Em 380, o novo imperador, Teodósio, decretou o cristianismo como religião oficial do Império, proibiu todos os demais cultos, declarou a universalidade ou catolicidade cristã, proclamou a condenação das heresias como loucura e crime e, sobretudo, afirmou sua própria autoridade como recebida de Deus, santificando-se. Embora já tenhamos mencionado o decreto de Teodósio, vale a pena repeti-lo porque há nele um termo que ainda não havíamos analisado:

> Desejamos que todos os povos que estão sob nossa clemência imperial devem professar a fé que cremos ter sido comunicada aos romanos pelo apóstolo Pedro e mantida imutável até hoje [...] de acordo com a qual devemos acreditar em uma divindade, a sagrada Trindade do Pai, Filho e Espírito Santo, a ser adorados com igual majestade. Exigimos que aqueles que seguem essa regra da fé devam receber o nome de Cristãos Católicos, julgando todos os outros homens como dementes e ordenando que sejam designados como heréticos, condenados a sofrer a divina punição e, portanto, a vingança desse poder que nós, por autoridade celestial, assumimos (apud Cochrane, 1977, p. 327).

Dessa maneira, o poder temporal foi colocado como subordinado ao poder espiritual, do qual o imperador, santificado pela Igreja, tornou-se guardião ao transformar a fé em princípio da organização social e política, operando para a abolição de todas as formas de paganismo, com a proibição de todos os demais cultos e a punição de todos os cristãos desviantes, que, no decreto, foram designados como *dementes*. Ora, no Direito Romano, alguém só era considerado sujeito de direitos ou *sui iuris* se estivesse em pleno uso da razão (*mens*), ao contrário dos que não tinham domínio das faculdades mentais, isto é, dos chamados *amentis* (os sem razão) e *dementis* (os que perderam a razão). Os primeiros eram os tolos ou os bobos; os segundos, os loucos, os dementes. A demência, portanto, torna-se a definição legal/jurídica dos heréticos, que perdem a cidadania e todos os direitos seculares e religiosos. É sob essa denominação que os arianos são colocados por Teodósio no Concílio de Constantinopla, em 381.

Após o concílio, a capital do Império é transferida para Milão e Ambrósio se torna um importante aliado de Teodósio. No entanto, exatamente porque o poder imperial havia sido santificado, o bispo de Milão tem autoridade religiosa sobre o imperador e Ambrósio rompe com Teodósio por este ter ordenado o massacre de Tessalônica (cuja causa é objeto de controvérsia entre os historiadores da Igreja), recusa-se a realizar os serviços litúrgicos em sua presença e recomenda que ele, se não quiser ser excomungado, proceda como o rei Davi e faça penitência pública, humilhando-se sinceramente por seu pecado. Teodósio obedece.

Também merece menção um outro episódio. Em 383, a aristocracia romana esboçou uma oposição a Teodósio ao se manifestar contra a retirada da estátua da deusa Vitória do Senado, onde ela possuía um altar e era cultuada. De acordo com o relato de Agostinho, Ambrósio foi o herói que conseguiu a retirada da estátua.

Tanto o episódio da estátua de Vitória como o da ruptura de Ambrósio com os bispos da Gália, tolerantes com os arianos, bem como sua atitude em relação à falta cometida por Teodósio revelam, nas palavras de Campenhausen, que Ambrósio "luta pela potência absoluta da Igreja, isto é, pelo poder" (Campenhausen, 1967, p. 123). Evidentemente, o decreto de Teodósio e a santificação da autoridade imperial facilitaram essa luta. Como observa Cochrane, Teodósio se viu compelido a aceitar duas medidas propostas por Ambrósio: a autonomia ou autodeterminação da Igreja e a liberdade dos ministros eclesiásticos para agir e falar segundo seus próprios desígnios (Cochrane, 1977, p. 347). A partir de então, embora fosse considerado um poder autônomo, o Império deixou de ser um poder independente da Igreja, isto é, do Reino de Deus.

Após sua ascensão à condição de bispo, Ambrósio se dedicou ao estudo da Sagrada Escritura, dos Padres gregos e de autores hebraicos e pagãos, que moldaram seu pensamento teológico, ético e político. Sua obra é vasta e costuma ser dividida em quatro grupos. Destacaremos alguns de seus textos principais. Escritos exegéticos nos quais são empregados a interpretação alegórica e o método paulino das tipologias ou da prefiguração do Novo Testamento pelo Antigo:[3] *Comentário dos quatro livros dos reis*, *Hexameron*, *Comentário do Evangelho segundo Lucas*, *Comentário sobre os Salmos*; escritos éticos, com forte influência estoica (particularmente de Cícero, de quem conservará — e cristianizará — o título de uma obra, *Dos deveres*): *Sobre os deveres do ministério*, *Sobre a penitência*, *Sobre a virgindade*; escritos teológicos voltados à questão da Trindade e ao combate ao arianismo: *Sobre a encarnação do Senhor*, *Sobre a fé*, *Sobre os mistérios*, *Explicação do Símbolo*, *Sobre o Espírito Santo*, *Sobre os sacramentos*; e uma miscelânea de cartas, hinos, orações fúnebres e sermões.

As relações de Ambrósio com a filosofia são explicitadas por vários de seus comentadores, que, entretanto, nem sempre concordam. De todo modo, há consenso quanto à presença, em suas obras, de teses neoplatônicas, tais como a de que o mal não tem realidade própria, mas é ausência do bem, e a de que a alma realiza um itinerário ascendente ou em graus de conhecimento, o último dos quais é a contemplação mística de Deus. Em contrapartida, Ambrósio recusa a ideia platônica da preexistência da alma ao corpo e a teoria da reminiscência, embora aceite a doutrina de Orígenes sobre a alma. Sobre esse tema específico, vários estudiosos encontraram nas obras ambrosianas teses de origem neoplatônica, tais como a exigência de que a alma se afaste do mundo para se unir a Deus, pois, na mistura da alma com o corpo, este prevalece, como uma prisão, e precisa ser vencido; a imagem da luz para descrever a presença da alma no corpo; e a afirmação de que a virtude é um movimento interno à própria alma, a qual não precisa do mundo nem do corpo para ser virtuosa. Também percebe-se a presença do estoicismo com a ideia da virtude como escolha racional do que depende de nós e é exigido pela Providência Divina, bem como do elogio da temperança, da justiça e da lealdade, que, segundo Ambrósio, muitas vezes só podem ser alcançadas pelo exercício da penitência.

Por outro lado, reencontramos em Ambrósio as mesmas críticas feitas pelos apologetas aos erros dos filósofos tanto a respeito do ser de Deus — divinização de elementos como a água, o fogo ou o ar — quanto a respeito do próprio mundo, que alguns imaginavam ser incriado ou eterno, outros, obra do acaso, e outros, enfim, concebiam a existência de uma pluralidade de mundos. Consequentemente, como nos demais Padres, reencontramos em Ambrósio a afirmação tradicional de que o que há de verdadeiro na filosofia (e pode ser aceito) veio dos profetas hebraicos e que o erro dos filósofos foi supor que poderiam encontrar novas verdades acima desse solo sagrado. Eis por que, empregando o método tipológico de Paulo, Ambrósio escreve *Sobre os sacramentos*, texto no qual Cristo é definido como "sacramento primordial" e como "sinal da ação salvífica de Deus" e o batismo tem sua prefiguração no dilúvio e na travessia do Mar Vermelho. Da mesma maneira, Ambrósio encontra a prefiguração do Espírito Santo na nuvem que protegia os hebreus durante o caminho através do deserto e considera o maná, que os alimentara nesse caminho, como prefiguração do sacramento da eucaristia. Nas referências do Antigo Testamento ao vinho, encontra a prefiguração mística do sangue de Cristo. Assim procede também em *Sobre os mistérios*, no qual realiza de maneira quase exaustiva o exame das prefigurações dos vários sacramentos, oferece explicações para os milagres realizados por Jesus e declara:

> Nós vos demos diariamente ensinamentos morais, enquanto se lia a história dos Patriarcas e as máximas dos Provérbios, para que, formados e instruídos com essas coisas, vós vos acostumeis a entrar nos caminhos dos antepassados, a seguir seu caminho e a obedecer aos oráculos de Deus, de modo que, renovados pelo batismo, mantenhais o gênero de vida que convém aos que foram purificados (*Sobre os mistérios*, 1).

No calor das disputas entre niceianos e arianos, Ambrósio toma posição. Escreve *Sobre o símbolo* para explicitar a doutrina elaborada em Niceia e, durante o Concílio de Constantinopla, em 381, redige *Sobre a encarnação do Senhor* e *Sobre o Espírito Santo*. Essas obras, na realidade, não trazem inovações conceituais nem discussões teóricas, mas se limitam à defesa do que foi determinado pelos dois concílios.

Inicia *Sobre o símbolo* explicando o sentido dessa palavra grega, que significa "contribuição" e era empregada pelos comerciantes ao reunir as somas de dinheiro com que cada um contribuía para o uso de todos e devia permanecer inviolada sob pena de rejeição do fraudador. Prossegue Ambrósio:

> Os santos apóstolos reunidos fizeram, juntos, um resumo da fé para que pudéssemos compreendê-la de maneira breve. A brevidade é necessária para que ela seja sempre mantida na memória e na lembrança. Sei que, principalmente em regiões do Oriente, foram feitos, ora com fraude, pelos heréticos, ora com zelo, pelos católicos, acréscimos ao que foi transmitido por nossos anciãos. [...] Os apóstolos reunidos fizeram um símbolo [...] nele está compreendida de maneira evidentíssima a divindade da Trindade eterna: a operação única do Pai, do Filho e do Espírito Santo, de modo que tal seja a nossa fé, que creiamos do mesmo modo no Pai, no Filho e no Espírito Santo. Com efeito, onde não existe nenhuma distinção de majestade também não deve haver distinção de fé. [...] o Filho de Deus foi o único que tomou esta carne com alma humana racional e perfeita e assumiu a forma do corpo [...] porém sua geração tem um privilégio singular, pois não nasceu do sêmen do homem, mas foi gerado pela Virgem Maria por obra do Espírito Santo. [...] Todos os sacramentos que recebes, tu os recebes nessa Trindade. Que ninguém te engane. Vês, portanto, que existe uma única operação, uma única santificação, uma só majestade da venerável Trindade (*Sobre o símbolo*, 2, 3, 5).

Se é esse o Símbolo da Fé, por que surgem heresias? Porque, como escreveu Paulo aos Coríntios, as heresias são necessárias "para que os homens sejam provados". Por que os heréticos consideram o Símbolo uma calúnia? Porque, como ensinou Cristo, o joio está misturado com o trigo e os hereges se perderam ao aceitar as aparências de um trigo falso.

As obras morais de Ambrósio, como explica Fontaine,[4] se ocupam da espiritualidade e da perfeição da virgindade (o modelo das exortações é a Virgem Maria) e do comportamento digno e decente do clero.

Sobre os deveres do ministério, que com frequência repete páginas inteiras de

Sobre os deveres, de Cícero, está dividido, como a obra ciceroniana, em três livros: Livro I, sobre o honesto; Livro II, sobre o útil; Livro III, sobre a oposição entre o útil e o honesto. Cícero, que estoicamente afirmara a anterioridade do direito natural com relação ao direito civil e dera especial atenção à amizade como virtude, se endereçara à formação do cidadão e dos dirigentes políticos romanos; por sua vez, o tratado de Ambrósio, mantendo a distinção entre os dois direitos e o elogio da amizade, é dirigido às autoridades eclesiásticas, portanto, também se ocupa dos que exercem poder e função pública, porém como cidadãos daquilo que Agostinho, logo a seguir, denominará a Cidade de Deus. Eis por que, substituindo os modelos greco-romanos, invocados por Cícero, pelos da história sagrada, seu assunto são os deveres dos "servidores da Igreja". Trata-se de uma mescla de ética cristã com um manual sobre as funções eclesiásticas que exige do dirigente eclesiástico ser movido pela temperança, pela justiça, pela lealdade, pela decência e pela dignidade do cargo, distinguindo-se da massa popular. Nessa obra, Ambrósio diferencia dois níveis ou graus dos deveres: o *officium medium*, ou a obediência aos mandamentos divinos, e o *officium perfectum*, ou a perfeição dos santos. Isso significa que o bem supremo não é a virtude, mas a felicidade eterna na comunhão com Deus: numa perspectiva escatológica, os deveres perfeitos são promessa de beatitude e passagem ao Reino da Graça.

JERÔNIMO

Todos certamente conhecem o *São Jerônimo no estúdio*, de Dürer. Na quietude de seu *scriptorium*, sentado à sua mesa de trabalho, um ancião está absorvido no ato da escrita, enquanto um cão e um leão (as paixões) semiadormecidos estão aos seus pés. Reina uma paz completa. A gravura de Dürer leva Fontaine a dizer que nada poderia ser mais contrastante do que a personalidade e a vida de Jerônimo quando comparadas às de Ambrósio:

> Um é bispo da capital imperial; o outro terminará como abade no povoado de Belém depois de haver buscado Deus na solidão do deserto sírio [...]. Um é homem da sociedade, antigo governante; o outro sempre procurou o retiro, nos pequenos monastérios de almas livremente escolhidas, e renunciou a fazer carreira [...]. Um buscou um longo debate com o pensamento antigo; o outro é filólogo, historiador,

> pouco especulativo. Um é atraído pelas sínteses de conciliação de valores; o outro vive e prega a ruptura com o mundo, o extremismo ascético [...]. Tão exigente com os outros quanto consigo mesmo, Jerônimo traz a mesma paixão por tudo o que sente e faz, como por todos os que encontra em sua longa existência, com muitos dos quais rompe para sempre. Aponta a espada primeiro para si mesmo para somente depois dilacerar outrem. [...] Tais são, de fato, os dois pólos de sua vida: a ascese e os livros, a mortificação ascética na luta contra sua própria natureza e a paixão pela escrita [...] (Fontaine, 1970, pp. 78-9).

Ambrósio, homem do mundo, se caracteriza pela conversação e pela conciliação políticas, pela ação pastoral ou catequética e pela mescla de tolerância e rigor no trato dos membros de seu rebanho no cumprimento da Regra da Fé. Jerônimo, no dizer de Moreschini, é escassamente dotado de equilíbrio e de tolerância, granjeando, durante toda a vida, amigos dos quais depois se tornará inimigo.

Escreve Campenhausen que os biógrafos têm dificuldade para conciliar a gravura de Dürer e o temperamento de Jerônimo: sem dúvida tentou uma vida de pureza ascética, vagando pelo deserto, porém, essa peregrinação foi um breve acontecimento de sua juventude, pois:

> Malgrado seu zelo ascético e seu vasto saber, ele nunca foi capaz de virar completamente as costas para o mundo que o cercava [...]. Procura a simpatia, o sucesso, a fama ainda que imagine desprezá-las, dirigindo-lhes críticas acerbas. Jerônimo está incessantemente ocupado consigo mesmo, não conhece a paz interior, faz inimigos em toda parte e os persegue com sua animosidade pessoal e viva irritação. Ao lado de suas qualidades brilhantes, as fraquezas de seu caráter estão sempre expostas à luz do dia (Campenhausen, 1967, p. 155).

Jerônimo nasceu em 331 (ou em 347) na pequena cidade de Estridão, na fronteira entre a Dalmácia e a Panonia, no extremo norte da Itália. De família cristã abastada, foi enviado a Roma, à escola do gramático Donato, onde aprendeu o Direito Romano e leu os clássicos da literatura latina (Virgílio, Horácio, Terêncio, Juvenal), as obras retóricas de Quintiliano e manuais de filosofia sobre Sêneca e Cícero (mais tarde, este último viria a ser lido diretamente e a se tornar uma referência decisiva em sua obra). Mais adiante, aprendeu grego e leu Porfírio, com quem entrou em contato com o neoplatonismo. Ao terminar esses estudos, decidiu ser batizado.

Por volta de 360-70, dirigiu-se à Gália e viveu em Treves, sede imperial como Milão, talvez para iniciar uma carreira na administração pública. Ali, ao que parece, teve os primeiros contatos com o monaquismo, que iria se tornar o ponto central de sua vida. Ao regressar à Itália, em 372-3, organizou em Aquileia, com seu amigo Rufino e alguns sacerdotes, uma comunidade monástica que logo se dissolveu, dando início a uma ruptura interminável com os amigos e, em particular, com Rufino. Jerônimo decidiu, então, seguir para o Oriente e peregrinar pelo deserto da Síria, local preferido dos eremitas. Ali, em 374, estabeleceu-se em Calcídia e iniciou seu aprendizado do hebraico (que lhe permitirá fazer a crítica da Septuaginta e traduzir a Tanach diretamente para o latim). De acordo com uma de suas cartas (a epístola 22), esse período no deserto foi de luta e renúncia contra as tentações. Segundo outros relatos, nessa ocasião ele teria tido uma visão em que Deus o condenava por ter sido até então "um ciceroniano e não um cristão".

Entre 376 e 377, abandonou o deserto e a vida de anacoreta. Dirigiu-se a Antioquia, cidade dividida por lutas teológicas e eclesiásticas, nas quais Jerônimo tomou o partido de Paulino, reconhecido como bispo contra a vontade de Basílio, bispo e teólogo capadócio. De Paulino, recebeu a consagração sacerdotal. Em 380, rumou a Constantinopla, cujo bispo, por vontade de Teodósio, era um outro teólogo capadócio, Gregório Nazianzo. Com este, diz Jerônimo, aprendeu a exegese da Sagrada Escritura e se aproximou do pensamento de Orígenes. Assim, embora adversário de Basílio, foi discípulo de Nazianzo, de maneira que sua relação com os Padres Teólogos de Cesareia da Capadócia não foi pacífica, como quase tudo em sua vida.

Após o Concílio de Constantinopla, em 381, partiu para um sínodo em Roma. Ali permaneceu por pouco tempo, mas foi um período importante em sua vida, pois tornou-se secretário do pontífice Dâmaso e ascendeu como mestre espiritual dos romanos num meio social e político perpassado por divergências: a aristocracia (pouco interessada nas práticas de ascese) estava dividida entre cristãos e pagãos, os quais haviam sido derrotados no episódio da estátua da deusa Vitória e cujas esposas e filhas começavam a introduzir o cristianismo em seus lares. Com a morte de Dâmaso, o novo pontífice, Sirício o hostilizou (talvez com algum apoio de Ambrósio), voltando-se contra o excessivo rigorismo de Jerônimo. Por isso, em 385, abandonou Roma, dirigindo-se novamente ao Oriente, à Palestina e, finalmente, a Belém, onde viveu monástica e asceticamente por 34 anos e de onde não mais saiu. Ali transcorreu o período mais importante de seus estudos e de sua obra.

Por meio de cartas e tratados, manteve contato com outros pensadores, como Agostinho, e participou das discussões e controvérsias da época, como uma violenta contenda com o bispo de Jerusalém, que condenava as ideias do *Sobre os princípios*, de Orígenes, traduzido pelo amigo Rufino, o qual apresentara seu trabalho como continuação da tradução das homilias de Orígenes feita por Jerônimo.[5] Este, no entanto, recusou o trabalho do amigo. Declarou que compartilhava do método exegético de Orígenes, mas não de suas posições teológicas, e escreveu um violento tratado contra Rufino. Também escreveu contra o *Sobre o Espírito Santo*, de Dídimo, como pretexto para atacar Ambrósio, acusando-o de parafrasear e furtar a teologia dos Padres gregos (como vimos, ele conhecera Gregório Nazianzo e estudara com ele). Jerônimo não ficou imune às lutas contra os heréticos de seu tempo, os pelagianos, grupo que chegou a atacá-lo fisicamente e a incendiar o seu mosteiro. Morreu entre 419 e 420.

Como podemos observar, Dürer captou o espírito monástico e estudioso de Jerônimo, porém não sua vida e sua personalidade atribuladas.

Além de seu trabalho fundamental, a tradução da Bíblia para o latim, sua vastíssima obra se divide em escritos ascéticos, exegéticos, polêmicos e históricos, homilias, crônicas sobre homens ilustres e sobre os santos e 125 cartas (sem contar as que se perderam).

No que se refere a sua relação com a filosofia, Moreschini escreve:

> A formulação filosófica de Jerônimo foi essencialmente escolar e nesse ambiente ele se glorificou de ter tido grandes mestres que lhe permitiram e facilitaram a aprendizagem das obras do passado. Assim fazendo, Jerônimo foi um típico representante da cultura do ocidente latino, que cada vez mais se restringia ao estudo de seus clássicos, como Cícero, Salústio e Virgílio, e cada vez mais perdia de vista a cultura grega profana (Moreschini, 2013, p. 385).

Ora, cabe a nós observar que isso incidirá necessariamente sobre seus escritos, como perceberemos se os compararmos com os de seus antecessores gregos e latinos (para não mencionar um de seus contemporâneos, Agostinho).

De modo geral, os estudiosos consideram que Jerônimo não traz contribuições inovadoras no que respeita à teologia, pois não só a questão do ser de Deus (em que lhe interessam particularmente o tema da impassibilidade e da ira divinas, à maneira de Tertuliano, e o da identidade entre o espírito divino e a Providência Divina, à maneira estoica) como a da Trindade são pouco examinadas, aparecendo como retomada do pensamento dos Padres que o antecederam. Mesmo a controvérsia sobre a teologia de Orígenes o faz mais atacar Rufino do que defender as teses do Padre alexandrino, embora o considerasse um mestre na exegese dos textos sagrados. No que diz respeito às suas obras ascéticas, Jerônimo retoma a tese estoica da identidade entre o bem e a virtude e a paixão e o vício. Um dos temas importantes para ele é a virgindade perpétua de Maria, tese defendida desde Máximo, o Confessor, e reforçada com argumentos dos concílios de Niceia e Constantinopla, os quais Jerônimo simplesmente retoma. Também sua tese sobre a inferioridade do matrimônio perante as demais virtudes suscitou muitas polêmicas sem que ele oferecesse respostas convincentes. As crônicas *Sobre os homens ilustres* (relato da vida e obra de 135 autores cristãos, a começar pelo apóstolo Paulo e incluindo três não cristãos, Filo, Flávio Josefo e Sêneca) repetem o modelo das *Crônicas* de Eusébio. Oferecem uma primeira patrologia em língua latina, relato até então inexistente. No entanto, não se trata exatamente de biografias dos santos, e sim de histórias (romanceadas, diríamos hoje) de milagres, prodígios e peripécias, narradas como se fossem acontecimentos reais, com destaque para os eremitas (o apóstolo Paulo é apresentado como o primeiro eremita cristão). As obras exegéticas, por seu turno, simplesmente retomam os procedimentos de Orígenes e dos dois Gregórios da Capadócia.

Em suma, o forte de Jerônimo é seu trabalho de transmissor dos textos patrísticos orientais para o lado ocidental do Império Romano e, evidentemente, seu ofício de tradutor, que nos legou uma obra monumental, a que ele dedicou vinte anos de sua vida: a tradução da Bíblia do hebraico e do grego para o latim, que viria a ser conhecida como Vulgata.[6]

Como explicam Moreschini e Norelli, até o século IV, os pregadores e escritores ocidentais dispunham de traduções da Escritura feitas por autores desconhecidos e presas a um extremo literalismo com a intenção de fidelidade ao texto original. Havia muitas variantes, a depender do local de sua difusão. O papa Dâmaso e seu protegido Jerônimo estavam convencidos da insuficiência dessas traduções e da necessidade de submetê-las a uma revisão porque, por um lado, desde a difusão dos trabalhos de Orígenes sobre os textos bíblicos e suas críticas à

Septuaginta, tornara-se evidente a complexidade do original hebraico do Antigo Testamento, bem como do original grego dos textos evangélicos e das epístolas apostólicas; por outro lado, sobretudo na parte ocidental do império, as traduções latinas estavam ainda mais distantes dos escritos originais tanto judaicos como cristãos. As discrepâncias entre o hebraico da Tanach e o grego da Septuaginta, bem como entre ambos e o grego e o latim dos evangelhos e das epístolas apostólicas chegavam a ser dramáticas, e muita controvérsia teológica nasceu dessa situação.

Sob a proteção de Dâmaso, e depois da morte deste, Jerônimo realiza um longo trabalho preliminar: não só estuda o hebraico e a história judaica, mas também aprofunda seu conhecimento do grego e da história dos textos cristãos, acompanha as indicações históricas de Eusébio de Cesareia[7] e escreve uma série de obras instrumentais preparatórias (gramaticais, etimológicas, filológicas, retóricas) para a revisão que levará a cabo.

> Jerônimo deu ao texto uma estrutura mais puramente latina, eliminando termos e torneios sintáticos intoleráveis. Todavia, não quis substituir uma tradução vulgarizante por uma tradução conforme às normas da retórica. Jerônimo sabia muito bem que o texto sagrado devia continuar nas mãos de todos, mesmo dos não literatos. Quis, assim, que ele fosse sintática e gramaticalmente correto, mas absolutamente fácil de compreender e teve perfeito êxito nesse intento (Moreschini e Norelli, 2000, p. 385).

Durante vinte anos, sem sucumbir às críticas e aos ataques variados que incessantemente recebia, seu trabalho de revisão dos textos buscou encontrar meios não só para conciliar passagens que se contradiziam reciprocamente, mas sobretudo para estabelecer critérios de avaliação dos textos levando em consideração: 1) as datas, os locais, a forma e os motivos da redação dos textos (por exemplo, uma profecia, um salmo, um texto legal e jurídico, uma epístola e um evangelho não pertencem ao mesmo gênero literário, não empregam a mesma linguagem, não possuem as mesmas motivações nem os mesmos destinatários); 2) as mudanças na história hebraica e na história cristã; 3) as diferenças de linguagem (nos planos literal, literário e retórico) nas diversas épocas e situações históricas de redação dos textos; 4) a multiplicidade de significados que uma mesma palavra possuía não apenas nas diferentes línguas, mas em cada uma das línguas em que os textos haviam sido redigidos e que precisavam se harmonizar.

Como tradutor, evitou escolhas que pressupusessem a tradição iniciada com Filo e Orígenes, isto é, a distinção entre o sentido literal e o sentido espiritual/alegórico dos textos. Da mesma maneira, recusou a posição inversa, isto é, o literalismo simplista do latim vulgar. Eis por que fez acompanhar os textos revistos de comentários ou explicações que esclarecem as traduções escolhidas por ele, sobretudo as que se referem a passagens mais difíceis ou mais controversas. Isso, no entanto, não impediu que suas escolhas, muitas vezes, tenham determinado o sentido de uma passagem que poderia significar algo diverso do que ele decidira. Já mencionamos um desses casos: sua tradução da Epístola aos Romanos,[8] que transforma um interdito moral do apóstolo Paulo em interdito intelectual ou filosófico.

O PLATONISMO LATINO DO SÉCULO IV

Como dissemos no início deste capítulo, o período que precede a obra de Agostinho, e cujos debates a influenciam profundamente, é caracterizado, segundo os estudiosos, pelo desenvolvimento do platonismo latino e, mais precisamente, do neoplatonismo. De maneira bastante breve, examinaremos o pensamento das figuras mais expressivas desse período: Calcídio e Mário Vitorino.

Calcídio

Pouco se sabe sobre a vida de Calcídio. Consta que ele teria nascido no final do século III ou no início do século IV, sido arquidiácono do bispo de Córdoba (o mesmo que Constantino enviara para dissuadir Ário antes do Concílio de Niceia) e que também teria vivido em Milão, onde teria composto sua obra (a tradução e um comentário do *Timeu*) com o objetivo de converter ao cristianismo membros pagãos do Círculo Neoplatônico Milanês.

De fato, durante o século IV, difundiu-se entre pagãos e cristãos uma passagem do *De re publica* de Cícero, conhecida como "o sonho de Cipião", que retoma o diálogo de Platão, *Timeu*, sobre Deus como inegendrado, a fabricação do mundo pelo demiurgo e a imortalidade da alma.[9] Essas ideias chegam a Calcídio, juntamente com as de Plotino sobre o Uno, o Bem e o itinerário místico da alma, voltada para o mundo celeste em busca do êxtase ou da imersão no divino e da comunhão com Deus.[10]

Ao interpretar e comentar esse conjunto de ideias, Calcídio considera que três princípios constituem a realidade: Deus, a Ideia e a Matéria. O Deus Primeiro ou supremo é o Bem, absolutamente autossuficiente, situado além da substância e da Natureza, intelecto perfeito, incompreensível para nós, objeto do desejo universal de todas as criaturas.[11] Abaixo Dele, vem a primeira essência inteligível ou o Deus Segundo, isto é, a Providência ou a Inteligência, que, orientada pelo Bem, confere a cada Ideia uma perfeição que espelha a bondade divina e governa a vida eterna. Da Providência segue o Destino como lei divina que governa e dirige todos os seres, respeitando a natureza e a vontade de cada um deles. Ao Destino, subordinam-se outros poderes: a Natureza, a Fortuna (o acaso) e os Anjos, que examinam os atos humanos, avaliam e pesam seus méritos. Esses poderes têm, acima de si, a Alma do Mundo ou a Segunda Inteligência, que penetra a matéria do mundo para dar-lhe vida e organização, ou seja, para infundir almas nos corpos. Assim, o mundo sensível tem como causa próxima a Alma do Mundo, como causa primeira a Providência e como causa única absoluta Deus. A existência de todas essas entidades significa que o mundo inteligível é eterno e o mundo sensível é sua imagem temporal, sua cópia. Dessa maneira, Calcídio procura conciliar a eternidade platônica/neoplatônica do Inteligível com a narração da criação do mundo, feita no livro do Gênesis, e assegurar que, como Ideia, o mundo sensível também é eterno, pois é o pensamento de Deus sobre a matéria ao criá-la. Em outras palavras, o mundo sensível é eterno como ideia de Deus e temporal quando criado por Ele em conformidade com sua ideia.

Calcídio considera que sua exposição é, na verdade, uma demonstração por meio da análise e da síntese. Estas não são tomadas no sentido de divisão (análise) e composição (síntese), mas no sentido que lhes foi dado por Euclides, cujos *Elementos* foram comentados por Proclo, que possivelmente foi a fonte de Calcídio. Em termos euclidianos ou matemáticos, a análise é o procedimento que vai dos efeitos às causas e é comprovada pela síntese, procedimento que, inversamente, vai das causas aos efeitos.

Por via analítica, diz Calcídio, reconhecemos que possuímos duas maneiras de conhecer, ou seja, os sentidos e o entendimento, de modo que seus objetos também devem ser de dois tipos: o sensível, temporal e mutável, conhecido pelos sentidos e opiniões; e o inteligível, eterno e imutável, alcançado pelo entendimento ou razão. Os sentidos nos oferecem a existência da matéria (qualidades sensíveis — úmido, frio, quente, seco — e suas figuras — água, ar, fogo, terra) de que são formados os corpos; a razão conhece a essência ou ideia da matéria (qualidades, quantidades, corpos).

Por via sintética, recompomos o caminho analítico: reunimos o que foi separado e chegamos às espécies, às qualidades e às figuras inteligíveis, à harmonia e à proporção do cosmo, e alcançamos necessariamente a ideia de Providência, que nos mostra que a ordem e a harmonia do cosmo só podem ter como origem o pensamento de Deus, isto é, as Ideias. Assim, a análise chega até a matéria como o princípio e a síntese à sua causa primeira.

Sendo princípios ou fundamentos, tanto a matéria como a causa primeira são eternas. Porém, em si mesma, a matéria é passiva e informe ou indeterminada, de maneira que a criação consiste em ativá-la e dar-lhe forma ou informá-la de acordo com as Ideias que engendram o mundo. Disso resulta que a matéria, em si mesma, não pode ser conhecida e, por si mesma, não pode ter forma: tanto seu conhecimento quanto suas determinações pela qualidade e pela quantidade são obra da Providência e da Alma do Mundo.

Quanto à criação do homem, Calcídio não se refere à criação de Adão, no sexto dia, após a criação do mundo e de tudo que nele há, nem a um primeiro homem plasmado no barro que recebe o sopro divino, mas à criação do gênero humano como vida proveniente das "cúpulas celestes", que recebe, por ação da Alma do Mundo, uma alma racional e prudente. Ora, essa ideia, explica Moreschini,[12] é de origem aristotélica, estoica e neoplatônica. De fato, qual a justificativa para colocar a alma humana como obra da Alma do Mundo e com origem estelar? Mais do que isso: embora o livro do Gênesis se refira à criação da ordem celeste, não há ali nenhuma afirmação de que o sol, a lua e os demais astros fossem seres racionais e de que Adão teria sido criado a partir deles. Essa ideia, no entanto, é defendida pelo médio-platonismo, por correntes pitagóricas, estoicas, neoplatônicas e, entre os cristãos, por Orígenes (que por isso não recebeu o título de santo da Igreja). Assim, para Calcídio, o homem possui duas almas: a racional, que é soprada pela Alma do Mundo e compartilhada com as "cúpulas celestes", e a irracional, compartilhada com os animais por meio do sangue que corre em seu corpo.

Como podemos observar, Calcídio não discute o tema da Trindade Divina.

Mário Vitorino

Não se conhece a data exata do nascimento de Mário Vitorino, embora se saiba que ele nasceu na África e que morreu por volta de 363. No ano 300, vivia em Roma e dava aulas de retórica. Conquistou a glória de ter sua estátua erigida no Foro de Trajano. Na capital do Império, participou de acirrada polêmica e adotou uma posição anticristã. Não à toa, para muitos de seus contemporâneos, foi um espanto que, por volta de 355, tenha se convertido ao cristianismo, o que, segundo ele, teria ocorrido pelo estudo da Sagrada Escritura, que lera com a intenção de combater.

De sua obra vastíssima, que contém escritos sobre gramática, dialética, retórica, exegese, teologia e hinos, pouco restou: são dele os primeiros comentários em latim às epístolas de Paulo (aos gálatas, aos efésios, aos filipenses) e tratados de teologia (*Tratado sobre a Trindade*, *Sobre a geração do Verbo Divino*, *Contra Ário*) acompanhados de três hinos: no primeiro, as três pessoas da Trindade são uma só, com a processão do Filho e do Espírito Santo e seu retorno ao Pai; no segundo, a alma pede a Cristo para libertá-la do mundo e unir-se a Deus; no terceiro, em louvor à Trindade, termina com uma súplica a Deus para que perdoe nossos pecados e nos conceda a vida eterna. Entre as obras perdidas, havia uma tradução latina das *Enéadas* de Plotino (escrita antes da conversão e graças à qual Agostinho conhecerá o neoplatonismo), que revelava grande conhecimento da filosofia especulativa grega, até então pouco conhecida pelo lado ocidental do Império. Estudos mais recentes apontam que Vitorino teve contato com a filosofia dos mistérios dos *Oráculos caldaicos*, de Porfírio, assim como conheceu textos da Gnose e do gnosticismo.

Sua entrada nas questões teológicas se dá por intermédio da controvérsia ariana, após a publicação de um tratado ariano de Cândido, que lhe dedicara essa obra, intitulada *Sobre a geração divina* (a geração de um deus por um deus).

A partir da indagação do *Timeu* — o que é sempre ser e não tem geração e o que é que, sendo engendrado, nunca é ser? —, Cândido demonstra logicamente uma tese e sua antítese. Tese: se Deus é ser, não pode ser engendrado, e, como consequência necessária, se o *Verbum* é engendrado, não pode ser Deus. Antítese: Deus é imóvel, isto é, imutável e impassível, mas toda geração é uma mutação; portanto, se o Verbo é Deus, não pode ser engendrado.

Mas não só isso. Vitorino prossegue: podemos indagar se antes de Deus havia algo capaz de engendrá-Lo. Um poder? Uma substância? A existência? Ora, Deus é simples e não uma composição ou um *subjectum* (um suporte) que receberia predicados (potência, substancialidade, existencialidade). Na verdade, Deus põe o poder, a substância e a existência, não os recebe. Sendo o Ser, é causa primeira e, portanto, causa de si mesmo (*causa sibi*), sem distinção entre causador e causado, gerador e gerado. Se Deus é simplicidade e perfeição absolutas, se é uno e único (*unum et solum*), se é causa de si mesmo e não pode ser causado por outro nem receber seu ser a partir de outro, se é imutável e por isso nada lhe falta, então é preciso indagar: o que, afinal, é Jesus Cristo? A resposta de Cândido é semelhante à de alguns Padres gregos, que, como vimos, consideram que Cristo não é gerado, mas é uma operação divina (*operatio Dei)* ou a primeira obra (*primus opus*), que não aumenta nem diminui o operador. Todavia, da ideia de operação, Cândido tira como consequência, em oposição aos Padres gregos, que Jesus Cristo, não sendo causa de si, mas efeito de uma operação, não é ser e, consequentemente, não é Deus.

A resposta de Mário Vitorino a Cândido, *Sobre a geração do Verbo Divino*, é considerada a mais rica, orgânica e sistemática defesa do Símbolo de Niceia e Constantinopla, embora, por seu extremo tecnicismo dialético e pela necessidade de criar neologismos latinos para a tradição da filosofia grega, não tivesse sido imediatamente compreendida e difundida na cultura latina da época, que conhecia pouco o platonismo, a obra de Plotino e a dialética de Porfírio. A resposta de Vitorino trará clareza à pessoa do Filho, mas ele não se estende muito a respeito do Espírito Santo, não obstante afirme a processão da terceira pessoa a partir das duas primeiras. Nos hinos, aliás, ele apresenta, pela primeira vez, a ideia de *connexio* como forma da relação entre as três Pessoas (relação que os Capadócios e Tertuliano haviam afirmado, mas cujo conceito foi desenvolvido por Vitorino com a ideia de conexão).

A resposta de Vitorino a Cândido propõe ir além da identificação de Deus com o ser e identificá-Lo, à maneira de Plotino, com o uno (antes de toda essência, de toda substância, de toda existência) e com a causa: para ser causa do ser é preciso ser, isto é, existir, antes do ser (causado), pois o não ser não pode ser causa de ser. Portanto, Deus é um ser antes de todo ser — o Pré-Ser —, antes de todo tempo e, nesse sentido, é Pré-Eterno, causa de si (*causa sibi*) e causa de tudo, Pai de tudo o que é e do que ainda não é. Onisciente, onividente, onipotente, é o

Principium. Absoluto e supremo, podemos chamá-Lo de não ser, porém, não por privação ou por falta de ser, e sim porque está acima de tudo o que existe, de tudo que pode ser conhecido, acima de todos os seres e de todas as determinações positivas, por isso só pode receber atributos negativos: é ininteligível, inefável, incompreensível, infinito, insubstancial. É o oculto e é nesse sentido que é não ser: não em si mesmo e sim para nosso entendimento limitado. Também podemos chamá-Lo não ser porque Nele é preciso distinguir entre seu ser e os futuros seres que, no entanto, ainda são não seres, pois tudo procede de Deus, seja por geração, seja por produção.

Num dos hinos, a geração do Filho é explicada por Vitorino com o emprego de metáforas que já encontramos em outros Padres. Por exemplo, o Pai como a fonte que escoa no rio, a árvore que contém a semente, a relação do silêncio com a palavra. Ou seja, a geração do Filho é eterna como um ser que escoa, brota, exprime o Pai. Assim, contra Cândido e em *Contra Ário*, Vitorino pode afirmar que o Filho, por ser o Verbo de Deus, é manifestação eterna do ser que, sempre oculto no Pai, revela-se em Jesus Cristo. Resta saber como, estando o Pai no Filho e o Filho no Pai, não formam uma composição ou uma multiplicidade, mas são unidade. A resposta de Vitorino é: "aqui basta a fé".

Vitorino se refere ao Pai como *generator*, ao Filho como *geratus* e ao Espírito Santo como *regenerans*. O emprego de gerador, gerado, regenerador para as três Pessoas, indica, de acordo com Moreschini, que

> [u]m dos traços mais originais da especulação de Vitorino consiste justamente em ler a distinção entre as Pessoas da Trindade à luz da "tríada inteligível" neoplatônica, criando desse modo a identificação do Pai com o momento do ser, a do Filho com o momento da vida e a do Espírito Santo com o momento do intelecto. Ao fazer isso, ele seria o primeiro escritor cristão a apresentar tal exegese e, sob certos aspectos, também o único (Moreschini, 2013, p. 410).

Depois da descoberta dos manuscritos da Gnose em Nag Hamadi, alguns estudiosos encontraram em Mário Vitorino, além do neoplatonismo, ecos gnósticos: a caracterização do Pai como o Primeiro Uno e do Filho como Segundo Uno; a ideia da Trindade como unidade tripotente (essência, existência, intelecto); a caracterização do Espírito Santo pela beatitude ou bem-aventurança; a caracterização de Cristo como andrógeno (a feminilidade sendo o signo da vida);

os momentos sucessivos da permanência em si mesmo (gerador), da processão de si naquilo que o exprime sem alterá-lo (gerado) e do retorno a si (regenerador). Sob essa perspectiva, gerador, gerado e regenerador não seriam conceitos inspirados apenas pelo neoplatonismo, mas também pela Gnose.[13]

Portanto, se compararmos a obra de Vitorino com as que haviam sido escritas do lado ocidental do Império Romano, compreendemos por que muitos estudiosos a consideram a primeira elaboração orgânica e sistemática da teologia da Trindade em língua latina.

3. Agostinho

Com Agostinho, encerraremos nosso estudo sobre os Padres da Igreja. Cronologicamente, nosso percurso deveria terminar com a obra de Boécio. No entanto, consideramos que, com este, inicia-se propriamente a filosofia medieval e por esse motivo o reservaremos para a abertura do volume IV, *Introdução à história da filosofia medieval*.

UMA POTÊNCIA INTELECTUAL

Agostinho é, sem dúvida, o monumento filosófico não só da Patrística Latina, mas também da filosofia cristã como um todo. Sua obra continua sendo lida, interpretada, aceita e debatida até os nossos dias por teólogos cristãos e filósofos das mais variadas posições religiosas e teóricas. Não poderia ser de outra maneira: as *Confissões* são um clássico da literatura ocidental, *Sobre o livre-arbítrio* determinou os conceitos de vontade e liberdade para o pensamento cristão e *A Cidade de Deus* fundou a concepção ocidental de história.

É assim que Campenhausen se refere a ele:

Agostinho é o único Padre da Igreja que permaneceu até nossos dias como uma potência intelectual. Atrai os pagãos tanto quanto os cristãos, os filósofos, os teólogos, sem distinção de tendência ou de confissão; convida a que todos se ocupem com seus escritos, a se confrontar com sua pessoa e com aquilo que ele amou. Sob a forma de uma tradição, mais ou menos consciente, a influência de suas obras, mais ou menos deformadas ou fragmentadas, se exerce ainda indiretamente nas Igrejas ocidentais e, por meio delas, sobre o conjunto da cultura (Campenhausen, 1967, p. 216).

Podemos avaliar a potência do pensamento de Agostinho se nos lembrarmos de que muitos estudiosos apontam uma passagem do tratado *Sobre o livre-arbítrio* como a primeira formulação do "penso, existo", isto é, do *cogito sum*, que viria a ser apresentado por Descartes no século XVII:

Sabes que existes e não deves temer dúvida alguma ou incerteza, pois se não existisses não poderias te enganar. Mas isso não seria evidente se não vivesses. Ora, é evidente para ti tanto o fato de existires como o de viveres. Portanto, isso também te é evidente: que algo é evidente e tu o compreendes. Quem exerce o pensamento deve viver e existir. Pensar pressupõe a vida e a existência, portanto, está fora de dúvida que a inteligência é algo superior à vida e ao existir (*Sobre o livre-arbítrio*, II, 37).

Embora tanto os estudiosos da obra agostiniana como os da obra cartesiana considerem que as motivações filosóficas de cada uma são diferentes e que não se poderia atribuir a Agostinho a descoberta da subjetividade tal como Descartes a descobrirá, não podemos duvidar do que ambos têm em comum: o lugar do pensamento como limite a toda dúvida possível sobre nossa existência. Prova disso é a afirmação de Agostinho em *Sobre o livre-arbítrio*: duvido, erro, portanto, penso e, se "penso, existo".

Não menos significativas dessa potência intelectual são suas análises da *libido*, alicerces da construção do que podemos chamar, com Schefer,[1] de "a invenção do corpo cristão". As reflexões agostinianas sobre o tema ocupam lugar central na elaboração da concepção cristã (e ocidental) da sexualidade, como revelam duas obras nossas contemporâneas, *Corpo e sociedade*, de Peter Brown, e *As confissões da carne* (volume IV da *História da sexualidade*), de Michel Foucault.

Podemos também avaliar essa potência, se, muito brevemente, nos acercarmos da concepção ocidental de história inaugurada em *A Cidade de Deus*.

No hebraico, *tikwah* é a expectativa de um bem que se articula à Promessa, nascida da aliança de Deus com seu Povo, e, portanto, à espera do messias como salvador coletivo que restaurará a integridade, a grandeza e o poder de Israel. O profetismo judaico oferece ao cristianismo o campo semântico que lhe permitirá dar um novo conteúdo aos termos *elpis* (grego) e *spes* (latim), que significam a expectativa de um bem ou de um mal futuros, um pressentimento do que há de vir sem que se saiba se virá ou não, sem que se possa saber se o porvir será benéfico ou maléfico. *Elpis* e *spes* são inseparáveis da ideia de contingência, de imprevisibilidade: *tyché*, em grego, *fortuna*, em latim. Em decorrência do *tikwah* hebraico, o cristianismo articula o grego *elpis* aos verbos *pepoitho* (eu confio) e *hypomeno* (eu sustento) e o latino *spes* ao verbo *spero* (no particípio presente, *sperans*), afirmando, assim, o sentido profético-messiânico do tempo.

Essa passagem da significação hebraica para a greco-latina é garantida pelo duplo método que, como vimos, desde Orígenes e Clemente, permitiu incorporar sem ruptura o Antigo Testamento ao Novo: o midráshico farisaico e o alegórico de Filo de Alexandria, que asseguram a distinção entre a letra e o espírito dos textos. A cristologia, como também vimos, ao estudarmos Paulo, nasce da interpretação do Antigo Testamento como profecia, prefiguração e tipologia da vinda de Cristo. Entretanto, num movimento seguinte, o próprio Novo Testamento é interpretado como profecia, isto é, com a espera do Segundo Advento e do tempo do fim, como no evangelho de João.

O vínculo que unifica judaísmo e cristianismo é a concepção do tempo. A Antiguidade — tanto oriental quanto ocidental — concebia o tempo cósmico como ciclo de retorno contínuo ao seu início e o tempo dos entes como reta finita, marcada pelo nascimento e pela morte. No primeiro caso, o tempo é repetição, e essa é a forma da eternidade; no segundo caso, o tempo é o devir natural de todos os seres, aí incluídos os impérios e as cidades. O tempo dos homens, embora linear e finito, é medido pelo tempo circular das coisas, pois a repetição eterna — movimento dos astros, sequência das estações, germinar e desenvolver das plantas — é a medida de tudo quanto é perecível. Enquanto o tempo cíclico exclui a ideia de aparição do novo, pois não faz senão repetir-se, o tempo linear dos entes da natureza introduz, para os humanos, a noção de história como memória — é assim que a história é escrita por Homero, Tucídides, Políbio e Tito Lívio. O tempo cíclico do cosmo se coloca sob o signo de *tychê-fortuna,* cuja roda faz, inexoravelmente, subir o que está embaixo e cair o que está no alto; o tempo linear, posto sob a proteção de *mnemosyne-memoria,* garante imortalidade àqueles mortais que realizaram feitos dignos de serem lembrados, tornando-os memoráveis e exemplos a serem imitados, garantindo, assim, a perenidade do passado. Eterno retorno e/ou sucessão que imita o retorno, o tempo é essencialmente embate do Ser e do Não Ser. Ou, como escreve Ovídio, o tempo é um devorador que tudo destrói, mas também um regenerador perene de tudo quanto nasce e vive, como a Fênix, que, a cada dez anos, deita-se num leito de palmeira e cardo, perfumado pela mirra e pela canela, para esperar a morte e o renascimento.

Ora, como observa Auerbach, no ensaio "A cicatriz de Ulisses",[2] o que historiadores e poetas greco-romanos procuram é a *imagem intemporal* do que está no tempo, gravar para sempre a figura de um humano ou de uma cidade tais como foram num momento preciso, de maneira que não envelheçam, não mudem, não sofram a ação dos acontecimentos, ainda que cumpram o ciclo natural da ascensão e do declínio, segundo a sucessão clássica de infância, juventude, maturidade e velhice. Assim, o tempo que tudo devora também dá aos heróis e a seus feitos a aura da perenidade, porque os retêm na memória tais como estavam no instante em que foram apanhados pela palavra narrativa do rapsodo — no mito — e do historiador — na história. É assim que Ulisses atravessa toda a *Ilíada* e toda a *Odisseia* sem receber as marcas do tempo e dos acontecimentos e pode ser reconhecido pela velha ama por uma cicatriz que possuía *antes* de partir. Ulisses é um *tipo* imortal e perene. Ao contrário, escreve Auerbach, as personagens bíblicas estão inteiramente submetidas à passagem do tempo: envelhecem, adoecem, morrem, transformam-se moralmente, pecam, arrependem-se, partem, retornam, trazem as marcas de tudo quanto lhes acontece e o que lhes acontece possui um propósito que faz delas emblemas de uma passagem do tempo orientada pelo futuro.

O tempo bíblico é *dramático*, não *épico*. Já o tempo dos historiadores greco-romanos é épico, é o tempo dos heróis, e a história é a narrativa de guerras. O heroísmo, ensinado na *paideia* do guerreiro belo e bom, é o objeto e a finalidade do relato (cuja temporalidade se esgota na da guerra narrada), é endereçar-se à lembrança como forma de sua conservação. O tempo dramático, por sua vez, é um tempo que escoa e cujo escoamento é escandido por acontecimentos interligados pela relação do homem com Deus. É, sobretudo, um tempo finalizado pela Promessa divina, que apela menos à memória e mais à esperança.

Por esse motivo, diferentemente de gregos e romanos, os judeus não contam o tempo pelo ritmo da natureza, mas segundo as genealogias, cada uma delas exprimindo um momento da relação do homem com Deus.

O tempo judaico é expressão da vontade divina, está submetido a um plano de Deus. Os instrumentos de realização dessa vontade e desse plano são os seres humanos, e por isso os acontecimentos exprimem a relação entre Deus e os homens. Esse tempo e esse plano podem ser decifrados, pois Deus oferece a alguns o dom do deciframento temporal, isto é, a profecia. O tempo é, portanto, *tempo profético*. Disso resultam algumas consequências principais: a primeira é que o presente pode receber sinais divinos por intermédio dos quais os humanos têm como decifrar o sentido do passado e do futuro; a segunda, que o tempo é sempre realização da Promessa e, por isso, dirige-se ao final messiânico; a terceira é que o tempo não é simples escoamento, mas passagem rumo a um fim que lhe dá sentido e orienta sua direção.

É esse caráter dramático do tempo judaico que dará forma e sentido à ideia cristã de história, cujo drama reúne homem e Deus. Afinal, como insistiram os Padres gregos, o homem é o ponto mais alto do primeiro momento do tempo — Criação — e é a forma escolhida por Deus para cumprir a Promessa de salvação — a Encarnação.

Dessa maneira, o pensamento cristão reunirá a imagem do tempo destruidor a uma outra imagem, que nega a primeira, a da *veritas filia temporis*, "a verdade é filha do tempo", reunião que coloca a primeira imagem como duração mortal da carne e a segunda como imortalidade eterna do espírito que se revela *no* tempo.

Ora, essa reunião é aporética, como desvendará Agostinho nas *Confissões*. Com efeito, Deus se revela *no* tempo, mas *não é* tempo. O homem nasce e morre *no* tempo, mas este, como puro escoamento, *não é*. O tempo, diz Agostinho, vem a ser pela memória, pela espera e pela atenção, que fazem dele um presente sem extensão, existente apenas *na* alma e *para* a alma quando esta concentra ou se distende interiormente — *intensio* e *distensio animi*. Não há tempo na Natureza nem em Deus. O tempo é o presente para a alma concentrada e distendida e, para a eternidade divina, é um presente sem passado e sem futuro, *simul stans*, simultaneidade absoluta. Para que o tempo seja "pai da verdade", diz Agostinho, é preciso que, entre a intensão-distensão da alma e a eternidade de Deus, haja mediação: o Verbo Divino, que instrui aquele que se lamenta — "tudo passa" — a cantar — "nada passa". Assim, Agostinho enfrenta a aporia do tempo ao desvendar tanto a teofania (revelação de Deus no tempo) como a epifania (revelação da verdade no tempo), porque a revelação *no* tempo nadifica o próprio tempo e expõe seu conteúdo como lembrança e espera.

Dessa maneira, podemos dizer que a Patrística conhece três grandes momentos na elaboração de uma teologia da história, dois deles anteriores a Agostinho e o terceiro, com e a partir de Agostinho.

Nas primeiras elaborações, a referência central, evidentemente, é Roma, assimilada à Quarta Monarquia do profeta Daniel, portanto, o último império antes da vinda do messias, que, ao chegar, fundará o Quinto Império, perene. Nessas elaborações iniciais, o primeiro momento, que corresponde à perseguição dos cristãos pelo poder imperial, Roma, governada pela Besta fornicadora, é a execrada Babilônia do Apocalipse de João de Patmos e sua ruína é iminente. Entretanto, como vimos ao estudar os Padres Apologetas, essa figuração é contrabalançada pela Segunda Epístola de Paulo aos Tessalonicenses, capítulo 2, versículos de 1 a 9, com a afirmação de que o Segundo Advento está próximo, mas também de que, no presente, nada deveria ser temido, pois o Ímpio e Filho da Perdição, que precederá a Segunda Vinda de Cristo, não virá enquanto durar o Império Romano, pois no "tempo que resta", de que fala a Epístola aos Romanos, todos os poderes da Terra foram ordenados pelo único e verdadeiro poder, o de Deus, e durarão enquanto a vontade divina assim determinar. Eis por que, como vimos, Lactâncio, seguindo Paulo, escreve nas *Instituições divinas* que "a queda e ruína do mundo logo acontecerá, embora pareça que nada disso deva ser temido enquanto a cidade de Roma permanecer intacta". Por sua vez, Tertuliano, como também vimos, escreve na *Apologia* que "nossas preces em favor dos imperadores e de todo o *status* do Império Romano são necessárias porque sabemos que apenas a permanência desse império retarda o portentoso poder que ameaça toda a terra", isto é, o Filho da Perdição. Em outras palavras, Roma é ambígua, porque sua permanência retarda o Segundo Advento, mas também bloqueia a vinda do Filho da Perdição. Os Apologetas acreditam que o Reino de Deus, depois da vitória de Cristo sobre o Filho da Perdição, será um reino terrestre de felicidade, à maneira da Quinta Monarquia de Daniel e das profecias judaicas, sobretudo as de Isaías sobre a realização terrena da Promessa. Estão, porém, convencidos, pelo Apocalipse de João de Patmos, de que esse reino durará mil anos, conforme as profecias de Daniel sobre "a metade do tempo" e a de João, referente ao "silêncio de meia hora no céu", entre a abertura do sexto selo e a do sétimo. Após o período de mil anos, haverá, enfim, o Juízo Final e a passagem à eternidade na Jerusalém Celeste.

No entanto, com a conversão de Constantino, modificam-se a espera messiânica e a ideia da iminência do tempo do fim ou da Segunda Vinda de Cristo. A

Segunda Epístola aos Tessalonicenses continua no centro da interpretação, mas recebe, agora, um significado novo, graças ao uso do Salmo 72[3] e de Isaías 2,4,[4] lidos de modo a conferir a Constantino um papel messiânico. Nesse segundo momento da elaboração histórica, Roma deixa de ser a Quarta Monarquia a ser vencida para tornar-se a Quinta, o Reino de Deus. A *História eclesiástica* de Eusébio, como vimos, incumbe o historiador cristão de duas tarefas: a primeira consiste em escrever uma história universal que seja eclesiástica — o tempo histórico é o tempo de prefiguração, nascimento e realização da Igreja —, e a segunda, em incorporar Roma a essa história universal, fazendo dela a conclusão do percurso eclesiástico.

Todavia, mais importante do que a absorção de Roma pela história eclesiástica é o modo como se deu essa absorção: por meio da ideia de progresso e da figuração da Roma Eterna, criada pela *Eneida* de Virgílio para cantar os feitos do imperador Augusto, como vimos no volume 2 desta coleção. Fiéis à construção virgiliana da Cidade Eterna, os Padres historiadores começam pelo primeiro prodígio profético: a simultaneidade entre o cristianismo e Augusto. Cristo nasce quando Augusto se consolida no poder e a Igreja surge no momento de afirmação da *Pax Augusta* ou *Pax Romana*. Essa paz, canta Virgílio, significou não só ausência de guerras e melhoria das condições da vida dos povos de toda a terra, mas também progresso nos conhecimentos e sobretudo, acrescentam os Padres, o progresso fundamental: a chegada do Reino da Verdade fundado pelo cristianismo, com o qual a missão de Roma se cumpre. Por outro lado, Roma é eterna por suas virtudes e por haver sido bafejada pelo que o historiador Políbio chamara de Fortuna sempre propícia, cujo nome adequado, acrescentam os Padres, é Providência Divina, que a reservou para a missão cristã. A paz, o conhecimento, a felicidade e a virtude prosperarão enquanto durar o Império Romano.

Em outras palavras, os Padres, tomando Daniel, Isaías, os Salmos e o Apocalipse de João de Patmos à luz da Segunda Epístola de Paulo aos Tessalonicenses, ressignificam a *Eneida* (Júpiter diz, no poema de Virgílio: "aos Romanos, não atribuo limites ao seu império, nem quanto à extensão, nem quanto à duração; dei-lhes um domínio sem fim") e a ela acrescentam a narrativa da história de Roma composta por Políbio e Tito Lívio. Para o primeiro, a impressionante ascensão de Roma, no intervalo de cinquenta anos, deveu-se à propícia Fortuna, a deusa de sete faces, adorada popularmente pelos romanos; para o segundo, às suas virtudes cívicas e à capacidade para satisfazer, simultaneamente, a plebe e o Senado, ou a aristocracia. Os Padres tomarão o par fortuna-virtude, central na ideia da *romanitas* (como vimos no volume 2 da coleção), e o transformarão em plano providencial divino: Roma é eterna porque é cristã. E se tem poder, é porque o recebeu de Deus, pois, como escreveu o apóstolo Paulo aos Romanos, todo poder é ordenado por Deus, repetindo Provérbios 8,15: "É por mim que reinam os reis, e que os príncipes decretam a justiça". Numa palavra, a história de Roma e a da Igreja são inseparáveis, pois a Divina Providência assegurou à primeira o império sobre o mundo para preparar a universalidade do cristianismo.

Em 410, Alarico, rei dos visigodos, conquista Roma. Como reagem os romanos à "queda de Roma"? A resposta é: foi por causa dos cristãos, que teriam corrompido a *romanitas*. A essa resposta, Agostinho contrapõe a Cidade de Deus, que, em primeiro lugar, recusará a suposição de que tenha havido a *queda* de Roma, pois Roma não desapareceu, visto que houve apenas o que é próprio dos poderes humanos, isto é, *translatio imperii* (mudança do detentor do poder) sob a forma clássica da guerra. Em segundo lugar, recusa que a *Pax Romana* seja a verdadeira paz, pois a paz é interior e espiritual. Essas objeções têm como pressuposto a nova interpretação dos Salmos por Agostinho, que se ergue contra a interpretação de Eusébio e Jerônimo, para os quais esses escritos prometiam bem-estar e felicidade materiais. A isso, Agostinho contrapõe uma exegese puramente espiritual, que retira dos textos a função de justificar a reunião da história de Roma à do cristianismo.

De *A Cidade de Deus* destacaremos apenas dois aspectos, concernentes à formulação agostiniana da história: a crítica da ideia de progresso ou continuidade linear do tempo, que desarticula a imagem proposta pelos Padres da simultaneidade do Império Romano e do cristianismo, e a desvinculação das histórias de ambos, que, reunidas, afirmavam que o apogeu do primeiro teria sido obra do segundo. Essa dupla operação é feita a partir da distinção de essência entre duas cidades[5] — a nascida com a morte de Abel ou a cidade peregrina, em busca da Cidade de Deus, e a Cidade dos Homens, injusta ou diabólica, nascida com o fratricida Caim — e do estabelecimento das categorias que passarão a reger a elaboração da história cristã e a elaboração cristã da história.

No Livro v, Agostinho destrói a imagem da *romanitas* liquidando seu mais forte pilar, a Fortuna, que, desde Políbio, sempre fora tida como responsável pela grandeza romana. Esse pilar é demolido com a recusa da ideia de contingência ou do inesperado e com afirmação da presciência de Deus e da ideia de liberdade cristã, ou seja, dos conceitos agostinianos de Providência e de livre-arbítrio. Dos livros XV a XVIII, Agostinho destrói o outro pilar, a ideia romana de virtude cívica ou da justiça como essência da *romanitas*, ao demonstrar que Roma, sendo Cidade dos Homens, não foi nem poderia ser propriamente *civitas*. O objetivo dessa dupla demolição é tirar dos cristãos a responsabilidade pela tomada de Roma por Alarico e separar as histórias do Império Romano e da Igreja.

Vejamos, pois, a argumentação de Agostinho. Desde o chamado "caso da Vitória", isto é, a proibição imposta pelos cristãos de que o Senado realizasse sacrifícios à deusa Vitória antes de cada sessão,[6] o patriciado romano previra grandes desgraças para a cidade, de modo que a queda de Roma passou a ser atribuída ao cristianismo, responsável pelo desprezo às divindades romanas. Contra essa acusação, Agostinho invoca, de um lado, a história da ascensão e da queda contínuas dos impérios humanos sob os efeitos de interesses, facções, vícios e guerras, e, de outro lado, o caráter supersticioso das divindades pagãs, particularmente a Fortuna, que, escreve ele, foi tão pródiga aos romanos e aos seus deuses que até se esqueceu de exigir sua própria imagem no panteão de Roma. Fortuna é apenas um nome supersticioso para encobrir nossa ignorância quanto aos desígnios da Providência. O núcleo da argumentação de Agostinho, porém, se encontra na análise da ideia romana de *fundatio* para demonstrar como e por que a sorte de Roma não estava ligada à do cristianismo. O desligamento das duas histórias o obriga, evidentemente, a se pronunciar sobre a Segunda Epístola de Paulo aos Tessalonicenses, núcleo escriturístico que sugerira aquele vínculo aos historiadores cristãos. "Não sei o que o apóstolo quis dizer", escreveu Agostinho.

O centro da argumentação agostiniana se encontra no livro XV. Ali, retomando o *De re publica* de Cícero e a ideia de *fundatio*, que faz da justiça a origem, a causa e a finalidade da *civitas*, Agostinho demonstra o seguinte: só há cidade se houver *res publica*, *res publica* se houver *populus* e *populus* se houver *justitia*. Portanto, Roma, sendo injusta, não é nem pode ser *civitas*. De onde vem a injustiça que define Roma? Para responder, Agostinho introduz um exemplo histórico e, a seguir, a distinção teológica entre a boa cidade peregrina, fundada por Abel, e a falsa cidade humana, fundada por Caim. O exemplo histórico é a violência e o crime de Rômulo ao permitir o rapto e o estupro das sabinas pelos romanos. O episódio é mencionado por Agostinho como uma espécie de ato exemplar da injustiça que marcou Roma desde seu surgimento e para sempre. Mais forte, porém, é sua distinção entre a Cidade dos Homens e a Cidade de Deus com o intuito de cumprir aquilo que a retórica clássica denomina amplificação da prova. Essa distinção serve para evidenciar, primeiramente, que Roma, como toda cidade apenas humana, está fundada num crime ou numa injustiça originária que mancha para sempre toda e qualquer Cidade dos Homens: o assassinato de Abel por Caim. Ato de injustiça perene, esse fratricídio fundador impede que a cidade humana e terrena — Roma —, de acordo com os próprios princípios romanos, possa ser considerada *civitas*. Mas não só isso. Essa distinção desqualifica a superioridade e a eternidade de Roma e prova que é preciso desvincular os cristãos e o Império Romano, isto é, separar a cidade "segundo a carne" da cidade "segundo o espírito", prefigurada no *saeculum* pela Igreja.

A argumentação de Agostinho possui um terceiro alvo, que, ao ser atingido, conclui a demolição do edifício jurídico que sustentava o vínculo entre Roma e a Igreja. Desde Eusébio, os historiadores cristãos aplicaram à relação entre o Império e a Igreja um princípio do Direito Romano conhecido como *do ut des* ("dou para que dês", ou "é dando que se recebe"), pois julgavam haver um contrato comutativo entre Deus e os imperadores que garantia a estes perenidade e êxito enquanto protegessem a Igreja. Roma seria eterna porque a eternidade lhe advinha da Igreja e esta não teria que enfrentar o Filho da Perdição e o fim do mundo enquanto a perenidade daquela estivesse garantida, como dissera Paulo. Agostinho destrói o *do ut des* com base na total desproporção entre as partes: não pode haver contrato entre Deus — a infinita transcendência — e os homens — a finitude decaída. E, sobretudo, não pode haver contrato entre essas duas cidades, pois uma delas, Roma, *não é cidade* — um contrato exige igualdade entre as partes e não há qualquer medida possível que equalize a Cidade dos Homens e a Cidade de Deus. A incomensurabilidade entre Deus e o homem, no primeiro caso, e entre as duas cidades, no segundo, anula juridicamente o *do ut des*. Em sua Providência presciente, Deus dá o bem e o mal a todos; o bem, por ser misericordioso, e o mal, por ser justo. O homem nada é e nada merece; se recebe algo não é por um contrato comutativo com Deus, mas pela generosidade da graça divina aos que se submetem à vontade do Criador.

A separação das duas cidades, a desconstrução das imagens da *romanitas* justa e da Roma eterna e o esvaziamento escatológico da queda de Roma permitem a Agostinho, nos doze livros da segunda parte da *Cidade de Deus*, estabelecer o conjunto de categorias e de ideias que fundarão a ideia ocidental de história, elaborada por ele como teologia da história, isto é, como *operatio Dei* no tempo.

Como observam alguns comentadores, Agostinho dedica apenas os livros xv a xviii à era histórica ou ao que chama de *procursus* e *excursus* do período que decorre entre a queda de Adão e Eva e o Juízo Final, ou entre o período em que a "raça dos homens começou a se propagar até que cesse de propagar-se". Note-se que Agostinho fala em *excursus* ("quando começou") e *procursus* ("até que cesse"), mas não em *progressus*. Trata-se de um decurso de tempo finito e não de um progresso temporal. Por quê? Por dois motivos principais, um deles exposto no livro xi das *Confissões* e o outro na segunda parte da *Cidade de Deus*.

Nas *Confissões*, com a célebre pergunta "o que é o tempo?", Agostinho esvazia o tempo natural-cosmológico, tanto por passar da exterioridade dos acontecimentos à interioridade da alma (à *intensio* e *distensio animi*) quanto por confrontar tempo e eternidade. O tempo não passa: há coisas passadas, coisas presentes e coisas futuras, não há um passado, um presente e um futuro *nas* coisas. Para a alma, há um tríplice presente: o da memória, o da espera e sua síntese, o da atenção. Em Deus, há *simul stans*, ao qual não se pode aplicar nenhuma das categorias temporais. A interiorização e a interioridade do tempo, ou sua humanização, impedem que ele seja progresso. Nele e por nele nada pode vir a acontecer. Pois o tempo não é uma potência ontológica, não se encontra nas coisas nem em Deus.

Nos demais livros da Parte ii da *Cidade de Deus*, não há progresso *humano* e sim *declinatio*, decadência e ausência de inovação, pois tudo quanto havia para acontecer *no* tempo e *na* história encerrou-se com a Encarnação. Embora, nas *Confissões*, Agostinho afaste o vínculo aristotélico entre tempo e movimento,[7] na Parte ii da *Cidade de Deus* esse vínculo ressurge, mas em sua forma neoplatônica: para os cristãos, cidadãos da *civitas peregrina*, o tempo é reunião da alma consigo mesma pela mediação do Mestre Interior e peregrinação desta rumo a Deus. No entanto, para os gentios, cidadãos da *civitas diaboli*, o tempo é afastamento da alma de Deus, queda sem fim, noite e agonia. Estamos aqui perante o núcleo da teologia da história agostiniana: o percurso-excurso temporal inicia-se com a Criação e termina com a Encarnação; entre esta e o momento do Juízo Final, *nada mais acontece*, senão, de um lado, a espera do Povo de Deus por Cristo, e, de outro, a decadência contínua do *saeculum* para todos, pois o momento que antecede o Juízo Final não será uma era de felicidade e sim de tribulações, como se lê no Evangelho de Mateus.[8]

Nessa perspectiva, a escatologia do tempo do fim como mil anos de felicidade desaparece tanto como algo iminente quanto como algo novo e decisivo. Com Agostinho, a esperança milenarista entra em ocaso e em seu lugar é introduzido o termo *progressus*: há progresso, mas não no *saeculum*, e sim no conhecimento, ou seja, na revelação do eterno e do invisível aos homens com a Encarnação e os evangelhos. A revelação está concluída e o progresso é o da alma individual em direção a Deus.

A partir dessa concepção, *A Cidade de Deus* organiza a história em três tempos (*tempora*) e sete eras (*aetates*), as quais constituem a Semana Cósmica. Esses tempos haviam sido propostos pelos Padres anteriores como forma de explicar a continuidade e a diferença entre judeus e cristãos, isto é, a continuidade dos dois Testamentos. Os *tempora* são reelaborados por Agostinho de maneira que passam a se referir à ação da Trindade no tempo: antes da lei (*ante legem*) ou tempo do Pai, (sob a lei) *sub legem* ou tempo do Filho e sob a graça (*sub gratia*) ou tempo do Espírito Santo. O primeiro tempo é o dos judeus, de Noé e Abraão até a entrega da lei escrita a Moisés; o segundo, de Moisés até o Advento, quando começa a Nova Aliança ou a Nova Lei; o terceiro, o do cristianismo, no qual cada ser humano, pela graça divina, toma conhecimento da lei inscrita em sua alma. Os *tempora* unificam os dois Testamentos.

Com a elaboração da Semana Cósmica, Agostinho mantém a eternidade da presciência divina e, consequentemente, a eternidade da Providência. No entanto, seis das sete eras são temporais, isto é, referem-se à operação da vontade divina na relação de Deus com o homem no tempo: Criação, Queda, Dilúvio, Patriarcas, Moisés e Encarnação. Para além do tempo, a sétima era ou o Sétimo Dia é o Juízo Final, que inaugura o oitavo dia, o Jubileu Eterno.

Ao propor essa cronologia, Agostinho esvazia uma questão antiga, que não cessara de ser retomada pelos Padres: o que se passa no intervalo entre o Primeiro e o Segundo Advento e no intervalo entre a vinda do Filho da Perdição e o Juízo Final? Em outras palavras, o que acontece durante o que o profeta Daniel designara como "o tempo, os tempos e a metade do tempo" e o Apocalipse de João como o "silêncio de meia hora no céu" entre a abertura do sexto e do sétimo selos? Esses intervalos abrigavam o centro da história escatológica, pois neles haveria revelação, inovação, *acontecimento* e preparação para o fim do tempo. Em suma, a revelação ainda não estava completa e seria concluída às vésperas do tempo do fim. Ora, com Agostinho, ou já estamos no intervalo, o Reino de Mil Anos, e somos a Igreja dos bons e justos, ou não sabemos quando será o intervalo, a ser determinado pela vontade de Deus. De todo modo, o essencial é que nesse intervalo nada *acontecerá*, não haverá revelação nem inovação, pois tudo quanto havia para ser revelado já o foi.

A invenção agostiniana da história como devir dos *tempora* e das *aetates*, e não mais como a escansão greco-romana do tempo como nascimento, infância, juventude, maturidade, velhice e morte, inaugura a concepção ocidental da história como sucessão contínua de épocas, períodos ou etapas cujo sentido é dado pela finalidade dessa sucessão. Em Agostinho, a sucessão temporal se explica pela essência teológica da própria história como *operatio Dei*. A ideia agostiniana de progresso do conhecimento, concluído com a Revelação, será tomada como critério do conceito de história elaborado posteriormente por pensadores laicos. No entanto, será substituída pela ideia de progresso da razão — como defenderão a filosofia da Ilustração, no século XVIII, e o Idealismo Alemão do século XIX — e, a seguir, pela ideia de progresso da ciência — conforme aparecerá na Lei dos Três Estados, em Comte. Por outro lado, a afirmação agostiniana de que a revelação está concluída e o tempo é apenas o que se passa no *saeculum,* no qual verdadeiramente nada acontece, ressurge na formulação de Hegel sobre o fim da história com a chegada da consciência à identidade do Espírito Absoluto, que torna desprovidos de verdadeiro sentido os acontecimentos no tempo empírico — há acontecimentos, mas não há história, porque esta já se cumpriu. Em outras palavras, com Agostinho estamos no surgimento, com variadas perspectivas, da ideia de fim da história, que fará um longo percurso no mundo ocidental até os nossos dias.

A VIDA

Aurélio Agostinho nasceu em 354 em Tagaste, na atual Argélia, no Norte da África, em uma família de pequenos proprietários de terras. Seu pai, Patrício, era pagão e só tardiamente se converteu ao cristianismo. Sua mãe, Mônica, era profundamente cristã. Ele frequentou as escolas de Tagaste e da cidade vizinha, Madaura, dirigindo-se, mais tarde, a Cartago, onde estudou retórica e literatura latina (particularmente Virgílio). Os autores gregos não o instigaram. Tomou Cícero como referência e modelo após a leitura de um diálogo perdido do filósofo, *Hortênsio*, conhecido como exortação à filosofia à maneira romana, isto é, essencialmente ética e pouco especulativa. A Bíblia também não o interessou.

Considerava-a literariamente confusa e retoricamente pouco elegante. Por volta de 380 escreveu sua primeira obra, que se perdeu: *Sobre o belo e harmonioso* (*De pulchro et apto*).

Trabalhou como professor em Tagaste e, a seguir, em Cartago, onde aderiu a uma nova seita, o maniqueísmo, proposto pelos seguidores do persa Mani. Transferiu-se para Roma em 382 e, nesse mesmo ano, com apoio dos maniqueus, mudou-se para Milão. Por ser pagão, tornou-se o professor oficial de retórica da cidade. Ali, entre 384 e 386, desiludido com o maniqueísmo, entrou em contato com o bispo Ambrósio, que o impressionou pela vasta cultura filosófica — ele colocou Agostinho em contato com o neoplatonismo e as discussões sobre o arianismo — e pela compreensão nova e profunda dos textos sagrados. Sob essa influência, após muitas reflexões, converteu-se ao cristianismo e se dirigiu com seu filho, Adeodato, e sua mãe, Mônica, a um retiro em Cassicíaco, perto de Varese. Em 387, regressou a Milão e foi batizado por Ambrósio. No mesmo ano, decidiu retornar à África, o que só pôde fazer em 388, após a morte de Mônica e uma passagem por Roma e por Óstia, onde teve uma visão mística ou êxtase. Estudiosos ainda discutem se essa visão teria sido à maneira de Plotino ou propriamente cristã.

De volta a Tagaste, vendeu as propriedades da família e formou uma comunidade religiosa. Em 391, quando vivia na cidade de Hipona, foi ordenado sacerdote pelo bispo Valério e fundou um mosteiro onde se reuniam seus velhos e novos amigos. Nessa época, acirrou-se o conflito com os pelagianos. Pelágio afirmava que o pecado de Adão, por ser ato de uma criatura mortal, não fora a causa de sua mortalidade e, sobretudo, que sendo um livre ato de sua vontade individual, não era transmissível aos demais indivíduos ou à humanidade e por isso recusava a validade do batismo das crianças. A esse conflito, acrescentou-se um outro, com os donatistas (seguidores do bispo Donato), os quais recusavam que os sacramentos pudessem ser compartilhados por aqueles cristãos que haviam traído a fé durante a perseguição de Diocleciano. O bispo Valério não estava em condições de enfrentar novos cismas. Era idoso, de língua grega e tinha pouco domínio do latim. Em 395, resolveu a dificuldade ordenando Agostinho sacerdote e convencendo a assembleia de fiéis a eleger Agostinho bispo coadjutor. Após sua morte, Agostinho seguiu como bispo de Hipona, onde, respeitado por sua vida ascética e por sua sabedoria para resolver litígios e controvérsias entre os fiéis, lutou contra heresias tendo como fundamento a relação entre crer e entender ou entre a fé e a razão.

Nessa época, as exigências do sacerdócio, da pregação, da luta contra as heresias e da condução dos fiéis o levaram a escrever suas obras mais importantes de exegese bíblica e sobre a doutrina cristã, as quais iriam mudar para sempre a história da Igreja e do pensamento ocidental.

Morreu em 430, durante o sítio da cidade pelos vândalos.

Como escreve J. J. Foucher:

> O mundo em que viveu Agostinho foi um mundo de catástrofe. Nasce no ano que os francos, os álamos e os saxões invadiram a Gália. Morre numa cidade — sua querida cidade de Hipona — sitiada pelos vândalos, apavorada com a perspectiva do último assalto (Foucher, 1947, p. 1).

Agostinho mergulhou nas questões mais controvertidas e difíceis do cristianismo. Sua obra é vastíssima: inclui escritos filosóficos, teológicos, exegéticos, psicológicos, éticos, políticos e polêmicos, além de um enorme epistolário. Por ordem cronológica, destacamos apenas algumas: em 386, escreve *Contra acadêmicos*, *Sobre a vida feliz* e *Sobre a ordem*; em 387, *Solilóquios* e *Sobre a imortalidade da alma*; entre 388 e 397, *Sobre o Gênesis contra os maniqueus*, *O mestre*, *Sobre o livre-arbítrio*, *Sobre a verdadeira religião*, *Sobre a utilidade de crer* e *Sobre a doutrina cristã*; em 400, *Confissões*; entre 400 e 416, *Sobre a Trindade*; entre 412 e 427, *O espírito e a letra*, *Sobre a gesta de Pelágio*, *A Cidade de Deus* e *Retratações*. Como pregador, Agostinho escreveu *Explicações dos Salmos*, 124 discursos *Sobre o Evangelho de João* e outros dez *Sobre a Primeira Epístola de João*.

Até agora, ao escrever sobre as vidas dos Padres, dispúnhamos — com exceção da pequena autobiografia poética de Gregório Nazianzo — apenas de cartas dos biografados e de testemunhos de outros sobre eles. O caso de Agostinho, porém, é totalmente diverso.

Naquela que é considerada por muitos sua maior obra, *Confissões*, Agostinho oferece um relato de sua própria vida.[9] Sem dúvida, como alguns estudiosos observam, as *Confissões* não devem ser lidas simplesmente como uma autobiografia, pois, nessa obra, Agostinho desenvolve teorias sobre o tempo, sobre a alma e suas faculdades (sensação, razão, memória, atenção, vontade, livre-arbítrio) e sobre as formas do conhecimento — discorre sobre o verdadeiro e o falso e as relações entre razão e fé. Também apresenta uma teoria das paixões e da sexualidade, pronuncia-se sobre as relações da alma com Deus sob a graça e a misericórdia divinas e conclui a obra com uma exegese bíblica. Mais do que isso. Embora escritas na primeira pessoa do singular, o "eu" que ali surge não é apenas o que tem por nome "Agostinho", e sim a descoberta de algo até então desconhecido na tradição filosófica e nas elaborações dos Padres que o antecederam, isto é, a consciência como interioridade reflexiva, cuja aparição, como vimos, se dá em *Sobre o livre-arbítrio* e sua reaparição no Livro XI da *Cidade de Deus*, onde se lê: "se me engano, existo", mas que ganha força plena, com o chamado "exame de consciência", no Livro X, XIV, 25 das *Confissões*:

> Tornei-me para mim mesmo uma terra de dificuldade e de suores acabrunhantes. Porque, enfim, não estamos, neste momento, a escrutar as regiões celestes, não estamos medindo as distâncias astrais, nem buscando as leis do equilíbrio terrestre. Sou eu que me lembro de mim, eu, meu espírito. Não espanta que esteja longe de mim tudo o que não sou. Porém, o que há de mais perto de mim do que eu mesmo?

Essa proximidade de si a si em seus combates e lutas interiores, expostos perante a divindade "para medir o abismo de onde nossos gritos devem elevar-se a Deus", são Agostinho como expressão da humanidade dos humanos. Sua narração como busca de si na busca por Deus, graças à mediação de Cristo, nos coloca pela primeira vez, no mundo cristão, diante de uma volta da alma sobre si para compreender a si mesma, para encontrar a si mesma ao encontrar-se com Deus. Por isso, contrariamente à tradição dos memorialistas latinos — como Varrão, Cícero e Marco Aurélio —, Agostinho não se explica, não se justifica e não se confessa a outros seres humanos, mas, como "homem humano" (para usarmos as palavras de Riobaldo), se dirige a Deus e abre as *Confissões* com uma invocação:

> Tu és grande Senhor e digno de louvor. Grande é tua força, incalculável tua sabedoria. Parcela de tua criação, o homem quer te louvar? Trazendo em todas as suas partes a mortalidade, trazendo sobre si o testemunho de seu pecado com o testemunho de tua resistência aos soberbos, o homem, parcela de tua criação, entretanto, quer te louvar? És tu mesmo que o empurras a isso, fazendo com que se deleite em louvar-te porque nos fizeste para ti e nosso coração permanece inquieto até repousar em ti. [...]. Certamente louvarão o Senhor aqueles que o buscam porque os que o buscam,

o encontrarão e os que o encontram, o louvarão. [...] Que, invocando-te, possa eu, Senhor, te buscar e, crendo em ti, te invocar [...] Senhor, minha fé te invoca, a fé que me destes e com que me inspirastes pela humanidade de teu Filho, pelo ministério de teu anunciador.

[...] deixa-me falar à tua misericórdia, eu, terra e cinza. Deixa-me falar porque falo à tua misericórdia [...].

No entanto, por terem sido escritas na primeira pessoa do singular, as *Confissões* (particularmente do primeiro ao décimo dos treze livros que compõem a obra) são também o relato da vida e do percurso filosófico-espiritual de Agostinho, de sua adesão à fé cristã, de seus combates contra as heresias e de sua defesa da Igreja. Com ele, percorremos sua adolescência de dissipação e concupiscência, apesar dos ensinamentos e da pureza de vida de sua mãe; seu deslumbramento com a obra de Cícero, em contraste com seu repúdio à rudeza da Bíblia; sua aceitação do maniqueísmo e sua posterior rejeição da heresia maniqueísta; seu encontro com Ambrósio e o neoplatonismo; a leitura das epístolas de Paulo, decisivas para sua conversão; suas lutas contra os acadêmicos, os donatistas e os pelagianos.

Trata-se da narrativa de uma vida inquieta, atormentada, mergulhada no que Cícero chamaria de *aegritudo* (a aflição interminável) e, por fim, interiormente pacificada. No entanto, se considerarmos apenas o percurso filosófico e religioso de Agostinho e não as questões psicológicas, éticas, políticas, teológicas e eclesiásticas que palmilharam seu caminho e teceram a rede intrincada e complexa de seu pensamento, podemos destacar algumas figuras que as *Confissões* apresentam como definidoras de sua formação intelectual/espiritual e dos rumos que ele tomou ao longo dos anos.

A primeira dessas figuras foi, certamente, sua mãe cristã, Mônica, responsável pela tão demorada e desejada conversão do filho, que, em Cartago, se entregava a todo tipo de devassidão e deboche. Também nessa época, como estudante, lê um resumo, em latim, das *Categorias* de Aristóteles e uma *Coleção das opiniões de todos os filósofos* escrita por um certo Cornélio Celso.

A segunda, como já mencionamos, foi Cícero, que, por intermédio do *Hortênsio,* defendera a ideia helenística da filosofia como arte do bem viver ou a vida virtuosa do sábio por meio do exercício da razão e do domínio sobre as paixões. Com essa leitura, Agostinho declarou ter modificado suas orações e descoberto que "a esperança humana se tornou vazia". Daí por diante, passou a buscar "a imortalidade da sabedoria imortal com todo o ardor de minha alma" e abandonou sua antiga maneira de viver e as coisas terrestres. "Amor pela sabedoria é o significado da palavra grega *philosophía* e esse livro despertou-me para ela", afirmou. Agostinho descobria, enfim, a filosofia. Essa descoberta (que provavelmente fora narrada na obra perdida, o tratado sobre o belo), porém, contrastava com o que seu coração havia bebido "juntamente com o leite materno", isto é, o nome de Cristo, ausente na obra ciceroniana, impedindo-o de ficar totalmente convencido da verdade do que lera. Nem por isso, entretanto, conseguiu alçar-se da ausência à presença de Cristo lendo a Bíblia, pois o antropomorfismo primitivo e tosco dos escritos era incompatível com a pureza elevada da sabedoria proposta por Cícero.

A busca espiritual o levou, assim, por outro caminho, no qual encontrou a terceira figura de sua formação: o persa Mani, ou melhor, o maniqueísmo, que este fundara um século antes. Se as poucas notícias que temos a respeito do tratado sobre o belo estiverem corretas, ali Agostinho se referia a Deus como Mônada e ao mundo como Díada do bem e do mal. Ou seja, o encontro com o maniqueísmo não foi de todo surpreendente. Considerou ter finalmente encontrado a elevação de um racionalismo (como o de Cícero) que não lhe parecia incompatível com Cristo, pois também opunha com clareza o bem e o mal ao afirmar a eternidade desses dois princípios perpetuamente em luta e ensinar que, para os humanos, somente o bem (por meio da castidade, de alimentação especial e da vida comunitária) purifica o mal. No mundo, ambos estão misturados, ou, como escreve Agostinho, "duas almas e duas inteligências, uma boa e outra má, estão em luta no homem". Para os maniqueus, Moisés era um príncipe das trevas e, por esse motivo, era preciso abandonar o Antigo Testamento e passar a Cristo. Este, porém, diziam os maniqueus, revelara-se apenas "como aparência da carne" e, enquanto tal, sua morte e sua ressurreição também foram aparentes. A verdadeira promessa do Espírito Santo, anunciada por ele, foi realizada em Mani, como esplendor da razão, sem carecer da fé. Embora os maniqueístas conservassem o materialismo e o dualismo como explicações racionais para o mundo, dúvidas e questões não resolvidas nem respondidas por eles, assim como contradições em seus ensinamentos (particularmente os astrológicos), conduziram o insatisfeito Agostinho ao inevitável: ao ceticismo dos acadêmicos.

No polo oposto ao do racionalismo ciceroniano e maniqueu, os céticos afirmavam que o homem deve duvidar de tudo e não aceitar supostas verdades, pois ou estas não existem ou ele não tem meios para alcançá-las. Todavia, a total ausência de referência a Cristo levou Agostinho a abandonar também o ceticismo (e, mais tarde, a escrever um tratado *Contra os acadêmicos*).[10] Foi nessas condições que chegou a Milão, onde encontrou Ambrósio e membros do Círculo Neoplatônico Milanês.

Com Ambrósio, Agostinho aprendeu a verdadeira exegese dos textos sagrados, isto é, a distinção entre letra e espírito, a leitura simbólica dos textos, que iria desabrochar em seus escritos sobre os Salmos e sobre o Evangelho de João. Também entrou em contato com o neoplatonismo, portanto, com uma filosofia da realidade do incorporal e da irrealidade do mal que o afastou definitivamente do dualismo maniqueu e se tornaria decisiva em vários aspectos de sua concepção da Trindade e da imortalidade da alma. Na mesma época, leu as epístolas de Paulo sobre a fé e a graça, que finalmente preencheram a ausência de Cristo que notara nos neoplatônicos, os quais, embora falassem do Verbo (ou do *Lógos* divino), nunca se referiram a ele como o Deus morto e ressuscitado para remissão de nossos pecados. Essa ausência lhe apareceu inteiramente compreensível quando leu o que escrevera Paulo — "o que é loucura para a razão é sabedoria para a fé". Será, portanto, em Paulo, ou, como escreve Agostinho, "no menor (*Paulus*)[11] dos teus apóstolos", que encontrará a verdade tão intensamente procurada, embora, como veremos, ele não pense a relação entre fé e razão da mesma maneira que o apóstolo e traga uma mudança considerável ao tratamento dessa questão.

Em Milão, conheceu Simpliciano, com quem acercou-se da obra de Plotino e de Porfírio nas traduções de Mario Vitorino, isto é, leu o que denominou "livros dos platônicos". Essa leitura o levou à compreensão filosófica da unidade, da imaterialidade e da imutabilidade de Deus, do Lógos divino como sabedoria plena, do cosmo como ordem hierárquica dos seres por graus de perfeição, da imaterialidade e imortalidade da alma e do mal como pura privação ou perda de ser cuja causa é a livre vontade humana. Esses livros lhe permitiram afastar-se do maniqueísmo e voltar-se sobre si mesmo como ser espiritual para, nesse movimento, encontrar Deus: "tu estavas no mais profundo de meu íntimo e muito acima de mim" (*interior intimo meo et superior summo meo*). A partir da descoberta da absoluta presença de Deus e de sua absoluta transcendência, do espírito como realidade primeira e do mundo como realidade derivada, pôde ultrapassar, pelo pensamento, a multiplicidade e a diversidade do mundo sensível e alcançar Deus para além dos limites do espaço e do tempo. Os "livros dos platônicos" iriam, no retiro de Cassicíaco, inspirar obras como *Solilóquios*, *Sobre a ordem*, *Contra os maniqueus* e *Sobre a vida fe-*

liz. Neoplatonismo e cristianismo pareciam perfeitamente conciliados. Agostinho chegou mesmo a encontrá-los harmonizados no Evangelho de João. Todavia, ele ainda tomava Jesus Cristo por um sábio excepcional, mas não o reconhecia como o salvador que nos livra da miséria do pecado e da morte, ou o Verbo feito carne de que fala João. Como ele próprio escreveu: "eu vos procurava fora de mim, meu Deus, e não podia vos encontrar em meu coração".

Ainda em Cassicíaco, recebeu uma visita de um cristão, Ponticiano, que lhe narrou conversões miraculosas, como as de Santo Antônio, Mário Vitorino e Jerônimo. As narrativas lhe causaram grande impacto e uma furiosa luta contra si mesmo — "era eu mesmo que queria e não queria, uma pena vinda de minha natureza pecadora". Ouviu, então, a voz de uma jovem vizinha que aconselhava: "pega e lê". Obedeceu. Pegou a Bíblia e se pôs, silenciosamente, a ler as epístolas de Paulo até chegar à passagem aos Romanos: "não procure contentar os desejos da carne". Pouco a pouco, compreendeu que somos muito fracos para, sozinhos, enfrentar as paixões e, sozinhos, encontrar a verdade por meio de razões e demonstrações evidentes. Precisamos da autoridade dos livros santos para crer e mudar de vida. Descobriu, finalmente, que Cristo é a humildade, a caridade e o mediador da verdade. A decisão foi tomada: Agostinho se converteu e, em 387, foi batizado juntamente com seu filho Adeodato e alguns amigos que tinham vindo da África em sua companhia. Nesse mesmo ano, em Óstia, teve sua visão mística.

Em 388, estava de volta à África. Em Tagaste, recebeu perguntas teológicas de amigos cujas respostas vieram a constituir, em 397, um tratado com 83 *Questões diversas*, versando sobre as epístolas de Paulo, bem como sobre a moral, a Trindade, a Criação, a imortalidade da alma e o livre-arbítrio. Na *Explicação do Gênesis*, a ênfase recaiu sobre as relações entre fé e razão e o combate à interpretação literal da Bíblia pelos maniqueus. O conflito com os donatistas não só aumentou as preocupações de Agostinho com as relações entre fé e razão como também exigiu que aprofundasse seus conhecimentos bíblicos para fundamentar uma doutrina da relação entre *fides et intellectus*, que seria resumida, em *Sobre a Trindade*, com a expressão célebre: "a fé procura, o intelecto encontra". Por isso, compreende-se que sejam desse período os estudos sobre a Epístola aos Romanos e a Epístola aos Gálatas e a obra *Sobre o livre-arbítrio*.

Podemos, assim, considerar que a formação filosófica e religiosa de Agostinho estava completa quando, em 396, foi eleito bispo de Hipona.

A OBRA

Comentando a vastidão da obra agostiniana e sua presença permanente, Moreschini escreve: "A bibliografia agostiniana é infindável e se calculou recentemente que sobre o bispo de Hipona se publica um livro por semana. Como traçar uma síntese de seu pensamento?" (Moreschini, 2013, p. 440).

Essa pergunta é irrespondível. Por isso, seguindo o que fizemos com os demais Padres, apresentaremos aqui apenas alguns temas em que está presente a relação com a filosofia.

A ORDEM

Dos "livros dos platônicos", Agostinho recebe a noção de ordem como necessária à unidade, beleza, harmonia, justiça e paz do universo, tendo sido determinada por Deus no momento da criação.

Agostinho a concebe numa perspectiva hierárquica da realidade, cujos graus se escalonam segundo sua perfeição e na qual o superior comanda, dirige e julga o inferior na qualidade de magistrado. Os graus mais inferiores são tão importantes quanto os superiores porque todos manifestam a sabedoria e a vontade divinas. Todavia, Agostinho se distancia dos platônicos porque, para estes, a teoria das emanações da luz divina pelo Uno / Bem o coloca tanto como o ponto mais alto da hierarquia quanto como seu ponto de origem e de retorno, sendo por isso imanente à ordem. A teologia da criação do mundo *ex nihilo* invalida essa imanência: infinito, perfeito, imóvel e permanente, Deus está situado acima e além da hierarquia, em completa transcendência em relação às criaturas.[12]

A ordem possui dois sentidos principais. Por um lado, é estática, referindo-se à unidade de cada ser como semelhança consigo mesmo e à exigência de cada ser permanecer no grau / lugar que lhe é devido, o qual lhe confere sua unidade e bondade próprias, de maneira que o pecado deve ser compreendido exatamente como indica o verbo *peccare*, isto é, como queda causada pela soberba ou pelo desejo humano de transgredir a ordem, abandonando o lugar que lhe foi atribuído por Deus.

Por outro lado, a ordem também possui o sentido dinâmico, referido à vida espiritual como uma ascensão, um aperfeiçoamento e uma aproximação do divino. Eis porque, no plano do conhecimento, a ordem exige que nossa alma passe do exterior ao interior, do sensível/imaginativo ao inteligível. Da mesma maneira, na moral e na religião, a ascensão se realiza por meio da sequência dos graus das virtudes ou beatitudes em que cada uma delas prepara a seguinte: humildade, docilidade à Escritura, arrependimento por ter desprezado o verdadeiro bem, ruptura com os bens terrenos, apelo ao socorro divino, purificação da inteligência, contemplação da verdade, recepção no Reino de Deus. O sentido dinâmico da ordem define o lugar e o papel da Igreja como mediadora necessária e indispensável para a realização do percurso do conhecimento e das beatitudes: nada e ninguém pode se aproximar de Deus sem a mediação da Igreja. A queda humana é obra do egoísmo e da soberba e só pode ser reparada pela caridade, cujo ensino e cuja prática definem a Igreja, comunidade mística, fora da qual não existe salvação.

A CRIAÇÃO A PARTIR DO NADA

Como vimos, os Padres de Alexandria e da Capadócia, com base no livro do Gênesis, recusam a concepção filosófica grega, que, desde os pré-socráticos, declarara que "nada vem do nada e nada volta ao nada" e afirmam a eternidade do cosmo. Mesmo no *Timeu*, Platão submete a criação do mundo a dois princípios eternos incriados, isto é, as formas ou as ideias, modelos ou paradigmas a serem copiados pelo demiurgo, e a matéria ou a *korah*, na qual o demiurgo inscreverá as formas.

Como seus antecessores, Agostinho afirma a criação *ex nihilo*. Esta supõe duas hipóteses: ou Deus cria o mundo a partir de sua própria substância, de tal maneira que o eterno, infinito e imóvel se torna temporal, finito e mutável, o que é absurdo; ou Deus cria o universo do nada por um ato de sua vontade, o que, consequentemente, exige que expliquemos como o eterno, infinito e imutável produz o temporal, o finito e o mutável. Para tanto, é preciso compreender a própria ideia de criação.

Uma realidade pode derivar de outra de três maneiras: por geração (quando a substância do gerado deriva da do gerador, sendo ambas idênticas), por fabricação (quando a coisa deriva da ação do fabricante sobre uma matéria preexistente) e por criação a partir do nada (quando a coisa não deriva de uma substância idêntica a ela nem de algo preexistente).

Portanto, trata-se, em primeiro lugar, de explicar que Deus não propaga sua substância nas criaturas, assim como Ele não é um demiurgo ou um artesão que fabrica algo numa matéria preexistente, pois criar não é gerar nem fabricar e sim fazer existir o que antes não existia, é fazer vir ao ser o que antes era não ser, nada.

Em segundo lugar, é preciso fazer a pergunta correta. Dizer que a causa da criação é uma doação da vontade divina não significa que se possa perguntar qual a causa dessa vontade, pois, sendo divina, não possui causa. A pergunta correta é: por que a vontade divina quis criar o mundo? E a resposta correta é: porque Deus é o bem e sua bondade quis que uma criação boa viesse ao ser ao invés do nada.

Em terceiro lugar, trata-se de compreender o significado da abertura do livro do Gênesis: "No princípio, Deus criou o céu e a terra". A palavra "princípio" não significa "no começo", um antes e um depois, isto é, não possui um sentido temporal, pois o tempo é uma criatura de Deus e não o ser de Deus. *Principium* significa *ratio et causa*, a razão e causa primeira de alguma coisa. Em suma, o sentido é causal e não temporal. O Verbo de Deus é a causa única e primeira de tudo quanto existe.

Em quarto lugar, é preciso enfrentar a questão do tempo, uma vez que o relato bíblico se refere a uma obra feita em seis dias e ao repouso no sétimo dia. Ora, Deus, eterno e infinito, possui uma ciência instantânea e simultânea de tudo o que, para nós, se desenvolve no tempo. A Escritura, portanto, se adaptou à nossa inteligência discursiva e o texto deve ser interpretado alegoricamente. Essa interpretação é necessária porque, para nós, é inegável que, tendo sido criado, o universo teve um começo, o que não implica temporalizar o próprio Deus e sim compreender que Ele cria o mundo num ato uno e indivisível (sem antes, agora e depois) e o mundo foi criado por esse ato, isto é, a criação é instantânea em si e aparece como temporal para nós.

Passando de uma metafísica do tempo a uma metafísica da causa,[13] Agostinho examina a questão fundamental: como o ser imutável pode causar o mutável? A resposta se encontra em sua teoria das ideias divinas.

O Céu e os Anjos são a matéria espiritual com forma definitiva, ainda que, em si ou como criaturas, sejam mutáveis; entretanto são imutáveis por sua proximidade de Deus. A Terra, pelo contrário, sendo aquilo que está mais distante de Deus, é a matéria absolutamente informe. Isso não significa que Deus a teria criado primeiro e, a seguir, lhe dado forma, pois a criação é instantânea, ou seja, a matéria é informe na ordem da causalidade e não na ordem do tempo. Em outras palavras, a matéria não é o nada, e sim pura indeterminação — um "algo", um quase não ser — cuja determinação é efeito da causa divina — "*ex informitate formata*". Para compreender essa informação ou determinação, precisamos lembrar que as formas ou *species* são ideias do e no intelecto de Deus — o Verbo Divino —, portanto, essências eternas e imutáveis, arquétipos ou modelos universais de todos os gêneros das coisas individuais. Agostinho as denomina *rationes* ou *regulae*, princípios de inteligibilidade tanto dos gêneros como das coisas individuais em seu nascer, existir e perecer. As coisas, portanto, existem de duas maneiras: nas ideias incriadas que constituem o *Lógos* divino e em si mesmas como gêneros e indivíduos no mundo criado, imagens ou espelhos do inteligível.

Em sentido preciso, a Criação significa o ato livre da causa primeira pela qual Deus produz todas as coisas ou a doação de ser pelo Ser, que disse de si mesmo: "Sou Aquele que sou". Como ato, a Criação é um acontecimento pelo qual surge o próprio acontecer, isto é, não algo *no* tempo, mas o início *do* tempo. A criação da matéria e sua determinação/informação são, em si mesmas, simultâneas e instantâneas, embora apareçam para nós como sucessivas, o que explica o uso de duas expressões bíblicas: "Deus fez o Céu e a Terra" (a materialidade) e "Deus disse, faça-se" (a determinação/informação).

Agostinho distingue dois tipos de criaturas: as terminadas ou formadas desde a Criação — os anjos, o dia ou firmamento, os quatro elementos (terra, água, ar, fogo), os astros e a alma humana — e as pré-formadas ou sementes (*rationes seminales*) de todos os seres vivos por vir (minerais, vegetais, animais e corpos humanos). As sementes primordiais — ato primordial e único de Deus — são os germes latentes de todas as coisas que surgem e surgirão no tempo. A distinção entre os dois tipos de criaturas significa que o universo foi criado completo, mas também inacabado, em estado de semente. Possui um princípio vital de desenvolvimento, o sêmen, que torna fecundas as criaturas e assegura a estabilidade e a continuidade dos gêneros e das espécies, bem como a proliferação dos indivíduos, que engendram uns aos outros, incluindo os humanos, que, além de engendrar, também fabricam coisas a partir do já existente e jamais a partir do nada. A criação é ato divino; a fabricação, ato humano.

Restam ainda dois problemas a resolver: a criação do homem e da mulher e as mudanças na alma humana.

De fato, há no livro do Gênesis duas narrativas sobre a criação dos seres humanos. Na primeira é dito que, no sexto dia, Deus criou o homem e a mulher à sua imagem e semelhança. A segunda, porém, afirma que, depois do sétimo dia, Deus fez o homem de barro e de seu corpo retirou o da mulher. Agostinho considera que o primeiro relato se refere à criação da alma humana (terminada, informada, completa) e à do corpo como *ratio seminalis* ou semente. Tanto a alma como o corpo humanos são simultâneos ao restante da Criação. Por seu turno, o segundo relato se refere ao desenvolvimento da semente, isto é, ao nascimento dos corpos de Adão e Eva.

Quanto ao segundo problema, surge a seguinte questão: se a alma humana pertence à categoria das criaturas informadas, completas e terminadas, como explicar suas mudanças psicológicas, éticas e intelectuais? Agostinho responde afirmando que, como toda criatura, a alma é matéria, ainda que matéria espiritual, e por isso essencialmente mutável, embora uma parte da alma seja totalmente informada, completa e terminada: a *mens*, a mente humana imutável, formada por iluminação divina que, ao lhe dar uma forma inteligível, infundiu-lhe imediatamente a racionalidade. A razão não é adquirida, mas inata.

O CONHECIMENTO

Dos "livros dos platônicos", Agostinho conserva duas afirmações: o conhecimento verdadeiro não se refere ao mundo sensível, mas ao inteligível, eterno e imutável; e o homem possui uma alma racional que deve governar o corpo, isto é, dominar a ignorância e a mais terrível das paixões, a concupiscência. Em contrapartida, distancia-se dos platônicos ao considerar que o ponto de partida do conhecimento verdadeiro é a fé ou a aceitação incondicional da verdade revelada. A fé é diferente da razão, mas há uma relação entre ambas. Se é preciso crer para entender, também é preciso entender para crer, pois uma fé inabalável não dispensa a argumentação racional — há razões para termos fé e, como disse o profeta Isaías (7,9), "se não tiverdes fé não podereis entender" ou "nenhuma crença sem nenhuma inteligência". Com efeito, é preciso afirmar "creio para entender", pois, sem a fé, não há conhecimento. No entanto, só podemos ter fé porque temos uma alma racional sem a qual não poderíamos crer em coisa alguma. Precisamos crer na Palavra e, consequentemente, entender o sentido daquilo em que cremos e a que damos nosso assentimento racional. Essa é a base da afirmação "creio para entender". Num primeiro grau, esse assentimento é dado ao que é possivelmente verdadeiro, porém, acima desse grau há um segundo, no qual se demonstra que aquilo a que se dá o assentimento é necessariamente verdadeiro porque provém da Palavra. Assim, é preciso completar: "entendo porque creio".

> Com efeito, o fato de não entenderes imediatamente faz com que exercites aquilo que propriamente se chama fé: de fato, se te fosse dado entender imediatamente não terias necessidade de crer porque veria com teus olhos. Justamente porque não entendes, crês, mas crendo, tornas-te capaz de entender [...]. Deixa que a fé te purifique, a fim de que te seja concedido alcançar o pleno entendimento (*Comentário ao Evangelho de João*, 36,7).

A fé é o término de um primeiro conhecimento e o início de um conhecimento maior, pois todo aquele que crê pensa, mas pensa crendo e crê pensando. Assim, a *fides* cristã é diversa da *pistis* da filosofia grega: a primeira é confiança inabalável na verdade divina, enquanto a segunda, desde Platão, fora definida como crença injustificada nos dados sensoriais.

A segunda novidade trazida por Agostinho com relação aos platônicos está no fato de que as razões para crer devem ser encontradas a partir da experiência interior, do exame da consciência e de suas dúvidas, levando em conta que a consciência racional não é a autora do conhecimento verdadeiro, pois seu autor é Deus, cuja existência deve ser nosso ponto de partida. Além disso, é preciso compreender que a finalidade do conhecimento não é o domínio sobre o mundo, mas o domínio sobre si mesmo com o objetivo de alcançar a beatitude como salvação e felicidade. Em *Sobre a verdadeira religião*, encontramos a passagem célebre sobre o "homem interior":

> Não busque fora de ti [...]; entra em ti mesmo. A verdade está no homem interior. Se descobrires que tua natureza é mutável, supera-te a ti mesmo. Lembra-te, porém, que ao transcenderes a ti mesmo, estás superando a alma racional e por isso o final da superação deve ser o início onde se acende a luz da razão. [...] A verdade não é algo que se constrói à medida que o raciocínio avança; pelo contrário, ela é aquilo

a que tendem os que raciocinam. [...] não és aquilo que a verdade é; a verdade não busca a si própria, mas és tu que a alcanças, procurando-a, não aqui e acolá, mas na mente, para que o homem interior encontre aquilo que nele habita com desejo não ínfimo e carnal, mas com supremo e espiritual desejo.

A questão que se coloca é a de saber como, em decorrência do pecado, seria possível o conhecimento verdadeiro, e, nesse ponto, Agostinho reencontra os platônicos e os estoicos: o percurso do conhecimento é o de uma ascese espiritual, de maneira que conhecimento e virtude são inseparáveis.

O percurso do conhecimento é apresentado por Agostinho como um procedimento demonstrativo, isto é, não opera com fatos ou com existências, e sim com razões ou essências (a do mundo sensível, a do mundo inteligível, a da razão, a da verdade e a da ciência). Se retomarmos o que vimos no início deste capítulo sobre a superação da dúvida e a afirmação da existência do pensamento — existo porque erro e duvido, existo pensando —, perceberemos que o procedimento demonstrativo se realiza em seis movimentos sucessivos: 1) apresentação da dúvida cética sobre a existência de si e das coisas; 2) refutação da dúvida pelo ato de pensar; 3) descoberta do mundo sensível; 4) ultrapassamento do sensível pelo mundo inteligível; 5) passagem à verdade e à ciência (saber); 6) iluminação. Partindo de nossa certeza de ser, viver e pensar, assegurada pela existência de Deus, a ordem desses movimentos indica que o conhecimento se realiza por graus sucessivos: fé ou aceitação da verdade revelada nas Escrituras; vida (*anima*), reconhecida pela superação da dúvida cética sobre nossa existência; conhecimento sensível (pela *anima*); conhecimento racional (pela *mens*);[14] e iluminação espiritual, quando a alma "ousará contemplar a Deus, que é a fonte da qual emana tudo o que é verdadeiro, o Pai da própria verdade" (*Sobre a ordem*, 19, 51).

O conhecimento sensível se realiza como conhecimento do sentido externo e do sentido interno. O primeiro é a percepção externa pelos cinco sentidos de seus objetos próprios (as sensações); o segundo é a percepção interna do que é comum aos cinco sentidos, isto é, as comunicações entre eles para percebermos coisas. O conhecimento racional é o conhecimento do sentido externo e do sentido interno. O sentido externo é superior ao seu objeto, a matéria, que apenas é enquanto o sentido externo é vida (*anima*); por seu turno, o sentido interno é superior ao externo porque o guia, julga e comanda. A razão (*mens*) é superior a ambos porque os conhece, julga, classifica, guia e dirige. Somente os conhecimentos racionais permitem chegar a Deus porque são verdadeiros moral e especulativamente.

Agostinho distingue entre verdade e ciência (o saber). A primeira se refere a proposições necessárias, universais, imutáveis, eternas, conhecidas por todos os que as contemplam. Seu modelo é (platonicamente) a matemática, ou a ordem segundo a proporção, o peso e a medida (*numerus, pondus et mensura*), que confere estabilidade às coisas (sua unidade ou proporção). Essa estabilidade será avaliada pela ciência, que é também necessária, imutável e eterna. A ciência é o conhecimento da verdade pela razão, que exclui o sentido externo e o interno (isto é, o corpo), pois verdade e ciência não dependem de nossa razão individual mutável e temporal, mas transcendem-na porque dependem de Deus. Assim, nosso pensamento, quando contempla a verdade, tem a ciência tanto de uma lei imutável e superior como de uma natureza imutável e superior — Vida Primeira, Essência Primeira, Sabedoria Primeira, Causa Primeira. O percurso hierárquico seguido por Agostinho parte do mundo (o ser e a vida), passa à alma (conhecimento, verdade e ciência) e desta chega a Deus (iluminação). Do exterior ao interior, do sensível ao inteligível, do mutável ao imutável, do perecível ao eterno, do efeito à causa, do inferior ao superior: eis os movimentos do pensamento racional em busca da verdade e da ciência para chegar a Deus.

Assim, se considerarmos a refutação da dúvida cética e a fé como ponto de partida, Deus se encontra no início do percurso; e, se considerarmos os movimentos ascensionais do conhecimento, Deus se encontra no final do percurso. Isso explica por que, além do procedimento demonstrativo ou prova demonstrativa, Agostinho também apresenta uma prova mística da necessidade de se chegar a Deus: a beleza, a harmonia e a justiça do cosmo são vestígios da presença divina e atestam a presença da racionalidade de Deus. Nossa alma se torna espiritualmente bela e virtuosa quando se alça ao conhecimento da beleza e da sabedoria divinas inscritas em nosso interior. Esse conhecimento é amor a Deus.

Todavia, há ainda um problema a ser resolvido. A relação entre alma e corpo no conhecimento.

Agostinho define a alma como *anima*, uma substância vital — que dá vida ao corpo —, e como *mens*, uma substância racional — que deve governar e dominar o corpo. Embora alma e corpo sejam substâncias diferentes, o homem é uma alma que se serve de um corpo. A primeira consequência, para o conhecimento, é que a inteligência deve conhecer o que ela não é — sensação — e o que ela é — intelecção e memória. Em outras palavras, deve reconhecer sua diferença em relação ao corpo. Ora, sendo assim, como pode a alma se servir do corpo, dominá-lo e governá-lo? Como uma substância espiritual simples e imortal por essência pode se comunicar com uma substância corporal composta e mortal por essência? Responde Agostinho: por meio da *anima* como atenção vital, pela qual a alma não só anima, mas também vivifica e conserva o corpo na sensação externa e interna. Assim como Platão definira a alma como o piloto que dirige o navio, Agostinho define a *anima/mens* como um princípio ordenador, vigilante e de comando sobre o corpo, no qual se encontra alojada e ao qual comunica a vida espiritual. Por que a alma pode governá-lo? Porque não é apenas inteligência ou atividade de conhecimento, mas também vontade livre, atividade de querer e não querer.

A sensação ou imaginação é uma paixão, uma passividade corporal, isto é, nela o corpo recebe ou sofre a ação dos objetos externos e dos acontecimentos internos (como a dor, a fome e a sede). Todavia, quem ativamente as reconhece é a alma — as sensações e paixões do corpo são ações da alma num estado que, embora de não ignorância, ainda não é conhecimento. Ora, a hierarquia posta pela ordem declara que um inferior não pode agir sobre um superior e, nesse caso, é preciso indagar: como o corpo (composto, mortal, passividade) poderia agir sobre a alma (simples, imortal, atividade)? Responde Agostinho: o corpo não age sobre a alma, mas é a *ocasião* para que a alma exerça capacidades que lhe são próprias. Entretanto, ainda podemos indagar: como um acontecimento corporal pode ocasionar um acontecimento mental? Responde Agostinho: não há qualquer relação de causalidade porque a alma é um princípio vigilante ou uma capacidade da atenção pela qual sabe (mesmo que confusamente) o que se passa em seu corpo e que age em consonância com essa atenção. Enquanto a sensação oferece imagens instáveis e cambiantes, a atenção as estabiliza e as oferece ao pensamento: vejo que dois e dois são quatro, mas somente o pensamento sabe por que não poderia ser de outra maneira. Exatamente quando a atenção é confusa ou falhada há desordem e perda da hierarquia, a sensação governa a alma, o corpo a comanda e a faz passiva: essa paixão ou passividade é a origem ou a causa do pecado. Este, portanto, ocorre quando a ordem é substituída pela desordem e o inferior comanda o superior. Para liberar-se da passividade, tornar-se causa ativa da percepção e da memória e alcançar a evidência racional, a alma volta-se sobre si mesma e se descobre como reflexão, de tal maneira que a luz que o olho vê (na percepção) é também a luz que vê o olho vendo (na reflexão). Essa segunda luz é a atividade da própria alma como luz espiritual.

Com sua formação retórica, Agostinho discute também um outro tipo de desordem: a da linguagem. As ideias não são algo pessoal, mas comuns a todas as almas racionais. Assim, qual a origem das disputas e divergências? Estas, evidentemente, não podem referir-se às ideias e sim às palavras, pois, numa discussão, tanto as mesmas palavras podem ter sentidos divergentes para os oponentes como ambos podem ter as mesmas ideias, mas indicá-las com palavras diferentes. O desacordo decorre do fato de que as palavras não são ideias, mas instrumentos para exprimi-las. Eis por que ensinar por meio de palavras não é ensinar ideias, mas auxiliar o aprendiz a pensar, a buscar por si mesmo as ideias verdadeiras que estão em sua alma e que, por meio da linguagem, são relembradas ou rememoradas, isto é, reencontradas.

Assim como a razão é inata, também as ideias o são, não sendo produzidas pelas sensações nem pelas palavras. Agostinho enfatiza que, assim como a sensação não cria as coisas percebidas, também a atividade intelectual não cria nem produz ideias, mas procura-as, pois a alma, criatura finita, não poderia criar verdades eternas, que, por serem eternas, não nascem conosco nem em nós, mas foram colocadas em nós por Deus. Ocorre aqui o mesmo que em todo aprendizado. A diferença, porém, está na figura do mestre, que, no caso, é o Mestre Interior, isto é, Deus, criador das verdades eternas.

> Por acaso pretendem os mestres que os alunos conheçam e retenham seus pensamentos e não as disciplinas que pensam ensinar quando falam? [...] Mas, uma vez que os mestres tenham explicado as disciplinas que ensinam, as leis da virtude e da sabedoria, então os discípulos avaliam consigo mesmos se disseram coisas verdadeiras, examinando segundo suas forças aquela verdade interior. Mas os homens se engam ao chamar de mestres os que não o são quando atentos às palavras do professor os discípulos pensam haver sido instruídos pela palavra externa daquele que ensina. [...] Comecemos a entender quão verdadeiramente está escrito pela autoridade divina que não chamemos de mestre ninguém na terra, visto que o único Mestre de todas as coisas está no céu. Mais do que há nos céus, nos ensinará aquele que por meio dos homens e de seus signos nos atinge

exteriormente a fim de que voltados interiormente para Ele sejamos instruídos (*O Mestre*, 460,45; 461,46).

Não à toa, Agostinho estabelece uma correlação entre o olho que vê a luz (sensação) e a alma que vê a luz da verdade (conhecimento racional). A alma está para Deus como a lua para o sol: assim como a lua, desprovida de luz em si mesma, recebe e reflete a luz solar, assim também a alma recebe do Mestre Interior a luz inteligível, como se lê na abertura do Evangelho de João: "Eu sou a luz que vem a este mundo". Deus é a própria luz que nos ilumina porque somente Ele é e tem ciência de si, tornando possível a nossa ciência. Assim como a luz solar incide sobre o objeto e sobre o olho para que haja visão, assim também, a luz divina incide sobre as ideias e sobre nossa alma, iluminando nossa inteligência. Deus é a luz sobrenatural e nossa alma, iluminada, recebe essa luz, que, em nós, é a *luz natural*,[15] a razão ou a inteligência: o conhecimento é uma doação ou uma graça divina. Como luz sobrenatural, a verdade não pode ser criada ou causada por nossa luz natural, mas apenas recebida por nós, porque Deus criou nossa alma para que pudéssemos recebê-la, e se deixamos de recebê-la não é porque Deus nos falte e sim porque nos afastamos Dele pela concupiscência, pelo egoísmo e pela ignorância.

A ciência de Deus e a nossa são diferentes por essência. Deus é um intelecto arquetípico, isto é, cria as ideias como arquétipos eternos de todos os seres por Ele criados e conservados. Nossa ciência, além de não ser criadora das ideias, também não pode ver Deus, pois nossa finitude jamais poderia abarcá-lo plenamente. Por isso, ela é *ver em Deus*, iluminação de nossa inteligência para que possamos ver as ideias que são e estão Nele. Essa visão é a garantia única da verdade dos juízos sobre a natureza, sobre o homem e sobre o próprio Deus, os quais nos permitem conhecer as relações universais e necessárias entre as ideias, cuja principal marca é a de serem princípios normativos e legais sobre a realidade inteira que, em nós, se traduzem em regras ou princípios universais reguladores do pensamento verdadeiro e da prática da virtude.

Todavia, assim como além da prova demonstrativa do conhecimento Agostinho oferece a prova mística, da mesma maneira ele concebe, para além da iluminação intelectual, a iluminação mística — reservada apenas aos santos — na qual, efetivamente, tem-se a visão de Deus em Deus, êxtase sublime, acima da mente (*supra mentem*).

Na explicação da Criação, Deus surge como Causa Primeira eterna ou incausada, isto é, "Sou Aquele que sou", o Ser, a Vida e o Poder, essência eterna, imutável e infinita. Na explicação da ordem, perfeição, harmonia e justiça do cosmo, como o Uno, o Justo, o Bem e o Belo. Na explicação do conhecimento, Deus surge como a Verdade e a Sabedoria, Mestre Interior, o Verbo. Nas *Confissões*, Deus é Luz e Amor. Em suma, antes de mencionar a Trindade, Agostinho sempre se refere aos atributos constitutivos da divindade ou da substância divina. Por isso, em *Sobre a Trindade*, lemos:

> Por conseguinte, se dizemos "eterno, imortal, incorruptível, vivo, sábio, poderoso, belo, justo, bom, feliz, espírito", parece que de todas essas expressões somente a última diz habitualmente a substância e as demais indicam qualidades da substância; mas não é o que acontece naquela natureza simples e inefável. Quando dela se diz segundo a qualidade, deve-se entender segundo a substância ou essência. Longe de nós afirmar de Deus a espiritualidade segundo a substância e a bondade segundo a qualidade; ambas são Nele substancialmente (*Sobre a Trindade*, v, 706,8).

Em outras palavras, Deus é substancialmente eternidade, imortalidade, incorruptibilidade, vida, sabedoria, poder, beleza, justiça, bondade, felicidade, espiritualidade.[16] Qual é a consequência dessa concepção da substancialidade divina para a teologia da Trindade?

Ao explicar a Trindade, observa E. Pontalier, Agostinho concebe a natureza divina antes das Pessoas. Sua fórmula será a seguinte: uma só natureza divina subsistindo em três Pessoas. Já os Padres gregos e Tertuliano diziam: três Pessoas com uma só natureza. Os gregos se concentravam diretamente nas Pessoas: no Pai, concebido como Deus único, que, na sequência do Credo, desde Niceia, aparecia como "Creio em um só Deus Pai", depois no Filho, nascido do Pai, e, por fim, no Espírito Santo, que procede do Pai enquanto Pai e, por conseguinte, do Filho. Somente pelo pensamento consideravam que as três Pessoas compartilhavam uma só e mesma natureza divina. Agostinho, ao contrário, considera, antes de tudo, a natureza divina e avança em direção às Pessoas para alcançar sua realidade inteira. Deus já não significa diretamente o Pai e sim a divindade concebida de maneira concreta e pessoal, mas não como tal Pessoa em particular. É o Deus-Trindade, isto é, a divindade real, que se desdobra em três Pessoas sem sucessão temporal ou de natureza, porém não sem ordem de origem: Pai, Filho e Espírito Santo. Todavia, como os Capadócios, Agostinho também toma a categoria da relação para distinguir as Pessoas: como não há diferença ontológica nem hierárquica entre elas, que constituem um único Deus, a distinção entre elas, ou sua diversidade, se exprime sob a forma das relações, isto é, o Pai tem o Filho (Pai do Filho), o Filho tem o Pai (Filho do Pai) e o mesmo se passa com o Espírito Santo, que deles procede (Espírito do Pai e do Filho).

A partir da categoria da relação, Agostinho formula uma analogia entre a Trindade e as criaturas que permite a estas alçar-se ao mistério supremo. Como vestígios ou imagens da Trindade, todas as criaturas são trinas ou ternárias, ou seja, possuem unidade, forma e ordem. Também trina, a mente humana conhece a si mesma, lembra-se de si mesma e ama a si mesma, de tal modo que a mente, seu conhecimento e seu amor são um só e coincidem na vida perfeita.

> Mas quando essas faculdades encontram-se reunidas em uma só pessoa, como acontece com o homem, alguém poderia dizer-nos: essas três faculdades: memória, inteligência e amor são minhas, não pertencem, porém, a elas mesmas, pois não operam em seu próprio favor, mas sim em meu proveito. Sou eu que atuo, servindo-me delas. Sou eu que recordo pela minha memória, compreendo pela minha inteligência e amo pelo meu amor. E quando volto o olhar do pensamento para minha memória, e assim digo ao meu coração o que sei e é gerado um verbo por meio de meu conhecimento, ambas são minhas. Ou seja: o conhecimento e o verbo, pois sou eu que sei, e sei que digo em meu coração que sei. E quando, ao pensar, descubro em minha memória que já compreendia e já amava algo, não duvido de que a inteligência e o amor já se encontravam aí, antes mesmo deste pensamento. E em minha memória, encontro meu entendimento e meu amor, com os quais compreendo e amo, e não eles a si mesmos (*Sobre a Trindade*, XV, 22,42).

Dessa maneira, portadora de uma trindade, a mente humana possui um referencial que lhe permite elevar-se ao conhecimento da Trindade e amá-la acima de tudo. Espelho de Deus, a mente humana pode realizar o conhecimento filosófico como ascensão: alma que conhece a si mesma e, ao se conhecer, conhece a Deus. Constituído como essência trina, o homem interior pode alcançar a iluminação pelo Mestre Interior ou iluminação beatífica. Ao atingir esse conhecimento, compreendemos que,

> na suprema Trindade, incomparavelmente superior a todas as coisas, é tão perfeita a inseparabilidade das três Pessoas que enquanto nunca se diria que uma trindade do homem possa ser chamada de um único homem, diz-se que na Trindade divina há um só Deus. Além disso, se essa imagem que é o homem, com suas três faculdades é uma única pessoa, não acontece o mesmo na Trindade divina, pois aí são três Pessoas: o Pai do Filho, o Filho do Pai e o Espírito Santo do Pai e do Filho (*Sobre a Trindade*, XV, 23,43).

O LIVRE-ARBÍTRIO

As reflexões de Agostinho sobre a moral não só percorrem de ponta a ponta as *Confissões* como são o centro de *Sobre o livre-arbítrio*, *Sobre a natureza da graça* e *Sobre a verdadeira religião*. São também mencionadas em suas disputas com maniqueus sobre a origem do mal e com os pelagianos sobre a inocência humana.

Contra os maniqueus, Agostinho recusou não só a positividade do mal, pelo qual a matéria seria responsável, como, por conseguinte, recusou que o corpo fosse a prisão da alma, pois se este assim se tornou foi somente como consequência do pecado do qual é preciso se libertar como primeiro gesto da vida moral. Em sentido rigoroso, o mal não existe, pois tudo o que há foi criado pela perfeição, sabedoria, bondade e justiça de Deus, que criou os seres segundo a ordem, a proporção e a medida. O mal em si é privação de ser que se manifesta ou na ausência de um bem que uma natureza deveria possuir ou na desordem, como no caso do pecado.

Agostinho examina o mal sob três perspectivas: a metafísica, a moral e a física. No plano metafísico, não há mal no cosmo e sim graus de distância em relação a Deus em decorrência dos diferentes graus de finitude das criaturas. Todavia, mesmo nesse caso, não se trata do mal em si, pois todas as criaturas, até as mais ínfimas ou as que nos parecem insignificantes, participam da totalidade cósmica justa, harmoniosa e bela. Quando julgamos algo mau, o fazemos em vista de sua utilidade ou de nosso interesse, desconsiderando que, em si mesmo e pelo lugar que ocupa, este é sempre bom. No plano moral, o mal é o pecado decorrente de uma escolha voluntária deficiente que, perante a multiplicidade de bens criados, o homem, incorretamente, escolhe em vez de escolher o Bem e, ao fazê-lo, desordena a ordem, distanciando-se de seu lugar próprio e sobretudo afastando-se de Deus. O mal moral são as paixões. Nas *Tusculanas*, Cícero definira as paixões como doenças da alma. Agostinho vai além e as denomina pecado, queda. Assim, um grande bem que recebemos do Criador, a vontade livre, pode se transformar num grande mal pelo mau uso. Somos nós, portanto, a causa de nosso próprio mal. No plano físico, o mal aparece com o perecimento das coisas quando não percebemos que a destruição de uma é compensada pela aparição de outra para a conservação da ordem e da harmonia universais. No caso dos humanos, são as dores, as doenças, os sofrimentos, as angústias e a morte, pelos quais somos responsáveis, pois nascem de nossas escolhas pecaminosas. Ao invés de cumprir sua obrigação de ser livre, o homem escolhe a servidão das paixões.

No Livro III de *Sobre o livre-arbítrio,* Agostinho explica ao interlocutor, Evódio, a diferença entre "por natureza" e "por vontade". Escreve ele: tomemos o movimento da pedra ao cair, portanto, não um movimento que lhe foi imposto por alguma causa ou força externa e sim aquele que naturalmente ocorre "quando ela cai na terra por seu próprio peso" (o peso é a causa interna da queda, como se julga desde Aristóteles). Ao que Evódio retruca que não nega que esse movimento seja natural, no entanto, se o movimento da vontade for desse tipo, não se há como censurá-la ou reprová-la, pois "mesmo quando se move para algo mau, é compelida por sua própria natureza". Consequentemente, prossegue ele, se tal movimento exigir reprovação, não poderá ser natural. Agostinho concordará, porém com uma correção decisiva: o movimento da pedra é natural e o da vontade é voluntário porque é da natureza da vontade realizá-lo naturalmente. Há, pois, dois tipos de movimentos naturais: o involuntário ou natural propriamente dito e o voluntário porque é da natureza da vontade mover-se. Por onde há de passar a diferença entre o movimento da pedra e o da vontade?

> Esse movimento da vontade [para a queda] é semelhante ao de uma pedra nisso: esse movimento pertence à vontade como o da queda à pedra. Porém, nisso esses dois movimentos são dessemelhantes: a pedra não tem o poder para interromper seu movimento descendente, mas a alma não é movida para abandonar as coisas mais altas pelas mais baixas a não ser que a vontade assim o queira. Destarte, o movimento da pedra é natural, mas o da alma é voluntário (*Sobre o livre-arbítrio*, III, 1).

O homem é dotado de uma alma racional que lhe permite não só conhecer, mas também emitir juízos sobre si e sobre as coisas, de modo que o livre-arbítrio da vontade precisa ser racionalmente dirigido, pois, do contrário, cometerá faltas. Tanto é assim que, em decorrência do exercício da razão como guia da vontade, os vestígios da boa natureza humana transparecem na existência de virtudes naturais, mesmo no homem decaído, como comprovam muitos romanos dotados de temperança, justiça e prudência. Todavia, para além dos vestígios dessa boa natureza encontrada em alguns, é essencial compreender as duas maneiras pelas quais Deus guia o homem em direção à virtude: pela primeira, promulga a Lei para que o homem possa reconhecer-se culpado; pela segunda, concede a graça para que o homem possa reconhecer-se capaz de redenção. A graça é um dom gratuito, não a alcançamos por meio de nossas obras (mesmo que boas ou virtuosas), pois não há proporção entre nossos atos e a doação divina. Ninguém se salva por meio de suas obras, como já dissera Paulo. A graça precede as obras e o mérito que possuem; somente com ela a vontade e a razão se tornarão causa e condição de nosso bem maior: a beatitude ou a vida bem-aventurada, pois "haverá alguém mais feliz do que aquele que goza da inabalável, imutável e excelente Verdade?".

> Com efeito, essa Verdade contém em si todos os bens verdadeiros entre os quais os homens, conforme o grau de sua inteligência, escolhem para si um só ou diversos deles para seu gozo [...] uma inteligência mais forte e vigorosa, depois de ter considerado com certeza racional um bom número de verdades imutáveis, seu olhar dirige-se para a Verdade mesma, da qual toda verdade recebe luz [...]. Eis no que consiste nossa liberdade: estarmos submetidos a essa Verdade. Ela é nosso Deus mesmo, o qual nos liberta da morte, isto é, da condição do pecado. Pois a própria Verdade se fez homem e disse àqueles que nela acreditavam: "Se permanecerdes em minha palavra sereis, em verdade, meus discípulos e conhecereis a verdade e a verdade vos libertará" (*Sobre o livre-arbítrio*, II, 14).

Ora, é exatamente a ideia de livre-arbítrio que coloca Agostinho contra Pelágio. Como vimos, este recusava que o pecado de Adão fosse responsável por torná-lo mortal, alegando que todas as criaturas finitas são mortais e o primeiro homem estava necessariamente destinado à morte. Afirmava também que cada criatura é um ser singular e que, no caso dos humanos, em decorrência do livre-

-arbítrio da vontade, cada um pode escolher tanto o bem quanto o mal, de maneira que a escolha de Adão foi apenas sua e não poderia ser transmitida a toda a humanidade. Como consequência, Pelágio se opunha à necessidade do batismo das crianças.[17]

Os estudiosos consideram que o pelagianismo provocou uma mudança profunda na ética agostiniana, que deixou de enfatizar o livre-arbítrio para destacar a necessidade da graça divina (assunto de *Sobre a graça e o livre-arbítrio*) e colocou, no centro de sua doutrina o tema devastador (que percorre as *Confissões*) da concupiscência e da libido, assim como o debate, igualmente terrível, sobre a predestinação dos eleitos (que atravessa o *Enchiridion* e *A Cidade de Deus*).

A esse respeito, escreve Donini:

> No decurso dessa controvérsia, vieram à luz os aspectos mais ocultos e originais do pensamento agostiniano. A humanidade inteira aparece a Agostinho como corresponsável da culpa de Adão, em virtude de uma alteração quase orgânica, que se transmite de pai para filho, através da procriação: até no estado conjugal, o desejo carnal, a concupiscência ou libido, que envolve toda a esfera da obra humana, é sempre pecado. O cunho que a experiência maniqueísta de seus verdes anos deixara em sua consciência aparece aqui em toda a sua clareza (Donini, 1988, p. 219).

Em outras palavras, assim nascem as *Confissões*:

> Ai, o pobre ser que sou! Senhor, tende piedade de mim. Entre minhas penas e as boas alegrias há conflito, sem que eu saiba para que lado pende a vitória. Ai, o pobre ser que eu sou. Tende piedade de mim, Senhor. Ai, o pobre ser que sou. Olhai minhas feridas, eu não mais escondo: sois médico e sou o doente; sois misericordioso e sou miserável. [...] Ai, a vida do homem sobre a terra não é, verdadeiramente, sem sossego, uma tentação? (*Confissões*, x).

O que é a queda? O pecado, obra do egoísmo e da soberba, é uma transgressão da ordem e da lei divinas, uma quebra da hierarquia em que o corpo se apossa da alma e a aprisiona, tornando-a ignorante e concupiscente, satisfeita com o mundo das sensações e das imagens com que procura, inutilmente, satisfazer-se — "Ai, pobre ser que sou". Tomada pela ignorância e pelas paixões, a alma perde sua força ativa e toma gosto pela materialidade, que a distancia cada vez mais de Deus e de si mesma. A queda é uma escolha do livre-arbítrio. No entanto, tendo poder para cair, o homem não o tem para se levantar: ao erguer-se contra a Lei divina, a desproporção entre ele e Deus é tamanha que ele não tem em si e por si mesmo como obter o perdão. Ele precisa do Redentor, da caridade ou da graça divina, única que traz a remissão dos pecados. Por isso as *Confissões* não se dirigem aos outros humanos, mas a Deus, como súplica pelo perdão. Somente a graça perdoa. Somente a graça fortalece a alma e o livre-arbítrio para lutar contra e vencer a ignorância, a concupiscência e as paixões dela derivadas. Embora o desejo de levantar-se nasça da fé, somente a graça tem o poder de realizá-lo. A vida boa (ou a moralidade) nasce da conjunção entre a graça e o livre-arbítrio. O bom uso deste sob a graça constitui a liberdade do cristão: a verdadeira liberdade é servir a Cristo. União do livre-arbítrio da vontade e da razão, somente essa liberdade nos salva e somente ela nos assegura chegar à ciência e à sabedoria, passar do sensível ao inteligível, contemplar as ideias, receber a iluminação beatífica e alcançar a felicidade.

Somente a graça confere sentido ao desejo de saber, isto é, à filosofia, que não nasce de uma paixão, a curiosidade, como supusera Aristóteles, mas do desejo de alcançar o inteligível (como afirmaram os platônicos). Somente a graça confere mérito às nossas obras. Por isso, somente a graça nos outorga a condição de escolhidos para a Cidade de Deus.

Ora, ser cidadão dessa Cidade ou ser dela excluído é um mistério para nossa razão, pois desconhecemos por que, desde toda a eternidade, Deus decidiu salvar alguns e condenar outros para sempre. Estamos, pois, diante da questão da predestinação. Qual é a sua justificação? Por que a Escritura afirma que "muitos serão chamados, mas poucos serão eleitos"? Deus não teria o poder para garantir que todos fossem chamados, respondessem e fossem escolhidos? Desde toda a eternidade não sabe Deus, em sua ciência infinita, quais, usando o livre-arbítrio, recusarão ou aceitarão o seu chamado?

A primeira resposta de Agostinho é que a graça não constrange ou força o livre-arbítrio, mas apenas oferece circunstâncias ou ocasiões para sua boa realização e, portanto, é por liberdade da vontade que alguns recusarão o chamado e outros o atenderão.

No entanto, é preciso reconhecer que essa primeira resposta, que concilia a liberdade humana e a presciência divina, não responde à pergunta: por que Deus justifica este e não aquele? Por que Ele oferece circunstâncias e ocasiões benéficas a este e não as oferece àquele? A única resposta é: não temos resposta. A predestinação é misteriosa e indecifrável para nossa razão.

No entanto, como segunda resposta possível, Agostinho afirma que sabemos com certeza que é por absoluta equidade que o decreto divino salva ou condena, ainda que ignoremos o que seja essa equidade. De fato, ainda que possamos reconhecer que, com o pecado original, a humanidade se tornou uma massa culpada e que condená-la não seria injusto, também podemos reconhecer que a condenação não é um ato cego de cólera e vingança, mas de justiça. Portanto, também é preciso afirmar que Deus, em sua bondade infinita e em sua ciência perfeita, decidiu salvar alguns, dando-lhes a cidadania na Cidade de Deus.

No tempo, há duas cidades mescladas: a terrena — os impérios — e a celeste — a Igreja. Na eternidade, haverá apenas a cidade celestial. Não haverá sensações, mas apenas o inteligível. Um novo céu e uma nova terra. Novos corpos. Não veremos mais como "em enigma e em parte". Veremos Deus em espírito. Na cidade celestial, morada de Deus, "terá desaparecido todo mal e não haverá nenhum bem oculto", "não haverá erro nem adulação".

Em contraste com as exclamações de dor das *Confissões,* agora Agostinho, maravilhado, exclama na conclusão do livro: "Quanta não será a felicidade dessa vida!". Ali estarão a glória, a verdadeira honra, a verdadeira paz, em graus e proporções que ninguém tem força para exprimir e imaginar. Como ali não haverá pecado, também não haverá necessidade do livre-arbítrio, concedido por Deus ao homem para que pudesse tanto pecar como não pecar.

> Todos os membros da Cidade santa terão vontade livre, isenta de todo mal e repleta de todo bem, que gozará ineficientemente das inesgotáveis delícias da eterna alegria, esquecida das culpas e dos castigos, mas sem esquecer sua liberdade, para não ser ingrata para com seu Libertador. [...] Sabemos que a maior alegria dessa Cidade será cantar cântico de glória à graça de Cristo, que nos libertou com seu sangue (*A Cidade de Deus*, XXX, 3).

Ali se cumprirá a promessa do sétimo dia como repouso pleno, o sábado da aliança prometido ao profeta Ezequiel, ao qual se seguirá o Dia do Senhor, *Dominus*, o Domingo da Ressurreição, júbilo eterno:

Basta dizer que a sétima era será nosso sábado, que não terá tarde e terminará no dia dominical, oitavo dia e dia eterno, consagrado pela ressurreição de Cristo e que figura o descanso eterno não apenas do espírito, mas também do corpo. Ali descansaremos e veremos; veremos e amaremos; amaremos e louvaremos. Eis a essência do fim sem fim. E que fim mais nosso do que chegar ao reino que não terá fim?! (*A Cidade de Deus*, XXX, 5).

Notas

AS FONTES (pp. 13-7)

1. O hebraico antigo era escrito apenas com consoantes (texto consonantal), sem pontuação e sem acentuação. Posteriormente, foram acrescentadas vogais (texto vocalizado), acentuação e pontuação.

2. Ver R. A. Monasterió; A. R. Carmona, *Evangelhos sinóticos e Atos dos Apóstolos*.

PARTE I: CRISTIANISMO E FILOSOFIA

I. ORIGENS DA FILOSOFIA CRISTÃ (pp. 21-47)

1. Ver E. Gilson, *O espírito da filosofia medieval*, p. 6.

2. Para a ideia de tempo dramático, ver E. Auerbach, "La cicatrice d' Ulysse", *Mimésis*. (Ed. bras. Erich Auerbach, *Mimesis: A representação da realidade na literatura ocidental*. São Paulo: Perspectiva, 2021.)

3. Sobre o tempo messiânico como operativo e o presente como tempo que resta antes do fim do tempo, ver G. Agamben, *O tempo que resta*.

4. Existem tradições místicas, astrológicas e mágicas que oferecem um sentido simbólico às figuras geométricas e aos números. Também vale recordar o papel conferido à matemática por Platão e pelos neoplatônicos e o fato de que o Padre da Igreja Agostinho escreveu um tratado sobre a música fundado no significado ordenador e cósmico dos números. Além disso, como veremos,

a questão numérica terá lugar fundamental numa religião em que Deus é um e três. No entanto, todos esses exemplos não transformam a matemática em pensamento cristão ou indicam uma matemática cristã, mas conferem sentido matemático a algumas crenças cristãs.

5. A recusa cristã da teoria de Darwin sobre a evolução das espécies decorre da afirmação, no livro do Gênesis, de que Deus criou, diretamente e de uma vez por todas, o homem à sua imagem e semelhança. Da mesma maneira, a condenação de Galileu pelo Santo Ofício da Inquisição por afirmar o movimento da Terra mostra como o poder do cristianismo sobre o pensamento afeta a astronomia e a física, que adotaram o geocentrismo e a imobilidade da Terra em nome da coerência com passagens do Antigo Testamento, como Josué 10,12-14, quando Jeová imobiliza o sol para que os hebreus ganhem uma batalha; ou Eclesiastes 1,4-7, na qual o sol se move e a Terra permanece imóvel; ou Salmos 19,5-7, em que o sol se levanta e se move até os confins do céu.

6. No século XVIII, Voltaire, filósofo da Ilustração francesa, comentou esse exclusivismo ao escrever que a diferença entre judeus e cristãos estava no fato de que os primeiros não queriam a estátua de Júpiter, um deus estrangeiro, dos conquistadores romanos, no Templo de Jerusalém, consagrado a Jeová (deus dos judeus); enquanto os cristãos não a queriam no próprio Capitólio, isto é, no templo máximo da religião romana, uma vez que somente Jesus Cristo é o Deus verdadeiro de todos os humanos.

7. A versão latina desse Evangelho traduziu a palavra grega *lógos* (que, filosoficamente, significa palavra, discurso racional, razão, intelecto, pensamento, sabedoria teórica e ética) por *verbum* (palavra ou discurso) e, desde então, nas línguas neolatinas, o termo latino foi traduzido como *verbo* (Jesus é o Verbo Divino), o que pode causar estranheza para nós, uma vez que, em nossas línguas, um verbo é apenas a categoria gramatical que indica ação e estado e não possui o sentido complexo do *verbum* latino nem do *lógos* grego. Adiante, veremos a presença do *lógos* / *verbum* como uma ideia fundamental dos Padres da Igreja.

8. Voltaremos a esse Evangelho na Parte II, capítulo 1, quando examinarmos as fontes filosóficas da Patrística.

9. Ver D. Moraes, *O logos em Fílon de Alexandria*.

10. A versão mais simples e mais conhecida atualmente nas igrejas cristãs é a seguinte: "Creio em Deus Pai, todo-poderoso, criador do céu e da terra. E em Jesus Cristo, um só seu Filho, Nosso Senhor, o qual foi concebido pelo poder do Espírito Santo, nasceu de Maria Virgem; padeceu sob Pôncio Pilatos; foi crucificado, morto e sepultado; desceu aos infernos; ao terceiro dia ressurgiu dos mortos; subiu aos céus, onde está sentado à direita de Deus Pai, de onde há de vir a julgar os vivos e os mortos. Creio no Espírito Santo. Na Santa Igreja Católica. Na comunhão dos Santos. Na remissão dos pecados. Na ressurreição da carne e na vida eterna. Amém". Voltaremos à questão do Credo na Parte III, capítulo 3.

11. Ver A. Momigliano, *Os limites da helenização*.

12. Ver M. Spinelli, *Helenização e recriação de sentidos*.

13. Ver As fontes, Fontes judaicas.

14. Idem.

15. Em grego, *eschatón*: as coisas ainda por vir, futuras.

16. Após o regresso do exílio da Babilônia, a Samaria se opôs à construção do Muro de Jerusalém e à proibição sacerdotal de casamentos mistos, isto é, com não judeus, passando a ser considerada como "mestiça e impura" e uma "nação à parte", não sendo da pura raça israelita. Essa divergência aparecerá,

por exemplo, no Evangelho de João, no episódio do encontro de Jesus com a samaritana a quem pediu água e que lhe perguntou como poderia ele, judeu, dirigir-se a ela, samaritana (Jo 4,9).

17. Sobre a *Pax Romana*, ver volume II.

18. Em hebraico, o verbo ser se diz *hayah* e significa não apenas ser e existir, mas também tornar-se, fazer, agir, produzir. Segundo Moisés, Deus lhe teria dito: "'Eheyh 'asher 'eyeh", isto é, "Sou Aquele que sou" (em todos os sentidos de *hayah*). Essa denominação converteu-se no nome de Deus, YHWH, pronunciado de maneira vocalizada como Yaveh.

19. Sobre o histórico das várias redações do cânone, ver Introdução, Fontes judaicas.

20. Essas divisões reaparecem no Novo Testamento no livro Atos dos Apóstolos, escrito por Lucas.

21. Sobre Mishná e Midrash, ver Introdução, Fontes judaicas.

22. Vem dos zelotas o esforço para elaborar uma genealogia de Jesus como pertencente à Casa de Davi, isto é, à realeza. Essa genealogia real aparece nos evangelhos sinóticos.

23. Os historiadores consideram que há várias concepções judaicas a respeito do messias: rei, mestre espiritual, sacerdote, senhor dos exércitos, servo sofredor. Para o povo ou segundo a crença popular, o messias possui três características: politicamente, é um rei; religiosamente, é um juiz devastador; militarmente, é um líder nacional, comandante dos exércitos. Essas diferenças, porém, não impedem que haja uma mesma ideia do messianato: trata-se de uma *função* ou *missão divina* que se identifica com aquele que a realiza. Por esse motivo, a pessoa de Jesus será fundamental para seu estabelecimento como messias e disso se ocuparão os quatro evangelhos, os Atos dos Apóstolos e as epístolas dos apóstolos (ou seja, o Novo Testamento).

24. Palavra grega que significa "cinquenta dias após a Páscoa". No caso, cinquenta dias após a ressurreição de Jesus. Alguns estudiosos consideram que a narrativa de Lucas retoma algumas imagens de Filo de Alexandria quando este descreve a confusão das línguas (a Torre de Babel). Lucas transformou essa confusão num dom divino que tornou os apóstolos capazes de se expressar em todos os idiomas.

25. O que, aliás, é mencionado no Evangelho de João 4,9, quando a mulher indaga a Jesus, que lhe pedira água, como um judeu poderia se dirigir a ela, uma samaritana.

26. Para fins de comparação, é como se, ao narrarmos a vinda dos jesuítas Nóbrega e Anchieta do litoral paulista à futura cidade de São Paulo, os fizéssemos passar primeiro pelos estados do Rio de Janeiro e do Espírito Santo.

27. Ver A. Donini, *História do cristianismo*; L. Rougier, *La Genèse des dogmes chrétiens*.

28. Os evangelhos que não entraram no cânone são denominados "evangelhos apócrifos".

29. O apóstolo conhecido por nós como Pedro chamava-se Simão Cefas, isto é, Simão Rocha ou Simão Pedra. Por isso, a narrativa de Mateus, em aramaico, ao ser traduzida para o latim, deu a Simão o nome de Pedro. "Também eu te digo que tu és Pedro, e sobre esta pedra edificarei minha Igreja, e as portas do Hades nunca prevalecerão contra ela. Eu te darei as chaves do Reino dos Céus e o que ligares na terra será ligado nos céus, e o que desligares na terra será desligado nos céus" (Mateus 16,18-19).

30. Em várias ladainhas cristãs e na missa católica é feita a invocação: *Agnus Dei qui tollis peccata mundi*, isto é, "Cordeiro de Deus que tirais os pecados do mundo".

31. Na verdade, a placa não era o reconhecimento da realeza de Jesus (como quiseram os

evangelistas), mas a obrigação imposta pela lei romana de colocar no alto da cruz o motivo da condenação. No caso, Jesus foi condenado por se considerar rei dos judeus.

32. Ver L. Rougier, *La Genèse des dogmes chrétiens*, op. cit.

33. Palavra de origem grega composta do prefixo *eu* (bom, boa) e de *charisma* (graça, doação).

2. FÉ E RAZÃO: O APÓSTOLO PAULO (pp. 48-59)

1. Em Atos dos Apóstolos, Lucas escreve: *Saulos ho kai Paulos*. Em latim: *Saulus qui est Paulus*, ou seja, "Saulo que é também (chamado) Paulo".

2. Para a passagem de Shaúl ou Saulo para Paulo, ver G. Agamben, *O tempo que resta*, op. cit. Em sete ensaios, Agamben interpreta o significado de cada uma das palavras que se encontram na pequena (e imensa) frase que abre a Epístola aos Romanos: *Paulos doulos Christou Iesu, kletos apostolos aphorismenos eis euaggellion* (Paulo, servo de Jesus Cristo, chamado apóstolo, separado no evangelho de Deus).

3. Nome do conselho e do tribunal supremos de Atenas, no monte Ares, local que, na tradição grega, teria sido escolhido pela deusa Atena, patrona da cidade, como sede da justiça e da política democrática. Ver volume I.

4. Veremos o que essa expressão significa quando passarmos à Epístola aos Romanos.

5. Para uma análise dessa epístola como fundação do milenarismo cristão, ver Agamben, *O tempo que resta*, op. cit.

6. É interessante observar que a luta entre o que sei e o que quero e faço é exatamente o que lemos num verso célebre do poeta romano Ovídio: "Vejo o melhor e o aprovo; faço o pior". Não sabemos se Paulo conhecia Ovídio, mas certamente Agostinho o conhecia.

7. Essa expressão — "sou eu mesmo", um eu dividido — será o mote das *Confissões* de Agostinho.

8. Pecado vem do verbo latino *peccare*, que significa cair. O pecado é uma queda pela qual o homem se afasta do divino. A expressão "pecado original" só aparecerá com o Padre Apologeta latino Tertuliano, no século III. Até então, falava-se em queda de Adão, falta de Adão, crime do primeiro homem. Empregamos essa expressão para nos referir a Paulo porque é mais clara para o leitor contemporâneo.

9. Vocação vem do verbo latino *vocare*, que significa chamar.

10. Ver C. Ginzburg, "O alto e o baixo: O tema do conhecimento proibido nos séculos XVI e XVII", *Mitos, emblemas, sinais*.

11. No volume I, vimos que, segundo Aristóteles, a virtude máxima (na ética e na política) é a *phrónesis*, substantivo que significa prudência.

12. *Arcana Dei, arcana naturae e arcana imperii*.

13. Como vimos ao estudar a história da sociedade judaica, com o retorno do exílio da Babilônia, em 537 a.C., foram lançadas, em Jerusalém, as fundações do Segundo Templo e introduzidas reformas legais que asseguraram o predomínio dos saduceus, com o surgimento da figura do Sumo Sacerdote como autoridade político-religiosa.

14. Ver J. Fontaine, *La Littérature latine chrétienne*.

3. AS HERESIAS (pp. 60-7)

1. Seita: palavra de origem latina (*secta*) derivada do verbo *seco*, que significa cortar, dividir, separar; seita significa tomar partido, seguir um grupo, separar-se. Cisma: palavra de origem grega (*chorismós*) que significa separação.

2. A palavra ateu é de origem grega, *atheos*: o prefixo *a* significa uma negação e a palavra *theos* significa deus; portanto, não há deus.

3. Em grego, o sinal ' colocado diante de uma vogal indica que esta deve ter o som aspirado (como as palavras iniciadas por h em inglês); por isso, nas línguas latinas e neolatinas, a palavra *'airésis* é grafada *hairésis*, donde *hairesía*, heresia.

4. Voltaremos aos relatos sobre a conversão de Constantino e à fixação da doutrina cristã pelo Concílio de Niceia na Parte III, capítulo 3.

5. Voltaremos a esse credo na Parte III, capítulo 3.

6. A expressão *compelle intrare*, ou "forçar a entrar", é usada no Evangelho de Lucas 14,23 na parábola dos convidados que, ao se recusarem a ir a um grande banquete, levam o dono da casa a enviar seus servos para forçar todos os pobres e miseráveis a participarem do festejo, substituindo os convidados. Tanto a expressão *como* a parábola do Filho Pródigo são bastante empregadas por Agostinho na luta contra as heresias.

7. Voltaremos a essas heresias conforme forem abordadas pelos diferentes Padres da Igreja em diversas épocas.

PARTE II: A PATRÍSTICA

1. ANTECEDENTES DA PATRÍSTICA (pp. 71-98)

1. Ver D. Moraes, *O logos em Fílon de Alexandria*, op. cit.; E. Bréhier, *Les Idées philosophiques et religieuses de Philon d'Alexandrie*; H. A. Wolfson, *The Philosophy of the Church Fathers*; R. Williamson, *Jews in the Hellenistic World: Philo*; D. Winston, *Philo*.

2. Por isso não é possível considerar o *Lógos* como encarnado em um homem, por mais perfeito e excepcional que este seja. Em outras palavras, o *Lógos* filônico não é o *Lógos* do Evangelho de João, isto é, Jesus.

3. Lembremos de acontecimentos extraordinários ou milagres como o Dilúvio, as pragas que caem sobre o Egito, a abertura do Mar Vermelho sob o comando de Moisés, a voz que impede Abraão de matar seu filho Isaac, a imobilidade do sol para que Josué ganhe a batalha etc. Ou seja, intervenções divinas que interrompem ou mudam o curso ordinário das coisa.

4. No livro do Gênesis é dito que, após fazer com barro o primeiro homem, Deus insuflou-lhe o espírito. A tripartição — corpo, alma e espírito — reaparece no apóstolo Paulo, como vimos, e reaparecerá na Gnose (como veremos mais à frente).

5. A Gnose conserva a distinção grega entre *Chronos*, o tempo fugidio e destrutivo, e *Aion*, pura eternidade e perenidade.

6. Vimos, na Parte I, que o apóstolo Paulo fez as mesmas distinções e denominou o corpo como carne.

7. Impossível não nos lembrarmos de duas passagens do Evangelho de João, quando Jesus afirma: "Meu Reino não é deste mund".

8. Também será impossível não reconhecer a semelhança com a passagem do Evangelho de João: "Veio para o que era seu e os seus não o receberam.

9. Grafado em letras gregas, *'Hv*, donde *henoteísmo*.

10. Ver volume I, Platão.

11. *Enéadas* porque, em grego, o número nove se diz *ennea*. Em português, há uma edição completa, bilíngue, grego-português, de J. Seabra Filho e J. A. Maia Jr., publicada pela Nova Acrópole a partir de 2014 e concluída em 2020, contendo introduções e comentários.

12. Nos volumes I e II, vimos que, na filosofia clássica grega, movimento (*kínesis*) significa as transformações de um ser e não apenas locomoção ou mudança de lugar. Vimos também que, sobretudo com Aristóteles, o movimento pressupõe uma finalidade a ser realizada e que um ser só se completa quando a realiza. No entanto, ainda segundo a tradição filosófica grega, Deus é imóvel, isto é, nada lhe falta para que precise transformar-se ou mudar. É isso o que reaparece nos filósofos neoplatônicos quando afirmam que o Uno ou Deus é imóvel, pois é perfeito, completo, autossuficiente.

13. Ver nota 12.

14. Ver volume I, Platão.

15. Também escreveu um importante *Comentário aos Elementos* de Euclides.

16. *Sperma* significa semente, grão, germe; *spermaino*, a ação de procriar; *spermatikós*, o que é capaz de procriar, o que contém a semente ou o princípio de uma coisa.

17. Sob a inspiração de Cícero, por ele muito admirado, Agostinho se apresentará nas *Confissões* tomado pela *aegritudo* e fará da *cupiditas* a mais terrível das paixões, que ele denominará *concupiscentia*.

18. Enquanto a obra de Plotino será direta ou indiretamente conhecida pelos Padres a partir do século III, a obra de Proclo será conhecida somente no final da Patrística Grega e terá presença importante na obra de Dionísio Areopagita.

19. Ver volume I, Platão.

20. Com base nas duas passagens que mencionamos anteriormente: que o Filho veio para o que era seu, mas não foi reconhecido, e que seu reino não é deste mundo.

2. A PRESENÇA DA FILOSOFIA (pp. 99-107)

1. Como dissemos no capítulo 1 da Parte I, esse é um tema constitutivo da *filosofia cristã*: a liberdade, dom divino, é causa da perdição humana. Esse tema, que tem como finalidade afirmar que Deus não é nem pode ser a causa do mal, se tornará central na Patrística Grega a partir dos Padres Catequistas e será consolidado pelos Padres Teólogos. Também é um dos temas fundamentais na Patrística Latina, que se verá diante de uma nova heresia, agora concernente à liberdade da vontade, o pelagianismo, combatida sobretudo por Agostinho em seu livro *Sobre o livre-arbítrio*. Podemos avaliar a força e a persistência dessa ideia na *filosofia cristã* se tomarmos, por exemplo, um filósofo do

século XVII, Descartes, que explica que o erro no conhecimento não tem nem pode ter Deus como causa, pois é efeito da liberdade da vontade, que se precipita e emite um juízo sobre alguma coisa antes que a razão tenha demonstrado se algo está verdadeiramente conhecido. Ou seja, esse tema não faz parte apenas das questões teológicas (a origem do mal) e éticas (o vício), mas integra também a questão epistemológica ou do conhecimento (o erro), retomando as considerações do apóstolo Paulo sobre os limites da razão humana.

2. Ver Parte I, capítulo 2.

PARTE III: A PATRÍSTICA GREGA

1. OS PADRES APOLOGETAS (pp. 111-41)

1. Usaremos sempre Cesareia da Capadócia, porque há uma Cesareia da Palestina, além de várias outras espalhadas pelo Império Romano.

2. Ver Parte I, capítulo 1.

3. De acordo com a Bíblia de Jerusalém, em hebraico antigo, cada letra tinha um valor numérico conforme seu lugar no alfabeto, e o número de um nome era o total de suas letras. A soma de 666 é o nome de César Nero em letras hebraicas.

4. A primeira e a última letras do alfabeto grego.

5. Ver C. N. Cochrane, *Christianity and Classical Culture*, p. 225.

6. Já vimos anteriormente (com a Gnose e o neoplatonismo) que a imobilidade é um atributo de Deus porque, entre os gregos e particularmente com Platão e Aristóteles, movimento (*kínesis*) significa mudança na natureza de um ser, que se torna diferente do que era (ver volume I). Mover-se, portanto, significa mudar (seja no sentido de piorar, seja no sentido de aperfeiçoar-se e melhorar) e será absurdo supor qualquer mudança em Deus, que é o único ser absolutamente perfeito.

7. O termo grego *bárbaros* significa estrangeiro ou todos aqueles que não pertencem ao *genos* dos helenos ou gregos. Aristides inverte esse sentido ao denominar os gregos ou helenos como bárbaros.

8. Como já observamos, o termo grego *bárbaros* significa estrangeiro.

9. Ver volume II.

10. Na iconografia cristã, a cena do batismo de Jesus possui sempre três componentes: a água, purificadora dos pecados e afastadora do mal, o Espírito Santo como uma pomba que desce sobre Jesus, indicando a sabedoria infundida pelo sopro divino ou o *pneúma*, e uma luz celeste que se irradia, simbolizando a fala e o poder do Pai.

11. Como vimos, Agamben analisa o sentido da frase "o tempo que resta", encontrada na Epístola aos Romanos.

12. A palavra grega *sperma* significa semente; o prefixo grego *pan* significa tudo, todos. *Panspermia*, portanto, significa todas as sementes. Deus é o celeiro de todas as criaturas, suas sementes.

13. Tetra (*tettares*), quatro em grego.

14. Ogdo (*oxtó*), oito em grego.

15. Década, de dez (*déxa*, em grego).

16. Dodécada, de doze (*dódexa*, em grego).

17. Totalidade, o todo completo.

18. Hílicos, de *hylé* (a matéria, a natureza); psíquicos, de *psyché* (a alma racional); pneumáticos, de *pneúma* (espírito, sopro divino).

19. *Eschatón*: as coisas finais, as coisas e acontecimentos do tempo do fim.

20. Nome dado ao Espírito Santo, que significa o consolador, o inspirador.

21. Há uma ironia da história, quando consideramos que o combate às heresias por Irineu em nome da unidade e da perenidade da Igreja não impediu que ele visse a igreja de Esmirna e as demais igrejas asiáticas serem ameaçadas de expulsão da comunidade cristã. Irineu significa pacificador, porque, em grego, paz se diz *irene*. Ele fez jus ao seu nome porque procurou pacificar um conflito entre as igrejas da Ásia Menor, de Alexandria e de Roma em torno do dia em que a Páscoa devia ser comemorada. As chamadas igrejas asiáticas, seguindo o Evangelho de João, comemoravam a Páscoa na mesma data em que os judeus celebravam a sua, isto é, no décimo quarto dia do mês de Nizan. Entretanto, as igrejas de Alexandria e Roma, alegando seguir o ensinamento de Paulo e Pedro, comemoravam a Páscoa no domingo seguinte à festa judaica, ou no domingo mais próximo da lua cheia após o equinócio da primavera. Irineu tinha ouvido de Policarpo que a querela começara quando Aniceto, bispo de Roma, pretendera fixar como data única a da igreja romana. Resolvida prudentemente por Policarpo, a querela, no entanto, retornou quando Irineu era bispo de Lyon. Embora Irineu tenha conseguido resolver a questão, a paz não durou, porque o bispo de Roma, Victor, impôs a unificação das datas, revoltando os bispos das igrejas asiáticas, que acabaram sendo declaradas cismáticas e heréticas. Ver Chadwick, *The Early Church*, capítulo 5; Daniélou, *L'Église des premiers temps*, capítulo 7, p. 5, op. cit.; Campenhausen, *Les Pères grecs*, capítulo 2.

2. OS PADRES CATEQUISTAS DA ESCOLA DE ALEXANDRIA (pp. 142-66)

1. *Katechésis*: ensinamento oral, lição oral.

2. *Egkratéia*: poder sobre os apetites, desejos e inclinações violentas.

3. Essas distinções e nomenclatura indicam que é possível perceber a presença da ética estoica em muitos momentos das considerações morais de Clemente. Ver volume II, estoicismo; Parte II, capítulo 1 deste volume.

4. Assim como a ética de Clemente tem forte inspiração estoica, também a ideia de Providência universal vem do estoicismo, embora com uma diferença fundamental: a providência estoica é imanente ao mundo — o *lógos spermatikós* —; a de Clemente, transcendente, embora a presença do Filho — o *lógos* encarnado — traga um aspecto de imanência à ação providencial divina. Para estoicismo, ver Parte II, capítulo 1.

5. Gilson considera que Clemente esboça uma ideia que será popularizada durante a Idade Média: a da *philosophía ancilla theologiae*, isto é, a filosofia como serva da teologia. Entretanto, como mencionamos ao analisar a obra de Filo de Alexandria, acreditamos que essa ideia veio provavelmente do filósofo judeu.

6. Vimos a ideia de demonstração da fé aparecer no Padre Apologeta Atenágoras de Atenas.

7. Ver Parte II, capítulo1, teoria estoica das paixões.

8. Podemos indagar por que Celso identifica Jesus com os magos orientais. Por um lado, essa

identificação decorre do fato de que, em Alexandria, a presença do cristianismo é contemporânea à presença de religiões e cultos orientais. Além disso, os evangelhos falam dos reis magos que seguiram uma estrela que os levou a Belém para oferecer incenso, ouro e mirra ao recém-nascido, isto é, presentes próprios de magos a um rei. Podemos também considerar que a identificação feita por Celso resulta da proximidade, na língua grega, da designação de Jesus — *Xristós* — e termos que se referem a oráculos — *xresmós*, *xresmodós*. Também podemos nos lembrar da observação do historiador Momigliano de que os gregos consideravam os judeus como magos orientais que examinavam as estrelas. Ver Parte I, capítulo 1, tópico sobre a helenização.

9. Para um estudo detalhado de *Contra Celso*, ver M. Spinelli, "A polêmica de Orígenes com o epicurista Celso", *Helenização e recriação de sentidos*, pp. 487-507, op. cit.

10. Ver C. S. Soares, "A refutação de Orígenes e a diferenciação entre cristãos, judeus e pagãos na cidade de Alexandria (século II d.C.)", *Mundo Antigo*, ano 2, v. II, n. 3, 2013.

11. Isto é, *monas* (único) e *énas* (unidade).

12. Como já observamos a respeito de alguns Padres, reencontramos em Orígenes a ideia grega do movimento (*kínesis*) como toda forma de mudança e não apenas a locomoção. Mover (ser movido ou mover-se) significa passar de uma situação a outra, de uma condição existencial a outra, em suma, transformar-se. Exatamente por isso, Deus é imóvel, pois é perfeito e não sofre transformações, ao contrário das criaturas e, no caso, da alma humana. Quanto à pluralidade de movimentos mencionada por Orígenes, é provável que suas fontes filosóficas sejam Pitágoras, Aristóteles, os estoicos e os ensinamentos de Amônio Sacas.

13. Ver volume II, estoicismo; Parte II, capítulo 1 deste volume sobre os antecedentes da Patrística.

14. Há, aqui, ecos da ascese pitagórica e da teoria platônica da reminiscência e da ética como ascese espiritual. Ver volume I, Pitágoras; Platão.

15. Sobre a cristologia e os nomes de Cristo como Filho do Homem e Filho de Deus, ver Parte I, capítulo 1, Cristologia.

16. *Apokatástasis*: conflagração final, universal. A teoria da conflagração universal pelo fogo é de origem pitagórica. Visto que os pitagóricos afirmavam o eterno retorno de todas as coisas ao final de uma conflagração, compreende-se que Orígenes pudesse ter conhecido dessa doutrina em Alexandria e pensado numa pluralidade de mundos que se sucedem e voltam a ser criados, bem como a *apokatástasis* de cada um deles. A ideia de *apokatástasis* também foi desenvolvida pelos estoicos, com o nome de *panligenisia* (gênese de todas as coisas ao final de cada ciclo de um mundo), mas sem referência ao fogo. Para o estoicismo, a conflagração final não é destruição e sim regeneração do mundo, isto é, sua nova gênese, sua ressurreição ou restauração, que se repetirá eternamente porque o eterno retorno é a vida do mundo, que nasce, morre e renasce sem cessar. Ver volume II, estoicismo.

3. O NASCIMENTO DA CRISTANDADE (pp. 167-80)

1. A auréola será usada na arte cristã para Cristo e os santos e, a partir da Idade Média, também para os reis, apresentados pela Igreja como "escolhidos pela graça de Deus" e consagrados pelo papa.

2. Essas duas letras gregas, X (Ch) e P (R), são as iniciais do nome de Cristo em grego —

ΧΡΙΣΤΟΣ. Posteriormente, a letra *X*, desenhada com o cruzamento de duas chaves (as chaves que Jesus deu a Pedro, unindo o reino da terra e o reino do céu, segundo o Evangelho de Mateus), será usada nos paramentos papais.

3. Ver Veyne, *Quand Notre monde est devenu chrétien*, p. 19.

4. Ver a análise de Chadwick sobre o significado da mudança da capital de Roma para Constantinopla e os efeitos do Concílio de Niceia e seu conjunto de leis, decretos, regulamentos e regras sobre a organização eclesiástica e as disputas que dividirão a Igreja do Oriente e a Igreja do Ocidente. H. Chadwick, *The Early Church*, pp. 125-32, op. cit.

5. Ver volume I, Aristóteles.

6. Do grego *homo* (o mesmo) e *ousía* (substância).

7. Para a biografia de Atanásio e suas principais obras, ver C. Moreschini e E. Norelli, *História da literatura cristã antiga grega e latina*, v. II, t. I, pp. 36-73. Sua vida foi atribulada, com perseguições, exílios, disputas de poder e de doutrina; sua obra é vasta e contém escritos teológicos, exegéticos, hagiográficos, históricos e cartas. Foi responsável pela difusão da controvérsia ariana para o lado ocidental do Império, onde se deu um de seus exílios.

8. Essa ideia é, na verdade, a retomada daquela desenvolvida pela primeira vez, um século antes, por Tertuliano, apologeta da Patrística Latina, como veremos na Parte IV, capítulo 1.

9. Se compararmos a versão de 325 com a versão de 381 (Parte I, capítulo 1) notaremos que nessa segunda versão serão acrescentadas menções à Virgem Maria, a Pôncio Pilatos, à ressurreição dos mortos e à Igreja Católica; e será retirada a referência final ao arianismo, que havia sido essencial em 325.

10. Sobre as lutas desencadeadas nas igrejas em decorrência de uma segunda onda ariana, após a morte de Constantino, em 337, ver H. Chadwick, capítulo 9, op. cit.

4. PADRES TEÓLOGOS DA ESCOLA DE CESAREIA DA CAPADÓCIA (pp. 181-204)

1. Como vimos, em 381, Teodósio promulgou um decreto pelo qual o cristianismo finalmente se tornou a religião oficial do Império Romano.

2. Gregório também se celebrizou pela luta contra o imperador Juliano. Escreveu discursos conhecidos como *Contra Juliano*. Em 361, nomeado imperador da parte ocidental do Império, Juliano tentou recuperar as tradições republicanas de Roma (recusou denominar-se imperador e adotou o título republicano de cônsul), renegou o cristianismo (sendo por isso chamado de apóstata pelos cristãos) e se declarou neoplatônico. Aboliu o decreto de Teodósio (pelo qual o cristianismo se tornara religião oficial do Império Romano), decretou a liberdade de cultos e restaurou os templos pagãos que haviam sido destruídos pela Igreja, opôs o monoteísmo judaico ao trinitarismo cristão e concebeu o projeto de construção do Terceiro Templo de Jerusalém, o que enfureceu os cristãos. Praticava a caridade (denominada por ele com a palavra grega filantropia) no tratamento da massa de pobres e humildes, disputando com os cristãos o apoio popular, e estimulou a abertura de escolas de filosofia. Seu reinado teve curta duração (361-363). Morreu durante uma campanha militar para invadir a Pérsia. Os discursos de Gregório contra Juliano foram escritos depois da morte do imperador. Para as posições de Gregório contra Juliano, ver M. Spinelli, "A contraofensiva helenística de Gregório Nazianzo ao imperador Juliano", *Helenização e recriação de sentidos*.

3. Ver Parte II, capítulo 1.

4. Palavra composta de *monas* (único, um só) e *arché* (princípio, poder).

5. Ver Parte I, Capítulo 4, cristologia.

6. Podemos compreender o uso do termo *procedente* em sentido neoplatônico e antignóstico. Para Plotino, como vimos, a processão dos seres como irradiação da luz primordial não significa que esta perde essência e força à medida que desce na escala dos seres, em oposição à ideia gnóstica da processão como degradação da luz primordial. Ao afirmar que o Pai, o Filho e o Espírito Santo são luz e que o Filho e o Espírito Santo, como procedentes, são da mesma natureza perfeita que o Pai, possivelmente Gregório se inspira em Plotino e, com base no Evangelho de João, explica a introdução da ideia do Espírito Santo como o Procedente pelos três Padres capadócios.

7. Sobre esse diálogo, ver volume I, Platão.

8. Como, nessa obra, Gregório se ocupa com a definição de nomes (Cristo, cristianismo, cristão), ou seja, com os apelativos, uma melhor tradução para o tratado seria "O que é chamar-se cristão" ou "O nome de cristão". Possivelmente o termo "vocação" vem da tradução latina do texto grego, uma vez que, em latim, o verbo *vocare* significa chamar, chamar de, ser chamado de e ser chamado a (este último sentido é o mais corrente em português quando falamos na vocação de alguém para alguma coisa ou atividade, como se fosse chamado para isso).

9. Reencontramos, assim, a elaboração cristológica de Jesus como rei porque ungido.

10. Ver volume I, Platão; capítulo 1 da Parte II deste volume, Plotino e Proclo.

11. Como já vimos, a filosofia grega define o movimento (*kínesis*) como toda e qualquer mudança em um ser, assim como alterações causadas pelas ações e reações de outros sobre ele e dele sobre outros. Vimos também que movimento significa imperfeição, pois um ser perfeito não tem por que mudar e não pode ser forçado à mudança por outros seres. Assim, mudanças, conflitos e desarmonias são naturais no mundo sensível. O movimento é o devir das coisas corporais, suas mudanças.

12. Gregório retoma as distinções que Clemente e Orígenes propuseram a partir dos gregos, isto é, a diferença e oposição entre os quatro elementos que constituem a natureza: quente (fogo) e frio (ar), úmido (água) e seco (terra).

13. Ao contrário das várias obras dos diferentes Padres que citamos até aqui, incluindo as de Gregório de Nissa, a edição brasileira de *Sobre a alma e a ressurreição* não está dividida em capítulos nem em parágrafos e subparágrafos, sendo por isso necessário indicar a paginação da edição utilizada.

14. Um dos exemplos escolhidos por Nissa é o da virtuosa cólera de Moisés ao descer do Sinai com as Tábuas da Lei e encontrar o povo adorando o bezerro de ouro, que remetia ao falso deus Baal. Um outro exemplo, o do desejo virtuoso, é dado pelo Cântico dos Cânticos, livro poético do Antigo Testamento, objeto de uma homilia de Nissa.

5. O FINAL DA PATRÍSTICA GREGA (pp. 205-18)

1. Ver *Oeuvres Complétes du Pseudo-Dénis l'aréopagite*. Tradução, comentários e notas por Maurice de Gandillac.

2. Ver Parte I, capítulo 2.

3. Palavra composta de *théos* (deus) e *arché* (princípio).

4. Como vimos, Dionísio conhecia a obra de Proclo, e sabemos que este escrevera um comentário sobre o *Parmênides*, diálogo de Platão sobre o ser e o não ser, o uno e o múltiplo. Esse diálogo é chamado aporético, isto é, termina numa aporia, não resolvendo as dificuldades discutidas. Poderíamos dizer que uma teologia *apofática* é herdeira dessa discussão aporética.

5. Obra que se perdeu.

6. Embora Dionísio use o termo *Hén* (uno), ele passa a empregar o termo *Monas*, que seria mais adequado numa teologia apofática, pois significa sozinho, solitário, o que vive só, o autossuficiente, o que detém sozinho todo o poder soberano. O termo já havia sido empregado por Orígenes para designar que a unidade divina não deve ser entendida numericamente.

7. Gilson (*A filosofia na Idade Média*, p. 87) observa que, apesar da referência teológica à descida (conhecimento) e à subida (iluminação silenciosa), Dionísio, nessa obra, teria dado especial atenção ao princípio do amor, de maneira que, em lugar de uma cascata de luz descendente ou ascendente, estamos diante "de uma imensa circulação de amor que, a princípio, só se dispersa numa multiplicidade de seres para reuni-los em seguida e reduzi-los à unidade de sua fonte". Se for assim, podemos, então, acrescentar ao que diz Gilson que se trata menos da *caritas* cristã e mais do *éros* platônico, portanto, de uma força cósmica que atrai e une todos os seres e, ao enlaçá-los, organiza-os num todo inteligível perfeito: o amor é participação na forma (*eidos*) do divino, que Platão, no diálogo sobre o amor (*O banquete*), define como amor pela Beleza puramente inteligível, e que Plotino concebe como *télos* do desejo próprio ao sábio. A referência à Beleza divina aparecerá na abertura de *A hierarquia celeste.*

8. Não vamos aqui percorrer a longa descrição e a justificação dessa hierarquia, feitas por Dionísio, nem, portanto, as funções de cada grau, o modo de organização de cada um deles, as diferentes organizações internas de cada um ou as diferentes ordens religiosas, as formas de instrução e de estruturação da sequência e forma dos ritos, a autoridade própria a cada uma delas e entre elas etc.

9. No pensamento medieval, essa formulação receberá o nome de *direito natural objetivo*, isto é, a ordem natural é jurídica (lei de Deus). A esse direito se acrescentará, para os humanos, o *direito natural subjetivo* definido como o reconhecimento da diferença entre "o meu" e "o teu", ou seja, a justiça concernente ao direito de propriedade sobre as coisas (lei humana em conformidade com a lei de Deus).

10. Palavra composta de *monas* (uma só) e *thelia* ou *theletés* (vontade).

11. Existe um conjunto de textos de autores cristãos do século XX que examinam, do ponto de vista da psicanálise, essa peculiar tese de Máximo.

PARTE IV: A PATRÍSTICA LATINA

OBSERVAÇÕES PRELIMINARES [pp. 221-2]

1. Parte II, capítulo 1, tópico "Observações finais", b.

I. OS PADRES APOLOGETAS (pp. 223-48)

1. Tertuliano emprega esse verbo no sentido jurídico de instrução de um processo ou do conjunto de informações necessárias para abrir um processo defendendo ou atacando uma causa.

2. Para o conceito de *romanitas* como definição da grandeza de Roma, a Cidade Eterna, ver volume II.

3. O estandarte militar romano, levado à frente nas batalhas e nos desfiles de triunfo. Mais de um século depois da morte de Tertuliano, na batalha de Mílvio, Constantino, como vimos, colocará nele o XR (*Xristós* / *Christós*). Ver Parte III, capítulo 3.

4. Ver Parte I, capítulo 2, tópico b.

5. A posição de Tertuliano e os argumentos por ele apresentados retomam o que escreveu o estoico Cleanto, para quem quatro são as causas que conduzem o homem comum à ideia de Deus: em primeiro lugar, aquela que nasce do conhecimento antecipado do futuro, implicando que existem deuses que não escondem inteiramente seus desígnios; em segundo, todos os bens que nos são dados pela natureza, implicando que existe um ser doador dessas riquezas; em terceiro, o espanto e o terror diante do raio, do trovão, das tempestades, dos eclipses, implicando que existe uma força celeste que ultrapassa os humanos; em quarto, a ordem do mundo, o movimento regular do céu, do sol, da lua, dos astros, a sequência das estações do ano, implicando que nada no mundo acontece ao acaso e que há um plano racional que organiza o universo. Ver volume II, estoicismo.

6. A ideia de transmissão ou propagação das almas dos pais para as dos filhos é de origem estoica. Ver volume II, estoicismo.

7. Marcião é nominalmente mencionado e criticado em *Sobre a carne de Cristo*, V.

8. Tomemos, por exemplo, uma passagem do estoico Plutarco: "A alma é um *pneúma* ígneo, continuamente espalhado por todo o corpo enquanto a respiração normal da vida permanece à disposição desse corpo. Encontra-se distribuída em tantas partes quantas são as regiões do organismo. A porção psicológica entendida através da artéria traqueia constitui a voz, a da zona ocular, a vista, a da auricular, a audição, a da nasal, o olfato, a da lingual, o paladar, a que cobre toda a extensão da carne, o tato, a que reside nas partes genitais, a razão seminal. A região da alma onde todas as partes se concentram, nós a colocamos no coração e no *hegemonikon*" (Plutarco, *Das opiniões dos filósofos*, IV, 21).

9. Na verdade, o homem interior de Paulo, como vimos, corresponde ao que o apóstolo denominara homem espiritual ou pneumático para distingui-lo do homem psíquico. Podemos relacionar esse homem interior não apenas com o neoplatonismo, como vimos, mas também com o que os estoicos denominam a parte superior da alma, o *hégémonikon*.

10. A ideia de *disposição interna* ou *héxis* (capacidade para o conhecimento e para a liberdade da vontade) é aristotélica e estoica. Ver volume I, Aristóteles; volume II, estoicismo.

11. O *Octavius* está escandido em 41 seções: I: Minúcio relembra o diálogo entre Otávio e Cecílio; II e III: Primeira altercação entre Otávio e Cecílio; IV a VII: Cecílio expõe a grandeza da religião romana; VIII a XV: zombarias e críticas de Cecílio à religião dos cristãos; XVI a XXXVII: argumentação de Otávio contra o paganismo, crítica das filosofias elogiadas por Cecílio e das perseguições sofridas pelos cristãos, refutação das opiniões dos pagãos e filósofos sobre o cristianismo, apresentação das principais verdades cristãs e da superioridade do cristianismo; XXXVIII: lembrança do silêncio de Minúcio e de Cecílio, admirados com o que ouviram; XXXIX a XL: Cecílio se diz vencido; XLI: Minúcio afirma que Otávio conquistou e Cecílio foi conquistado; proposta de um encontro futuro.

12. Ver Parte III, capítulo 2, Orígenes.

13. Ver volume II, estoicismo Imperial.

14. Alguns o consideram neoplatônico, inspirado em Porfírio; outros o consideram epicurista,

inspirado em Lucrécio; e outros o consideram estoico, inspirado em Cleanto e Zenão. Ver C. Moreschini, *História da filosofia patrística*, pp. 290-309.

15. Este será também um argumento de Agostinho (como vimos na Parte II, capítulo 2) quando diz que, por ouvir dizer, acreditamos que este é nosso pai e esta é nossa mãe, que houve a guerra do Peloponeso ou a vitória de César sobre Cartago.

16. Ver volume II, Lucrécio.

17. Ver volume I, Platão.

18. Relembremos o texto já citado na Parte II, capítulo 3: "A Providência da divindade suprema te elevou à dignidade de príncipe dando-te a verdadeira devoção para derrubar a má política de outros, para reparar seus erros e, em espírito de doce paternidade, tomar medidas para a segurança dos homens, removendo os malfeitores que o Senhor colocou em tuas mãos [...] tu completas o mundo da justiça como agente e ministro do Senhor" (apud Cochrane, 1977, p. 186).

19. A afirmação de que a Terra não pode ser redonda (ou um globo) teve uma persistência histórica longuíssima, como se vê, nos séculos XV e XVI, nas discussões marítimas sobre a impossibilidade de viagens de circum-navegação e, evidentemente, contra a ideia de Colombo de chegar ao Oriente pelo Ocidente. No século XXI, alguns voltaram a afirmar que a Terra é plana e ocupa o centro do universo e que não existe a lei da gravitação universal.

20. Essa referência é feita por Gilson em *A filosofia na Idade Média*, p. 121, op. cit. As análises de Moreschini, em *História da filosofia patrística*, p. 314, op. cit., consideram que a proposta de Lactâncio de união da sabedoria e da religião teria, entre outras fontes, o *Corpus hermeticum*.

21. Ver volume I, "A arte médica". De acordo com a medicina hipocrática, os seres humanos se distinguem por seus temperamentos, que dependem de qual humor (*líquido*) prevalece em sua constituição. Distinguem-se em sanguíneos, coléricos, melancólicos e fleumáticos.

2. OS PADRES LATINOS ANTERIORES A AGOSTINHO (pp. 249-70)

1. Para neoplatonismo e Gnose, ver Parte II, capítulo 1.

2. Moreschini e Norelli, em *História da literatura cristã antiga grega e latina*, p. 327, op. cit., consideram o *Sobre a Trindade* a obra teológica latina mais importante do século IV, superada apenas pela de Agostinho. Moreschini (*História da filosofia patrística*, pp. 355-9, op. cit.) toma como guia o emprego feito por Hilário, em *Sobre os sínodos*, dos substantivos *substantia*, *subsistentia* e *essentia*, e dos verbos *subsisto* e *substituo*. Recordemos que, no volume II, na discussão sobre o estoicismo, vimos como Sêneca explica o termo latino *essentia* para traduzir o grego *ousía* e o termo *substantia* para traduzir o grego *hypokeimenon* (substrato, suporte de atributos). Os termos, portanto, são de uso corrente na filosofia latina do período imperial e Hilário certamente os conhece.

3. Ver Parte I, capítulo 3.

4. Fontaine, *La Littérature latine chrétienne*, pp. 72-5, op. cit.

5. Sobre Orígenes, ver Parte III, capítulo 2.

6. Para o conjunto dos textos hebraicos e gregos que formaram inicialmente a Sagrada Escritura dos cristãos e sobre os quais Jerônimo trabalhará, ver Introdução, As fontes.

7. Ver Eusébio de Cesareia, Parte III, capítulo 3.

8. Examinamos um exemplo de suas escolhas com base no ensaio de Carlo Ginzburg sobre a tradução da Epístola aos Romanos. Ver Parte I, capítulo 2.

9. Ver volume I, Platão.

10. Para neoplatonismo, ver Parte II, capítulo 1.

11. A afirmação de que todos os seres desejam o divino foi desenvolvida por Aristóteles ao considerar que todos os seres se movimentam (isto é, passam por mudanças) aspirando a não mais se mover (alcançar a plenitude de seu ser), portanto, aspirando à imobilidade / imutabilidade própria de Deus. Por isso Ele é o objeto de desejo de todos os mutáveis. Ver volume I, Aristóteles. Como vimos, Plotino, por sua vez, colocou esse desejo como próprio da alma do sábio.

12. Ver C. Moreschini, *História da filosofia patrística*, p. 367, op. cit.

13. Para neoplatonismo e Gnose, ver Parte II, capítulo 1.

3. AGOSTINHO (pp. 271-310)

1. J. L. Schefer, *L'Invention du corps chrétien. Saint Augustin.*

2. E. Auerbach, *Mimésis*, op. cit.

3. "Ó Deus, concede ao rei teu julgamento e a tua justiça ao filho do rei; que ele governe teu povo com justiça, e teus pobres conforme o direito. / Montanhas e colinas, trazei a paz ao povo [...] Que ele dure sob o sol e a lua, por geração de gerações" (Salmo 72,1-3).

4. "Ele julgará as nações, corrigirá muitos povos. Estes quebrarão as suas espadas, transformando-as em relhas, e suas lanças, a fim de fazerem podadeiras. Uma nação não levantará a espada contra outra, nem se aprenderá mais a fazer guerra" (Isaías 2,4).

5. Cidade não é a *urbs*, e sim a *civitas*. A *urbs* é o aglomerado urbano de casas, ruas, mercados, templos, teatros, praças, jardins. A *civitas* é a comunidade dos cidadãos como povo organizado sob as leis que regem a coisa pública, a *res publica*.

6. Sobre o episódio, ver Parte IV, capítulo 2, Ambrósio de Milão.

7. Que já mencionamos em várias notas sobre o movimento como mudança.

8. Lemos em Mateus 24,21: "Pois naquele tempo haverá uma grande tribulação, tal como não houve desde o princípio do mundo até agora, nem tornará a haver jamais".

9. Há uma vasta literatura sobre as dificuldades trazidas pelas *Confissões*, tanto para determinar a que gênero literário essa obra pertence e a que tradições culturais deve ser referida como para compreender sua estrutura, pois há diferenças temáticas e de tom entre os dez primeiros livros e os três finais. Para as discussões e bibliografias sobre essa questão, ver C. Harrison, *Augustine*; C. Moreschini e E. Norelli, *História da literatura cristã antiga grega e latina*, op. cit.; e C. Moreschini, *História da filosofia patrística*, op. cit.

10. Nas *Confissões*, o motivo do afastamento é a ausência de Cristo no pensamento dos acadêmicos. No entanto, na célebre passagem de *Sobre o livre-arbítrio* (que mencionamos ao iniciar nosso estudo), essa deserção é apresentada com uma argumentação precisa: não podemos duvidar de que estamos pensando, só podemos nos enganar se pensamos e só podemos pensar porque estamos vivos. Por isso, há uma verdade da qual não podemos duvidar: nossa existência.

11. Como vimos no capítulo dedicado a Paulo, em latim, *paulus* significa pequeno.

12. Ver J. Pépin, "Santo Agostinho e a Patrística Ocidental", p. 79.

13. A expressão é de Gilson em *Introduction à l'étude de Saint Augustin*.

14. Agostinho distingue entre *anima* e *mens*. A primeira é a vida (donde a existência dos animais); a segunda é a razão ou a inteligência. Assim, o que nós chamamos de alma humana é, na verdade, *anima* e *mens*.

15. A expressão agostiniana *luz natural* para definir a alma como entendimento ou inteligência será consagrada em toda a história da filosofia posterior.

16. Ou seja, tomando distância de Aristóteles, a substância divina não é, como as demais, o suporte de predicados ou de qualidades. Para Agostinho, não há distinção entre ela e as qualidades que lhe atribuímos.

17. Essa opinião lhe valeu uma condenação oficial por um concílio, ratificada pelo Concílio de Cartago, em 418, mas contestada em Roma sob a alegação de que se tratava de uma "imposição da teologia africana" sobre a Cristandade. Nada disso impediu que, em 419, as ideias de Pelágio fossem declaradas heréticas pelo bispo Valério, amigo de Agostinho.

Bibliografia

TEXTOS GERAIS

Bíblia de Jerusalém. São Paulo: Paulus, 2022.

Dicionário enciclopédico da Bíblia. Petrópolis: Vozes, 1971.

Enciclopédia Einaudi. Mytho/Logos, Sagrad/Profano. Lisboa: Imprensa Nacional; Casa da Moeda, 1987. v. XII.

Encyclopaedia Judaica. Jerusalém: MacMillan, 1970.

Vocabulário de teologia bíblica. Petrópolis: Vozes, 1984.

PENSADORES JUDAICOS E HELENÍSTICOS

FILO DE ALEXANDRIA. *The Contemplative Life, The Giants, and Selections*. Mahwah: Paulist Press, 1981.

FLÁVIO JOSEFO. *The Jewish Antiquities*. Suffolk: Penguin; The Chaucer Press, 1970.

_______. *The Jewish War*. Suffolk: Penguin; The Chaucer Press, 1970.

LEWY, Hans (Org.). "Philo: Selections". In: LEWY, H.; HEINEMANN, I.; ALTMANN, A. *Three Jewish Philosophers*. Nova York: Athenaeum, 1969.

PIÑERO, A.; TORRENTA, J. M.; BAZÁN, F. G. (Orgs.). *Textos gnósticos: Biblioteca de Nag Hamadi I — Tratados filosóficos y cosmológicos*. Madri: Trotta, 1997.

PLOTINO. *Tratados das Enéadas*. São Paulo: Polar, 2000.

_______. Edição bilíngue grego-português. São Paulo: Nova Acrópole, 2014-2020. 6 v.

PRÓCLO. *The Elements of Theology*. Oxford: Clarendon, 1992.

_______. *Commentary on Plato's Parmenides*. Princeton: Princeton University Press, 1987.

Para Pitágoras, Platão, Aristóteles, estoicos, epicuristas e céticos, ver a bibliografia nos volumes I e II desta *Introdução à história da filosofia*.

PRINCIPAIS FILÓSOFOS DA PATRÍSTICA: COLEÇÕES

A coleção completa das obras originais da Patrística grega e latina encontra-se na *Patrologie Grecque et latine*. Edição organizada por J. P. Migne entre 1844 e 1855.

AGOSTINHO. *A Cidade de Deus*. Petrópolis: Federação Agostiniana Brasileira, 1991.
______. *Confissões*. São Paulo: Abril Cultural, 1972. (Coleção Os Pensadores).
______. *Obras completas*. Edição bilíngue. Madri: Ciudad Nueva, a partir de 2002.
Biblioteca de Autores Cristianos. Madri: Ciudad Nueva.
Biblioteca de Patrística. Madri: Ciudad Nueva, a partir de 1970.
FERNANDEZ, C. *Los filósofos medievales. Selección de textos.* Madri: Biblioteca de Autores Cristianos, 1979, v. I, filosofia patrística.
Fontes da Catequese. Petrópolis: Vozes, a partir de 1977.
Fuentes Patrísticas. Madri: Ciudad Nueva.
Les Belle Lettres. Paris, a partir de 1923.
Les Editions du Cerf. Paris.
Les Pères apostoliques. Écrits de la primitive Église. Tradução e introdução de François Quere. Paris: Seuil, 1980.
Loeb Classical Library. Harvard/ Londres: Harvard University Press, a partir de 1921.
Os Padres da Igreja. São Paulo: Loyola, a partir de 1979.
Œuvres complétes du Pseudo-Dénis l'aréopagite. Tradução, comentários e notas por Maurice de Gandillac. Paris: Aubier, 1943.
Patrística. São Paulo: Paulus.

HISTORIADORES E COMENTADORES

ABBAGNANO, N. *História da filosofia*. Lisboa: Editorial Presença, 1969. v. II.
AGAMBEN, G. *O tempo que resta. Comentário à Carta aos Romanos*. Belo Horizonte: Autêntica, 2016.
ARENDT, H. *Le Concept d'amour chez Augustin*. Paris: Payot/Rivages, 1996
AUERBACH, E. *Mimésis. La Représentation de la réalité dans la littérature occidentale.* Paris: Gallimard, 1968.
BERNARDINO, A. (Org.). *Patrologia: La edad de oro de la literatura patrística latina.* Madri: Biblioteca de Autores Cristianos, 2007.
BESKOW, P. *Rex Gloriae: The Kingship of Christ in the Early Church.* Uppsala: Amquist & Wiksell, 1991.
BOMAN, T. *Hebrew Thought Compared with Greek.* Nova York: The Norton Library, 1970.
BRÉHIER, E. *Histoire de la philosophie.* Paris: Presses Universitaires de France, 1931.
______. *Les Idées philosophiques et religieuses de Philon d'Alexandrie.* Paris: Vrin, 1950.
BRUN, J. *Le Néoplatonisme.* Paris: Presses Universitaires de France, 1988.
______. *O neoplatonismo.* Lisboa: Edições 70, 1991.
CALABI, F. *Fílon de Alexandria.* São Paulo: Paulus, 2014.

CAMPENHAUSEN, H. *Les Pères grecs*. Paris: Les Éditions de l'Orante, 1963.

______. *Les Pères latins*. Paris: Les Éditions de l'Orante, 1967.

CHADWICK, H. *The Early Church*. Harmondsworth: Penguin, 1978.

______. *Augustine*. Oxford: Oxford University Press, 1986.

CHÂTELET, F. (Org.). *Filosofia medieval: Do século I ao século XV*. Rio de Janeiro: Zahar, 1974. v. II.

______. *Histoire des idéologies: Les mondes divines jusqu'au VIIIe siècle de notre ère*. Paris: Hachette, 1978. v. I.

CHEVALIER, J. *D'Aristote à Plotin*. Paris: Editions Universitaires, 1991.

______. *De Saint Augustin à Saint Thomas d'Aquin*. Paris: Editions Universitaires, 1992.

CHRISTIE-MURRAY, David. *A History of Heresy*. Oxford: Oxford University Press, 1976.

COCHRANE, C. N. *Christianity and Classical Culture: From August to Augustine*. Oxford: Oxford University Press, 1977.

DANIÉLOU, J. *L'Église des premiers temps: Des origines à la fin du IIIe siècle*. Paris: Seuil, 1985.

DANIÉLOU, J.; MARROU, H. I. *Nova história da Igreja dos primórdios a São Gregório Magno*. Petrópolis: Vozes, 1984.

DAUBE, D. "Rabbinic Methods of Interpretation and Hellenistic Rhetoric". *Hebrew Union College Annual*, v. XXII, 1949.

DODDS, C. H. *El fundador del cristianismo*. Barcelona: Herder, 1984.

______. *Interpretação do Quarto Evangelho*. São Paulo: Paulus, 1977.

DULLES, A. *A History of Apologetics*. Londres: Hutchinson, 1971.

DONINI, A. *História do cristianismo: Das origens a Justiniano*. Lisboa: Edições 70, 1988.

EDWARDS, M.; GOODMAN, M.; PRICE, S. *Apologetics in the Roman Empire*. Oxford: Oxford University Press, 1999.

FIGUEIREDO, F. A. *Curso de teologia patrística I: A vida da Igreja Primitiva (séculos I e II)*. Petrópolis: Vozes, 1983.

FONTAINE, J. *La Littérature latine chrétienne*. Paris: Presses Universitaires de France, 1970.

FOUCHER, J. J. "Introduction". In: SAINT AUGUSTIN. *Confessions*. Paris: Les Éditions de Flore, 1947.

FURLEY, D. (Org.). *From Aristotle to Augustine*. Londres: Routledge, 1997.

GERSON, L. P. (Org.). *The Cambridge History of Philosophy in Late Antiquity*. Cambridge: Cambridge University Press, 2001. v. I e II.

______. *Plotinus*. Cambridge: Cambridge University Press, 1996.

GILSON, E. *Histoire de philosophie au Moyen-Âge*. Paris: Payot, 1952. t. I.

______. *A filosofia na Idade Média*. Trad. Eduardo Brandão, São Paulo: Martins Fontes, 2001.

______. *O espírito da filosofia medieval*. São Paulo: Martins Fontes, 2006.

______. *Introduction à l'étude de Saint Augustin*. Paris: Vrin, 1969.

GINZBURG, C. "O Alto e o Baixo: O tema do conhecimento proibido nos séculos XVI e XVII". In: ______. *Mitos, emblemas, sinais*. São Paulo: Companhia das Letras, 1989.

HAMMAN, A. G. *Para ler os Padres da Igreja*. São Paulo: Paulus, 1995.

HARRISON, C. *Augustine. Christian Truth and Fractured Humanity*. Oxford: Oxford University Press, 2000.

JONAS, H. *The Gnostic Religion. The Message of the Alien God and the Beginnings of Christianity*. Boston: Beacon Press, 1991.

KAUFFMANN, T. et al. (Orgs.). *História ecumênica da Igreja. Dos primórdios até a Idade Média*. São Paulo: Paulus; Loyola; Sinodal, 2012.

KOCHAKOWICZ, L. "Heresia". *Enciclopédia Einaudi. Mythos/Logos. Sagrado/Profano.* Lisboa: Imprensa Nacional; Casa da Moeda, 1987. v. XII.

LAURENT, J. Les *Fondements de la nature selon Plotin. Procesión et participation.* Paris: Vrin, 1992.

LAUTERBACH, J. Z. *The Pharisees.* Cincinnati: Hebrew Union College, 1951.

LE MOYNE, J. *Les Saducéens.* Paris: Lecofre, 1972.

LEROUX, J. M. *Athanase d'Alexandrie.* Paris: Les Editions Ouvrières, 1956.

LODS, A. *Les Prophètes d'Israel et le debut du judaïsme.* Paris: Albin Michel, 1969.

_____. *Israel: des origins au milieu du VIIIe siècle avant notre ère.* Paris: Albin Michel, 1969.

LONGENECKER, R. N. *The Christology of Early Jewish Christianity.* Londres: SCM Press, 1971.

MADEC, G. *Saint Augustin et la philosophie.* Paris: Institut des Études Augustinennes, 1996.

MARROU, H. I. *Saint Augustin et l'augustinisme.* Paris: Seuil, 2003.

MALLET, A. *Historia romana. Los origenes, las conquistas, el imperio.* Buenos Aires: Hachette, 1942.

MAMMÌ, L. "Música, métrica e tempo no pensamento de Agostinho: um projeto". *Cadernos de Trabalho do Cepame.* São Paulo, v. II, n. 2, 1993.

MOMIGLIANO, A. *Os limites da helenização: A interação cultural das civilizações grega, romana, céltica, judaica e persa.* Rio de Janeiro: Zahar, 1990.

MOMMSEN, T. "St. Augustine and the Christian Idea of Progress: The Background of *The City of God*". *Journal of the History of Ideas*, v. XII, 1951.

MONASTERIÓ, R. A.; CARMONA, A. R. *Evangelhos sinóticos e Atos dos Apóstolos.* São Paulo: Editora Ave Maria, 2000.

MORAES, D. *O logos em Fílon de Alexandria: A fronteira entre o pensamento grego e o pensamento cristão nas origens da teologia bíblica.* Natal: EDUFRN, 2017.

MORESCHINI, C. *História da filosofia patrística.* São Paulo: Loyola, 2013.

MORESCHINI, C.; NORELLI, E. *História da literatura cristã antiga grega e latina.* São Paulo: Loyola, 2000. v. II. t. I e II.

MOULE, C. D. F. *The Origins of Christology.* Cambridge: Cambridge University Press, 1978.

MURALT, A. *Néoplatonisme et aristotelisme dans la métaphysique médiévale.* Paris: Vrin, 1995.

NADEAU, C. *Le Vocabulaire de Saint Augustin.* Paris: Ellipses, 2009.

NARBONNE, J. M. *La Métaphysique de Plotin.* Paris: Vrin, 1994.

NASCIMENTO. C. A. R. "O *De Ideis* de Santo Agostinho". *Cadernos de Trabalho do Cepame.* São Paulo, v. II, n. 2, 1993.

NETTO, F. B. S. "Augustinus. Teologia da Trindade: conceitos, imagens, analogias". *Cadernos de Trabalho do Cepame.* São Paulo, v. II, n. 2, 1993.

NOVAES FILHO, M. A. *A razão em exercício. Estudos sobre a filosofia de Agostinho.* São Paulo: Discurso Editorial, 2007.

______. "O exame da temporalidade humana em Agostinho". *Cadernos de Trabalho do Cepame.* São Paulo, v. I, n. 1-2, 1992.

______. "Notas sobre teologia negativa em Agostinho". *Cadernos de Trabalho do Cepame.* São Paulo, v. I, n. 3, 1992.

O'CONNEL, R. J. *Soundings in St. Augustine's Imagination.* Nova York: Fordham University Press, 1994.

PARENTE, M. I. *Introduzione a Plotino.* Bari: Laterza, 2001.

PÉPIN, J. "Helenismo e cristianismo". In: CHÂTELET, F. *A filosofia medieval. Do século I ao século XV.* Rio de Janeiro: Zahar, 1974.

PÉPIN, J. "Agostinho e a Patrística ocidental". ______. *A filosofia medieval. Do século I ao século XV*. Rio de Janeiro, Zahar, 1974.

PETERS, E. *Heresy and Authority in Medieval Europe: Documents in Translation*. Filadélfia: University of Pennsylvania Press, 1980.

PRZYWARA, E. *Augustin. Passions et destins de l'Occident*. Paris: Les Éditions du Cerf, 1987.

PUECH, H.-C. *En Quête de la Gnose: La Gnose et le temps*. Paris: Gallimard, 1978. v. I.

______. *En torno a la Gnosis*. Madri: Taurus, 1978.

REALE, G.; ANTISERI, D. *Historia del pensamiento filosófico y científico. Antigüedad y Edad Media*. Barcelona: Editorial Herder, 1988. t. I.

______. *História da filosofia. Patrística e Escolástica*. São Paulo: Paulus, 2003. v. II.

ROUGIER, L. *La Genèse des dogmes chrétiens*. Paris: Albin Michel, 1972.

RUDOLF, K. *Gnósis: The Nature of Gnostiscism*. Nova York: Harper and Row, 1977.

SCHEFER, J. L. *L'Invention du corps chrétien. Saint Augustin*. Paris: Éditions Galilée, 1975.

SOARES, C. S. "A refutação de Orígenes e a diferenciação entre cristãos, judeus e pagãos na cidade de Alexandria (século II d.C.)". *Mundo Antigo*, ano II, v. II, n. 4, 2013.

SOUZA NETTO, F. B. (Org.). *Jesus: anúncio e reflexão*. Campinas, Editora da Unicamp, 2003.

SPINELLI, M. *Helenização e recriação de sentidos: A filosofia na época da expansão do cristianismo. Séculos II, III e IV*. 2. ed. Caxias do Sul: Editora da Universidade de Caxias do Sul, 2015.

STEIN, E. (Org.). *Cidade de Deus e a Cidade dos Homens de Agostinho a Vico*. Porto Alegre: Editora da PUC-RS, 2004.

SZYSZMAN, S. *Le Karaïsme. Ses doctrines et son histoire*. Lausanne: Editions de l'Âge de l'Homme, 1980.

TRIGG, J. W. "The Charismatic Intellectual: Origen's Understanding of Religious Leadership". *Church History*, v. L, n. 1, pp. 5-19, mar. 1981.

TUÑI, J. O.; ALEGRE, X. *Escritos joaninos e cartas apostólicas*. São Paulo: Editora Ave Maria, 1999.

VEYNE, P. *Quand Notre monde est devenu chrétien (312-394)*. Paris: Albin Michel, 2007.

WILLIAMSON, R. *Jews in the Hellenistic World: Philo*. Nova York: Cambridge University Press, 1989.

WINSTON, D. *Philo*. Nova Jersey: Pauline Press, 1981.

WOLFSON, H. A. *The Philosophy of the Church Fathers*. Cambridge: Harvard University Press, 1956.

WEBER, M. *Ancient Judaism*. Nova York: MacMillan, 1967.

Créditos das imagens

p. 1: *St. Paul Preaching at the Areopagus,* de Raffaello Sanzio de Urbino. Tapeçaria em lã, 410 cm × 540 cm./ Bridgeman Images/ Easypix Brasil

p. 2: *St. Augustine in His Cell (detalhe),* de Sandro Botticelli. Afresco/ Bridgeman Images/ Easypix Brasil

p. 3: *Saint Ambrose,* de Francisco de Goya. Óleo sobre tela, 190 cm × 113 cm./ Cleveland Museum of Art

p. 4 (acima): *St. Jerome in His Study,* de Albrecht Dürer. Gravura, 24,4 cm × 18,7 cm.

p. 4 (abaixo): *Saint Jerome,* de Michelangelo Caravaggio. Óleo sobre tela, 117 cm × 157 cm. / © Mauro Ranzani/ Bridgeman Images/ Easypix Brasil

p. 5 (acima): The Stapleton Collection/ Bridgeman Images/ Easypix Brasil

p. 5 (abaixo): © The Holbarn Archive/ Bridgeman Images/ Easypix Brasil

p. 6 (acima): Afresco em Capela Sistina, Vaticano

p. 6 (abaixo): Bridgeman Images/ Easypix Brasil

p. 8 (acima): Mapa baseado na ilustração original de Jesse Kennedy

Índice remissivo

Índice de termos gregos e latinos

ESTA OBRA FOI COMPOSTA PELA SPRESS EM DANTE E IMPRESSA EM OFSETE
PELA LIS GRÁFICA SOBRE PAPEL PÓLEN NATURAL DA SUZANO S.A.
PARA A EDITORA SCHWARCZ EM OUTUBRO DE 2023

FSC
www.fsc.org
MISTO
Papel | Apoiando o manejo florestal responsável
FSC® C112738

A marca FSC® é a garantia de que a madeira utilizada na fabricação do papel deste livro provém de florestas que foram gerenciadas de maneira ambientalmente correta, socialmente justa e economicamente viável, além de outras fontes de origem controlada.